O SEMINÁRIO
DE JACQUES LACAN

Campo Freudiano no Brasil

Coleção dirigida por Judith (*in memoriam*) e Jacques-Alain Miller

Assessoria brasileira: Angelina Harari

Jacques Lacan

O SEMINÁRIO

livro 16
de um Outro ao outro

Texto estabelecido por
Jacques-Alain Miller

8ª reimpressão

ZAHAR

Tradução autorizada da primeira edição francesa, publicada em 2006
por Éditions du Seuil, de Paris, França

Título original
Le Séminaire de Jacques Lacan
Livre XVI: D'un Autre à l'autre (1968-1969)

Obra publicada com o apoio do Ministério da Cultura francês —
Centro Nacional do Livro

CIP-Brasil. Catalogação na fonte
Sindicato Nacional dos Editores de Livros, RJ

Lacan, Jacques, 1901-1981
L129s O seminário, livro 16: de um outro ao outro / Jacques Lacan; texto estabelecido por Jacques-Alain Miller; [tradução Vera Ribeiro; preparação de textos André Telles; versão final Angelina Harari e Jésus Santiago]. — 1ª ed. — Rio de Janeiro: Zahar, 2008.

(Campo freudiano no Brasil)

Tradução de: Le séminaire. Livre XVI, D'un autre à l'autre: [1968-1969].
Inclui bibliografia
ISBN 978-85-378-0063-8

1. Psicanálise – Discursos, conferências etc. I. Título. II. Título: De um outro ao outro. III. Série.

CDD: 150.195
08-0533 CDU: 159.964.2

EDITORA SCHWARCZ S.A.
Praça Floriano, 19, sala 3001 — Cinelândia
20031-050 — Rio de Janeiro — RJ
Telefone: (21) 3993-7510
www.companhiadasletras.com.br
www.blogdacompanhia.com.br
facebook.com/editorazahar
instagram.com/editorazahar
twitter.com/editorazahar

livro 16

de um Outro ao outro
1968-1969

Tradução:
Vera Ribeiro

Preparação de texto:
André Telles

Versão final:
Angelina Harari e Jésus Santiago

Sumário

Introdução

A Inconsistência do Outro

Da Aposta de Pascal

O Gozo: seu Campo

O Gozo: seu Real

O Gozo: sua Lógica

Evacuação

Anexos

Introdução

I

DA MAIS-VALIA AO MAIS-DE-GOZAR

A essência da teoria psicanalítica
é um discurso sem palavra

No quadro

Estamos reunidos para um Seminário cujo título escolhi, *De um Outro ao outro*, de maneira a lhes indicar os marcos gerais em torno dos quais deve girar minha fala deste ano, uma fala crucial, na medida em que se trata de definir o que acontece com o discurso chamado discurso psicanalítico, cuja entrada em jogo, no ponto do tempo em que nos encontramos, acarreta uma série de conseqüências.

Colocou-se um rótulo no processo do discurso. Estruturalismo, disseram: palavra que não exigiu muita inventividade por parte do publicista que subitamente a propôs, há poucos meses, para englobar um certo número de pessoas cujo trabalho havia traçado, há muito tempo, algumas avenidas desse discurso.

Acabo de falar de um publicista. Todos conhecem os trocadilhos que me permiti fazer em torno da *publixação*. Eis, portanto, alguns de nós, reunidos na mesma lata de lixo, graças ao que é esse ofício. Poderíamos estar em companhia mais desagradável. Na verdade, como aqueles com quem me encontro reunido são apenas pessoas por cujo trabalho tenho o máximo apreço, eu não poderia estar mal.

Quanto à lata de lixo, nestes tempos dominados pela genialidade de Samuel Beckett, temos certo conhecimento dela. Pessoalmente, por ter habitado em três sociedades psicanalíticas durante uns trinta anos, até hoje, em três períodos, de quinze, dez e cinco anos, entendo um pouco o que é coabitar com o lixo doméstico.

Quanto ao estruturalismo, é compreensível o mal-estar produzido em algumas pessoas em razão da manipulação que se pretendeu infligir de fora a nosso habitat comum, e é compreensível a vontade de sair um pouco disso para desenferrujar as pernas.

Entretanto, visto que, segundo todas as aparências, essa impaciência se apodera de alguns, constato que, afinal, não estou tão mal nessa cesta.

1

O estruturalismo só pode ser identificado, ao menos ao que me parece, pelo que chamarei, muito simplesmente, de seriedade.

Mas, como quer que seja, o estruturalismo não se assemelha em nenhuma medida a uma filosofia, se designarmos por essa palavra uma visão de mundo, nem tampouco a nenhuma forma de assegurar, à direita e à esquerda, as posições de um pensamento.

Se, como psicanalista, eu pretendesse de algum modo introduzir o que é ridiculamente intitulado de antropologia psicanalítica, bastaria, para me refutarem, lembrar, logo na entrada desse campo, as verdades constitutivas fornecidas pela psicanálise. Elas concernem àqueles de quem o Gênesis diz que Deus os criou — há também um *o* criou —, o homem e a mulher. Deus sabe por quê, caberia dizer.

Ou seja, não há união do homem e da mulher sem que a castração *a*) determine, a título de fantasia, a realidade do parceiro em quem ela é impossível, *b*) e sem que ela, a castração, entre em jogo nessa espécie de receptação que a instaura como verdade no parceiro a quem ela é realmente poupada, salvo por um excesso acidental. Num, a impossibilidade da efetuação da castração vem colocar-se como determinante de sua realidade, enquanto, no outro, o pior com que a castração o ameaça como possível não precisa acontecer para ser verdadeiro, no sentido em que esse termo não comporta apelação.

Este simples lembrete implica que, pelo menos no campo que é aparentemente o nosso, nenhuma harmonia, como quer que tenhamos que designá-la, é admissível. Daí impor-se a nós, seguramente, a interrogação sobre o discurso que convém a esse campo.

Será preciso nos formularmos aqui a pergunta da qual, de certo modo, partiu toda a filosofia? Trata-se de indagar o quê, diante de tantos saberes não desprovidos de valor nem de eficácia, distingue esse discurso seguro de si, que, baseando-se num critério que o pensamento assumisse de acordo com sua própria medida, mereceria intitular-se *episteme*, a ciência.

Nesse processo de conciliação do pensamento consigo mesmo, somos levados a uma prudência maior, nem que seja, primeiro, pelo desafio que acabo de desenhar como sendo o formulado pela verdade ao real. Uma regra de pensamento que tem que se assegurar do não-pensamento como aquilo que pode ser sua causa: é com isso que nos confrontamos ao usar a idéia de inconsciente.

É somente na medida do fora-de-sentido dos ditos — e não do sentido, como se costuma imaginar e como supõe toda a fenomenologia — que existo como pensamento. Meu pensamento não é regulável a meu bel-prazer, acrescentemos ou não o *infelizmente*. Ele é regulado. Em meu ato, não almejo exprimi-lo, mas causá-lo. Porém não se trata do ato, e sim do discurso. No discurso, não tenho que seguir sua regra, e sim que encontrar sua causa. No entre-senso — entendam isso, por mais obsceno que possam imaginá-lo — está o ser do pensamento.

O que é causa, ao passar pelo meu pensamento, deixa passar aquilo que existiu, pura e simplesmente, como ser. Isso porquê, ali por onde ela passou, ela já é desde sempre passada, produzindo efeitos de pensamento.

Chove [*il pleut*] é um evento do pensamento a cada vez que é enunciado, e o sujeito, a princípio, é esse *il*, esse *hilo* [*hile*], diria eu, que ele constitui num certo número de significações. E é por isso que esse *il* fica à vontade em toda a seqüência. Ao *chove* [*il pleut*], com efeito, vocês podem dar seguimento com *chovem verdades primordiais, há um excesso abusivo*. Sobretudo quando se confunde ou unifica a chuva como meteoro com a *aqua pluvia*, a água que é colhida, o meteoro é propício à metáfora. E por quê? Porque já é feito de significantes. *Chove* [*il pleut*]. O ser do pensamento é a causa de um pensamento como fora-de-sentido. Já era, desde sempre, o ser de um pensamento anterior.

Ora, a prática dessa estrutura rechaça qualquer promoção de uma infalibilidade. Ela só se serve, precisamente, da falha, ou melhor, de seu próprio processo. Com efeito, há um processo da falha, e é desse processo que a prática da estrutura se serve, mas só pode servir-se dele ao segui-la, o que não é, de modo algum, ultrapassá-la, a não ser para permitir sua captura na conseqüência que se cristaliza no ponto exato em que se detém a reprodução do processo. Ou seja, é seu tempo de suspensão que marca seu resultado.

É isso que explica, digamos aqui de passagem com um toque discreto, o fato de toda arte ser defeituosa. Ela só ganha força pela reunião daquilo que se cava no ponto em que sua falha se consuma. É por isso que a música e a arquitetura são as artes supremas. Entendo supremas de maneira técnica, como um máximo no basal, produzindo a relação do número harmônico com o tempo e o espaço, precisamente pelo prisma de sua incompatibilidade. De fato, como bem sabemos agora, o número harmônico é apenas uma peneira que não retém um nem o outro, nem esse tempo nem esse espaço.

É disso que o estruturalismo é a consideração a sério. Ele é a consideração a sério do saber como causa, causa no pensamento e, na maioria das vezes, convém dizer, de uma visada delirante.

Não se assustem. Estas são apenas afirmações iniciais, evocações de certezas, não verdades.

Antes de introduzir hoje os esquemas dos quais pretendo partir, eu gostaria de assinalar mais uma vez que, se há uma coisa que já lhes deve ficar na palma da mão, trata-se do que tive o cuidado de escrever há pouco no quadro-negro — *A essência da teoria psicanalítica é um discurso sem fala.*

Trata-se da essência da teoria. A essência da teoria psicanalítica é a função do discurso, e é muito precisamente nisso, que talvez lhes pareça novo, ou pelo menos paradoxal, que eu o digo *sem fala.*

Que acontece com a teoria no campo psicanalítico? A esse respeito, ouço ressoarem à minha volta alguns ecos estranhos. Não faltam mal-entendidos. A pretexto de que, ao expor todo um campo do pensamento como manipulação, eu pareço questionar princípios tradicionais, minha afirmação é traduzida — espantosamente, por sê-lo em lugares ou em cabeças que me são próximos — por um não-sei-quê que se passa a chamar de *impossibilidade teórica.*

Um dia enunciei, num contexto que deixava bem claro o que isso queria dizer, que não existe universo do discurso. Pois bem, não é que constatei, no decurso de algumas linhas, que pareceram concluir disso um *Então, de que adianta nos cansarmos*?

Meu dizer, no entanto, não se presta a nenhuma ambigüidade. Não vemos por que o fato de se poder enunciar, de se haver enunciado que não existe um ponto de fechamento do discurso, tenha como conseqüência que o discurso seja impossível, ou mesmo simplesmente desvalorizado. Muito longe disso. É precisamente a partir daí que desse discurso vocês têm a incumbência, em especial a de bem conduzi-lo, levando em conta o que quer dizer o enunciado de que não existe universo do discurso.

De minha parte, portanto, não há nada a corrigir nesse aspecto. Cabe-me simplesmente voltar ao assunto para dar os passos seguintes, detalhando o que se induz de conseqüências do discurso já formulado. Talvez também precise voltar ao que pode fazer com que, por mais ligado que esteja um analista às condições desse discurso, seja possível mostrar assim, a todo instante, a sua falha.

Antes de entrarmos nesse campo, permitam-me um pouco de música.

2

Houve um tempo em que tomei o exemplo do pote, não sem que fizessem tamanho escândalo que decidi deixar esse pote à margem de meus *Escritos.*

O pote é a imagem sensível de uma idéia, ele *é*, de certo modo, essa significação que ele mesmo modela.

Manifestando a aparência de uma forma e um conteúdo, o pote introduz no pensamento, com efeito, o conteúdo que constitui a significação, como se o pensamento manifestasse aí uma necessidade de se imaginar tendo outra coisa para conter — o que é designado pela expressão *conter-se*, quando referida a um ato intempestivo. Esse pote, eu o chamei pote *de mostarda*, para assinalar que, longe de contê-la, forçosamente, é justo por estar vazio que ele assume seu valor de pote de mostarda. Por se escrever sobre ele a palavra *mostarda*. Mas *mostarda* [*moutarde*] quer dizer que *muito lhe tarda* [*moult lui tarde*], a esse pote, alcançar sua vida eterna de pote, que começa no momento em que ele é furado.

Com efeito, é sob esse aspecto que o recolhemos, ao longo das eras, nas escavações, ao procurar em túmulos aquilo que nos atesta o estado de uma civilização. O pote está furado, diz-se em homenagem ao defunto, para que o vivo não possa servir-se dele. Certamente, essa é uma razão. Mas talvez haja uma outra, ou seja, que o pote é feito para produzir esse furo, para que esse furo se produza. É o que ilustra o mito das Danaides.* É nesse estado furado que o pote, depois de o ressuscitarmos de seu local de sepultura, vem imperar na estante do colecionador. Nesse momento de glória, acontece com ele o mesmo que acontece com Deus — é precisamente nessa glória que ele revela sua natureza.

A estrutura do pote, não digo de sua matéria, aparece aí tal como é, ou seja, correlata à função do tubo e do tambor. Se formos procurar na natureza as formas prévias destes, veremos que os chifres ou conchas, depois de a vida lhes ser extraída, continuam a ser o lugar onde eles mostram o que constitui sua essência, a saber, a capacidade sonora.

Civilizações inteiras passaram a ser representadas para nós apenas por esses potinhos em forma de cabeça, ou então de um animal, por sua vez cobertos por uma porção de sinais que nos são impenetráveis, na falta de documentos correlatos.

Aqui, sentimos que a significação, a imagem, está realmente no exterior, e que o que se acha no interior é precisamente o que jaz na tumba em que o encontramos, ou seja, matérias ou substâncias preciosas — os perfumes, o ouro, o incenso e a mirra, como se costuma dizer.

A título de que o pote explica a significação do que está nele? A título de um valor de uso, ou, melhor dizendo, de um valor de troca com outro mundo e outra dignidade. A título de um valor de homenagem.

O fato de ter sido em vasos que encontramos os manuscritos do mar Morto, aí está algo que é a conta certa para nos fazer perceber que não é o significado que está no interior, mas exatamente o significante. É com ele que lidaremos quando se tratar daquilo que nos importa, isto é, da relação do discurso com a fala na eficiência analítica.

Chegado o momento de introduzir o que lhes dará a imagem da unidade da função teórica, nesse processo própria ou impropriamente chamado de estruturalista, peço que me permitam um curto-circuito.

Recorrerei a Marx, cujo dito tive muita dificuldade de não introduzir mais cedo, importunado que sou por ele há muito tempo, num campo em que, no entanto, ele fica perfeitamente em seu lugar. É de um nível homológico calcado em Marx que partirei para introduzir hoje o lugar em que temos de situar a função essencial do objeto *a*.

---

* Condenadas, no inferno, a encher eternamente de água vasos furados. (N.T.)

Primeiro recordarei o que foi perfeitamente evidenciado, e não muito longe daqui, por trabalhos recentes: precisamente comentários de Marx que, até o desmentido do autor, foram designados como estruturalistas. Foi levantada por esse autor a questão do que é o objeto do capital. Veremos o que a investigação psicanalítica permite enunciar paralelamente.

Marx parte da função do mercado. Sua novidade é o lugar em que ele situa o trabalho nesse mercado. Não se trata de o trabalho ser novo, mas de ele ser comprado, de haver um mercado de trabalho. É isso que permite a Marx demonstrar o que há de inaugural em seu discurso, e que se chama mais-valia.

Ocorre que esse procedimento sugere o ato revolucionário que conhecemos. Ou melhor, que conhecemos muito mal, porque não é certo que a tomada do poder tenha resolvido a subversão do sujeito — capitalista — esperada desse ato, e que tenha de fato tido conseqüências muito propícias, ao gosto dos próprios marxistas que tiveram de colhê-las. Por enquanto, porém, isso não nos importa. O importante é o que Marx designa e o que quer dizer seu procedimento.

Sejam ou não estruturalistas, esses comentadores de Marx parecem realmente haver demonstrado que ele, sim, era estruturalista. Porque é propriamente por ele estar, ele, como ser de pensamento, no ponto que determina a predominância do mercado de trabalho que, como causa de seu pensamento, destaca-se a função — obscura, convém dizer, ainda que essa obscuridade se reconheça na confusão dos comentários — que é a da mais-valia.

A identidade do discurso com suas condições, é isso que se esclarecerá, espero, pelo que vou dizer agora sobre o procedimento analítico.

Assim como o trabalho não era novo na produção da mercadoria, a renúncia ao gozo, cuja relação com o trabalho já não tenho que definir aqui, também não é nova. Desde o começo, com efeito, e ao contrário do que diz ou parece dizer Hegel, é ela que constitui o senhor, o qual pretende fazer dela o princípio de seu poder. O que há de novo é existir um discurso que articula essa renúncia, e que faz evidenciar-se nela o que chamarei de função do *mais-de-gozar*. É essa a essência do discurso analítico.

Essa função aparece em decorrência do discurso. Ela demonstra, na renúncia ao gozo, um efeito do próprio discurso. Para marcar bem as coisas, de fato, é preciso supor que no campo do Outro existe o mercado, que totaliza os méritos, os valores, que garante a organização das escolhas, das preferências, e que implica uma estrutura ordinal, ou até cardinal.

O discurso detém os meios de gozar, na medida em que implica o sujeito. Não haveria nenhuma razão de sujeito, no sentido em que falamos de razão de Estado, se não houvesse, no mercado do Outro, o correlato de que se estabelece um mais-de-gozar que é captado por alguns.

Demonstrar como o mais-de-gozar decorre da enunciação, demonstrar que ele é produzido pelo discurso e aparece como um efeito, sem dúvida exigiria um discurso muito aprofundado. Mas isso também não é coisa muito nova para os seus ouvidos, se vocês me houverem lido, porque foi esse o objeto de meu texto *Kant com Sade*. Nele é feita a demonstração da redução completa do mais-de-gozar ao ato de aplicar ao sujeito aquele que é o termo *a* da fantasia, mediante o que o sujeito pode ser postulado como causa-de-si no desejo.

Nos tempos vindouros, elaborarei isso por meio de um retorno à aposta de Pascal, que ilustra esplendidamente a relação da renúncia com o gozo na dimensão da aposta. A própria vida reduz-se aí, em sua totalidade, a um elemento de valor. Estranha maneira de inaugurar o mercado do gozo no campo do discurso. Mas, não haverá nisso uma simples transição, a partir da função dos bens dedicados aos mortos que há pouco vimos inscreverem-se na história?

Aliás, não é isso que está em questão agora. Estamos lidando com a teoria na medida em que ela se alivia da função do mais-de-gozar. Em torno do mais-de-gozar, todavia, gira a produção de um objeto essencial, cuja função trata-se agora de definir — o objeto *a*.

A grosseria dos ecos recebidos pela introdução desse termo foi e continua a ser, para mim, a garantia da ordem de eficácia que lhe confiro, em conformidade com a destacada e célebre passagem de Marx em que este saboreou, no tempo que dedicou ao desenvolvimento de sua teoria, a oportunidade de ver atrapalhar-se a encarnação viva do desconhecimento.

Enunciei: *o significante é aquilo que representa um sujeito para outro significante*. Isso é uma definição. Exige-se que uma definição seja correta e que um ensino seja rigoroso. No momento em que a psicanálise é chamada a responder a alguma coisa da qual não pensem que tenho a intenção de esquivá-la, e que é a crise atravessada pela relação do estudante com a Universidade, é intolerável, impensável, que nos contentemos em dizer que existem coisas que não podem de modo algum ser definidas num saber. Se a psicanálise não pode enunciar-se como um saber e ser ensinada como tal, ela não tem rigorosamente nada a fazer no lugar onde só se trata disso.

Se o mercado dos saberes, muito apropriadamente, está abalado pelo fato de a ciência lhe trazer essa unidade de valor que permite sondar o que acontece com sua troca, inclusive em suas funções mais radicais, certamente não é para que a psicanálise se faça presente por sua própria demissão, quando ela é perfeitamente capaz de articular algo a esse respeito. Todos os termos empregados a propósito disso, tais como "não conceituação", toda evocação de sabe-se lá que impossibilidade, designam apenas a incapacidade daqueles que os promovem. É claro que a estratégia com a verdade, que é a essência da terapêutica, não pode residir como tal em nenhuma intervenção particular chamada interpretação. Sem dúvida, na prática, toda sorte de funções particulares, de brincadeiras alegres na ordem da variável, pode encontrar sua oportunidade. Mas nem por isso temos razão para desconhecer que elas só têm sentido quando se situam no ponto exato em que é a teoria que lhes confere um peso.

Vejamos efetivamente do que se trata.

O mais-de-gozar é uma função da renúncia ao gozo sob o efeito do discurso. É isso que dá lugar ao objeto *a*. Desde o momento em que o mercado define como mercadoria um objeto qualquer do trabalho humano, esse objeto carrega em si algo da mais-valia.

Assim, o mais-de-gozar é aquilo que permite isolar a função do objeto *a*.

3

Que fazemos na análise senão instaurar, através da regra, um discurso? Esse discurso é tal que o sujeito suspende o quê nele? Exatamente sua função de sujeito. O sujeito fica dispensado de sustentar seu discurso com um *eu digo*. Falar é diferente de afirmar *eu digo o que acabei de enunciar*. O sujeito do enunciado declara *eu digo*, declara *eu afirmo*, tal como faço aqui em meu ensino. Eu articulo esta fala. Ela não é poesia. Digo o que está escrito aqui, e posso até repeti-lo, o que é essencial, sob uma forma em que, ao repeti-lo, acrescento, para variar, que o escrevi.

Pois aí está um sujeito dispensado de sustentar o que enuncia. Então, será por aí que ele chega àquela pureza da fala, àquela fala plena de que falei num tempo de evangelização? O discurso a que chamam meu "Discurso de Roma", a quem se dirigiu ele senão aos ouvidos mais fechados para escutá-lo? Não qualificarei o que deixava aqueles ouvidos com essas qualidades opacas porque isso equivaleria a fazer uma apreciação que só poderia ser ofensiva.

Mas observem o seguinte. Ao falar da Coisa freudiana, acabei me lançando em algo que eu mesmo chamei de prosopopéia. Trata-se da verdade que enuncia: *Sou para vós, portanto, o enigma daquela que se esquiva tão logo aparece. Homens, vós que sois tão versados em me dissimular sob os ouropéis de vossas conveniências, nem por isso deixo de admitir que vosso embaraço seja sincero.* Assinalo que o termo *embaraço* foi apontado por mim por sua função, numa outra oportunidade. *Pois, mesmo quando fazeis de vós meus arautos, não valeis mais ao portar minha bandeira do que essas roupas que vos pertencem e que se parecem convosco, fantasmas que sois. Por onde, afinal, passarei eu em vós, e onde estava eu antes dessa passagem? Talvez um dia eu vo-lo diga. Mas, para que me encontreis onde estou, vou ensinar-vos por que sinal reconhecer-me. Homens, escutai, eu vos revelo o segredo: Eu, a verdade, falo.** Não escrevi *eu digo*. Se aquilo que fala viesse a aparecer, certamente o analista se fecharia, como escrevi ironicamente. Mas isso é justamente o que não acontece, ou que, quando acontece, merece ser pontuado de maneira diferente.

Retomemos o que se dá com o sujeito aqui colocado em questão.

Por um processo artificial, é-lhe solicitado, na análise, que ele não seja aquele que sustenta o que é formulado. Mas não se deve acreditar que ele se dissipe, porque ali está o psicanalista para representá-lo, quero dizer, para lhe sustentar o tempo todo que ele não pode se reencontrar no tocante à causa de seu discurso. E assim, trata-se agora de fazer referência às formulações fundamentais, em particular à que define o significante como aquilo que representa um sujeito para outro significante.

Surpreende-me que, até hoje, ninguém nunca tenha observado que o corolário resultante disso é que um significante não pode representar a si mesmo. É claro que isso também não é novo, porque é justamente do que se trata no que articulei a propósito da repetição. Mas precisamos deter-nos aí por um instante, para apreendê-lo no ponto

---

* Jacques Lacan, *Escritos*, Rio de Janeiro: Zahar, 1998, p.410. (N.T.)

mais sensível: que pode querer dizer, na formulação dessa frase, o *si mesmo* do significante?

Observem bem que, quando falo do significante, falo de algo opaco. Quando digo que é preciso definir o significante como aquilo que representa um sujeito para outro significante, isso significa que ninguém saberá nada dele, exceto o outro significante. E o outro significante não tem cabeça, é um significante. O sujeito, aí, é sufocado, apagado, no instante mesmo em que aparece. Como é que alguma coisa desse sujeito que desaparece por ser o que surge, que é produzido por um significante para se apagar prontamente em outro, pode se constituir e, no fim, fazer-se tomar por um *Selbstbewusstsein*, isto é, por algo que se satisfaz por ser idêntico a si mesmo? É justamente isso que se trata de examinar agora.

O sujeito, seja qual for a forma em que se produza em sua presença, não pode reunir-se em seu representante de significante sem que se produza, na identidade, uma perda, propriamente chamada de objeto *a*. É isso que é designado pela teoria freudiana concernente à repetição. Assim, nada é identificável dessa alguma coisa que é o recurso ao gozo, um recurso no qual, em virtude do sinal, uma outra coisa surge no lugar do gozo, ou seja, o traço que o marca. Nada pode produzir-se aí sem que um objeto seja perdido.

Um sujeito é aquilo que pode ser representado por um significante para outro significante. Não será isso calcado no fato de que, no que Marx decifrou, isto é, a realidade econômica, o sujeito do valor de troca é representado perante o valor de uso? É nessa brecha que se produz e cai a chamada mais-valia. Em nosso nível, só importa essa perda. Já não idêntico a si mesmo, daí por diante, o sujeito não goza mais. Perde-se alguma coisa que se chama o mais-de-gozar. Ele é estritamente correlato à entrada em jogo do que determina, a partir de então, tudo o que acontece com o pensamento.

Não é diferente no sintoma. Que é ele senão a maior ou menor facilidade da conduta do sujeito em torno desse algo que chamamos de mais-de-gozar, mas ao qual ele é incapaz de dar um nome? A menos que faça seu percurso, ele não pode proceder a nada que dependa não só de suas relações com seus semelhantes, mas também de sua relação mais profunda, da relação a que chamamos vital. Aqui, as referências e configurações econômicas são muito mais propícias do que as que se ofereceram a Freud, provenientes da termodinâmica e, no caso, mais distantes, embora não totalmente impróprias.

Eis, portanto, o elemento que pode nos permitir avançar no discurso analítico. Na definição do sujeito como causado pela relação entre significantes, postulamos teoricamente, *a priori* e sem ter precisado de uma longa recursividade para constituir suas premissas, alguma coisa que nos impede para sempre de apreendê-lo.

Esta é também a oportunidade de nos apercebermos do que confere ao sujeito a unidade — chamemo-la provisoriamente de pré-consciente, não de inconsciente — que permitiu, até o momento, sustentá-lo em sua pretensa suficiência. Longe de ele ser suficiente, é em torno da fórmula ($\$ \lozenge a$), em torno do ser do *a*, do mais-de-gozar, que se constitui a relação que nos permite, até certo ponto, ver consumar-se a solda, a precipitação, o congelamento que faz com que possamos unificar um sujeito como sujeito de todo um discurso.

Farei no quadro um esquema que representa aquilo de que se trata.

A primeira fórmula indica que, em sua relação com outro significante, S_2, um significante S_1 representa o sujeito, o S barrado que jamais poderá apreender-se.

$$\frac{S_1}{\$} \rightarrow S_2$$

A segunda pretende assinalar que um significante qualquer na cadeia, aqui o S_3, pode ser relacionado com o que não passa, no entanto, de um objeto: o pequeno *a*, que é fabricado na relação com o mais-de-gozar.

$$S_3 \lozenge a$$

Pelo início do funcionamento do organismo, constata-se que o objeto pode assumir a imagem das entidades evanescentes cuja lista já forneci, que vão do seio à evacuação e da voz ao olhar. Essas são outras tantas fabricações do discurso da renúncia ao gozo. O que impulsiona essa fabricação é isto: em torno delas pode produzir-se o mais-de-gozar.

Eu já lhes disse isto a propósito da aposta de Pascal: mesmo que só houvesse uma única vida após a morte a ser ganha na aposta, seria preciso trabalharmos muito nesta vida aqui para saber como nos conduzirmos na outra.

Esse trabalho, assim como a troca que a aposta efetua com algo que saberíamos valer a pena, tem como motor uma função que é correlata à do mais-de-gozar, e que é a do mercado. Ela está na própria base da idéia que Pascal maneja, ao que parece, com a extraordinária cegueira de quem está, por sua vez, no começo do período de desencadeamento dessa função do mercado. Se ele introduziu o discurso científico, não nos esqueçamos de que foi também ele que, mesmo nos momentos mais extremos de seu retiro e sua conversão, quis inaugurar uma empresa de transporte coletivo parisiense. Esse Pascal não sabe o que diz quando fala de uma vida feliz, mas temos aí a encarnação dela. Que outra coisa é apreensível no termo *feliz* senão, precisamente, a função que se encarna no mais-de-gozar?

Aliás, não precisamos apostar no além para saber o que ele vale, ali onde o mais-de-gozar se desvela nuamente. Isso tem nome — chama-se perversão. E é por isso mesmo que para toda mulher santa há um filho perverso. Não há nenhuma necessidade do além para que, de um ao outro, consume-se a transmissão de um jogo essencial do discurso.

Este esquema permite conceber como é em torno da fantasia que se articula o que acontece na produção do *a*:

$$\frac{\$}{a} \quad \frac{\$ \Diamond (\$ \Diamond (\$ \Diamond a))}{a}$$

A reiteração do significante que representa o sujeito, S barrado, em relação a ele mesmo é correlata ao *a* colocado embaixo da barra. Inversamente, a relação do sujeito com o objeto, por causa disso, ganha consistência em ($\$ \Diamond a$), onde se produz algo que já não é sujeito nem objeto, mas se chama fantasia. A partir daí, os outros significantes, ao se encadearem, ao se articularem e, ao mesmo tempo, ao se cristalizarem no efeito de significação, podem introduzir o efeito de metonímia que consolida o sujeito.

Por exemplo, na frase *Espanca-se uma criança*, quer o sujeito esteja no momento do *uma criança*, no momento do *espanca* ou no momento do *se*, ele se torna alguma coisa equivalente: esse ser solidário de quem temos a fraqueza de fornecer uma imagem onivalente no discurso, como se pudesse haver aí um sujeito de todos os significantes.

Se, pela regra analítica, algo pode relaxar-se tanto nessa cadeia que se produzam efeitos reveladores, que ênfase dar a esse fato, a fim de que ele assuma sua importância? Para dar uma imagem do aparecimento da verdade na experiência analítica, dei-lhe a ênfase de um *Eu falo* mítico. Esse é o ideal, sem dúvida, mas a questão agora é compreender que a verdade assim emitida fica presa e suspensa entre os dois registros cujos limites indiquei no título de meu seminário deste ano, o do Outro e o do pequeno *a*.

Que é o Outro? É o campo da verdade que defini como sendo o lugar em que o discurso do sujeito ganharia consistência, e onde ele se coloca para se oferecer a ser ou não refutado. Surgiu para Descartes o problema de saber se existia ou não um Deus que garantisse esse campo. Ora, esse problema está hoje totalmente deslocado por não haver no campo do Outro a possibilidade de uma consistência completa do discurso.

Vocês hão de me desculpar por não ter tempo de lhes mostrar isso desta vez. Basta eu lhes dizer que é algo demonstrável. Espero poder articulá-lo da próxima vez, e precisamente em função da existência do sujeito. É uma demonstração que já escrevi no quadro certa vez, muito rapidamente. Ela é muito fácil de encontrar no primeiro capítulo do que chamamos de teoria dos conjuntos. Mas será preciso, ao menos para uma parte dos ouvidos que aqui estão, mostrar em que sentido é pertinente introduzir, na elucidação da função do discurso que nos é próprio, a nós, analistas, uma função extraída de uma lógica da qual seria um grande erro acreditarmos que chamá-la de matemática equivale a excluí-la, e enviá-la ao anfiteatro vizinho.

Se em parte alguma do Outro é possível assegurar a consistência do que é chamado verdade, onde está ela, a verdade, a não ser naquilo a que corresponde a função do *a*? Aliás, numa outra ocasião, já enunciei o que acontece com o grito da verdade.

Eu, a verdade, escrevi, *falo* — sou pura articulação, emitida para embaraço de vocês. É justamente isso que a verdade pode dizer para nos comover. Mas não é isso que grita aquele que é sofrimento, por *ser* essa verdade. Esse tem que saber que seu grito não passa de um grito mudo, um grito no vazio, um grito que ilustrei, no passado, com o célebre quadro de Munch.

Nesse nível, o que pode, no Outro, responder ao sujeito? Nada senão aquilo que produz sua consistência e sua ingênua confiança em que ele é como eu. Trata-se, em outras palavras, do que é seu verdadeiro esteio — sua fabricação como objeto *a*. Não há nada diante do sujeito senão ele, o um-a-mais entre tantos outros, e que de modo algum pode responder ao grito da verdade, mas que é, muito precisamente, seu equivalente — o não-gozo, a miséria, o desamparo e a solidão. Tal é a contrapartida do *a*, desse mais-de-gozar que constituiu a coerência do sujeito enquanto eu.

Não há mais nada a dizer — a menos que eu queira deixá-los hoje com algo que faça sorrir um pouco mais e que, para tanto, retome do Eclesiastes as palavras de um velho rei que não via contradição entre ser o rei da sabedoria e possuir um harém.

Tudo é vaidade, sem dúvida, diz-lhes ele, desfruta da mulher a quem amas. Ou seja, faz uma aliança desse oco, desse vazio que está no centro de teu ser. Não existe próximo, a não ser esse mesmo vazio que há em ti, teu próprio vazio.

Com certeza, essa relação é garantida simplesmente pela figura que sem dúvida permitiu a Freud sustentar-se através de todo esse caminho perigoso, e nos colocar em condições de esclarecer relações que não seriam suportáveis de outra maneira sem esse mito, a Lei divina, que deixa em todo o seu primitivismo o gozo entre o homem e a mulher. É preciso dizer isto — *Dá-lhe aquilo que não tens, pois o que te pode unir a ela é somente seu gozo.*

É com isso que, à maneira de um enigma simples, total, religioso, aquele que só é abordado na Cabala, dou-me hoje por quite com vocês.

13 de novembro de 1968

A Inconsistência do Outro

II

Mercado do saber, greve da verdade

A estrutura é o real
De um discurso que tem conseqüências
Linguagem e lógica
A frustração do trabalhador
A renúncia ao gozo

Pois então, da última vez, que foi uma primeira, fiz referência a Marx, ao introduzir ao lado da de mais-valia uma nova noção.

Num primeiro tempo, apresentei a relação dessas duas idéias como homológica, com todas as reservas que esse termo comporta.

A mais-valia, na língua original em que essa idéia foi, eu não diria nomeada pela primeira vez, mas descoberta em sua função essencial, é chamada de *Mehwert*.

Escrevi a palavra no quadro, porque Deus sabe o que aconteceria se eu só fizesse pronunciá-la diante do que tenho como platéia, e especialmente em matéria de psicanalistas, quando eles são recrutados entre o que é chamado, como seres de natureza ou de hereditariedade, de agentes duplos. Não tardariam a me dizer que se trata da *Mãe verde* [*Mére vert*] e que estou recaindo em trilhas batidas. É dessa mesma maneira que há quem se sirva do meu *isso fala* para reintegrar o pretenso desejo obstinado do sujeito de se reencontrar bem quentinho no ventre materno.

Nessa mais-valia, portanto, prendi, superpus, pespeguei no avesso a idéia de mais-de-gozar [*plus-de-jouir*].

Isso foi dito assim na língua original, ou seja, em francês, da última vez, pela primeira vez. Para traduzi-la para a língua da qual me veio sua inspiração, chamarei essa idéia, a menos que algum germanista do auditório se oponha, de *Mehrlust*.

É claro que não produzi essa operação sem fazer uma referência discreta, à maneira alusiva em que me sucede fazê-lo algumas vezes, àquele, por que não, cujas pesquisas e cujo pensamento me induziram a isso, ou seja, Althusser.

Como de costume, nas horas que se seguiram, isso gerou um burburinho nos cafés onde o pessoal se reúne para discutir uma coisa e outra sobre o que é dito aqui. Quão lisonjeado fiquei com isso, até mesmo satisfeito! Na verdade, não nego o que se pode dizer nessas circunstâncias, já que, aliás, introduzi minha afirmação, da última vez, evocando o fator publixante ou publixador, como quiserem chamá-lo, do estruturalismo.

Eu tinha feito alusão, precisamente, ao fato de que, pelos últimos ecos, Althusser não se sentia muito à vontade no estruturalismo, e havia lembrado simplesmente que, haja o que houver com o que ele confessa ou nega, parece, para quem o lê, que seu discurso faz de Marx um estruturalista, e muito exatamente por ele sublinhar sua seriedade.

Seria um erro acreditarmos que o humor que pode advir do vínculo com uma bandeira, seja ela qual for, constitua o essencial aqui.

É à estrutura que eu gostaria de voltar.

1

A estrutura deve ser tomada no sentido em que é mais real, em que é o próprio real.

Pelo menos, é isso que enuncio, de minha parte, e que assinalei em outras ocasiões. Já na época em que eu desenhava no quadro, ou em que manipulava alguns dos esquemas com que é ilustrada a topologia, eu assinalava que não se tratava, nesse ponto, de metáfora alguma.

Das duas, uma. Ou isso de que falamos não tem nenhuma espécie de existência, ou, se o sujeito a tem, tal como o articulamos, entenda-se, ele é feito exatamente como as coisas que eu escrevia no quadro, desde que vocês saibam que essa imagenzinha, que é tudo que se pode usar para representá-lo numa página, só está aí para representar algumas ligações que não podem ser postas em imagem, mas podem perfeitamente ser escritas.

A estrutura, portanto, é real. Em geral, isso se determina pela convergência para uma impossibilidade. É por isso que é real.

Só estou falando hoje na estrutura por ser forçado a isso pelo burburinho dos cafés, mas não deveria ter necessidade de falar dela, uma vez que eu a digo. O que eu digo postula a estrutura, porque visa, como afirmei da última vez, a causa do próprio discurso.

Implicitamente, e como qualquer um que ensina, ao querer desempenhar essa função, desafio, em princípio, a que me refutem com um discurso que explique o discurso de maneira diferente da que acabo de dizer, ou seja — repito-o, para os surdos —, o que o discurso visa é a causa do próprio discurso.

Se alguém quiser explicar o discurso de outra maneira, como expressão ou como relação com um conteúdo para o qual se inventa a forma, fique à vontade. Mas observo então que é impensável, nessa situação, que vocês inscrevam nele, seja a que título for, a prática da psicanálise, até mesmo como charlatanismo. Entendam que, quanto à psicanálise, a questão é saber se ela existe. É isso que está em jogo.

Mas, por outro lado, há uma coisa pela qual ela se afirma indiscutivelmente. É que ela é sintoma do momento temporal a que chegamos no que chamarei, com uma palavra provisória, de civilização.

Não é brincadeira. Não estou falando da cultura. A civilização é algo mais vasto. Aliás, é apenas uma questão de convenção. A cultura, tentaremos situá-la no uso atual que se faz desse termo num certo nível, que chamaremos de comercial.

Voltemos a meu discurso e ao que pretendo com um discurso válido. Para empregar uma metáfora que me sucedeu usar muitas vezes para fazê-lo entender, vou compará-lo ao traçado da tesoura nessa matéria da qual falo quando evoco o real do sujeito. A maneira como o traçado de tesoura cai na estrutura, ela se revela pelo que é. Se passarmos o traçado de tesoura em algum lugar, as relações mudam, tanto que o que não se via antes passa a ser visto depois. Dizendo, ao mesmo tempo, não ser uma metáfora, que ilustrei com o traçado de tesoura na banda de Moebius, que a transforma numa banda que já não tem nada a ver com o que era antes. O passo seguinte a ser dado é perceber, a partir dessa transformação, que o traçado da tesoura é, em si mesmo, toda a banda de Moebius.

Eis aí um modo de falar da mais ínfima metáfora. Digamos que, no princípio, não vale a pena falar de outra coisa senão do real em que o próprio discurso tem conseqüências. Chamem a isso estruturalismo, ou não. Foi o que, de minha parte, chamei de condição de seriedade, da última vez.

Essa condição é particularmente exigível numa técnica — a da psicanálise — cuja pretensão é que o discurso tenha conseqüências nela, uma vez que o paciente só se submete, de maneira artificialmente definida, a um certo discurso pautado por regras para que ele tenha conseqüências.

Nada prevalece contra estas observações, e decerto não as afirmações que me imputam negligenciar a dimensão energética, e que vemos expostas em livros cujo texto, por outro lado, é arranhado pelo meu próprio discurso. Coisas desse tipo, eu as deixo para lá, quando se trata de respostas polêmicas. Mas, neste ponto, eis-nos no xis da questão, já que, como assinalei da última vez, substituí essa referência exaltante à energética — exaltante sobretudo para aqueles que ignoram até mesmo o que isso quer dizer — por uma referência à economia política, a qual teríamos dificuldade de sugerir, nos tempos atuais, que é menos materialista.

No caso, portanto, não desdenhemos da energética. Se aplicarmos o que acabo de dizer, seria preciso, para que a energética se relacionasse com nosso campo, que o discurso tivesse conseqüências nela. Pois bem, justamente, ele as tem. Refiro-me à verdadeira energética e à física, onde ela tem lugar na ciência.

Muito antes que se publicassem essas ridículas objeções, eu havia apontado, em aulas que os interessados puderam entender perfeitamente, já que depois fizeram uso delas em suas próprias conferências, que a energética nem sequer é concebível senão como conseqüência do discurso. Não é por se tratar de física que não fica claro que, sem uma demarcação significativa dos índices e níveis em relação aos quais é possível avaliar a função inicial do trabalho, entendido no sentido da física, não há nem mesmo a probabilidade de se começar a formular o princípio de toda a energética, no sentido literal desse termo, ou seja, a referência a uma constante, que é justamente o que se chama energia, em relação a um sistema fechado, outra hipótese essencial. O fato de com isso se poder criar uma física, e de ela funcionar, é justamente a prova do que acontece com um discurso como algo que tem conseqüências.

Isso comporta, ao mesmo tempo, que a física implica a existência de um físico. Além do mais, é preciso um físico que não seja qualquer um, mas que tenha um discurso correto, no sentido em que acabo de articulá-lo, isto é, um discurso que valha a pena enunciar e que não seja apenas um pulsar do coração, como se torna a energética quando a submetem a um uso tão delirante e confuso quanto o que é feito da noção de libido, quando se vê nela o que é chamado de pulsão de vida.

Dizer que a física não funciona sem o físico não equivale a baseá-la num postulado idealista. Espero que não haja aqui nenhum entendimento que formule essa objeção, a qual seria muito ridícula no contexto do que acabo de enunciar, porquanto estou dizendo que é o discurso da física que determina o físico, e não o contrário. Nunca houve físico verdadeiro até que esse discurso prevalecesse.

É esse o sentido que dou ao discurso aceitável na ciência.

Só que, vejam, existe o argumento realista. De uma forma irresistível, imagina-se que a natureza está sempre presente, quer estejamos presentes ou não, nós e nossa ciência, como se nossa ciência fosse nossa e nós não fôssemos determinados por ela.

Não discuto isso, em absoluto. A natureza existe. O que a diferencia da física é que a física merece que se diga alguma coisa dela, que o discurso tenha conseqüências nela, ao passo que, como todos sabem, nenhum discurso tem a menor conseqüência na natureza, e é até por isso que a amamos tanto. Ser filósofo natural nunca passou, em nenhuma época, por um atestado de materialismo nem de cientificidade.

Mas, se a física nos dá o modelo de um discurso que tem validade, as exigências do nosso devem ser retomadas de mais acima.

2

Todo discurso se apresenta como prenhe de conseqüências, só que obscuras. Nada do que dizemos, em princípio, deixa de implicá-las. No entanto, não sabemos quais são.

É no nível da linguagem que retomarei as coisas, para demarcar bem os limites.

Observamos na linguagem uma sintaxe tal que é encarnada por um grande número de línguas, as quais, por falta de audácia, chamamos de línguas *positivas*. Uma vez que acabo de lhes fazer, a propósito da natureza, um comentário que não lhes deve ter parecido, creio, sem pertinência, por que nos incomodarmos e não as chamarmos de línguas *naturais*? Com isso veremos melhor o que concerne à lingüística e o que permite situá-la no discurso da ciência.

Seja qual for a primazia que concedamos à linguagem, pelo fato de a esquecermos como realidade natural, todo discurso científico sobre a língua se apresenta por uma redução de seu material.

Com isso valorizamos um funcionamento em que se apreendem conseqüências — eu diria mais, em que se apreende a própria idéia de conseqüência, com suas variedades: a do necessário ou a do contingente, por exemplo.

Ao reduzir o material, portanto, efetua-se uma clivagem discursiva. É isso que confere todo o valor ao que afirmo de saída, ou seja, que não existe metalinguagem, o que é verdadeiro no campo da linguagem natural.

Se vocês fazem essa redução do material, por que é? Acabo de lhes dizer: é para valorizar um funcionamento em que se apreendem conseqüências. A partir do momento em que captam essas conseqüências, vocês as articulam numa coisa que têm todo o direito de considerar como uma metalinguagem — exceto pelo fato de que esse *meta* só pode gerar confusão. É por isso que eu preferiria contentar-me em dizer que destacar no discurso o que convém chamar pelo nome, a lógica, é sempre condicionado por uma redução do material, e por nada mais.

Sem dar maiores indicações, ilustrarei isso para vocês. Redução do material quer dizer que a lógica começa na data precisa da história em que alguns elementos da linguagem, tidos como funcionando em sua sintaxe natural, são substituídos por uma simples letra por alguém que entende do riscado. E isso inaugura a lógica. É a partir do momento em que vocês introduzem um A e um B no *se isto, logo aquilo* que a lógica começa. É somente a partir daí que vocês podem formular, sobre o uso desse A e desse B, um certo número de axiomas e de leis dedutivas que merecerão o título de articulações metalingüísticas, ou, se preferirem, paralingüísticas.

Portanto, assim como não há física que se estenda, como a bondade de Deus, a toda a natureza, não há lógica que encerre toda a linguagem.

Mesmo assim, persiste o fato de que, ou é um delírio, uma loucura absurda, nos determos por um instante que seja na psicanálise, ou o que ela enuncia é que tudo o que vocês são, inclusive o que são quando sentem, e não apenas quando pensam — embora não haja motivo para qualquer repugnância em relação a esse termo, pois, porventura o fato de pensar seria privilégio dos intelectuais intelectualistas? que, como todos sabem, são o veneno da terra, e sobretudo desta terra psicanalítica, é claro —, tudo o que vocês são fica no âmbito das conseqüências do discurso.

Nem mesmo sua morte — refiro-me à idéia anódina que vocês possam ter dela — é separável de vocês poderem dizê-la, e não me refiro a *dizê-la ingenuamente*. Até a idéia que vocês fazem de sua morte, e que chamei de anódina porque, na verdade, não tem grande peso para vocês, é separável do discurso máximo que vocês possam tramar a propósito dela. É exatamente por isso que o sentimento que vocês têm de sua morte é apenas anódino.

Ingenuamente, a sua morte, vocês nem sequer podem começar a dizê-la. De modo algum aludo aqui ao fato de que os primitivos seriam ingênuos, e de que é por essa razão que falam dela de maneira tão engraçada. O fato de a morte, entre eles, ser sempre um truque, um envenenamento, um feitiço, um negócio que não vai a lugar nenhum, em suma, um acidente, não prova, em absoluto, que eles falem dela com ingenuidade. Vocês acham que isso é ingênuo? Muito pelo contrário. E é justamente por isso que também eles se submetem a essa lei, a saber, a de que o sentimento que têm de sua morte não é separável do que eles podem dizer sobre ela. E aí está algo que seria preciso demonstrar.

Uma pessoa, dentre as que poderiam instruir-se um pouco aqui e se livrar de suas incoerências, saiu agora há pouco, sem dúvida por achar que estou dizendo banalidades. Há que acreditar que é preciso dizê-las, porque, caso contrário, por que me daria eu a esse trabalho, depois de tudo o que acabo de dizer sobre o fato de que um discurso tem ou não tem conseqüências? Meu discurso, em todo caso, tem como conseqüência essa saída, que é signalética.

É justamente por isso que seria essencial termos na psicanálise alguns espíritos formados no que, não sei por quê, é chamado de lógica matemática.

Esse nome denota uma velha confusão, como se existisse outra lógica. A lógica matemática é a lógica, pura e simples. Constata-se que ela interessou à matemática, o que a distingue da lógica aristotélica, que obviamente não interessou muito à matemática. Para a lógica, certamente é um progresso interessar à matemática, sim. Para chamar as coisas por seu nome, essa lógica matemática é absolutamente essencial à sua existência no real, saibam vocês disso ou não.

É justamente por vocês não o saberem muito bem que, de vez em quando, sucedem coisas que agitam, e me refiro a coisas muito recentes. Estão esperando que eu fale delas. Vou falar, vou falar. Só depende do tempo que eu levar para desenrolar o que preparei para vocês hoje. Eu gostaria de ter uma pitadinha para lhes dar antes de deixá-los, mas não há certeza, pois o que lhes costumo trazer nunca tem horários muito exatos.

A questão não é essa. Saibam vocês ou não, evidentemente, acabo de fazer alusão ao fato, já que... Eu disse: *saibam vocês disso ou não*. A pergunta bizarra que se coloca a esse respeito é se sempre foi verdade que a lógica matemática, no que tange à sua existência de sujeito, tem essas conseqüências que acabo de dizer que existem, saibam vocês ou não. Como seria possível isso, antes que viesse à luz a lógica que chamamos de matemática? Essa é a questão da existência de Deus.

Já o assinalei, mas agora o repito, porque nunca é demais repetir. Será que a lógica matemática existia, na compreensão divina, antes de vocês serem afetados por ela em sua existência de sujeito? Uma existência que já seria desde sempre condicionada por ela.

Esse problema tem grande importância, porque é aí que surte efeito o avanço que consiste em perceber que um discurso tem conseqüências. Foi preciso que já houvesse alguma coisa atinente aos efeitos do discurso para que nascesse o discurso da lógica matemática. De qualquer modo, mesmo que já possamos identificar numa existência de sujeito algo que possamos ligar retroativamente a um efeito do discurso da lógica nessa existência, fica claro, e deve ser firmemente sustentado, que não se trata das mesmas conseqüências que as manifestadas desde que foi proferido o discurso da lógica matemática.

Aí se situam o necessário e o contingente no discurso efetivamente sustentado.

É por essa razão que não vejo bem em que a referência estrutural desconheceria a dimensão da história.

3

A questão é, simplesmente, saber de que história estamos falando.

A história, tal como é incluída no materialismo histórico, parece-me rigorosamente conforme às exigências estruturais.

Existia a mais-valia antes que o trabalho abstrato — refiro-me àquele do qual se deduz essa abstração como média social — resultasse de algo que chamaremos de absolutização do mercado? Não garanto a exatidão da primeira palavra, mas quero proferir uma palavra que surta efeito.

É mais do que provável que o aparecimento da mais-valia no discurso tenha tido como condição a absolutização do mercado. É difícil conseguir separar esta última do desenvolvimento de alguns efeitos de linguagem, e foi por isso que introduzimos o mais-de-gozar. Foi necessária a absolutização do mercado, chegando a ponto de englobar o próprio trabalho, para que a mais-valia se definisse como se segue.

Remuneramos o trabalho com dinheiro, uma vez que estamos no mercado. Pagamos seu preço verdadeiro, tal como a função do valor de troca o define no mercado. No entanto, existe um valor não remunerado naquilo que aparece como fruto do trabalho, porque o preço verdadeiro desse fruto está em seu valor de uso. Esse trabalho não remunerado, embora pago de maneira justa em relação à consistência do mercado no funcionamento do sujeito capitalista, é a mais-valia.

A mais-valia, portanto, é fruto dos meios de articulação que constituem o discurso capitalista. É o que resulta da lógica capitalista.

Ora, articulado dessa maneira, esse discurso acarreta uma certa posição do *Eu* no sistema. Quando esse *Eu* está no lugar do trabalhador, o que constitui o caso cada vez mais geral, a citada posição comporta uma reivindicação concernente à frustração, entre aspas, do trabalhador.

É estranho que uma coisa acarrete a outra, eis o que cabe dizer, pois trata-se apenas das conseqüências de um discurso perfeitamente definido, no qual o próprio trabalhador se inscreve como *Eu*. Eu disse *Eu*. Notem que eu não disse *sujeito*, embora tenha falado do sujeito capitalista.

Vou andar devagar. Voltaremos a nos ver, espero, com exceção daqueles que saírem no meio, e vocês verão que não é à toa que eu digo *sujeito* lá e *Eu* aqui. Isso será reencontrado num certo nível, que já deveria funcionar há muito tempo, uma vez que é o do meu grafo. Faz mais de dez anos que o construí, diante de uma platéia de asnos. Eles ainda não descobriram onde estava o *Eu* nesse grafo. Será preciso que eu lhes explique. Para lhes dar essa explicação, preciso preparar as coisas. Vamos labutando. É um trabalho. Esperemos que, antes do fim, eu possa lhes dizer como se situa o trabalho para nós no discurso daquele que ensina.

Portanto, é estranho e interessante que isso acarrete a idéia de frustração, com as reivindicações que se seguem e com as pequenas reconstruções distinguidas pelo nome de revoluções. Não posso deixar de articular desde já que a dimensão introduzida nesse ponto exato é conflituosa.

Eu disse que era estranho e que era interessante, e isso deveria pelo menos incitá-los a reconhecer essa dimensão, não é? É difícil designá-la de outra maneira que não por uma palavra estranha, não menos do que interessante, porém estranha, que é a palavra *verdade*.

A verdade não é coisa que se apreenda assim. Já a introduzi uma vez, em sua junção com o saber, junção cuja topologia tentei desenhar, porque é difícil falar do que quer que seja em psicanálise sem introduzi-la. Isso bem mostra a prudência que convém ter, porque Deus sabe o que me coube das besteiras que correm a esse respeito. Dessa junção, tentaremos aproximar-nos um pouco mais.

Partamos de que a realidade capitalista não tem relações muito ruins com a ciência. Não se dá nada mal com ela. E tudo indica que isso pode continuar a funcionar assim, pelo menos por algum tempo.

Falei de realidade, não é? Mas não falei de real. Falei também do que se construiu sobre o sujeito capitalista, do que foi gerado no nível da reivindicação fundamentalmente inserida no reconhecimento da mais-valia — caso contrário, o discurso de Marx não terá nenhum sentido —, do que é propriamente a incidência científica em algo que é da ordem do sujeito.

Portanto, a realidade capitalista não se dá nada mal com a ciência, pelo menos num certo nível. Por exemplo, enviam-nos para as órbitas espaciais em objetos perfeitamente bem-conformados, assim como habitáveis.

Em contrapartida, no nível mais próximo, aquele a partir do qual são geradas a revolução e as formas políticas que ela suscita, não é certo que haja alguma coisa inteiramente resolvida no plano dessa frustração que designamos como sendo o nível de uma verdade.

Sem dúvida, o trabalhador é o lugar sagrado desse elemento conflituoso que é a verdade do sistema, e que emerge quando um saber, sustentado de forma tão mais perfeita quanto mais é idêntico à sua própria percepção no ser, dilacera-se em algum ponto. Então, vamos dar o passo que nos é permitido pelo fato de se tratar aí, sem dúvida alguma, da mesma substância. Sondemos o que acontece com o tecido estrutural, para darmos assim nossa tesourada.

Trata-se do saber. É em relação ao saber, sob sua forma científica, que venho apreciar prudentemente o que se dá nas relações das duas realidades que se opõem em nosso mundo político.

O saber, embora há pouco eu tenha parecido começar meu discurso por ele, não é o trabalho. Às vezes equivale ao trabalho, mas também pode nos ser dado sem ele. O saber, em última instância, é o que chamamos de valor. O valor às vezes se encarna no dinheiro, mas o saber também vale dinheiro, e cada vez mais. É isso que deve nos esclarecer. Esse valor é o valor de quê? Está claro: é o valor da renúncia ao gozo.

Originalmente, é pela renúncia ao gozo que começamos a saber um pouquinho, sem que para isso haja necessidade de trabalho. Não é pelo fato de o trabalho implicar a renúncia ao gozo que toda renúncia ao gozo só se faz pelo trabalho.

Sucede-lhes uma inspiração, para que vocês saibam se reter ou se conter. Aludi a ela da última vez, para definir o pensamento. Com um pequeno tempo de suspensão, vocês podem se aperceber, por exemplo, de que a mulher não vive somente de pão, mas também da castração de vocês — isso, quanto aos varões. A partir daí, vocês conduzem sua vida com mais segurança. É um valor de uso.

O saber não tem nada a ver com o trabalho. Mas, para que se esclareça alguma coisa nessa história, é preciso que haja um mercado, um mercado do saber. É preciso que o saber se torne uma mercadoria. Ora, é isso que se precipita e do qual não se tinha idéia. Deveríamos ter ao menos uma pequena sugestão disso, ao ver a forma que as coisas assumem e o jeito de feira que isso vinha assumindo há algum tempo na Universidade.

Há coisas de que falei incidentalmente, por outros ângulos. Não existe propriedade intelectual, por exemplo, o que não quer dizer que não haja roubo. É justamente assim que ela começa, a propriedade. Tudo isso é muito complicado, porque só existe, é claro, a partir do momento em que se remuneram as conferências feitas no exterior. Quero dizer que é no exterior que elas são pagas. E pronto, até na França isso está começando. É a partir desse momento que se pode conferir a alguém que se mostre especialmente destacado nessa espécie de especulação o que, noutros tempos, num círculo íntimo, chamei de Prêmio Náusea.

Mas tudo isso não passa de anedota. O saber não se converte em mercado como efeito da corrupção nem da imbecilidade dos homens.

Há muito tempo se sabe que a Sorbonne era o lugar predileto dessa espécie de qualidade negativa, dessa fraqueza. Isso foi conhecido em todos os momentos da história. Na época de Rabelais já havia pulhas, assim como na dos jansenistas. Não falha nunca: eles estão sempre do lado certo, isto é, do errado.

Não é isso o novo. Busquei a raiz do que é ridiculamente chamado de *os acontecimentos*. Não há o menor deles, acontecimentos, nessa história. Mas vou explicar de novo a vocês.

O próprio processo pelo qual a ciência se unifica, no que ela extrai seu nó de um discurso conseqüente, reduz todos os saberes a um único mercado. É essa a referência nodal quanto ao que estamos interrogando. É a partir dela que podemos conceber que também existe alguma coisa que, embora remunerada por seu verdadeiro valor de saber, segundo as normas que se constituem do mercado da ciência, é obtida de graça. Foi a isso que chamei o mais-de-gozar.

A partir do saber, percebe-se, enfim, que o gozo se ordena e pode se estabelecer como rebuscado e perverso. Isso não é novo, mas só se revela a partir da homogeneização dos saberes no mercado.

Nessa situação, portanto, o que representa o mal-estar da civilização, como se costuma dizer? É um mais-de-gozar obtido através da renúncia ao gozo, respeitado o princípio do valor do saber.

O saber é um bem? A pergunta surge porque seu correlato é este: *non licet omnibus*, como já afirmei, *adire Corinthum*.* Mas nem por isso todo o mundo tem acesso ao mais-de-gozar.

Nessa história, o que é ou não é remunerado? O trabalho, dissemos antes. Mas, de que se trata nesse registro? O que já apontei há pouco, quanto ao que surge de conflituoso a partir da função da mais-valia, coloca-nos no caminho certo. É aquilo a que já dei o nome de verdade.

A maneira como cada um sofre em sua relação com o gozo, porquanto só se insere nela pela função do mais-de-gozar, eis o sintoma — na medida em que ele aparece provindo disto: de que já não há senão uma verdade social média, abstrata.

Eis o que resulta do fato de um saber ser sempre remunerado por seu verdadeiro valor, sem dúvida, porém abaixo do valor de uso gera-

* "Nem todos podem ir a Corinto", tradução latina de um provérbio grego que remete à idéia daquilo a que se tem que renunciar por falta de meios ("nem tudo é para todos"). (N.T.)

do por essa verdade, sempre para outras pessoas que não as que têm razão. É por isso que ele comporta a função do mais-de-gozar. E esse *Mehrlust* zomba um bocado de nós, porque não sabemos onde se esconde.

É por isso que sua filha está muda, minhas caras crianças.* Ou seja, foi por isso que em maio a coisa esquentou.

Foi uma grande *tomada da palavra*, exprimiu-se alguém que não ocupa um lugar desprezível no meu campo. Tomada da palavra? Creio que seria um erro darmos a essa tomada uma homologia com a tomada de uma Bastilha qualquer. Está mais para uma tragada de cigarro ou de erva, eu diria.

Foi positivamente a verdade que se manifestou nessa ocasião. Uma verdade coletiva, porém no sentido de que a greve não se harmonizou nada mal com essa verdade.

A greve é justamente uma espécie de relação que une o coletivo ao trabalho. É a única, aliás. Estaríamos totalmente errados ao crer que um cara que está numa linha de montagem trabalha coletivamente. Mas é ele quem executa o trabalho. Na greve, a verdade coletiva do trabalho se manifesta. O que vimos em maio, entretanto, foi a greve da verdade.

Também nesse caso, a relação com a verdade foi evidente. A verdade estava estampada nos muros. Naturalmente, convém lembrar, naquele momento, a relação que eu tivera a felicidade de apontar, três meses antes — a verdade da burrice não deixa de levantar a questão da burrice da verdade.

Havia até burrices que diriam ser do discurso de Lacan. Estas o reproduziam quase textualmente. Foi um acaso, é claro. Evidentemente, decorreu de que as coisas, extraídas de seu contexto, podem ser verdades, mas isso não impede que sejam burrices. É justamente por essa razão que o que prefiro é um discurso sem fala.

O estranho foi o que se viu de uma interrogação apaixonada, surgida na alma daquele a quem chamarei — vocês verão perfilar-se sua silhueta — o vigário comunista, aquele cuja bondade também não tem limites na natureza. Podemos contar que receberemos dele colocações morais; são coisas que vêm com a idade.

---

* A frase "É por isso que sua filha está muda", alusão à proferida por Sganarelle, personagem da comédia de Molière *O médico à força* (1666), costuma ser lembrada para zombar das explicações verborrágicas e incoerentes. (N.T.)

Há alguém que rotulei para sempre com o nome de *Mudger Muddle*. Essa é da minha lavra. Evoca o crocodilo e a lama em que ele se banha, bem como o fato de que, com uma lágrima delicada, ele nos atrai para seu mundo benevolente. Encontrei Mudger Muddle na calçada do bulevar Saint-Germain. Ele me disse que vinha investigando a teoria marxista e estava inundado pela felicidade que tudo aquilo exalava. Mas não lhe havia ocorrido a idéia de que a felicidade pode provir da greve da verdade. Considerando o peso com que a verdade recai sobre nós a cada instante de nossa existência, que felicidade, sem dúvida, já não ter com ela senão uma relação coletiva!

Essas verdades estampadas nos muros às vezes eram uma idiotice, como eu disse a vocês. Ninguém comentou que elas também estavam no meu discurso. É que, no meu, isso dá medo. Mas também dava medo nos muros. Tantas idiotices, isso dá um medo ímpar. Quando a verdade coletiva sai, sabemos que todo o discurso pode cair fora. De lá para cá, a coisa entrou um pouco nos eixos. Mas fica em estado latente. É por isso que os capitais caem fora.

Já que hoje me arrisquei a dar minha interpretação pessoal disso a que chamam *os acontecimentos*, gostaria de lhes dizer: *Não pensem que isso detém o processo*. Nem se cogita, por ora, de que se detenha o mercado do saber. Vocês mesmos é que agirão para que ele se estabeleça mais e mais. A unidade de valor, esse papelzinho que pretendem conceder a vocês, é isso. É o sinal daquilo em que o saber se transformará cada vez mais, nesse mercado chamado Universidade. A verdade pode ter funções espasmódicas aí, mas não é isso que regerá para cada um sua existência de sujeito.

Como lhes recordei da última vez, fui muito gentil com a verdade num texto, fiz com que ela enunciasse os ditos mais inteligentes que me foi possível atribuir-lhe, tomei-os de empréstimo daquilo que digo quando não digo a verdade. Em outras palavras, nenhum discurso pode dizer a verdade. O discurso que se sustenta é aquele que pode manter-se por muito tempo sem que vocês tenham razão para lhe pedir que explique sua verdade.

Encostem na parede aqueles que se apresentarem diante de vocês dizendo: *A psicanálise, sabe como é, de nossa parte, nada podemos dizer dela*. Esse não é o tom do que vocês devem exigir se quiserem dominar esse mundo com um valor chamado saber. Quando um discurso se esquiva, vocês só têm uma coisa a fazer: é lhe perguntar por quê. Um discurso que não se articula por dizer alguma coisa é um discurso de vaidade.

Não pensem que o fato de dizer que tudo é vaidade, que foi a afirmação com que os deixei da última vez, seja outra coisa aqui senão um engodo, com o qual, como eu lhes disse, quis deixar que vocês se fossem, com a alma sossegada, até eu retomar este discurso.

Quanto aos que afirmam por princípio uma vaidade essencial de todo discurso, é por aí que o que sustento perante vocês terá, na próxima vez, que nos retomar em conjunto.

20 de novembro de 1968

III

A TOPOLOGIA DO OUTRO

O par ordenado

Da última vez, chegamos a um ponto que ordena que hoje eu lhes dê alguns esclarecimentos que chamarei de topológicos.

Não se trata de uma novidade a introduzir aqui, mas convém que eu a conjugue com o que introduzi este ano sob uma forma que designa a relação do saber com algo que certamente é mais misterioso, embora mais fundamental. O perigo é que ele seja entendido numa função de fundo em relação ao campo de uma forma, quando se trata de algo inteiramente diverso.

Refiro-me ao gozo.

1

É por demais evidente que o gozo constitui a substância de tudo de que falamos em psicanálise.

O gozo tem aqui a importância de nos permitir introduzir a função propriamente estrutural que é a do mais-de-gozar. É exatamente por isso que ela não é amorfa.

O mais-de-gozar apareceu em meus últimos discursos numa função de homologia em relação à mais-valia marxista. Dizer homologia é dizer, justamente, que a relação entre eles não é de analogia. Trata-se, com efeito, da mesma coisa. Trata-se do mesmo tecido, na medida em que se trata do recorte de tesoura do discurso.

Todos os que acompanham há tempo suficiente o que enuncio vêem que a relação do mais-de-gozar com a mais-valia gira em torno da função do objeto *a*.

Esse objeto *a*, em certo sentido, eu o inventei, tal como se pode dizer que o discurso de Marx inventou. Que significa isso? O achado de Marx foi a mais-valia. Quanto ao objeto *a*, não é que ele não tenha sido abordado antes de meu próprio discurso, mas só o foi de maneira francamente insuficiente, tão insuficiente quanto era a definição da mais-valia antes que o discurso de Marx a fizesse aparecer em seu rigor.

Mas o importante não é sublinhar uma equivalência na ordem da descoberta, e sim indagar sobre aquilo em que a descoberta como fato nos permite pensar, quando a defino inicialmente como *efeito* de um discurso — porque aqui não se trata de teoria, no sentido de ela abarcar alguma coisa que em dado momento se torne aparente.

O objeto *a* é efeito do discurso analítico e, nessas condições, o que digo dele é apenas esse próprio efeito. Será que isso significa que ele não passa de um artifício criado pelo discurso analítico? É esse o ponto que estou designando, e que é compatível com o fundo da questão, tal como a formulo a propósito da função do analista.

Não haveria discurso analítico nem revelação da função do objeto *a*, se o próprio analista não fosse o efeito, ou, eu diria mais, o sintoma que resulta de uma certa incidência na história, que implica a transformação da relação do saber, como determinante para a posição do sujeito, com o fundo enigmático do gozo. A questão do artifício se modifica, fica em suspenso, encontra sua mediação no fato de que o que é descoberto num efeito de discurso já apareceu como efeito de discurso na história.

Em outras palavras, a psicanálise só aparece como sintoma na medida em que já está presente uma guinada do saber na história — não digo na história do saber —, ou da incidência do saber na história, que concentrou, por assim dizer, a função definida pelo objeto *a*, a fim de no-la oferecer, de colocá-la ao nosso alcance.

Minha tradutora italiana, cuja modéstia não ofenderei ao mencioná-la, visto que ela perdeu o avião hoje de manhã e não está presente, foi a única a se aperceber muito bem, já faz algum tempo, da identidade entre a função da mais-valia e a do objeto *a*. Por que não houve mais pessoas que a enunciassem, admitindo que possa ter sucedido à coisa não me ser comunicada? Isso é que é estranho.

O estranho se tempera, com certeza, ao captar na essência, como faço eu — é meu destino —, a dificuldade do progresso do discurso analítico, a resistência que se acumula à medida mesma que ele prossegue.

Além disso, já que tenho um depoimento que adquire valor por provir de alguém que é da geração dos mais jovens, não é singular que, muitas vezes, eu possa perceber quão mais fácil é minha interação com eles, na geração vindoura, cuja média etária, que pude obter através de uma pequena experiência de cálculo, é, digamos, de vinte e quatro anos?

Há nisso um efeito que certamente não designarei como sendo de meu discurso, porém o da dificuldade crescente gerada a partir do que chamei de absolutização do mercado do saber.

Não chegarei a dizer que, aos vinte e quatro anos, todo o mundo é lacaniano, mas o certo é que nenhuma das dificuldades com que deparei ao longo do tempo, como se diz, para fazer este discurso ser ouvido, continua a se produzir, pelo menos no mesmo lugar, quando lido com alguém que, mesmo não sendo psicanalista, simplesmente aborda os problemas do saber exclusivamente por seu ângulo mais moderno e tem, digamos, uma certa abertura para o campo da lógica.

Nessa geração, as pessoas põem-se a estudar meus *Escritos*, começam a produzir diplomas ou teses sobre eles, em suma, submetem-nos à prova de uma transmissão universitária. Tenho ecos disso, e já também frutos, resultados, e foi assim que pude constatar, recentemente — não que tenha ficado surpreso, em absoluto —, a dificuldade enfrentada por esses jovens autores para extrair dos *Escritos* uma formulação que seja aceitável e classificável no que lhes é oferecido a título de escaninhos.

O que mais lhes escapa nesses *Escritos*, com certeza, é também o que constitui o peso e a essência destes, e que decerto prende esses leitores, os quais sempre me surpreende muito saber serem tão numerosos. Isto é, trata-se precisamente da dimensão do trabalho representada neles. Refiro-me ao fato de que cada um desses escritos representa alguma coisa que tive que deslocar, empurrar, transportar pela ordem da dimensão da resistência.

Essa resistência não é de ordem individual. Prende-se unicamente à realidade das gerações.

Na época em que comecei a falar, meus ouvintes, captados numa relação com o saber que era uma relação em pleno deslizamento, eram recrutados num nível mais velho do que hoje e já estavam formados de todas as maneiras, de um modo tal que nada era mais difícil do que situá-los no nível desta experiência anunciadora e denunciadora que é a psicanálise. É por isso que o que tento articular hoje em dia, eu o faço com certa esperança de que o que me é oferecido na atenção das gerações mais jovens alie-se ao que se apresenta efetivamente como um discurso.

No entanto, não se espere, de modo algum, que o discurso aqui sustentado faça a profissão articulada de uma postura de distância do que verdadeiramente se opera no progresso do discurso analítico. O que enuncio do próprio sujeito como sendo efeito do discurso torna absolutamente impossível que o meu se faça um sistema. Muito pelo contrário, o que cria a dificuldade deste discurso é indicar, por seu próprio processo, como ele mesmo é comandado, é indicar, por uma subordinação do sujeito psicanalítico, da qual me faço suporte aqui, o que o comanda e que se prende a todo o saber.

Minha posição, como todos sabem, é idêntica em vários pontos à que se inscreve sob o nome de epistemologia. Nessa perspectiva, enuncia-se uma pergunta que poderíamos formular nos seguintes termos: que acontece com o desejo que sustenta, da maneira mais oculta, o discurso que parece ser o mais abstrato de todos, digamos, o discurso matemático?

A dificuldade, contudo, é de ordem totalmente diferente no nível em que devo me colocar. Se é possível pôr em suspenso o que anima o discurso matemático, está claro que cada uma de suas operações é feita para tamponar, elidir, recoser, suturar a todo instante a questão do desejo. Lembrem-se do que já apareceu aqui, há quatro anos, a propósito da função da sutura. No discurso analítico, ao contrário, trata-se de dar plena presença à função do sujeito, invertendo o movimento de redução que habita o discurso lógico, para nos centrarmos perpetuamente no que é falha.

Isso é ainda mais problemático na medida em que de modo algum nos é permitido suprir essa falha, a não ser por um artifício, e então precisamos indicar cuidadosamente o que fazemos quando nos permitimos apontar essa falta, efeito da significação de algo que, pretendendo expressá-lo, não pode, por definição, ser um significante.

Escrevemos S(Ⱥ), significante do A maiúsculo barrado, para indicar essa falta. Como já articulei várias vezes, essa falta é uma falta no significante. Que quer dizer isso? O que representa essa falta no significante?

Podemos perfeitamente admitir que essa falta seja específica de nosso destino extraviado. Mas, ali onde apontamos a falta como tal, ela sempre foi a mesma. Assim, se existe algo que nos põe em relação com a história, trata-se de conceber como, durante tanto tempo, os homens puderam enfrentá-la.

Não é essa a questão que estou aqui para levantar diante de vocês no dia de hoje. Muito pelo contrário, eu já lhes disse, trata-se de topologia.

2

Se há uma formulação que tenho repetido com insistência, ultimamente, é aquela que enraíza a determinação do sujeito no fato de um significante o representar para outro significante.

Essa formulação tem a vantagem de inserir o sujeito numa conexão que é a mais simples e mais reduzida que se pode formular: a de um significante 1 para um significante 2. Partir daí é não mais poder perder de vista, nem por um instante, a dependência do sujeito.

A relação desse significante 1 com esse significante 2 não deixará de fazer eco, para todos os que ouviram alguma coisa sobre o que se dá na lógica, na teoria dos conjuntos, ao chamado par ordenado.

Podemos esperar que os ouvintes informados não sejam mais raros do que tudo aqui, e é importante ligar aqui essa referência teórica, embora, de momento, eu só possa dar uma indicação dela, ressalvando a possibilidade de tecer um comentário, mais tarde, sobre tal ou qual demanda que me seja feita.

O que chamo de meu discurso não é de hoje, e nosso caminho deste ano, como lhes anunciei da última vez, conduz-nos ao limite do que já foi construído, no próprio nível da experiência, no decorrer de um trabalho, eu diria, que consistiu em fazer entrarem em meu discurso, neste *eu digo* provocador, os que queriam transpor o obstáculo encontrado pelo simples fato de esse discurso ter sido iniciado no seio de uma instituição que, como tal, era a conta certa para suspendê-lo.

Esse discurso, tentei construí-lo, em sua relação fundamental com o saber, sob uma forma que alguns dos que abriram meu livro puderam encontrar, numa certa página, designada pelo nome de *grafo*.

Já faz dez anos que essa operação desembocou, em sua vinda ao mundo, no seminário sobre as formações do inconsciente. Para deixar as coisas bem marcadas na essência daquilo de que se trata, direi que essa construção começou por um comentário sobre o *Witz*, como se expressa Freud, ou seja, sobre o chiste.

Na verdade, não foi a esse discurso em si que me referi diretamente para retomar o assunto onde o deixei da última vez, e sim ao resumo dele publicado no *Bulletin de Psychologie*, o qual, sem ser perfeito, cabe dizer, não atesta negligências singulares. Sem ter que recorrer a notas não publicadas, todos podem encontrar nesse texto o testemunho de que as coisas estavam bem situadas em seu lugar desde essa ocasião, 1957-58, que se seguiu ao que eu tinha feito no ano anterior sobre a relação de objeto.

Como é pré-histórica essa época em relação à emergência como tal do objeto *a*! Este ainda não estava prefigurado senão na função do objeto metonímico, mas o estava de maneira incontestável, para quem entendeu o que veio depois.

Na primeira seção desse resumo das formações do inconsciente, que abrange as aulas dos dias 6, 13 e 20 de novembro de 1957, encontramos um primeiro desenho que se apresentava assim:

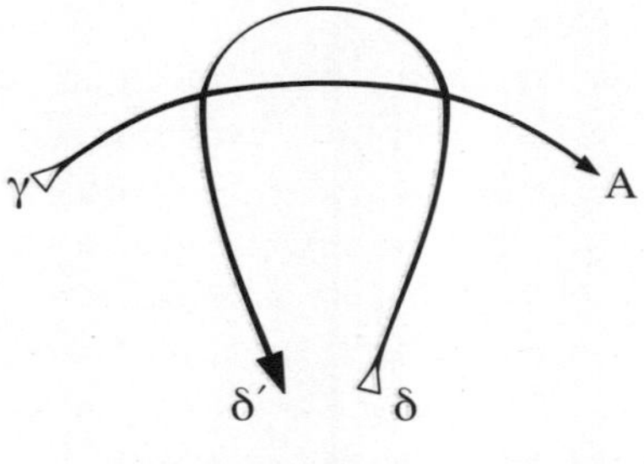

Primeiro esboço do grafo

É daqui, do δ, que parte essa linha, para chegar ao δ′. Basta ver o desenho dessa curva, com essa piramidezinha no começo, em δ, e essa marca de seta na extremidade, em δ′, para ficar claro que não se cogita de fazê-la partir de δ′ para seguir em sentido contrário. Não importa. Exceto por esse detalhe, o resumo conserva seu interesse.

Seu interesse é sobretudo atestar que esse primeiro esboço do grafo teve a função de inscrever, como depois se tornou banal, o que acontece com uma unidade da cadeia significante, na medida em que ela só encontra sua conclusão ali onde recorta a intenção, no futuro anterior que a determina. Quando uma coisa se instaura a partir daqui, que é, digamos, o querer dizer, o que se desenrola do discurso só vem a se concluir ao voltar a esse ponto, ou seja, só adquire seu alcance pleno da maneira aqui designada, isto é, retroativa.

A partir disso, podemos fazer uma primeira leitura do A tomado como Outro, ou lugar do código. O A encerra o tesouro da linguagem, que é preciso supor já presente, para que dele possam ser extraídos, sob o selo da intenção, os elementos que vêm inscrever-se, uns após outros, para se desenrolarem sob a forma de uma série de S_1, S_2, S_3, ou, dito de outra maneira, de uma frase que descreve um circuito até que algo seja realizado, fechado.

O que poderia ser mais natural, nem que fosse de maneira didática, do que ter articulado, na época, que esse esquema representava o significante e o significado? Afinal, quando penso em como foi longa essa marcha, por que não tremeria eu mesmo, no presente, ante a idéia de ter-me deixado levar a tamanha fraqueza? Graças a Deus, não houve nada disso, e leio sob a pluma do escriba de então — que, a despeito de suas negligências, não deixou de reter muito bem o que era essencial aí —, que *Nosso esquema representa não o significante e o significado, mas dois estados do significante.*

O circuito — não o repito para vocês tal como ele o enuncia, já que ele o enuncia atravessado, mas é evidente que se trata deste circuito aqui — *δAγδ′ representa a cadeia do significante em sua condição de se manter permeável aos efeitos da metáfora e da metonímia. É por isso que a consideramos constituída no nível dos fonemas. A segunda linha* — a que começa antes do (e prossegue até depois do A — *representa o círculo do discurso, o discurso comum, constituído por semantemas que, obviamente, não correspondem de maneira unívoca ao significado, mas são definidos por um uso.*

Vocês percebem bem que essa construção, no nível em que a edifiquei, podia ser condicionada pela necessidade de estabelecer o que acontece na formação da palavra *familionário*. Mas era preciso perceber que a formação do inconsciente, tal como pode produzir-se na ocasião do *Witz*, era o acesso mais evidente à função do discurso. Obviamente, a palavra *familionário* só pode produzir-se na medida em que se recortam, numa interferência precisa e estruturalmente definível, algo que funciona no nível dos fonemas e algo que é do círculo do discurso mais comum.

Quem conta isso? Neste ponto, é essencial que não seja Heinrich Heine. Trata-se de Hirsch Hyacinthe, um outro H.H. que, falando de Salomon Rothschild, quer dizer que este o recebeu de maneira muito familiar. É assim que o *familiarmente* entra no círculo do discurso. Mas Hirsch Hyacinthe acaba dizendo que o outro o recebeu de maneira *familionária*, com o que faz entrarem na palavra fonemas suplementares. A partir dessa conjunção, ele realiza uma formulação impagável, que não deixa de ter alcance para qualquer um. Se dissermos simplesmente que essa familiaridade não deixava de ter um certo ressaibo de milhões, como diz Freud em algum lugar, ninguém rirá, não será uma tirada espirituosa. Mas, quando isso se manifesta na forma *familionário*, o riso não falta.

Mesmo assim, perguntemos por que não falta esse riso. Ele não falta, muito precisamente, por haver um sujeito implicado. Resta saber onde situá-lo.

Freud o articula. Esse sujeito funciona sempre num registro tríplice. Só há tirada espirituosa em relação à presença de um terceiro. A tirada espirituosa não se sustenta de um interlocutor para outro, isto é, não no momento em que Hirsch Hyacinthe conta a história a um colega, mas no momento em que este último se percebe como estando em outro lugar, prestes a contá-la a um terceiro. Essa triplicidade se mantém quando esse outro terceiro, por sua vez, repete a mensagem. Na verdade, a mensagem só surte efeito no novo ouvinte a quem é transmitida na medida em que Hirsch Hyacinthe, que permaneceu sozinho, interroga do seu lugar o que acontece com ela.

Onde está o ponto sensível dessa familionaridade? Ele escapa a todos os que o transmitem. Trata-se, muito precisamente, da novidade que introduzi em nosso discurso e que, no caso, não hesitarei em transplantar para esse campo, a saber, o sujeito capitalista.

Aqueles que passam por entre as malhas da rede de ferro constituída pelo que é muito insuficientemente rotulado com a idéia de exploração de alguns homens por outros, isto é, aqueles que não estão presos num ou noutro dos dois extremos da cadeia de exploração, qual é a função deles, que são eles, se não empregados? Se esse *Witz* leva a rir, é porque cada um dos interlocutores que se encontram na passagem da doce piada do *familionariamente* sente-se, sem que o saiba, concernido como empregado, ou, se vocês preferirem, como implicado no setor terciário.

Não é indiferente que Heinrich Heine nos diga ter colhido essa piada da boca de Hirsch Hyacinthe, mas não nos esqueçamos de que, afinal, se Hirsch Hyacinthe existiu, também ele foi criação de Heinrich Heine. Já mostrei tanto quais podem ter sido suas relações com a baronesa Betty que posso dizer que, se alguém ri ao se introduzir por esse viés no que parece ser apenas uma ironia, uma tirada espirituosa, se esse alguém ri, é na condição de implicado na cativação exercida por uma certa forma de riqueza, e não uma forma qualquer, e por certas modalidades de sua incidência numa relação que não decorre apenas de uma opressão social, porque todo sujeito está implicado no saber que domina sua posição.

O interesse de recordar essa estrutura é sublinhar a maneira rigorosa pela qual, desde essa primeira aproximação concernente à função do sujeito, distingo o círculo do discurso. É assim que se prepara a verdadeira função daquilo que o completa, ou seja, que nada poderia ser articulado sem ser duplicado por um andar superior, que, aliás, só se apresenta como tal em virtude das dimensões do papel, pois poderíamos igualmente descrevê-lo ao contrário, como pendurado na função do A que hoje temos de interrogar.

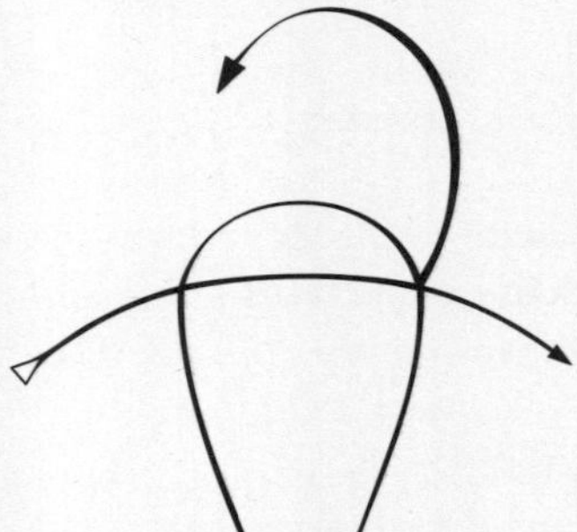

O anzol

Interrogamos a função do A porque não há nenhuma parte do discurso que não o interrogue a partir dela mesma, e eu disse de que maneira — muito bem articulada, muito bem evidenciada pelo próprio discurso analítico —, no modo como introduzi o anzol, se assim posso dizer, desenhando no alto do grafo simplificado o ponto de interrogação que o encima. Chamei-o, fazendo referência a *O diabo apaixonado*, de Cazotte, de *Che vuoi? — Que quer ele? Que quer o Outro? É o que me pergunto.*

A duplicidade da relação com o Outro faz com que desdobremos essa linha, que, no estágio inferior, apresenta-se agora como discurso, ou, para dizê-lo de maneira mais apurada, como enunciação, ao passo que já é efetivamente como demanda que se constitui a linha superior, como atesta o desenho:

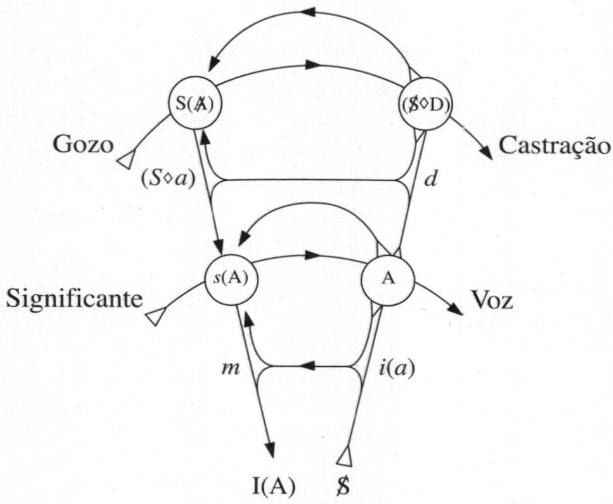

Desdobramento do grafo

Encontramos à direita (\$ ◇ D) o sujeito barrado, colocado numa conjunção — a que define o que chamo provisoriamente de punção — com a demanda articulada como tal. À esquerda, homólogo à função *s*(Ⱥ), ou seja, ao que se produz como efeito de sujeito na enunciação, há o índice ou indicação S(Ⱥ).

Essa indicação, não temos que interpretá-la pela primeira vez, pois já o fiz sob diversas formas, e sim que reinterrogá-la na perspectiva que hoje introduzimos. Para isso, convirá partir novamente do ponto em que o sujeito se define como sendo aquilo que um significante representa para outro significante, ou seja, do nível mais baixo do que é apresentado aqui em escala.

Não foi apenas de maneira a superpor o imaginário ao simbólico que indiquei aqui, em *i*(*a*), imagem de *a*, a presença do objeto, então chamado somente de objeto metonímico, para colocá-lo em correspondência com algo que é sua imagem e seu reflexo, ou seja, *m*, o eu [*moi*].

Encontramos numa posição homóloga a interrogação sobre o desejo do Outro, *d*(A), que é aqui, aparentemente, o motor de identificações imaginárias, e foi por isso que o assinalei, mas veremos que ele também se articula num modo simbólico. Aqui, à esquerda, aparece pela primeira vez, como vocês sabem, a fórmula da fantasia, sob a forma ($\$ \lozenge a$).

Se, a partir desse momento, fica bem indicado que a cadeia que faz a retroversão é a cadeia do significante, é porque aqui, em A, já está contida a primeira articulação do que acontece com a função do significante na medida em que ela determina o sujeito, ou seja, a relação do significante 1, S_1, com a forma mínima que chamei de par ordenado ($S_1 \rightarrow S_2$), à qual se limita o enunciado do significante como sendo o que representa um sujeito para outro significante.

Esse outro significante, S_2, representa exatamente, nessa conexão radical, o saber, como o termo opaco em que, se assim posso dizer, vem perder-se o próprio sujeito, ou ainda, no qual ele vem se extinguir, o que apontei desde sempre com o emprego do termo *fading*. Nessa gênese subjetiva, o saber se apresenta, no início, como o termo em que o sujeito vem se extinguir.

É esse o sentido do que Freud designa como *Urverdrängung*. Esse recalque, dito originário, não passa de um pretenso recalque, uma vez que é expressamente formulado como não o sendo, e sim como um núcleo já fora do alcance do sujeito, embora seja saber. É isso que significa a idéia de *Urverdrängung*, na medida em que possibilita que toda uma cadeia significante venha juntar-se a ela, implicando o enigma, a verdadeira contradição *in adjecto* que é o sujeito como inconsciente.

Desde esse tempo precoce, ou suficientemente precoce, na articulação do discurso que me vejo sustentando na experiência analítica, portanto, vocês podem ver que já questionamos quem pode dizer *Eu digo* no nível da *formação do inconsciente* do discurso, formação esta que, no caso, é um *Witz*. Isso lhes mostra que eu havia formulado com precisão, desde a origem desse discurso, a distinção entre discurso e fala que vocês encontram na formulação-chave que escrevi este ano, no primeiro destes seminários: a do que acontece com um discurso sem fala, que é a essência, como afirmei, da teoria analítica.

É nessa junção que entra em jogo o que temos de propor este ano. No *De um Outro ao outro*, a quem devemos passar a palavra?

Aqui não se trata da fala, e ainda não lhes mostrei essa pessoa essencialmente intangível a quem chamei *verdade*, embora já a tenha feito entrar em jogo, ao relembrar a vocês o discurso que lhe atribuí. Se a fiz dizer *Eu, a verdade, falo*, foi porque, como sublinhei, trata-se de uma coisa diferente do que ela diz.

Indico-o aqui para assinalar que a verdade fica em segundo plano, e que ela nos espera quanto ao que temos a dizer sobre a função do discurso.

Retomemos agora essa função.

3

Na cadeia do significante, sempre a mesma, trata-se, pois, da relação do significante com outro significante.

Contentemo-nos em lembrar o fato de que a teoria dos conjuntos tropeça desde o primeiro passo num paradoxo, que chamamos de paradoxo de Russell.

Trazê-lo a vocês logo de saída é um artifício expositivo, não preciso dissimulá-lo, que me poupa uma introdução por meio da teoria dos conjuntos, pois, se tivesse que fazer a recapitulação de seus fundamentos, seria preciso que a fizesse minimamente articulada.

Numa certa definição, que é a dos conjuntos, que fazer com o que constitui, o mais próximo possível da relação significante, uma relação de conexão? Como não há nada indicado na primeira definição da função do significante, a não ser que o significante representa o sujeito em sua relação com outro significante, podemos definir essa relação como quisermos. O termo mais simples será "pertença".

É o quanto basta para nos confirmar, se isso não nos fosse indicado por diversos outros traços, que, na lógica matemática, é a teoria dos conjuntos que está em melhores condições de tratar dessa conexão muito simples — não digo de formalizá-la. Muitos lingüistas se aperceberam disso.

Para os que ouviram falar um pouquinho dela, recordo o que se encontra no primeiro passo da teoria dos conjuntos. Considerar como uma classe todos os elementos de uma dada conexão, na medida em que possamos escrever sobre cada um que ele não pertence a si mesmo, acarreta um paradoxo. Isso é demonstrável.

Repito: só faço indicar aqui o lugar de uma introdução. Desenvolvê-la nos faria retomar enunciados ainda muito mais singulares. Talvez eu o faça hoje, se nos sobrar tempo, ou talvez possamos fazê-lo posteriormente. Enquanto isso, procedo de outra maneira. Recorrerei apenas a meu grafo e tentarei mostrar-lhes, de maneira inteiramente formal, a que nos conduz a formulação *o significante só representa o sujeito para outro significante*, se tomarmos os elementos que o próprio grafo nos oferece de saída.

Colocaremos S como o significante e tomaremos o A como outro significante.

$$S \rightarrow A$$

O par ordenado S → A

Se já designamos previamente o A como lugar ou tesouro dos significantes, não estaríamos em condições de interrogar a seguinte disposição: que acontece ao postularmos como significante de uma relação um significante que intervém nessa mesma relação? Em outras palavras, se é importante, como apontei, que nessa definição do significante intervenha apenas a alteridade do outro significante, será formalizável, de um modo que leve a algum lugar, rotular com esse próprio significante, A, alteridade do Outro, a relação (S → A)?

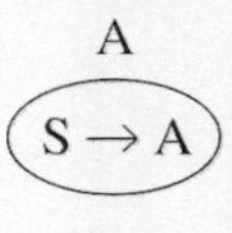

A rotulando a relação (S → A)

Para tranqüilizar aqueles que possam inquietar-se com essa maneira de enunciar o problema, esclareço que ela não é nada estranha ao que constitui o ponto de partida de um certo filo de formalização na lógica matemática.

Isso exigiria que eu desenvolvesse suficientemente a diferença entre a definição de conjunto e a de classe. Essa questão é tão bem formulada no nível da lógica matemática — a qual quisera Deus nos concernisse mais de perto, porque nela os problemas são resolvidos —, que há um ponto em que ela indica que não existe a classe dos conjuntos que não contêm a si mesmos. Vocês podem ver aqui, sob a forma desta inscrição, um exemplo ao menos indicado.

Porém temos mais o que fazer do que lógica matemática, porque nossa relação com o Outro é uma relação mais ardente, uma relação de demanda.

Pela simples realidade da demanda ao Outro, surge o fato de que o Outro já contém, de certa maneira, tudo aquilo em torno do qual ela se articula. Mas, se assim fosse, haveria um diálogo, ao passo que proferi com muita exatidão, no fim do ano passado, que esse diálogo não existe. É isso que faz com que, desta maneira rudimentar e como que à margem da teoria dos conjuntos, eu interrogue se esse Outro pode ou não ser concebido como um código fechado, sobre cujo leque de possibilidades baste nos apoiarmos para que o discurso se institua sem falhas e se totalize.

Eu poderia ter posto um *b* no lugar do S, e assim vocês perceberiam que estamos no bê-á-bá da questão. Mas, a partir do bê-á-bá, vocês verão como a questão se aprofunda, e o faz topologicamente.

Se foi assim que enunciamos a questão, está claro que o A que figura no par ordenado constitutivo desse conjunto é considerado idêntico ao A que designa esse mesmo conjunto. A relação entre S e A (S→ A), portanto, passa a se escrever (S → (S → A)), se eu substituir o A pelo que é A, como significante do conjunto constituído pela relação entre S e A. Isso é absolutamente corriqueiro em qualquer elaboração de uma teoria dos conjuntos.

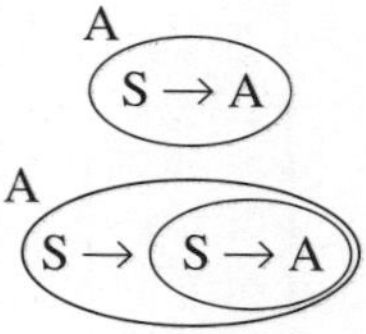

Primeira reescrita

Vejam, portanto, o que acontece a partir desse processo. Teremos uma série de círculos, que estou desenhando — não sei o que eles são, exceto que nos servem para designar o conjunto como tal e fazer com que ele funcione —, e uma repetição infinita do S, sem que jamais possamos deter o recuo, digamos assim, do A.

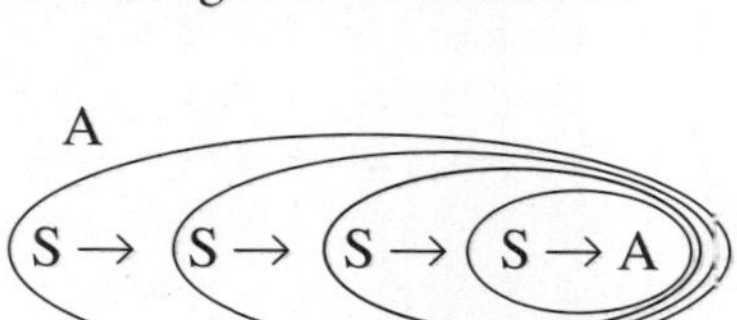

Reescrita em série

Mas não enfiem na cabeça que esse A se reduz espacialmente e que ele se esvaece. Não há aqui nenhuma indicação de coisa alguma que seja da ordem de uma redução infinitesimal de uma distância, ou de alguma transposição de limite. Trata-se apenas da inapreensibilidade do A como tal, embora ele permaneça sempre o mesmo. Esse caráter inapreensível decerto não deve nos surpreender, uma vez que fizemos do A o lugar do *Urverdrängung*.

Essa inapreensibilidade nos permite ver, precisamente, o que perguntei há pouco, ou seja, o que acontece com o que é designado como traçado circular. Se o A o faz multiplicar-se assim, é simplesmente em razão de sempre podermos escrever o A do lado de fora e do lado de dentro. Os círculos só fazem indexar essa identidade.

Dito de outra maneira, esse círculo, que, em certo sentido, é o mais destacado do que surge dessa notação de dissimetria, voltará sempre, em última instância, a se juntar ao círculo inicial. Essa fuga, que faz com que seja em seu próprio interior que um envoltório reencontra seu lado externo, não é outra coisa senão o que desenhávamos antigamente sob a forma topológica do plano projetivo, materializada para o olho pelo *cross-cap*. Será que vocês intuem ou não esse parentesco?

Que o grande A como tal tenha em si essa falha, decorrente de não podermos saber o que ele contém, a não ser seu próprio significante, é a questão decisiva na qual desponta o que ocorre com a falha do saber. Na medida em que é do lugar do Outro que depende a possibilidade do sujeito, no que ele se formula, é das coisas mais importantes saber que o que o garantiria, ou seja, o lugar da verdade, é, em si mesmo, um lugar vazado.

Em outras palavras, a pergunta *Deus existe?*, que já sabemos provir-nos de uma experiência fundamental, que não é um acaso nem uma produção caduca dos padres, percebemos aqui que tal pergunta só adquire seu peso por se apoiar numa estrutura mais fundamental, que concerne ao saber. Porventura é possível dizermos que, no lugar do saber, o saber se sabe, de algum modo? Foi assim que sempre tentei, para os que me ouvem, deslocar a questão da existência de Deus, que só poderia ser objeto de uma aposta. A pergunta seguinte pode muito bem se articular, porque, como quer que sustentemos a função do saber, só podemos sustentá-la, como constata a experiência, articulando-a no significante — *O saber se sabe, ou será que, por sua estrutura, ele é hiante?*

Há coisas ainda mais simples. Uma vez que o círculo mais interno vem juntar-se ao mais externo e reencontra a si mesmo, só que invertido, eu poderia, em benefício de vocês, ter-me referido à garrafa de Klein. Ter-se-ia dado um sentido do índice de dificuldade de que se trata. Desenhei-a aqui um número suficiente de vezes para que alguns se lembrem dela.

O que se evidencia é que essa estrutura — desde que possamos dar-lhe um suporte imaginário, e é justamente nisso que devemos ser particularmente sóbrios — não é outra coisa senão o objeto *a*, uma vez que o objeto *a* é o furo que se designa no nível do Outro como tal, quando ele é questionado em sua relação com o sujeito.

De fato, tentemos agora segurar esse sujeito ali onde ele é representado. Procuremos extrair o S, significante que representa o sujeito, do conjunto constituído pelo par ordenado. Nisso, será muito fácil vocês recaírem em terreno conhecido. Que fazemos ao pegar os S, senão extrair do conjunto A aqueles dentre os significantes que podemos dizer que não contêm a si mesmos? Esse é o paradoxo de Russell.

Basta vocês se referirem às primeiras páginas de qualquer teoria dos conjuntos, ingênua ou não, para ver que isso é perfeitamente ilustrado na articulação do sofisma. A classe de todos os catálogos que não contêm eles mesmos não pode situar-se, de forma alguma, sob a forma de um conjunto, pela excelente razão de que tal classe não poderia de modo algum figurar nos elementos já inscritos desse conjunto. É distinta deles.

Já repisei esse tema, que é corriqueiro, trivial. Não há nenhum modo de incluir num conjunto o que vocês possam extrair dele, designando-o como o conjunto dos elementos que não contêm a si mesmos. Não farei a exposição no quadro, mas direi apenas que, ao simplesmente perguntar se S está em A, ao simplesmente isolar o conjunto dos S, na medida em que S, diferentemente de A, não contém a si mesmo, o resultado é que vocês ficam sem saber onde alojar esse conjunto. Façam a experiência. Se ele estiver do lado de fora, estará do lado de dentro. Se estiver dentro, estará fora.

Em outras palavras, todo discurso que se coloca como essencialmente fundamentado na relação com outro significante é impossível de totalizar, seja de que maneira for, como discurso. Com efeito, o universo do significante — não me refiro aqui ao significante, mas ao que é articulado como discurso — sempre terá que ser extraído de qualquer campo que pretenda totalizá-lo.

Ainda de outra forma, à medida que vocês indagarem se pertence ao conjunto A um S qualquer que tenha sido inicialmente postulado como estando na relação S(A), verão produzir-se, ao contrário do esquema que está no quadro, que o S será forçosamente excluído do A. O mesmo se dará com o S seguinte que vocês interrogarem. Todos os S sairão, indefinidamente, fornecendo a essência do que é essencialmente metonímia na continuidade da cadeia significante, ou seja, que todo elemento significante é extraível de qualquer totalidade concebível.

Isso sem dúvida é meio difícil, e peço desculpas por terminar. Mas observem, por fim, esse processo esparramado com saídas sucessivas de envoltórios jamais infecundos, que nunca podem englobar-se. O que nisso é tangível da divisão do sujeito sai exatamente deste ponto aqui, que, numa metáfora espacial, chamamos de furo, uma vez que é a a estrutura do *cross-cap*, da garrafa de Klein. Esse ponto é o centro em que *a* se instaura como ausência.

Se isso for suficiente para atraí-los e retê-los, vocês verão que a continuação dará o alcance pleno da conseqüência que perseguirei, no tocante ao grafo, sobre o lugar da interrogação analítica entre a cadeia da demanda e a cadeia da enunciação.

O sujeito da enunciação só se enuncia como *ele*, ao passo que o que aparece não só da demanda, mas da relação da demanda com a cadeia da enunciação, aparece como *eu* e como *tu*.

É o que será objeto de nosso próximo encontro.

27 de novembro de 1968

IV

O FATO E O DITO

O riso e a elisão
Não existe teoria do inconsciente
O sofrimento e a verdade
"Eu sou aquilo que Eu é"
Retorno ao par ordenado

Vamos direto ao xis da questão, porque estamos atrasados.

Minha última afirmação centrou-se no Outro, no que chamo de grande Outro, e se encerrou com a promoção de alguns esquemas que, como alertei, não devem ser tomados unicamente sob seu aspecto mais ou menos fascinante, sendo conveniente relacioná-los com uma articulação lógica, a que se compõe da relação de um significante com outro significante.

Para extrair as conseqüências dessa relação, tentei articulá-la partindo da função, elaborada na teoria dos conjuntos, do par ordenado. Pelo menos, foi com base nesse fundamento lógico que tentei fazê-los perceber em torno de que aspecto gira o interesse existente, para todos, espero, em que se articule claramente que o Outro, esse grande Outro em sua função, tal como já a abordei, não encerra nenhum saber que se possa presumir, digamos, que um dia seja absoluto.

Vejam que, ao dizer *presumir*, aponto as coisas para o futuro, embora comumente as aponte para o passado, enunciando que a referência ao Outro é o suporte da noção errônea de que o saber já está presente.

Se aponto para o uso que fiz da função do par ordenado, é porque tive, meu Deus, algo que se poderia chamar de a *felicidade* de receber, de mão que lamento ser anônima, um bilhetinho me pedindo para eu me explicar um pouco mais sobre o uso que, ao autor desse bilhete, parece ser, se não abusivo — talvez ele não chegue tão longe —, ao menos, digamos, precipitado.

Não começarei por aí, mas estou marcando esse compromisso e voltarei ao assunto dentro em pouco.

1

Que o Outro seja questionado aqui, eis o que é extremamente importante para a continuação de nosso discurso.

O enunciado de que o Outro não encerra saber algum, nem já presente, nem a surgir num estatuto de absoluto, não encerra nada de subversivo.

Li recentemente, em algum lugar, a expressão *subversão do saber*, situada num ponto ideal que, aliás, continuará em seu canto, se assim posso me expressar. Essa expressão foi mais ou menos formulada sob o meu patrocínio. Na verdade, nunca enunciei absolutamente nada dessa ordem. Esse tipo de deslizamentos só pode ser considerado muito lamentável, e atesta um uso falso de trechos soltos de meu discurso, mas nem sequer um bom uso, ou melhor, uma remontagem de termos que meu discurso nunca sonhou aproximar, no intuito de fazer com que eles funcionem num mercado que não ficaria nem um pouco satisfeito se assumisse a aparência de uma colonização universitária.

Por que o saber seria subvertido por não poder ser absoluto, quando essa pretensão, onde quer que se mostre, onde quer que se tenha mostrado, é sempre risível?

Esta última palavra nos coloca justamente no plano crucial de nosso assunto, quero dizer, de nossa retomada de um ponto de partida no chiste, na medida em que ele provoca o riso. Ele provoca o riso, em suma, por estar propriamente preso à falha inerente ao saber.

Se vocês me permitem um pequeno parêntese, evocarei a esse respeito a Seção III do Livro primeiro do *Capital*, "A produção da mais-valia absoluta", o capítulo V, referente ao *trabalho e sua valorização*.

Encontra-se nesse punhado de páginas algo que não esperei pelas pesquisas recentes sobre o estruturalismo de Marx para captar, mas que me havia impressionado e chamado minha atenção quando eu tinha uns vinte anos. Esse volume velho, que vocês estão vendo ali, mais ou menos se desfazendo em pedaços, eu me lembro do tempo em que o lia no que era meu veículo da época, ou seja, o metrô, quando me dirigia ao hospital.

Essa mais-valia, Marx a introduziu — introduziu um pouco mais, um pouco *mais-valia*, por pouco não a introduzia, nem mais nem valia, lhes atrapalho —, introduziu-a depois de um tempo em que assumiu, assim, um ar bonachão, no qual deu a palavra ao interessado, isto é, ao capitalista. Marx o deixou justificar sua posição pelo que era o tema da época, a saber, o serviço que o capitalista prestava ao homem que só tinha para seu trabalho um instrumento rudimentar, sua plaina, por colocar à disposição dele o torno e a fresa, graças aos quais o outro poderia fazer maravilhas, numa troca de bons serviços, e até de serviços leais. Marx deu todo o tempo para que se desenvolvesse essa defesa, que não parecia outra coisa senão o mais honesto dos discursos, e então apontou que o personagem fantasístico com quem ele se defrontava, o capitalista, ria.

Esse traço, que parece supérfluo, foi o que me impressionou, no entanto, na época dessas boas primeiras leituras. A partir daí, pareceu-me que esse riso se relacionava propriamente com a revelação, à qual Marx procedeu naquele momento, do que era a essência da mais-valia.

Conversa fiada, meu bom apóstolo, disse Marx ao capitalista. *Transforma em serviço, como te aprouver, essa disponibilização para quem trabalha, dos meios de que és detentor. Mas o trabalho pelo qual o remunerarás, em função do que ele fabricar com o torno e a fresa, não o pagarás mais caro do que pelo que ele fazia com a plaina. Por intermédio de sua plaina, ele garantia sua subsistência.*

O que destaco nessa passagem, é claro, não tinha sido assinalado até aqui, e eu mesmo não pudera dizê-lo na época em que, a propósito do chiste, comecei a construir o grafo. Refiro-me à conjunção do riso com a função radicalmente eludida da mais-valia, da qual já indiquei suficientemente a relação com a elisão característica que é constitutiva do objeto *a*. O sobressalto, o choque, o um-pouco-mais-um-pouco-menos de que falei há pouco, o passe de mágica, o truque bem-sucedido que nos pega de supetão no efeito do chiste, tudo isso sempre gira em torno da relação essencial do riso com a elisão.

Em suma, aí como alhures, ou seja, aí, na função radical que se esconde na relação da produção com o trabalho, assim como alhures, numa outra relação mais profunda, à qual tento conduzi-los a partir do mais-de-gozar, há um efeito cômico essencial, que se prende propriamente à junção em que temos de enfiar nossa cunha, quando se trata das relações que entram em jogo na experiência do inconsciente, entendido em sua função mais geral.

Isso não quer dizer, porém, que possa de algum modo haver uma teoria do inconsciente. Confiem em mim, não é nada disso que viso.

Como este enunciado ainda pode dar margem a formulações escabrosas, eu o retomo. Que há uma teoria da prática psicanalítica, isso é certo. Do inconsciente, não, a menos que queiramos reverter o que acontece com essa teoria da prática psicanalítica, que nos dá do inconsciente o que dele pode ser apreendido no campo dessa prática, e nada mais.

Falar de teoria do inconsciente é, na verdade, abrir a porta para o desvio ridículo que espero barrar, que já se estende há longos anos sob a denominação de psicanálise aplicada, e que permitiu toda sorte de abusos, sobretudo no que se refere às belas-artes. Esse é um extravasamento das bordas da via analítica, que conduz a um furo que considero desonroso. Não insisto mais nisso.

Retomemos.

O Outro fornece apenas a textura do sujeito, ou seja, sua topologia, aquilo mediante o qual o sujeito introduz uma subversão, sem dúvida, mas que não é apenas a dele. No sentido em que a destaquei e a coloquei no título de um escrito, tratava-se da subversão do sujeito em relação ao que se havia enunciado até aquele momento. Mas a subversão de que se trata aqui é a que o sujeito certamente introduz, mas da qual se serve o real, que, nesta perspectiva, define-se como o impossível. Ora, no ponto exato em que ele nos interessa, só existe sujeito de um dizer.

Assim, enuncio estas duas referências, ao real e ao dizer. Nesse ponto, vocês ainda podem vacilar e perguntar, por exemplo, se não é isso que sempre se imaginou do sujeito.

Portanto, é aí que convém fazê-los apreender que, desse dizer, o sujeito é o efeito, a dependência. Só existe sujeito de um dizer. É isso que temos de demarcar corretamente, para não deixar que o sujeito se desgarre. Por outro lado, dizer que o real é o impossível equivale também a enunciar que ele é apenas a apreensão mais extrema do dizer, na medida em que o dizer introduz o impossível, e não simplesmente o enuncia.

Para alguns, sem dúvida, persiste a falha de que, sendo assim, esse sujeito não seria, de certo modo, nada além do sujeito móvel do discurso, uma exposição, um cancro crescente no meio do mundo, um mundo onde se produziria a junção que, de qualquer modo, torna vivo esse sujeito. Mas não é um elemento qualquer das coisas que é sujeito. É nesse ponto que é importante retomar as coisas para não cair na confusão de restaurar o sujeito como sujeito pensante.

Seja qual for o *páthos* do significante, digo, em nome do significante, esse *páthos*, por si só, não constitui sujeito. O que define esse *páthos*, muito simplesmente, em cada caso, é o que chamamos um fato. É aí que se situa a distância em que temos de interrogar o que nossa experiência produz, experiência que é algo diferente e que vai muito mais longe que o ser falante que é o homem.

Mais de uma coisa no mundo é passível do efeito do significante. Tudo o que está no mundo só se torna fato, propriamente, quando com ele se articula o significante. Nunca, jamais surge sujeito algum até que o fato seja dito. Temos que trabalhar entre essas duas fronteiras.

O que não se pode dizer do fato é designado, porém no dizer, por sua falta, e é isso que constitui a verdade. É por isso que a verdade sempre se insinua, mas também pode inscrever-se de maneira perfeitamente calculada ali onde só ela tem lugar, nas entrelinhas. A substância da verdade é justamente aquilo que padece por causa do significante — isso vai longe —, aquilo que padece pela natureza dele, digamos. Quando digo que isso vai longe, é porque justamente vai longe na natureza.

Durante muito tempo, pareceu-se aceitar o que era chamado espírito. Trata-se de uma idéia que ficou um tantinho obsoleta, embora nada nunca fique tão obsoleto quanto se supõe, pois se constata que, sob o nome de "espírito", nunca se trata de outra coisa senão o próprio significante, o que, evidentemente, deixa em equilíbrio instável boa parte da metafísica.

Que acontece com as relações de nosso esforço com a metafísica, com um questionamento da metafísica que tenda a não perder todo o benefício de sua experiência, quando o que resta dela, num certo número de pontos, de zonas, é mais variado ou mais abundante do que se diria à primeira vista, e de qualidade muito variada? Também é preciso saber o que tem de ser efetuado pelo que chamamos de *estruturalismo*. Essa pergunta é levantada numa coletânea que acaba de sair —

recebi as primícias dela, não sei se já está em circulação —, intitulada *Que é o estruturalismo?*, que devemos à convocação feita a algumas pessoas por nosso amigo François Wahl. Aconselho-os a não deixarem de lê-la, pois ela explicita um certo número de perguntas, e com certeza é muito importante assinalar nossa distinção da metafísica.

Na verdade, antes de assinalá-la, não é inútil enunciar que não convém acreditar demais no que se estampa como desilusão. A desilusão do espírito não é um triunfo completo, quando alimenta, noutros lugares, a superstição que designaria numa idealidade da matéria a mesma substância impassível que antes era atribuída ao espírito. Digo *superstição* porque podemos muito bem levantar sua genealogia, que, curiosamente, remonta à tradição judaica. De fato, podemos pôr em relevo o que uma certa transcendência da matéria deve ao que é enunciado nas Escrituras — singularmente despercebido, entenda-se, mas perfeitamente claro — no tocante à corporeidade de Deus.

Esse foi um capítulo de meu seminário sobre os Nomes-do-Pai a que renunciei, cabe dizer, e hoje não podemos estender-nos nesse assunto.

Essa chamada superstição materialista — por mais que se acrescente *vulgar* a *materialismo*, isso não altera absolutamente nada — merece a cota de amor de que se beneficia junto a todos, por ser realmente o que houve de mais tolerante, até hoje, no pensamento científico. Mas não convém acreditar que isso durará para sempre, a tolerância em questão. Basta o pensamento científico causar algum sofrimento por esse lado para que isso não dure.

Isso não é impensável, considerando-se a susceptibilidade de um membro honorário da Academia de Ciências da URSS diante de quem teci um comentário, um dia, sobre a palavra "cosmonauta", que me parecia uma denominação ruim, porque, na verdade, nada parecia menos cósmico do que o trajeto que lhe servia de suporte. Na mesma hora, distúrbio, agitação, resistência irrefletida diante de uma afirmação, meu Deus do céu, tão gratuita! Como quer que vocês o chamem — isso não é certo, afinal —, Deus, no sentido do Outro, ou a Natureza não são a mesma coisa, mas é a um desses dois lados que caberia atribuir um conhecimento prévio da lei newtoniana, para que se pudesse propriamente falar de cosmo e cosmonauta. Era só isso que eu queria dizer.

É aí que se percebe o que continua a se abrigar de ontologia metafísica, mesmo nos lugares mais inesperados.

Voltemos ao que nos importa.

2

O que justifica a regra mediante a qual se instaura a prática psicanalítica, muito simplesmente chamada de associação livre?

Livre não quer dizer outra coisa senão *mandando embora o sujeito.* Mandar embora o sujeito é uma operação que não é obrigatoriamente bem-sucedida. Nem sempre basta mandar alguém embora para que ele se vá.

O que justifica essa regra é que, precisamente, a verdade não é dita por um sujeito, mas suportada.

Destaquemos aqui uma ocorrência do que chamaremos de fatuidade fenomenológica.

Já salientei um desses pequenos monumentos expostos num campo em que é comum os enunciados tirarem patente da ignorância. *L'Essence de la manifestation*, é esse o título de um livro muito bem acolhido no campo universitário, cujo autor não tenho razão para nomear, já que o estou qualificando de fátuo. É uma essência da manifestação dele, em todo caso, a força com que se articula numa dada página que, se há algo que nos é dado como certeza, é que o sofrimento não é nada senão o sofrimento. Isso sempre provoca alguma coisa quando nos é dito; basta ter sentido uma dor de dente e nunca ter lido Freud para achar que é muito convincente.

Podemos dar graças a essas sumidades, caberia dizer, por promoverem o *para-não-se-dizer* que nos permite marcar bem a diferença do que realmente há por dizer.

Ao fazer esta afirmação, também eu sou meio tradicional, creio, porque isso é dar um pouquinho de justificação demais ao erro, e é por essa razão que assinalo de passagem que, ao dizê-lo, não estou aderindo inteiramente a isso. Mas, para restabelecer aquilo de que se trata, seria preciso eu me lançar numa apologia dos sofistas, e Deus sabe aonde isso nos levaria.

Seja como for, a diferença é a seguinte. Se o que fazemos nós, os analistas, opera, é justamente porque o sofrimento não é o sofrimento. Para dizer o que é preciso dizer, é preciso dizer que o sofrimento é um fato. Isso tem jeito de dizer quase a mesma coisa, mas não tem nada de igual, pelo menos se vocês tiverem ouvido bem o que eu lhes disse há pouco sobre o que é um fato.

Sejamos, de preferência, mais modestos. Existe o sofrimento que é um fato, ou seja, que encerra um dizer. É por essa ambigüidade que se refuta que ele seja inultrapassável em sua manifestação. O sofrimento quer ser sintoma, o que equivale a dizer: verdade.

Como uma primeira abordagem exige que se temperem os efeitos do discurso, eu faço o sofrimento dizer, como fiz a verdade dizer, *Eu falo*, ainda que em termos modulados para um e para outro, e num tom que não é o mesmo. Só o evoco por ter voltado a ele recentemente. Tratemos, em nosso avanço, de ser mais rigorosos.

O sofrimento tem sua linguagem, e é realmente uma pena que qualquer um possa dizê-lo sem saber o que diz. Mas, enfim, esse é precisamente o inconsciente de todo discurso. Visto que o discurso verdadeiro é um discurso sem fala, como escrevi no frontispício este ano, a partir do momento em que o discurso de vocês é enunciado com rigor, qualquer um pode repeti-lo depois de vocês o haverem proferido. Esse é um dos aspectos escabrosos da situação. E não tem outras conseqüências.

Deixemos pois de lado o sofrimento, e, em relação à verdade, precisemos o que vamos focalizar em seguida.

Quanto à verdade, ela diz *Eu*, e aí vocês vêem definidos dois campos-limite. O primeiro é aquele em que o sujeito só se situa por ser efeito do significante, aquele em que há o *páthos* do significante, ainda sem nenhuma arrumação, em nosso discurso, sobre o assunto. É o campo do fato. Depois, em segundo lugar, há aquilo que nos interessa e que nem sequer foi aflorado senão no Sinai, ou seja, aquilo que fala *Eu*.

Peço desculpas por esse *no Sinai*, que acaba de me sair por entre as pernas. Eu não queria me lançar no Sinai, mas, já que ele acaba de sair, convém que eu justifique por quê.

Eu havia começado, em tempos idos, em torno dessa pequena falha de meu discurso que se chamava os Nomes-do-Pai, e que continua escancarada, a interrogar a tradução de um certo *Eyé acher eyé*. Não pronuncio bem o hebraico.

Os metafísicos, os pensadores gregos, traduziram isso por *Eu sou aquele que é*, porque, é claro, eles precisavam do ser. Só que isso não quer dizer isso. Existem alguns meios-termos — refiro-me a pessoas que dizem *Eu sou aquele que sou*. Essa é a bênção romana, mas não quer dizer nada. De minha parte, ressaltei que era preciso entender *Eu sou o que Eu sou*. Com efeito, isso tem pelo menos o valor de um soco na cara. Vocês me perguntam meu nome e eu respondo *Eu sou o que*

Eu sou, e vão se danar. É exatamente o que faz o povo judeu desde essa época.

Já repensei a questão dessa tradução, mas não achava que fosse lhes falar dela hoje. No entanto, já que me saiu o Sinai a propósito da verdade que diz *Eu*, já que isso está feito, vamos lá. Creio que é preciso traduzi-lo como *Eu sou aquilo que Eu é*.

Se o Sinai me saiu desse jeito, foi para lhes ilustrar o que pretendo interrogar em torno do que acontece com o *Eu*, na medida em que a verdade diz *Eu*.

Naturalmente, na Paris dos pequenos cafés onde ocorrem os blablablás se espalharia o boato de que, como Pascal, fiz a escolha do Deus de Abraão, Isaque e Jacó. Que as almas, seja qual for o lado por que sejam levadas a acolher essa notícia, reponham seus movimentos na gaveta, porque a verdade diz *Eu*, mas a recíproca não é verdadeira: nem tudo que diz *Eu* é a verdade. Onde iríamos parar sem isso?

O que não quer dizer que tais afirmações sejam completamente supérfluas. Entendam que, ao questionar a função do Outro com base no próprio princípio de sua topologia, o que eu abalo é propriamente o que Pascal chamava de Deus dos filósofos. Não é uma pretensão muito grande, é realmente a questão que está na ordem do dia.

Ora, questionar o Deus dos filósofos não é nada, porque, de qualquer modo, até hoje ele leva uma vida dura, e sob a forma a que aludi há pouco. Ele continua muito presente, assim mesmo, numa porção de modalidades de transmissão do saber que eu lhes disse não ser subvertido em absoluto — mesmo, e mais ainda, ao questionarmos o Outro tido como capaz de totalizá-lo. Foi esse o sentido do que expus da última vez.

Ao contrário, o outro Deus, o qual devemos homenagear nosso Pascal por ter visto que não tem rigorosamente nada a ver com o Deus dos filósofos, disse *Eu sou aquilo que Eu é*. Tenha ele dito a verdade ou não, o fato de isso ter sido dito teve algumas conseqüências. Não vejo por que, mesmo sem discernir nisso a mínima chance de verdade, não nos devamos esclarecer sobre algumas dessas conseqüências, para saber o que acontece com a verdade, no que ela diz *Eu*.

Uma coisinha interessante, por exemplo, é nos darmos conta disto. Já que a verdade diz *Eu* e que a resposta lhe vem em nossa interpretação, esta é uma oportunidade para nós, psicanalistas, notarmos uma coisa de que já falei, em seu tempo, sob o título de *O desejo e sua interpretação*. Assinalei que, ao fazer a pergunta em torno do *Eu*, devemos, nem que seja por precaução, ou até por inquietação, aperceber-nos de que, em função disso, a interpretação deve ser mais bem delimitada, visto que o profetismo não é outra coisa. Dizer *Eu* numa certa trilha que não é a de nosso sofrimento, isso também é interpretação.

O destino do Outro, portanto, passa a depender, eu não diria da minha pergunta, mas da pergunta formulada pela experiência psicanalítica.

O drama é que, seja qual for o destino reservado ao Outro por esse questionamento, a mesma experiência demonstra que é do desejo dele que eu sou — nos dois sentidos maravilhosamente homonímicos dessas duas palavras em francês — que eu sou o vestígio.

Aliás, é precisamente por isso que estou interessado no destino do Outro.

3

Então, restam-nos quinze minutos, e o bilhetinho que recebi se enuncia assim: *Na última quarta-feira, o senhor relacionou, sem esclarecer, o par ordenado e "um significante representa o sujeito para outro significante".*

É absolutamente verdade. Foi por isso, sem dúvida, que meu correspondente pôs embaixo um risco e, abaixo do risco, *por quê*, com um ponto de interrogação. Abaixo do *por quê?*, outro traço, e em seguida dois pontos grandes, ou, mais exatamente, dois pequenos círculos preenchidos de preto.

Quando o par ordenado foi introduzido na matemática, foi preciso um ato de violência para criá-lo.

Por aí reconheço que a pessoa que me enviou esse papel sabe o que está dizendo, isto é, que tem pelo menos uma sombra, que é provavelmente ainda mais do que isso, de instrução matemática. Isso é a absoluta verdade: começamos por articular a função do que é um conjunto e, se de fato não introduzirmos a função do par ordenado, pela espécie de ato de violência que na lógica é chamado de axioma, não haverá mais nada a fazer com ele senão o que foi inicialmente definido como conjunto.

Entre parênteses, acrescenta-se: *seja ele direto, seja indireto, o conjunto tem dois elementos. O resultado desse ato de violência é criar um significante que substitui a coexistência de dois significantes.* Isso é absolutamente correto.

Segunda observação: *O par ordenado determina esses dois componentes, ao passo que, na fórmula "um significante representa o sujeito para outro significante", seria espantoso que um sujeito determinasse dois significantes.*

Só me restam quinze minutos, mas espero ter tempo para esclarecer como convém, porque não é difícil, o que enunciei da última vez. Decerto não o enunciei suficientemente bem, já que uma das pessoas mais sérias, como vocês vêem, me interroga nesses termos.

Em momento algum subsumi num sujeito a coexistência de dois significantes.

Introduzo no quadro o par ordenado, que, como certamente sabe meu interlocutor, se escreve, por exemplo, assim: $<S_1, S_2>$. Esses dois sinais, < e >, por sorte revelam ser os dois pedaços de meu punção, quando se juntam, mas, nesta oportunidade, só servem para escrever que isto é um par ordenado.

Um par ordenado pode ser traduzido sob a forma do conjunto, ou seja, articulado no sentido do benefício que se espera do ato de violência. Trata-se, pois, de um conjunto com dois elementos, os quais são conjuntos, eles próprios. O primeiro é o conjunto que tem como membro o primeiro elemento do par. O segundo tem por membros os dois elementos do par ordenado:

$$\{\{S_1\}, \{S_1, S_2\}\}$$

Longe de o sujeito subsumir aqui, de algum modo, os dois significantes em questão, vocês estão vendo, suponho, como é fácil dizer que o S_1 do primeiro subconjunto não deixa de representar o sujeito, enquanto o segundo subconjunto presentifica, em sua maior forma, a forma de relação que podemos chamar de *saber*, e que meu correspondente chama de *coexistência*.

A pergunta que faço a esse respeito é, em sua forma mais radical, esta: é concebível um saber que reúna essa conjunção dos dois subconjuntos em um só conjunto? Será que ele pode ser, sob o nome de A, o Outro maiúsculo, idêntico à conjunção, tal como esta é articulada aqui num saber dos dois significantes em questão?

Foi por isso, depois de ter destacado do significante A um conjunto feito de S — não preciso mais escrever 1, 2 etc., já que substituí $\{S_1, S_2\}$ por A —, que interroguei o que se seguia da topologia do outro, e lhes mostrei, certamente de maneira figurativa demais para ser plenamente satisfatória do ponto de vista lógico, mas que a evidenciava bem, a necessidade dessa sucessão de círculos que involuem de maneira dissimétrica, isto é, mantendo sempre, à medida de sua maior interioridade aparente, a subsistência do A. Essa figuração sugeriria uma topologia em que o menor dos círculos viria juntar-se ao maior, e do qual fiz o indicador deste.

O Outro maiúsculo, se o definimos como possivelmente se incluindo, isto é, como transformado em saber absoluto, tem a conseqüência singular de que o que representa o sujeito só se manifesta sob a forma de uma repetição infinita, aquela que vocês viram inscrever-se sob a forma desses S maiúsculos que se inscrevem indefinidamente na série de paredes do círculo.

Por só se inscrever como repetição infinita de si mesmo, o sujeito fica excluído, muito precisamente, não de uma relação que seja de interior nem de exterior, mas do que é inicialmente postulado como saber absoluto.

Quero dizer que há aí, na estrutura lógica, algo que esclarece o que a teoria freudiana implica de fundamental no fato de o sujeito, originalmente, frente ao que o relaciona com um declínio do gozo, só poder manifestar-se como repetição, e repetição inconsciente.

Esse, portanto, é um dos limites em torno dos quais se articula o vínculo da manutenção da referência ao saber absoluto, ao sujeito suposto saber, como o chamamos na transferência, com esse índice da necessidade repetitiva que decorre daí, que é, logicamente, o objeto pequeno *a*. O índice do objeto pequeno *a* é representado aqui pelos círculos concêntricos.

Ao contrário, aquilo com que terminei da última vez é o outro extremo da interrogação que devemos fazer ao Outro maiúsculo, na medida em que lhe imponhamos a condição de não conter a si mesmo. O Outro maiúsculo só contém S_1, S_2, S_3, que são todos distintos do que o grande Outro representa como significante. Será possível que, sob essa outra forma, o sujeito possa ser subsumido de tal maneira que, sem se unir ao conjunto assim definido como universo do discurso, possa ter certeza de continuar incluído nele?

Talvez eu tenha passado meio depressa por esse ponto, e é por isso que retorno hoje a ele, para concluir.

Não há maneira mais sensível de figurar o elemento como tal do que estes pontos. Esses três pontos são os elementos de um conjunto que esse quarto ponto pode figurar, a partir do momento em que definimos esse conjunto como um elemento:

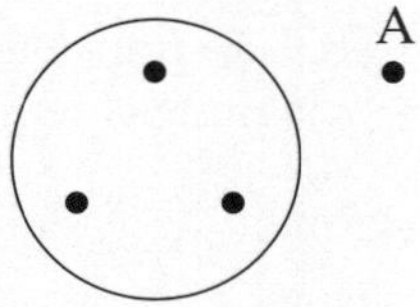

Um conjunto-elemento

Se no interior de A não figura nenhum A como elemento, mas apenas S_1, S_2 e S_3, dizemos que A não é um elemento dele mesmo.

Será que posso definir o sujeito de uma forma ultra-simples, dizendo que ele é precisamente constituído, o que parece ser exaustivo, por todo significante que não seja um elemento dele mesmo? Com efeito, nem S_1 nem S_2 nem S_3 são significantes semelhantes ao A maiúsculo, porém este é o Outro de todos eles.

Simplesmente emitindo, como sujeito do dizer, a proposição que diz que S_q, um significante qualquer, não é um elemento dele mesmo, será que poderei reunir através de um dizer os significantes assim definidos, num conjunto que os reúna a todos?

Esse *através de um dizer*, ou, em outras palavras, por uma proposição, será essencial de reter no que virá a seguir, porque é aquilo em torno do qual é preciso fazer girar a função do sujeito, primeiro, para apreender sua falha. Seja qual for o uso que vocês dêem posteriormente a uma enunciação, e mesmo supondo que seja um uso de demanda, será por haverem assinalado o que ela demonstra de falha, como simples dizer, que vocês poderão delimitar mais corretamente, na enunciação da demanda, o que acontece com a falha do desejo.

O estruturalismo é lógica por toda parte, até no nível do desejo. Deus sabe que há mais de uma maneira de interrogar o desejo. Há tipos que se lamuriam, há tipos que clamam, há "tipinhas" que fazem drama. Tudo isso é válido. Só que vocês jamais saberão nada do que isso quer dizer, pela simples razão de que o desejo não pode dizer-se. Do dizer, o desejo é apenas a desinência, e é por isso que primeiro essa desinência deve ser estreitamente situada no puro dizer, ali onde somente o aparato lógico pode demonstrar sua falha.

Formaremos no A o subconjunto B de todos os significantes S *alfa*, S *beta*, S *gama*, S *delta*, que não são elementos deles mesmos. Esse B, na verdade, é o outro significante de minha formulação, S_2, aquele perante o qual todos os outros representam o sujeito, ou seja, justamente aquele que os subsume como sujeito.

Para que x, seja ele qual for, seja um elemento de B, é preciso, primeira condição, que x não seja um elemento de x, e, segunda, que x seja um elemento de A.

Que resultará disso? Esse B é um elemento dele mesmo? Se fosse um elemento dele mesmo, não corresponderia à maneira como o construímos como conjunto, já que reuniria elementos que não são elementos deles mesmos. B, portanto, não é um elemento dele mesmo. Se B não é um elemento dele mesmo, deve pertencer ao subconjunto composto de elementos que não são elementos deles mesmos. Mas esse subconjunto é o próprio B. Assim, devemos escrever que B é elemento de B, o que havíamos rejeitado há pouco. A conclusão que se impõe, então, é que B não atende à segunda condição, isto é, não é um elemento de A.

Para os que não estão habituados com esse tipo de raciocínio, embora ele seja simples, eu o represento graficamente, embora a figuração, neste caso, seja totalmente pueril. Coloco B como o outro significante, ou seja, S_2. À esquerda, as duas posições de B, igualmente insatisfatórias, já que ele não poderia ser um elemento dele mesmo nem não o ser. À direita, não sendo um elemento do A maiúsculo, o B só pode ser representado do lado de fora.

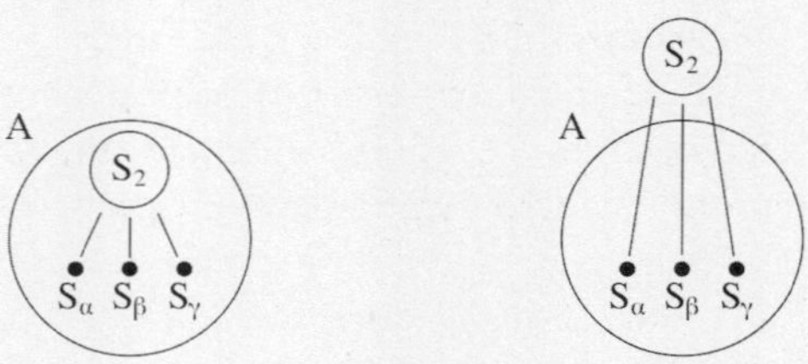

O lugar do B

Como traduziremos essa exterioridade? Muito precisamente, diremos que, em última instância, o sujeito, como quer que tencione subsumir-se — seja por uma primeira afirmação do grande Outro como incluindo a si mesmo, seja, no grande Outro, limitando-se aos elementos que não são elementos deles mesmos —, não pode ser universalizado. Não há definição englobante em relação ao sujeito, nem mesmo sob a forma de uma proposição que diga que o significante não é um elemento dele mesmo.

Isso demonstra, igualmente, não que o sujeito não está incluído no campo do Outro, mas que o ponto em que ele se expressa como sujeito é externo, entre aspas, ao Outro, ou seja, ao universo do discurso.

Dizer que não há universo do discurso, como pretendi repetir, num eco de minha articulação, significaria que não há discurso, em absoluto. No entanto, parece-me que, se eu não tivesse sustentado aqui um discurso muito conciso, seria exatamente disto que vocês não teriam nenhum tipo de idéia.

Que isso lhes sirva de exemplo e de apoio quanto a nosso método, e também de ponto de expectativa do que, da próxima vez, espero que consigamos levar mais adiante desta articulação pela qual vocês se interessaram — não apenas na medida em que, como psicanalistas, vocês são o ponto vivo dela, mas também em que, como psicanalisandos, estão à procura dela.

4 de dezembro de 1968

V

EU SOU AQUILO QUE EU É

O assujeito
"Está chovendo"
A inconsistência do Outro

Às vezes anoto, cá comigo, uns lembretes destinados a vocês. Agora, na hora de juntar esses papéis, encontro um que me fornecerá minha entrada.

Como é lamentável — escrevi, já não sei quando — que Deus sirva para afastar, mediante o que chamaremos de proscrição do seu nome.

Isso assumiu a forma de uma proibição, justamente onde melhor poderíamos saber o que acontece com a função desse termo, Deus, isto é, entre os judeus.

Vocês sabem que há entre os judeus um nome impronunciável. Pois bem, essa proscrição serve justamente para afastar um certo número de referências absolutamente essenciais à manutenção do *Eu* [*Je*] sob uma luz suficiente, suficiente para que não se possa lançá-lo [*le jeter*] — há um *Eu* [*Je*] aí dentro — aos cães, ou seja, aos professores.

1

Vocês me ouviram, se é que não viram, da última vez, trazer para o primeiro plano, quase que a contragosto, a referência ao *Eu* por intermédio do Deus em questão.

Com efeito, traduzi o que um dia se proferiu sob a forma de *Eyé acher eyé* por *Eu sou aquilo que Eu é*, e justifiquei, ou creio ter justificado, essa tradução.

Eu lhes disse ter sido meio ultrapassado, eu mesmo, pelo avanço dessa enunciação. Depois, disse que o Sinai, a despeito de mim mesmo, havia emergido do solo por entre as pernas. Desta vez, não recebi o papelzinho que esperava, no qual alguém me assinalaria que essas palavras tinham saído da sarça ardente.

Vejam o efeito que teria surtido se eu lhes tivesse dito que a sarça ardente saíra do meio de minhas pernas. Por aí percebemos que a frase dá ordens a si mesma, retroativamente. Foi por querer terminar a frase com *entre as pernas* que pus o Sinai no lugar da sarça ardente.

No Sinai, afinal, é das conseqüências da coisa que se trata. Aquele que se anunciou, pelo menos segundo as minhas palavras, como *Eu sou aquilo que Eu é* só fez enunciar as leis do *Eu falo*, sob a forma do que se transmitiu, depois disso, no imperativo da lista dos Dez Mandamentos, os ditos de Deus. Já assinalei isso no seminário sobre a ética.

É verdade, como o enuncio, que a verdade diz *Eu*. Parece evidente que *Adorarás somente aquele que disse "Eu sou aquilo que Eu é", e adorarás unicamente a ele.*

Na mesma conseqüência, *Amarás*, como se diz, *o próximo como a ti mesmo*. Esse *a ti mesmo* não é outra coisa senão aquele a quem é dito, aquele a quem se dirige a palavra, nesses próprios mandamentos, como um *Tu*, e até como um *Tu és*, cuja ambigüidade realmente mágica assinalei há muito tempo na língua francesa.*

O prelúdio subjacente a esses mandamentos é o *Tu és* que institui vocês como *Eu*. Há em toda invocação a mesma inclinação oferecida a esse *Tu matando* [*Tu tuant*].** E sabemos que não há grande distância da ordem para que se responda a isso. Hegel inteiro é construído para mostrar o que se edifica aí.

Poderíamos tomar esses mandamentos um a um, o referente à mentira, depois a proibição de *cobiçar a mulher, o boi e o asno do vizi-*

---

* Na qual o *tu es* é homófono das flexões de segunda pessoa do singular dos presentes do indicativo e do subjuntivo do verbo *tuer* (matar), portanto, *matas* (ou que tu *mates*). (N.T.)

** Há nesse *Tu tuant* uma possível alusão ao verbo *tutoyer* (tratar por *tu*, com intimidade). (N.T.)

nho, que é sempre aquela que te mata [*te tue**]. É difícil saber que outra coisa se poderia cobiçar, já que a causa do desejo está precisamente aí.

Cabe salientar que, por uma solidariedade que participa da evidência, só existe fala propriamente dita ali onde o fechamento de um dado mandamento a preserva. Isso explica por que, desde que o mundo é mundo, ninguém observa com muita exatidão esses mandamentos, e é também por isso que a fala, no sentido de que a verdade diz *Eu*, permanece profundamente oculta e só emerge para mostrar uma pontinha do nariz de quando em quando, nos interstícios do discurso.

Na medida em que existe uma técnica que deposita confiança nesse discurso, por encontrar nele alguma coisa, um caminho, uma via, como se costuma dizer, que se presume não deixar de estar relacionada com a verdade e a vida, segundo a expressão das pessoas — mas desconfiemos sempre dos avessos do discurso —, talvez convenha interrogar mais de perto o que se baseia nesse discurso como podendo dar-nos uma ponte para o termo, tão radical quanto inacessível, que, com alguma audácia, o último dos filósofos, Hegel, acreditou poder reduzir a sua dialética.

Na abordagem que comecei a trilhar, o *Eu* aparece inicialmente diante do Outro como permitindo delimitar uma carência lógica, como lugar de uma falha de origem transposta para a fala como algo que poderia responder.

O *Eu* aparece primeiramente como assujeitado, como *assujeito*. Escrevi essa palavra em algum lugar para designar o sujeito, na medida em que ele nunca se produz senão dividido no discurso. Se o animal falante não pode abraçar-se com o parceiro senão inicialmente assujeitado, é por já ter sido falante desde sempre, e porque, na própria aproximação desse abraço, só pode formular o *Tu es* matando a si mesmo. Ele "outrifica" o parceiro, faz dele o lugar do significante.

Vocês me permitirão voltar aqui, por um instante, ao *Eu é* da última vez, visto que, de uma cabeça nada ruim, aliás, vi chegar a objeção de que, ao traduzi-lo dessa maneira, eu estaria reabrindo a porta, digamos, ao menos para uma referência ao ser. O *é* como ente [*étant*], segundo a terminologia da tradição, que suspende o ser [*être*], foi, ao menos por um ouvido, entendido como um apelo ao ser. Estaria eu enunciando, com isso, o ser supremo que a tradição edifica para responder por todos os entes [*étants*] que subsistem na natureza, no sen-

---

* O *te tue* evoca, por homofonia, o adjetivo *têtu/têtue* — obstinado, teimoso. (N.T.)

tido mais original, numa ordem qualquer da natureza? Será que meu *Eu é* designaria esse ser em torno do qual tudo se modifica, tudo gira, e que assim ocupa o lugar de eixo do universo, o do *x* graças ao qual existe um universo?

Pois bem, absolutamente não. Nada está mais longe da intenção da tradução que formulei. Enunciamos no *Eu* do *Eu é* o que constitui propriamente o fundo da verdade, na medida em que ela somente fala. Para torná-la inteligível, posso retomar essa tradução em *Eu sou aquilo que é o Eu*. Digamos que, nessa formulação, o *é* se lê melhor.

Os mandamentos que sustentam a verdade, já o frisei há pouco, são propriamente a antifísica. Sem referência a eles, não há meio de dizer a verdade, ou o que é assim chamado. Experimentem. Não se consegue, em nenhum caso. Os mandamentos constituem um ponto ideal, caberia dizer. Ninguém sequer sabe o que isso significa.

Pois bem, do mesmo modo, a partir do momento em que se sustenta um discurso, o que surge são as leis da lógica, isto é, uma coerência refinada, ligada à natureza do que é chamado de articulação significante. É isso que faz com que um discurso seja ou não sustentável, pela estrutura do que é chamado signo, e que tem a ver com o que é comumente chamado de letra, para contrastá-la com o espírito.

As leis dessa articulação, eis o que domina inicialmente o discurso.

2

Comecei por enunciar, em minha exposição deste ano, o campo do Outro, sem lhe dar nenhuma encarnação, a fim de experimentá-lo como concebível a título de campo de inscrição do que se articula no discurso.

É a partir de sua estrutura que se poderá definir, num segundo momento, a possibilidade do *Tu*, que esperará por nós e recorrerá a algo que deverá ser chamado de *Eu*, num terceiro tempo.

O que será mostrado, o que esperamos, o que sabemos claramente, é que esse *Eu* é sempre impronunciável em toda verdade. É por isso mesmo que todos sabem o quanto ele atrapalha, e a que ponto é preferível, como lembram as leis da própria fala, nunca dizer *eu juro*.

Então, não prejulguemos o que acontece com o Outro, deixemos a questão em aberto. Ainda que seja simplesmente a página em branco, mesmo nesse estado ele nos criará muitas dificuldades, como demonstrei no quadro da última vez.

Suponhamos que vocês tenham escrito nessa página em branco a totalidade dos significantes. Isso é concebível, já que vocês podem escolher um nível em que o significante se reduza ao fonema. Sob a condição de que essa página seja página, isto é, finita, é demonstrável que, se vocês reunirem nela seja o que for sobre o qual possam enunciar o juízo *Esse é o sujeito*, o termo exigido por essa reunião deverá ser forçosamente situado fora dessa totalidade. É fora da página em branco que estará o S_2, esse outro significante que intervém quando enuncio que o significante é o que representa um sujeito para um outro significante. O S_2 ficará fora da página.

O que possamos ter de dizer em seguida sobre qualquer coisa que se enuncie deverá partir desse fenômeno, que é demonstrável como interno a toda enunciação como tal. É por isso que convém nos determos aqui por mais um instante.

Tomemos a mais simples enunciação. *Está chovendo* [*Il pleut*].* Isso só pode ser plenamente julgado ao nos determos no que há de emergências no fato de se dizer que existe um *chover*.

É esse o acontecimento do discurso pelo qual aquele que o diz coloca-se como secundário. O acontecimento consiste num dito, aquele cujo lugar é marcado pelo *il* [ele].

Mas o sujeito gramatical é tão difícil de delimitar com clareza, que é melhor desconfiarmos. Ele pode apresentar morfologias distintas, conforme as línguas, e não é necessariamente isolado. Há uma relação com o que chamei há pouco de fora-do-campo, mais ou menos individualizado, como acabo de recordar, que também pode se reduzir a uma desinência, como *pleut* [chove]. O *t*, esse tezinho, vocês o reencontrarão passeando em todo tipo de cantos do francês. Por que ele acaba se alojando onde não tem nada a fazer, onde não está em absoluto na conjugação, como num *orne-t-il*, por exemplo?**

Esse sujeito gramatical, portanto, não passa do lugar em que alguma coisa vem representar-se.

---

* *Il pleut*. No trecho que se segue, convém lembrar que, no francês, essa forma impessoal do verbo defectivo *chover* conjuga-se com o pronome pessoal neutro *il* [igual ao pronome pessoal correspondente a *ele*] e com a forma verbal flexionada no presente do indicativo; no português, o pronome fica oculto e a construção mais comum usa um verbo auxiliar e o gerúndio de *chover*, embora também se possa dizer apenas "chove". (N.T.)

** Lacan se refere ao *t* eufônico, que a língua francesa usa como interpositivo entre o verbo e o sujeito (pronome) pospositivo iniciado por vogal, para evitar o hiato. O exemplo que ele dá seria o de uma pergunta: "ele adorna...?" ou "ele enfeita...?" (N.T.)

Voltemos ao S_1, como aquele que representa essa alguma coisa, e ao S_2.

Da última vez, tivemos que extrair do campo do Outro, já que ele não podia sustentar-se ali, esse S_2, que se juntava aos S *alfa*, S *beta*, S *gama* em que pretendíamos captar o sujeito, na medida em que esses S satisfaziam uma certa função, R, definida no campo do Outro por *x não é membro de x*.

$$R(x) = R : x \notin x$$

Escrever R(x) transforma todos esses elementos, significantes, no caso, em algo que permanece indeterminado, por estar em aberto, algo que assume a função de uma variável, (x). A partir do momento em que especificamos que essa variável deve corresponder a uma proposição que não é qualquer uma, que não é que a variável deva ser boa, ou vermelha, ou azul, mas que ela deve ser sujeito, surge a necessidade desse significante como Outro, posto que de modo algum ele poderia inscrever-se no campo do Outro. Sob sua forma mais original, esse significante é, propriamente, o que define a chamada função do saber, S_2.

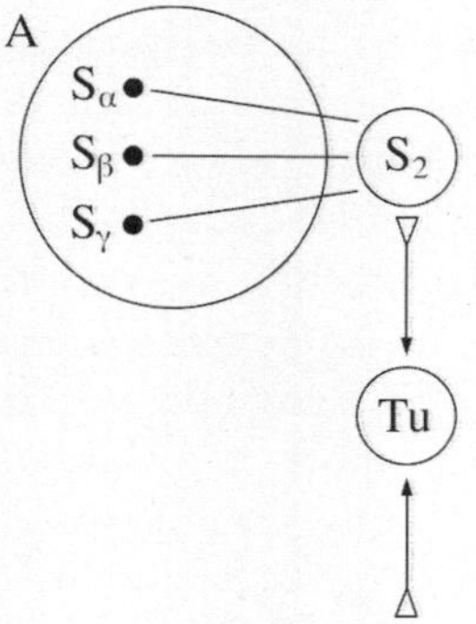

O saber fora do campo do Outro

Terei que voltar a isso, porque esse lugar talvez ainda não esteja suficientemente acentuado em relação ao que foi enunciado até aqui quanto às funções lógicas. Trata-se, em outras palavras, de que qualificar o sujeito como tal coloca-nos fora do Outro. Esse *coloca-nos* talvez seja uma forma de *númeno* que nos levará mais longe do que supomos.

Ao ver as dificuldades geradas por uma redução lógica dos enunciados clássicos — aristotélicos, digo — do universal e do particular ao campo dos quantificadores, talvez me baste indagar se não é verdade que teríamos menos embaraços ao perceber que o *todos* e o *alguns* devem ser colocados fora do campo do Outro. Em vez de dizer *todos os homens são bons*, ou *maus*, não vem ao caso, porventura a formulação correta não seria enunciar *os homens*, ou qualquer outra coisa, qualquer coisa que se possa revestir de uma letra, na lógica, *são todos bons*, ou *são alguns bons*? Em suma, colocando fora do campo do Outro a função sintática do universal e do particular, não lhes parece que vocês teriam menos dificuldades para depois reduzi-los ao campo matemático?

O campo matemático, com efeito, consiste justamente em operar de forma desesperada para que o campo do Outro se sustente como tal — é a melhor maneira de demonstrar que ele não se sustenta, que não é consistente, como se diz em linguagem técnica — e descobri-lo ao ver se articularem todas as suas etapas, porque é em níveis bem diversos que ele não se sustenta.

É na medida em que o campo do Outro não é consistente que a enunciação assume a feição da demanda, e isso antes mesmo que aí se venha instalar seja o que for que carnalmente possa responder a ela.

Ir o mais longe possível na interpretação do campo do Outro como tal permite perceber sua falha numa série de níveis diferentes. Para comprová-lo, a matemática nos traz um campo de experiência exemplar. É que ela se permite limitar o campo do Outro a funções bem definidas, como a aritmética, por exemplo.

Pouco importa, por ora, o que essa pesquisa aritmética de fato evidencie. Vocês ouviram o bastante sobre ela para saber que, em campos escolhidos entre os mais simples, é grande a surpresa quando descobrimos que falta, por exemplo, a completude, ou seja, que não podemos dizer que seja o que for que se enuncia neles deva ser demonstrado, ou então demonstrado que não. Mais ainda, nesse campo, entre os mais simples, pode-se questionar que algum enunciado seja demonstrável. Desenha-se ainda um outro nível, no qual é demonstrável que um enunciado não é demonstrável. E isso se torna muito singular e muito estranho em alguns casos, quando o próprio não demonstrável escapa, por não ser nem mesmo possível afirmar que ele não é demonstrável e por se abrir uma dimensão distinta, que se chama o indecidível.

Essas escalas, não de incerteza, mas de falhas na textura lógica, podem permitir-nos apreender o estatuto do sujeito como tal, encontrar um apoio para ele e, numa palavra, conceber que ele possa se satisfazer com sua adesão à própria falha situada no nível da enunciação.

Ao abordar do exterior da lógica o campo do Outro, nada jamais nos impediu, ao que parece, de forjar o significante pelo qual se conota o que falta na própria articulação significante. Com o risco de abreviar o campo do Outro, como já fiz, e sob a condição de que um auditório tão numeroso mostre certa condescendência, talvez possamos fazer sentir, tornar necessário num enunciado de discurso, ou até demonstrar, em alguma construção lógica, que não se pode situar esse significante com que um sujeito se satisfaz em última instância, por se identificar com ele, como idêntico à própria falha do discurso, se vocês me permitem essa formulação abreviada. Aqui, mais uma vez, deixo que isto se articule à margem.

Será que os que estão aqui e são analistas não podem se dar conta de que é por falta de qualquer exploração dessa natureza que a noção de castração — que de passagem, espero, vocês terão percebido ser o análogo do que estou enunciando — continua tão solta, tão incerta, e é manejada com a espessura e a brutalidade que conhecemos?

Para dizer a verdade, na prática, ela nem é manejada. É, pura e simplesmente, substituída pelo que o outro não pode dar. Fala-se de frustração, quando se trata de algo bem diferente. Às vezes, é pela via da privação que as pessoas se aproximam dela, mas, como vocês podem ver, essa privação faz parte, justamente, da falha inerente ao sujeito da qual se trata de nos aproximarmos.

Antes de deixar, por hoje, isto de que só fiz traçar os contornos, sem poder nem mesmo prever o que conseguirei fazer vocês suportarem daqui até o fim do ano, darei uma indicação, de passagem, a todos os que já têm uma idéia de alguns teoremas enunciados no campo lógico.

Esse S_2 cumpre propriamente sua função quando, de fora de um dado sistema aritmético, um A maiúsculo bem definido, ele conta tudo o que pode ser posto em teoremas no interior. Em outras palavras, um homem genial, chamado Gödel, teve a idéia de perceber que esse *ele conta* devia ser entendido ao pé da letra e que, sob a condição de que se desse o número deles, chamado número de Gödel, a cada um dos teoremas situáveis num certo campo, era possível abordar algo que até então nunca tinha sido formulado a respeito das funções a que só pude aludir no que acabo de enunciar: a completude ou a decidibilidade.

É claro que, a partir daí, tudo fica diferente de um passado em que era possível enunciar que, afinal, as matemáticas não passam de uma tautologia e, por conseguinte, o discurso humano pode continuar a ser o que é.

Nesse dizer, o campo matemático teria sido o da tautologia. Tudo difere a partir do momento em que se refuta, da maneira mais segura, que exista em algum lugar um A que continue a ser um A maiúsculo idêntico a si mesmo.

Esse resultado é um passo, uma conquista.

3

A quem se confronta, na experiência analítica, com o que parece ser uma aporia transcendente em relação ao que é chamado de história natural, mas nem por isso vê o interesse de buscar apoio no campo das estruturas lógicas, para colocar no lugar delas o que se apresenta no campo analítico, por este ser o campo de uma enunciação totalmente diversa, a que é permitida e também dirigida pela experiência freudiana, retrucaremos que, para começar, é na medida em que o Outro não é consistente que a enunciação assume a forma da demanda.

É isso que dá importância ao que se inscreve sob a forma ($ ◊ D), S barrado punção D maiúsculo, no grande grafo completo que desenhei aqui.

Todo enunciado se distingue na medida em que o *Eu digo que* lhe é subtraído. A forma como o *Eu* é limitado, que é o *Eu* da gramática,

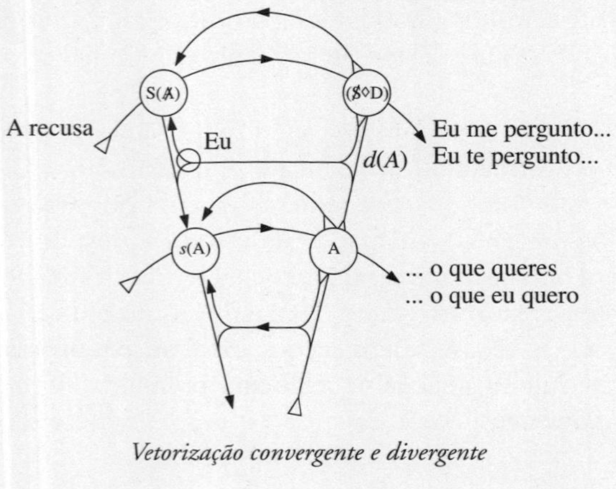

Vetorização convergente e divergente

isola-se, por conseguinte, fora de qualquer risco essencial, subtrai-se da enunciação e, com isso, a reduz ao enunciado. Em ($ ◊ D), ao contrário, o *Eu digo que*, por não ser subtraído, deixa intacto que, pelo simples fato da estrutura do Outro, toda enunciação, seja ela qual for, se transforme em demanda.

Nesse nível, a questão é dupla. É a pergunta ao Outro sobre o que lhe falta, *Eu me pergunto o que desejas*, que é precisamente a pergunta que apontamos hoje, ou seja, *Eu te pergunto* não quem eu sou, porém, mais longe ainda, *o que é Eu*.

Em *d*(A), desejo do Outro, instala-se o próprio nó que formulei ao proferir que o desejo do homem é o desejo do Outro. Se vocês tomarem os vetores do modo como são definidos nesse grafo, ou seja, aquele que parte do Outro e aquele da cadeia significante pura, que faz a volta no cruzamento designado por ($ ◊ D), para completar a retroação, verão que eles de fato convergem no ponto *d(A)*, como nele convergem os dois elementos que articulei, *Eu me pergunto o que desejas*, isto é, o que te falta, ligado a eu estar assujeitado a ti, pergunta que se ramifica no próprio nível da instituição do A, e *Eu te pergunto o que é Eu*, indagação sobre o estatuto do *Eu* como tal, que se instala aqui, onde o assinalei em vermelho.

A convergência que constitui o *Eu* produz-se por toda enunciação como tal. Se a enunciação indiferente, que a regra analítica postula por princípio, transforma-se em demanda, é porque está em sua própria função de enunciação ser demanda concernente ao *Tu* e ao *Eu*.

Simetricamente, convergem para o *Tu* as demandas ou interrogações suscitadas pela falta que está no cerne do campo do Outro, estruturado de pura lógica. É isso que dá valor e alcance ao que se desenha, igualmente vetorizado, do outro lado do grafo.

A divisão do sujeito fica sensível ali como essencial, e é isso que se coloca como *Eu*.

À pergunta *Quem é Eu?*, a própria estrutura responde com a recusa, S(Ⱥ), significante do Outro barrado, tal como o inscrevi no funcionamento desse grafo.

Do mesmo modo, o *Tu* institui-se por uma convergência entre uma demanda e uma promessa. Demanda a mais radical, aquela que nos é feita, a nós, analistas, a única que sustenta, em última instância, o discurso do sujeito, a saber, no primeiro momento, *eu* venho aqui te perguntar *quem sou*, ao que se responde no nível do *Quem é Eu?*, recuo proporcionado aqui pela necessidade lógica. Promessa, esperança de reunião desse *Eu* no S_2 que designei, na transferência, pela expressão *sujeito suposto saber*. É o nó, a conjunção primordial, S_1 ligado a S_2, que fundamenta o que é saber no par ordenado.

O *Eu* só é sensível entre esses dois pólos, eles divergentes: S(Ⱥ), que articulo aqui como o não, a recusa, que dá forma à falta da resposta, e *s*(A), o significado do Outro ou no Outro. Mas qual é essa significação, qual pode ser ela, quando todo este discurso que desfio para dar armadura ao *Eu* da interrogação com que se institui a experiência analítica, não é sensível que eu lhe dê continuidade deixando de fora alguma significação, pelo menos até o ponto a que chegamos aqui?

Que significa isto senão que, depois de ter formado vocês durante longos anos para que se baseiem na diferenciação de origem lingüística entre o significante como material e o significado como seu efeito, deixo aqui suspeitar que uma miragem repousa no princípio do campo definido como lingüístico, nem que seja para ver a espantosa paixão com que o lingüista enuncia que o que ele tende a apreender na língua é pura forma, não conteúdo?

Vou reconduzi-los ao ponto que, não sem intenção, foi o primeiro que produzi diante de vocês em minha primeira conferência, sob a forma do pote. Se voltei digressivamente ao pote de mostarda, decerto não foi à toa. Saibam os que tomam notas que nada é sem premeditação no que se poderia chamar de minhas digressões de um campo inicial.

Vocês podem lembrar-se de que dei margem a uma coisa a ser eminentemente assinalada nas formas primeiras do aparecimento desse pote: que nunca faltam, na superfície, as marcas do próprio significante. Será que aqui não se introduz isso, onde se formula o *Eu*? Se a operação do oleiro é a melhor imagem da criação humana, é porque as propriedades do utensílio que essa operação produz nos dão, com muita precisão, a imagem de que a linguagem — linguagem da qual ele é feito, porque onde não há linguagem também não há trabalhador — é um conteúdo. Basta pensar por um instante que a fabricação de potes é a própria referência da oposição filosoficamente tradicional entre a forma e o conteúdo.

Não foi à toa que sublinhei, em minha primeira introdução desse pote, que, quando ele é fadado a acompanhar o morto na sepultura, coloca-se nele o acréscimo que consiste propriamente em furá-lo. Com efeito, o princípio espiritual do pote, sua origem de linguagem, é que há em algum lugar um furo por onde tudo escapa. Quando ele reúne em seu devido lugar aqueles que passaram para o além, também o pote encontra sua verdadeira origem, isto é, o furo que foi feito para mascarar na linguagem. Não há significação que não fuja diante do que um corte contém.

É muito singular que eu tenha feito a seguinte descoberta, depois do momento em que lhes enunciei essa função do pote: ao averiguar o que se passa com o pote, meu Deus, no lugar a que habitualmente me refiro, ou seja, no Bloch e von Warburg,* tive a grata surpresa de ver que esse termo é pré-céltico, como testemunham, ao que parece, o baixo-alemão e o holandês com os quais o temos em comum. Portanto, ele nos vem de longe, no mínimo do Neolítico. E tem mais. Para dar uma pequena base a essa idéia, fundamentamo-nos nos potes de antes da invasão romana, ou, mais exatamente, que representam o que estava instituído antes dela, e que foi desenterrado na região de Trier. Ali vemos inscrita a palavra *potus*, dizem Bloch e von Warburg; trata-se de um uso hipocorístico, como se costuma dizer, para designar os fabricantes, e isso basta, na opinião deles, para designar a origem antiqüíssima desses potes.

A única coisa que importa, a meu ver, é que, quando o pote aparece, ele é sempre marcado em sua superfície por um significante que ele sustenta. O pote nos dá aqui uma função distinta da do sujeito, porquanto, na relação com o significante, o sujeito não é uma precondição, mas uma antecipação. Ele é *suposto*, *hypokeimenon*; essa é sua essência, sua definição lógica. Ele é suposto, quase induzido, até certamente, e não é o suporte. Ao contrário, é com legitimidade que podemos dar ao significante um suporte fabricado e até um utensílio. A origem do utensílio, na medida em que ele distingue o campo da fabricação humana, por assim dizer, situa-se inclusive aí, propriamente.

A significação como produzida, eis o que serve, como engodo, para nos encobrir o que acontece com a essência da linguagem, na medida em que, por sua essência, propriamente, ela não significa nada. O que prova isso é que o dito, em sua função essencial, não é uma operação de significação.

É assim mesmo que nós, analistas, o entendemos. O que procuramos é aquilo que suspende o que se articula a partir do Outro, e que está fora do Outro como tal — o S_2 como fora do campo. Qual é seu

---

* Oscar Bloch e Walther von Warburg, *Dictionnaire étymologique de la langue française*, Paris: PUF., 4ª ed., 1964. (N.T.)

sujeito? Eis a questão. E, se esse sujeito não pode, de forma alguma, ser captado pelo discurso, qual é a articulação correta do que pode lhe servir de substituto?

O sentido do que acontece com a castração equilibra-se com o do gozo. Mas não basta discernir essa relação. No que se manifestou numa época que nos é próxima, criou-se alguma coisa, ao mesmo tempo necessidade de verdade e apelo ao gozo. Mas, seguramente, não basta aspirar ao gozo sem entraves, se é patente que, para todo ser incluído na linguagem e no utensílio, o gozo só pode articular-se no registro inerente a um e ao outro, registro, aliás, que defini como o mais-de-gozar.

É nesse ponto que, no dia 8 de janeiro, retomaremos nosso discurso.

11 de dezembro de 1968

VI

Por uma prática lógica na psicanálise

Freud me olha
Da lingüística à lógica
Uma escrita sem equívoco
A forma e o conteúdo
Do pote à aposta

Desejo-lhes um feliz ano-novo. 69 é um bom número. Nessa ocasião, sempre recebo um presentinho de algum horizonte. O mais recente foi um pequeno artigo que saiu no número de 1º de janeiro da *Nouvelle Revue Française*, sob o título de "Alguns excertos do estilo de Jacques Lacan".*

Com efeito, meu estilo é um problema. Eu poderia ter começado meus *Escritos* com um artigo velhíssimo que nunca reli, e que concernia justamente ao problema do estilo. Se eu o reler, talvez isso me esclareça. Até lá, sou o último, é claro, a poder explicá-lo, e, santo Deus, não vejo por que um outro não devesse tentar fazê-lo.

Foi isso que aconteceu, caindo da pena de um professor de lingüística. Não tenho que apreciar pessoalmente o resultado de seus esforços, mas o eco que tive deles é mais no sentido de acharem que talvez esse não fosse o momento mais oportuno para publicar o texto, agora que se levanta uma suspeita, em alguns locais afastados, não é?, sobre a qualidade geral do que é dispensado de ensino pela boca dos professo-

* No original, "Quelques extraits du style de Jacques Lacan". (N.T.)

res. Em suma, fui informado de que alguns não acharam isso muito bom.

Faço de vocês os juízes. Quanto a mim, não me queixo. Tenho dificuldade de saber como alguém poderia tirar dali a mínima idéia sobre o que tenho disseminado como ensino.

Mas há uma ironia. Ao que parece, eu teria ousado escrever, em algum lugar, *Freud e eu*. Vejam só isso, ele não se faz por menos! E isso talvez não tenha rigorosamente o sentido que a indignação de um autor julga dever dar-lhe, mas mostra bem o campo de reverência em que vivemos, pelo menos em certos meios. Por que, na opinião desse autor, que confessa não ter a menor idéia de qual foi a contribuição de Freud, haveria algo de escandaloso, por parte de alguém que passou a vida inteira ocupado com isso, em dizer *Freud e eu*?

Direi mais. Ao refletir eu mesmo sobre esse atentado ao respeito devido, pelo qual eu estaria sendo censurado, não pude fazer outra coisa senão me lembrar de uma historinha que já citei aqui.

Foi na época em que, em companhia de P'tit Louis, eu me dedicava à mais difícil das pequenas indústrias que dão vida às populações costeiras. Havia lá três camaradas excelentes, cujo nome ainda me é caro, com quem me sucedera fazer uma porção de coisas que deixo de lado, e havia o referido P'tit Louis. Tínhamos acabado de consumir uma lata de sardinhas em conserva, e ela estava boiando nas imediações do barco. Então, P'tit Louis me disse estas palavras muito simples: — *Ei, essa lata, você a está vendo porque olha para ela. Pois ela, por sua vez, não precisa ver você para olhá-lo.*

A relação dessa história com *Freud e eu* deixa em aberto a questão de onde eu me situo nesse par. Pois bem, tenham certeza, eu continuo a me situar no mesmo lugar, aquele em que eu estava e continuo vivo. Freud não precisa me ver para me olhar.

Em outras palavras, como enuncia um texto que já citei aqui, *um cachorro vivo vale mais que o discurso de um morto*, sobretudo quando este chegou ao grau que atingiu de podridão internacional.

1

Procuro dar aos termos freudianos sua função, na medida em que não se trata de nada menos do que uma inversão dos próprios princípios do questionamento.

Em outras palavras — o que não quer dizer que isso diga a mesma coisa —, o que está empenhado nesse esforço é a exigência mínima que condiciona a passagem para esse questionamento renovado.

Essa exigência mínima é a seguinte: trata-se de fazer psicanalistas. Esse questionamento, com efeito, não pode ser formulado sem uma reposição do sujeito em sua posição autêntica, e foi por isso que lembrei, no começo deste ano, de que posição se trata. É aquela que, desde a origem, coloca o sujeito na dependência do significante.

Em torno dessa condição fundamental ordena-se tudo o que se afirmou de aceitável na primeira prática da análise, na qual certamente foram levados em conta os trocadilhos e os jogos de linguagem, por bons motivos. Esse nível, eu simplesmente o retomei e o legalizei, eu diria, apoderando-me do que a lingüística forneceu, sobretudo nessa base que ela destaca e que se chama fonologia, o funcionamento do fonema como tal. Impunha-se realmente perceber que o que Freud havia desbravado encontrava ali, pura e simplesmente, o seu estatuto, sem dúvida com certo atraso, mas, evidentemente, com menos atraso do que podiam ter o público em geral e, do mesmo modo, os psicanalistas.

No nível lingüístico, dá-se uma coincidência, porque é verdadeiramente do próprio material fonêmico que se trata nos jogos do inconsciente. Mas isso não é razão para nos determos aí, seja qual for, por outro lado, o grau de competência que eu tenha mostrado antes no uso do que, afinal, é apenas uma parte da lingüística. A pesquisa que consiste em apreender isomorfismos entre o estatuto do sujeito e o que é desenvolvido pelas disciplinas já constituídas, vocês me vêem agora buscá-la em toda parte em que elas dão ensejo a isso. Agora, trata-se de buscá-la no nível de uma outra disciplina, que nos permite identificar um isomorfismo que é da abordagem, mas que pode igualmente revelar-se encerrando uma identidade de seus tecidos, como já afirmei.

Que disciplina é essa? Vou chamá-la de prática lógica.

Essa expressão não me parece ruim para designar exatamente aquilo de que se trata. Com efeito, o que impõe essa prática é o lugar em que ela vem-se exercendo agora, mas não é inconcebível que ela se transponha para outro lugar. Que lugar é esse? Depois de haver ocorrido alguma coisa que descolou a lógica da tradição em que ela ficara encerrada por séculos, o lugar em que ela se exerce atualmente é o campo matemático.

Com certeza não foi por acaso — isso era inteiramente previsível, infelizmente a posteriori — que foi no nível do discurso matemático que a prática lógica veio a se exercer. Que há de mais tentador para a lógica do que a matemática, na qual o discurso demonstrativo parece assentar-se sobre uma autonomia completa em relação ao que é chamado de experiência? Podia parecer, com efeito, que esse discurso só extraía sua certeza de si mesmo, isto é, das exigências de coerência que ele se impunha.

Que imagem daremos dessa lógica que se ligou ao campo matemático? Porventura se trata de um modo de pensar que estaria distante da matemática, embora sustentando a corrente científica, que, em relação a um certo progresso, seria isto, e depois, também isto — *recessus*?

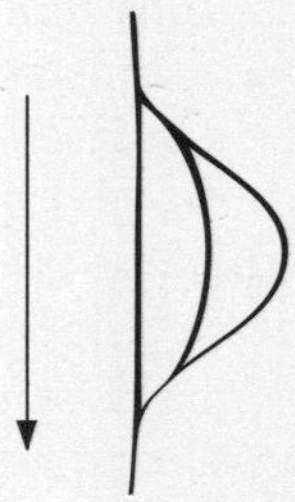

O recesso

Essa imagem de um recesso é digna de ser exorcizada, pois veremos que não se trata de nada parecido com a lógica.

O que dá ensejo a lembrar que o recurso à imagem para explicar a metáfora é sempre falso.

Toda dominação da metáfora pela imagem deve ser considerada suspeita, porque seu apoio é sempre a imagem especular do corpo. Essa imagem é equivocada, um equívoco muito simples de ilustrar, ainda que isso não passe de uma ilustração, dizendo, pura e simplesmente, que a imagem antropomórfica mascara a função dos orifícios. Daí o valor de apólogo de meu pote furado, com o qual deixei vocês no ano passado. O furo desse pote, só o vemos no espelho se olharmos através do tal furo. Daí o valor invertido desse utensílio, o pote, que só destaquei para lhes indicar que o que a indústria humana fabrica, sob suas formas primárias, é propriamente feito para mascarar o que acontece com os verdadeiros efeitos de estrutura.

Minha digressão serve para introduzir uma distinção expressa a ser lembrada: que a forma não é o formalismo.

Em alguns casos, sucede até aos lingüistas — não estou falando, é claro, dos que não sabem o que dizem — cometer pequenos erros a esse respeito. Por exemplo, o autor de que falei há pouco, que não me dá nenhuma prova de sua competência, imputa-me ter falado de Hjemslev; ora, isso é justamente o que nunca fiz. Em contrapartida, o nome de Jakobson está notavelmente ausente de seu artigo, pelo menos a meu ver — porque eu o li em diagonal, como se expressa o próprio autor —, o que sem dúvida lhe evita ter que julgar se o uso que fiz das funções da metáfora e da metonímia é, sim ou não, pertinente.

Voltando a essa questão essencial que é a distinção entre a forma e o formalismo, tentarei ilustrá-la primeiro com algumas formas. Isso, de fato, é mais que necessário para qualquer um que se ocupe, como se ocupa o psicanalista, dos cortes que, para atingir um campo a que o corpo está exposto, culminam na queda de algo que assume alguma forma.

Para tocar numa dessas imagens isoladas pela experiência psicanalítica, e não se sabe a partir de onde, lembrarei a xícara que contém o leite, a que é evocada por sua tomada ao avesso pelo nome de seio, primeiro dos objetos *a*. Essa xícara não é a estrutura pela qual o seio se afirma como homólogo da placa placentária, é sua própria realidade, fisiológica, sem entrada em jogo do verbo. Só que, para saber que o seio está ali, fisiologicamente, antes de se implicar na dialética do objeto *a*, para que o seio seja visível, é preciso já ter uma zoologia bastante avançada, e isso pressupõe a utilização expressa de uma classificação cujas relações com a lógica seria um erro minimizar.

É preciso ser coerente. Censurou-se a lógica aristotélica e seu emprego dos termos "gênero" e "espécie" por ela ter simplesmente aderido a uma prática zoológica, à existência de indivíduos zoologicamente definidos. Quando se enuncia essa observação mais ou menos repreensiva, convém perceber que, inversamente, essa mesma zoologia implica uma lógica, e que ela é um fato de estrutura, e de estrutura lógica, é claro.

Como vocês vêem, a fronteira passa por aí, entre o que já implica toda a experiência exploratória como tal e o que será questionado por nós sobre a emergência do sujeito.

Não há dúvida de que o formalismo, em sua função de corte, se destacará melhor na matemática.

2

Que acontece, na matemática, com o uso do formalismo?

Já se disse que o discurso matemático não tem sentido, e que nunca se sabe se o que é dito nele é verdade. Formulação extrema, paradoxal, que Kojève repetia, mas que ele só fez retomar da boca de Bertrand Russell, que, vale a pena lembrar, foi um dos iniciadores da formalização lógica desse discurso, o que quer dizer que ela não vem de fora.

O formalismo na matemática é a tentativa de submeter esse discurso a uma prova que poderíamos definir nestes termos: assegurar o que ele parece ser, isto é, funcionar sem o sujeito.

Para dar aos que não estão por dentro uma idéia imediata do que designo com isso, perguntem-se: quem jamais falaria, quanto àquilo que se serve da construção matemática, em alguma incidência do que se destaca em outros lugares como o *observador*? Não há, na matemática, nenhum vestígio concebível do chamado *erro subjetivo*. Mesmo que seja na matemática que se montam aparelhos que permitem, em outros lugares, dar a esse erro subjetivo um sentido mensurável, ele nada tem a ver com o discurso matemático em si. Mesmo quando este discorre sobre o erro subjetivo, não há meio-termo — ou os termos do discurso são exatos, irrefutáveis, ou não o são. Essa é sua exigência, pelo menos. Não se aceitará nada que não se imponha como tal.

Mas persiste o fato de que existe o matemático. Como eu disse há pouco, formalizar esse discurso consiste em certificar-se de que ele se sustente sozinho, mesmo que o matemático evapore por completo. Isso implica a construção de uma linguagem que é, muito precisamente, aquela que chamamos de lógica matemática, e que melhor seria chamar de prática da lógica, ou prática lógica sobre o campo matemático. A condição para realizar essa prova apresenta-se sob uma forma dupla, e que pode parecer antinômica.

Primeira condição: uma linguagem sem equívoco. Acabo de lhes recordar o caráter sem equívoco do discurso matemático; a linguagem lógica não parece ter outra dificuldade senão reforçá-lo, refiná-lo.

Esse *sem equívoco* concerne a algo que continuamos a poder chamar de *objeto*, mas que não é um objeto qualquer. Para ilustrar o que quero dizer, vejam como Quine, em seu livro *Word and Object*, ao tentar sair do campo da matemática para estender a nova prática lógica ao estudo do discurso comum, julga-se obrigado a se referir ao que é chamado de *linguagem-objeto*. Isso não é outra coisa senão satisfazer a condição de uma linguagem sem equívoco.

É uma excelente oportunidade para salientarmos que, ao contrário, é da natureza do discurso fundamental ser não apenas dúbio, mas essencialmente feito do deslizamento, sob todo discurso, da significação. Tenho enfatizado este ponto desde que comecei a me referir à linguagem.

Portanto, primeira condição dessa linguagem: ser inequívoca. Isso só pode referir-se, é claro, a um certo objeto visado na matemática, e não a um objeto como os outros. Foi justamente por isso que Quine, ao transferir o manejo da lógica para o discurso comum, falou em *linguagem-ob*, detendo-se prudentemente na primeira sílaba.

Condição segunda: essa linguagem deve ser pura escrita. Nada do que lhe diz respeito deve constituir senão interpretações. Toda a estrutura — refiro-me ao que poderíamos atribuir ao objeto —, é ela que produz essa escrita. Dessa formalização, portanto, não há nada que não se coloque como interpretação. Ao equívoco fundamental do discurso comum opõe-se aqui a função do isomorfismo, que constitui um certo número de domínios que caem sob o domínio de uma única e mesma fórmula escrita.

Podemos entrar perfeitamente na experiência do que assim se constrói se nos dermos um pouco de trabalho, como creio não me ser indigno fazer, ao contrário do que parece supor o artigo evocado há pouco. Está ao alcance de todos abordar, por exemplo, o teorema de Gödel, sob a condição de comprar um bom livro ou ir aos lugares certos. Estamos no *pluridisciplinar*, não é?, e isso talvez seja, afinal, uma exigência que não saiu do nada, mas de perceber os aborrecimentos que experimentamos com o que é impropriamente chamado de limitação mental. Aliás, os teoremas de Gödel, pois existem dois deles, são ditos teoremas do limite.

Estes concernem ao discurso aritmético, que é o que parece mais seguro. Afinal, 2 e 2 são 4, não há nada em que nos assentemos melhor. Naturalmente, não se parou por aí. Com o tempo, perceberam-se muitas coisas, mas que pareciam estar no estrito desenvolvimento desse 2 e 2 são 4. Em outras palavras, sustenta-se a partir daí um discurso que, segundo todas as aparências, é o que se chama de *consistente*.

A consistência de um sistema significa que, quando enunciam uma proposição, vocês podem dizer, sim ou não, *esta é aceitável, é um teorema*, como se costuma dizer, *do sistema*, ou então, *esta não o é, e a negação dele é que o é*, se as pessoas acharem que devem ter o trabalho de transformar em teorema tudo o que pode ser postulado como negativo. Esse resultado é obtido por meio de uma série de procedimentos sobre os quais não paira nenhuma dúvida, e que são chamados de demonstrações.

O progresso da prática lógica permitiu garantir resultados inéditos, mas somente graças ao uso dos processos de formalização. Eles consistem em fazer duas colunas, se assim posso dizer. Numa delas, coloca-se o que é enunciado pelo discurso primário da matemática, e na outra, o outro discurso, aquele que é submetido à condição dupla de perseguir o equívoco e de se reduzir a uma pura escrita. O discurso primário é aquele em que a matemática fez, ousadamente, todos os seus progressos, e, coisa curiosa, sem ter que voltar atrás periodicamente, de um modo que arruinasse as conquistas geralmente aceitas nas épocas anteriores. Em oposição a esse discurso, o segundo discurso é apreendido com o termo *metalinguagem*, muito impropriamente, na minha opinião, porque ele é apenas um campo fechado, isolado por uma prática no que é, muito simplesmente, a linguagem, a mesma linguagem sem a qual o discurso matemático não seria propriamente enunciável. É não menos impropriamente que se fala de *linguagem* formal.

Foi a partir da distinção entre o discurso primário e a metalinguagem que Gödel evidenciou que a suposta consistência do discurso aparentemente mais seguro do campo matemático, o discurso aritmético, implica aquilo que o limita, ou seja, a incompletude. Isso quer dizer que, a partir da própria hipótese da consistência, aparece em algum lugar uma fórmula — e basta haver uma para que haja muitas outras — à qual não é possível responder sim nem não, se passarmos pelas vias da demonstração aceita como lei do sistema. Primeiro tempo, primeiro teorema.

Segundo tempo, segundo teorema. Aqui, preciso abreviar. Não apenas o próprio sistema aritmético só pode garantir sua consistência ao constituir sua incompletude, como também, na hipótese, ainda que bem fundamentada, de sua consistência, ele não pode demonstrar essa consistência em seu próprio interior.

Tive um pouco de dificuldade para transmitir aqui uma coisa que não é propriamente do nosso campo, se o campo psicanalítico é definido por não sei que apreensão olfativa.

No momento de lhes dizer *que não é propriamente...*, a frase implicava que eu terminasse dizendo *do nosso tema* [*sujet*], e vejam vocês onde eu caio — neste ponto crucial, ou seja, que não é pensável funcionar no campo psicanalítico senão dando o estatuto correto ao que acontece com o sujeito [*sujet*].

Que encontramos na experiência dessa lógica matemática senão, justamente, o resíduo em que se designa a presença do sujeito? Pelo menos, é o que parece implicar um matemático, um dos maiores, com certeza, von Neumann, ao fazer a reflexão meio imprudente, sem dúvida, de que as limitações — refiro-me às que são logicamente sustentáveis — não passam de *resíduos da matemática*.

Von Neumann não visa com isso a nenhuma antinomia, a nenhum desses jogos espirituosos clássicos que consistem em apreender, por exemplo, que o termo *obsoleto* é um termo obsoleto, e em especular a partir daí sobre os predicados que se aplicam a eles mesmos e os que não se aplicam, com tudo o que isso pode comportar de paradoxo. Não se trata disso, mas da construção de um limite.

Sem dúvida, não descobrimos na lógica nada que o próprio discurso matemático não tenha descoberto, uma vez que é nesse campo de descobertas que se põe à prova o método. Apenas interrogamos o discurso matemático sobre algo que, de todo modo, é essencial, a saber, até que ponto ele é capaz de dar conta a si mesmo. Poderíamos dizer *até que ponto ele coincide com seu próprio conteúdo*, se esses termos fizessem sentido, se esse não fosse o campo por excelência em que a idéia de conteúdo vem a ser propriamente esvaziada. Aí se apresenta alguma coisa que tem sua necessidade, sua *anagkê* própria, suas necessidades de desvio, e sobre a qual von Neumann nos diz, em síntese, que está tudo bem, que isso testemunha, afinal, que os matemáticos ainda servem para alguma coisa, que isso lhes dá um papel a desempenhar. Em outras palavras, é por faltar alguma coisa no discurso matemático que entra em jogo o desejo do matemático.

Muito bem, mas creio que von Neumann vai meio longe demais nisso. Para começar, o termo "resíduo" é impróprio. O que se revela aqui da função que já evoquei, por diversos ângulos, sob o título de "o impossível" é uma outra estrutura, diferente daquela com que lidamos na queda do objeto *a*. Mais ainda, por ser não menos estrutural, o que se revela aqui de falta revela, sem dúvida, a presença do sujeito, mas de algum outro sujeito que não aquele que fez o corte, o corte que separa a chamada metalinguagem de um certo campo matemático — que é simplesmente seu discurso — de uma outra linguagem isolada, de uma linguagem de artifício, da linguagem formal.

Essa operação de corte nem por isso é menos fecunda, já que revela propriedades que são o próprio tecido do discurso matemático. Ainda não pararam, e não pararão antes de um certo tempo, de discorrer longamente sobre o estatuto dos números inteiros, mas a questão do lugar desses números, ontológico ou não, é totalmente alheia à experiência do discurso matemático, no que ele opera com eles e no que pode efetuar esta operação dupla: um, construir-se, e dois, formalizar-se.

3

Certamente estamos longe, à primeira vista, do que nos interessa no centro, e, dado o pouco tempo que me resta, não sei como possa conduzi-los hoje até ele. Mesmo assim, permitam-me esboçar rapidamente o ponto a que havíamos chegado no fim de nosso último encontro.

A verdade diz *Eu*. Com esse *Eu*, que acontece?

Aqui, o *Eu* deve ser estritamente distinguido do sujeito, tal como podemos reduzi-lo à função do corte, impossível de distinguir da chamada função do traço unário, no que esta isola uma função do Um como apenas único, e apenas corte na numeração. No entanto, o *Eu* não está nada assegurado, pois poderíamos dizer que ele *é* e que ele *não é*, conforme ele opere como sujeito e, operando como sujeito, se exile do gozo, o qual, no entanto, não é menos *Eu*.

É neste ponto que convém eu lhes recordar o que se aloja entre as duas linhas, ditas da enunciação e do enunciado, no grafo construído para responder ao questionamento constitutivo da análise.

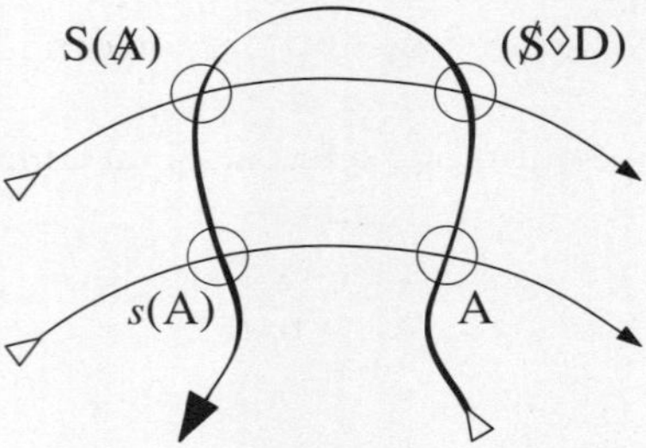

O corte dessas duas linhas por uma terceira, a linha da materialidade significante, ou cadeia diferencial elementar dos fonemas, permitiu-nos assegurar quatro pontos de cruzamento cujo estatuto é dado com precisão em termos de escrita. Aqui, $(\$\lozenge D)$. Aqui, o A maiúsculo, campo do Outro. Aqui, *s*(A), o *s* minúsculo do A maiúsculo, ou seja, a significação. E aqui, por último, o grande S(Ⱥ), o significante desse A barrado de que muitas vezes nos aproximamos, mas que nunca foi completamente elucidado.

Homólogo à linha de retorno imaginário *i(a)* → m, que integra no campo do enunciado a relação narcísica, vocês têm aqui, a meio caminho, o que se impõe no nível da enunciação pura, encarnado sob a forma escrita $(\$\lozenge D)$, que se articula S barrado, punção, D.

Esse D maiúsculo quer dizer aqui, como em todos os lugares em que o escrevo, *demanda*, mas não se trata de uma demanda qualquer. *Eu me pergunto...*, escrevemos aqui, *o que queres*. A demanda refere-se ao desejo do Outro, nessa ambigüidade completa que ainda permite escrever *Eu te pergunto... o que eu quero*, já que meu desejo é o desejo do Outro. Aqui não há nenhuma distinção, a não ser induzida pela própria função da enunciação, na medida em que ela traz em si o seu sentido como inicialmente obscuro.

Toda enunciação, como eu já disse, a mais simples delas, só evoca seu sentido como conseqüência de seu próprio surgimento. *Está chovendo* é um evento de discurso, sobre o qual é apenas secundário saber o que ele quer dizer em relação à chuva. Nesse contexto, qualquer um é capaz de evocar *Está chovendo. Está chovendo* pode ter os mais diversos sentidos. Será que preciso evocar, a propósito disso, que não é em todo lugar que *Saia!* soa como em *Bajazet*?*

Se há uma coisa nesse grafo que é mais importante assinalar do que os comentários que o acompanham, são os vetores estruturais. Vocês notarão que eles são convergentes no nível do desejo do Outro, onde o *Tu* predomina sobre o *Eu* como o *tu-ant* [o que mata], disse eu. É em torno do desejo do Outro que o discurso, tal como o ordenamos na experiência analítica, sob um aspecto falaciosamente neutro, deixa em aberto sob sua ponta mais aguda a ênfase da demanda. Tudo o que está na origem, como indica a seta retroativa, converge para o desejo do Outro.

---

* Tragédia em cinco atos de Jean Racine, de 1672. (N.T.)

O fiador do desejo do Outro, como seu suporte imaginário, é isto que tenho escrito desde sempre sob a forma de ($ ◊ *a*), isto é, a fantasia, onde reside, embora encoberta, a função do *Eu*. Ao contrário do ponto de convergência chamado de desejo do Outro, é de maneira divergente que o *Eu* oculto no ($ ◊ *a*) se dirige, sob a forma que chamei no começo de forma do verdadeiro questionamento, do questionamento radical, para os dois pontos em que se situam os elementos da resposta.

Na linha de cima está S(Ⱥ), significando que o A é barrado, e que é precisamente o que tive o trabalho e também lhes dei o trabalho de tomar como suporte para conceber o que enuncio aqui, ou seja, que o campo do Outro não garante, não garante em lugar nenhum, em nenhuma medida, a consistência do discurso que se articula nele, em nenhum caso, inclusive no aparentemente mais seguro.

Na linha inferior, *s*(A), uma significação como tal é fundamentalmente alienada. E é aqui que é preciso vocês se aperceberem do sentido de minha entrada neste ano pela definição do *mais-de-gozar* e de sua relação com tudo o que podemos chamar, no sentido mais radical, de meios de produção. Esse é o nível da significação, se o pote, como lhes indiquei, já não é senão um aparelho para mascarar as conseqüências principais do discurso, quais sejam, a exclusão do gozo.

Vocês podem ver a *Entzweiung* — o termo é hegeliano —, a divisão radical que há entre esses dois termos, que é a mesma a que leva o discurso de Freud no fim de sua vida, que é uma divisão do *Eu* articulado como tal.

Há, por um lado, o campo em que o Outro, que durante muito tempo foi o dos filósofos, poderia, de certo modo, em certa imaginação, responder por uma verdade. Isso se anula pelo simples exame das funções da linguagem, quer dizer, por sabermos fazer intervir nele a função do corte, que responde *Não, não* ao Deus dos filósofos.

Por outro lado, num outro registro, há o campo em que, aparentemente, o gozo espera o sujeito. É justamente aí que ele é servo, e justamente da maneira como, até aqui, era possível censurar a psicanálise por desconhecê-lo, ou seja, ele está submetido ao social, como se costuma dizer. As pessoas não percebem que se contradizem, e que o chamado materialismo histórico só tem sentido ao nos darmos conta de que não é da estrutura social que ele depende, uma vez que o próprio Marx afirma que é dos meios de produção. Dos meios de produção, isto é, daquilo com que se fabricam coisas que enganam o *mais-de-*

gozar e que, longe de poderem ter a esperança de preencher o campo do gozo, nem sequer estão em condições de bastar ao que se perde, em função do Outro.

Como de hábito, santo Deus, não pude andar tão depressa quanto eu mesmo queria. Ainda assim, posso anunciar-lhes onde, na próxima vez, tenho a intenção de recomeçar.

Eu lhes direi não ter sido à toa que, da boca do Deus dos judeus, o que guardei foi *Eu sou aquilo que Eu é*. É justamente aí que já é hora de enfim se dissipar uma coisa, uma coisa já dita com clareza por um certo Pascal. Se vocês quiserem ler um livrinho que saiu pela [editora] Desclée De Brouwer sob o nome de *Pari de Pascal* ["A aposta de Pascal"], talvez isso os ajude a entender o que lhes direi da próxima vez. O autor é um certo sr. Georges Brunet, que sabe admiravelmente bem o que diz. Como vocês viram ainda há pouco, isso não é verdade para todos os professores. O que ele diz não vai longe, aliás, mas pelo menos ele sabe o que diz. Por outro lado, isso é para vocês um desenredamento indispensável do que acontece com a folhinha de papel dobrada em quatro que tiraram do bolso de Pascal, Pascal morto. Já me expressei a esse respeito.

Falo muito de morte, o que é provavelmente para nos livrar de muitas outras relações com outros, que evoquei há pouco. Minhas relações com Freud morto, isso tem um sentido totalmente diferente.

Mas, se vocês tiverem a bondade de ler essa *Aposta de Pascal* de Georges Brunet, pelo menos saberão do que estou falando quando eu falar do texto de Pascal, que mal ocupa um quarto dele, como vocês verão. É uma escrita que se superpõe, se embrulha, se entrecruza, se anota. Fizeram um texto, é claro, para o prazer dos professores. Foi um prazer curto, porque eles nunca tiraram disso absolutamente nada.

Há uma coisa, ao contrário, que está inteiramente clara, e é por aí que começarei da próxima vez: é que não se trata rigorosamente de nada além, justamente, do *Eu*. Há quem passe o tempo a se perguntar se Deus existe, como se isso fosse sequer uma pergunta. Deus é, quanto a isso não há nenhuma espécie de dúvida, e isso não prova em absoluto que ele exista. A pergunta não se coloca. Mas é preciso saber se *Eu* existe.

Será que *Eu* existe? Creio poder fazê-los perceber que é em torno dessa incerteza que gira a aposta de Pascal.

8 de janeiro de 1969

Da Aposta de Pascal

VII

Introdução à aposta de Pascal

A renúncia aos prazeres é a moral moderna
O prazer, de Aristóteles a Freud
Quando está no jogo, está perdido
Eu *existe?*

Anunciei da última vez que falaria da aposta de Pascal. É uma responsabilidade. Eu soube até que houve pessoas que modificaram seus horários para saber o que eu diria dela, e que virão a Paris uma vez além do que tinham previsto. Isto serve para lhes dizer se é difícil carregar uma declaração dessas.

Como é certo que não posso fazer aqui um discurso exaustivo e lhes apresentar tudo o que se enunciou em torno da aposta de Pascal, sou obrigado a supor em vocês um certo conhecimento maciço daquilo de que se trata. Essa aposta de Pascal, também não posso tornar a enunciá-la, porque, como disse da última vez, ela não é propriamente um enunciado que se sustente. Foi isso mesmo que surpreendeu as pessoas, que alguém que se tinha certeza de ser capaz de um certo rigor houvesse proposto coisa tão insustentável.

Na última vez, creio ter exposto o suficiente, exatamente o suficiente, o que motiva em linhas gerais o uso que faremos dela. Não percamos nosso tempo em relembrá-lo. Vocês perceberão bem esse uso, ainda mais que, da aposta de Pascal, não é a primeira vez que falo. Já a mencionei, num certo dia de fevereiro de 1966, creio, muito precisamente a propósito do objeto *a*. Vocês verão que hoje ficaremos em torno desse objeto. Os que se lembram do que eu disse naquela ocasão — talvez haja alguns aqui, tenho mesmo certeza que sim — já estão entendendo do que se trata.

Sucedeu que tinham-me pedido para tornar a falar desse mesmo assunto em Yale, em outubro de 1967. Ora, eu tinha tanto que fazer com as pessoas que motivam meu esforço de ensino, ou seja, os psicanalistas, que faltei à minha palavra com esse pessoal de Yale. Só muito depois fiquei sabendo que isso tinha causado uma espécie de pequeno escândalo. É verdade que não foi muito educado. Hoje procuraremos dizer o que eu teria enunciado lá, sem que haja, aliás, maior preparação para ouvi-lo.

Então, comecemos pelo rés do chão, como se estivéssemos em Yale.

Trata-se de quê?

1

Vocês devem ter ouvido falar de uma coisa chamada aposta, e que está escrita muitas vezes no que foi reunido sob o título de *Pensamentos*.

O próprio texto dos *Pensamentos* de Pascal já tem, logo de saída, qualquer coisa de tão arriscada quanto o uso que se fez da chamada aposta. De fato, como vocês sabem, esses *Pensamentos* eram anotações feitas por Pascal para um grande livro. Só que, quando ele morreu, o livro não tinha sido feito. Então, fizeram-no no lugar dele. Foi a edição dos senhores de Port-Royal. O livro não é nada mal feito. Eles eram colegas, e um certo Filleau de La Chaise, que não é propriamente um luminar, mas é muito legível, atesta-nos que Pascal lhes explicara muito bem o que queria fazer, e eles fizeram o que Pascal havia indicado.

Mas persiste o fato de que isso deixou de lado um bocado de coisas nos enunciados escritos sob a forma de anotações, destinados à construção desse livro, e outros se arriscaram a fazer a reconstrução de outra maneira.

Depois, outros ainda disseram a si mesmos, em síntese: à medida que nossa cultura avança, nós percebemos que o discurso não é uma coisa tão simples assim e que, ao montá-lo, bem, há uma perda. Puseram-se então a fazer edições chamadas críticas, mas que adquirem uma importância totalmente diferente quando se trata de uma coletânea de anotações. Mais uma vez, isso foi meio complicado, porque há várias maneiras de agrupar esses *maços de papéis*, como se costuma chamá-los, e temos diversas edições — a edição de Tourneur, a de Lafuma, a de X, a de Z. Isso não simplifica as coisas, mas seguramente as esclarece, tenham certeza.

Quanto à aposta, ela é inteiramente à parte.

É um pedacinho de papel dobrado em quatro. O que constitui o interesse do livro que lhes recomendei é que vocês podem discernir isso, porque o papel é reproduzido nele.

Há também um certo número de transcrições. Na verdade, a transcrição também levanta um problema, dado que são anotações tomadas em forma cursiva, com recortes diversos, uma multidão de rasuras, parágrafos inteiros escritos entre as linhas de outros parágrafos, utilização das margens, com remissões etc. Tudo isso, aliás, é muito preciso, e fornece amplo material para exame e discurso. Mas há uma coisa que podemos tomar por certa: é que Pascal nunca pretendeu fazer a aposta se sustentar.

Entretanto, esse papelzinho devia ser-lhe caro, pois tudo indica que ele o carregava no bolso, no mesmo lugar em que tenho agora esse troço do microfone, essa coisa que não serve para nada.

De modo geral, vocês ouviram falar de alguma coisa que está na aposta e que tem esta sonoridade, *renunciar aos prazeres*. A coisa é dita e repetida no plural.

Todos sabem que esse ato de renúncia estaria no princípio de uma coisa que se chamaria a vida cristã. Isso é o ruído de fundo. Soa ao longe, como o barulho de um sino, através de tudo o que Pascal nos enuncia, assim como outros em torno dele, a título de ética. A questão é saber se esse ruído é um dobre fúnebre. Na verdade, não é tão dobre de finados assim, de vez em quando tem um arzinho mais alegre. Eu gostaria de fazê-los compreender que é justamente nesse princípio que se instala uma certa moral, que podemos qualificar de moral moderna.

Para que vocês entendam isso, farei uma breve recapitulação do que efetivamente acontece com o que chamamos de empresa, na medida em que ela se prende ao reinvestimento, como se costuma dizer, dos lucros. A empresa *capitalista*, para designá-la nos termos apropriados, não coloca os meios de produção a serviço do prazer. Esse é um traço tão fundamental que um certo pensamento, por exemplo, que se manifeste nas margens, apresenta-se por toda uma vertente como o que chamaremos de esforço de reabilitação da despesa — um esforço completamente tímido, claro, que não se imagina em absoluto que caminhe para o sucesso, mas que tende, antes, a lançar uma dúvida sobre o que se pode chamar de nosso estilo de vida. Um certo Georges Bataille, pensador marginal do que acontece com nossos negócios, cogitou e produziu a esse respeito alguns livros perfeitamente legíveis, mas que nem por isso estão fadados à eficácia.

Quando digo que a renúncia aos prazeres é a moral moderna, esta é apenas uma primeira abordagem da questão. O que quero dizer é que, olhando as coisas historicamente, ela corresponde a uma ruptura. Isso não significa que precisemos ater-nos a ela, não mais do que a qualquer ruptura histórica, para apreender do que se trata, mas não há razão para minimizá-la. Tampouco marcar seu tempo.

Nosso tempo é contado demais, como sempre, para que eu possa insistir muito no que pode significar a busca de um bem-estar e no que justifica o emprego desse termo, mas, enfim, todos os que acompanham o que eu digo, mesmo de vez em quando, mesmo superficialmente, devem estar lembrados, afinal, do que chamei a esse respeito de distinção kantiana entre *das Wohl*, o sentir-se bem, e *das Gut*, o bem. É claro que esse é um dos pontos fortes do que chamei há pouco de ruptura. Seja qual for a justificação dos enunciados de Kant, quer se deva encontrar neles a própria alma da ética, ou então esclarecê-los por sua relação com Sade, como fiz eu, é um fato do pensamento que isso se produziu.

Temos há algum tempo a idéia de que os fatos do pensamento têm um fundo que talvez já seja da ordem do que lembrei, ou seja, da estrutura, resultante de um certo uso dos meios de produção. Mas talvez haja outras maneiras de compreendê-lo, como se propõe o que articulo este ano. Seja como for, viso com essa palavra *bem-estar* o que foi chamado, na tradição filosófica, de *hédoné*, o prazer.

Esse *hédoné*, tal como se fez uso dele, supõe que o prazer corresponda a uma certa relação, que chamaremos uma relação de tom correto, com a natureza, da qual, nessa visão, nós, os homens, ou os que são tidos como tais, menos seríamos senhores do que celebrantes. Foi justamente isso que orientou os que, digamos, desde a remota Antigüidade, para fundar a moral, começaram por tomar o referencial de que o prazer é, no fim das contas, aquilo que deve guiar-nos nesse caminho, de que ele é, em todo caso, o elo original. A questão que se colocou para eles a partir daí foi saber por que alguns desses prazeres saem do tom correto. Trata-se então de tornar prazeroso, se posso me expressar assim, o próprio prazer, e de encontrar a modulação do tom correto no cerne do que acontece com o prazer, até discernir que o que fica à margem, e parece funcionar de maneira pervertida, mesmo assim é justificável, no que concerne àquilo de que o prazer dá a medida.

É com razão que podemos dizer que essa visão acarreta um ascetismo. Podemos dar-lhe sua tabuleta, que é esta: *sem excesso de trabalho*.

Pois bem, até certo momento, esse *sem excesso de trabalho* não pareceu criar problema. Em contrapartida, creio que todos vocês que estão aqui se dão conta, afinal, de que já não estamos nessa situação. Nós, para obter esse *sem excesso de trabalho*, precisamos dar um duro danado. A greve, por exemplo, não consiste apenas em cruzar os braços, mas também em morrer de fome durante esse período. Até um certo momento, nunca houvera necessidade de recorrer a meios como esse. O fato de serem necessários tantos esforços para termos o *sem excesso de trabalho* mostra bem que há alguma coisa mudada.

Em outras palavras, o ascetismo do prazer mal precisava ser acentuado, na medida em que a moral se baseava na idéia de que existia um bem em algum lugar e de que era nesse bem que residia a lei. Nessa seqüência que estou apontando, as coisas pareciam existir em bloco. Ao contrário, já não estamos num contexto que siga uma inclinação natural.

O *otium cum dignitate* impera em Horácio, como vocês sabem — ou não sabem. Todo o mundo sabia disso no século passado, porque todo o mundo se dedicava a Horácio, mas, graças à sólida educação que receberam na escola, vocês nem sabem o que vem a ser Horácio. *Otium* é a vida de ócio — naturalmente, não os nossos lazeres, que são lazeres forçados. Vocês ganham férias para comprar um bilhete na estação de Lyon, e primeiro é preciso pagar por ele, depois transportar-se correndo para os esportes de inverno, onde, durante quinze dias, vocês se empenharão numa trabalheira danada, que consiste em fazer fila ao pé dos teleesquis. Ninguém está ali para brincar. O camarada que não faz isso, que não vai trabalhar nas férias, é indigno. O *otium*, por ora, é *cum indignitate*. E, quanto mais prosseguir, mais será assim, salvo um acidente. Em outras palavras, a recusa do trabalho, em nossos dias, depende de um desafio, coloca-se e só se pode colocar como um desafio.

Desculpem-me por continuar a insistir. Vejam são Tomás. Talvez ele lhes pareça ter a cara muito fechada. No entanto, na medida em que reinjetou formalmente — digo apenas formalmente — um pensamento aristotélico no cristianismo, ele só pôde ordenar o bem como Bem supremo em termos que, no final das contas, são hedonistas.

É claro que não se deve ver isso de maneira monolítica, nem que seja porque toda sorte de mal-entendidos se introduz nesse tipo de proposições, mal-entendidos desde logo patentes enquanto reinaram essas proposições. Seguir a sua trilha, ver como os diferentes orientadores espirituais se safaram delas, implicaria muitos esforços de discernimento.

Com estes lembretes, eu quis simplesmente indicar-lhes o eixo que nos orienta, em razão de que certamente houve um deslocamento radical com respeito ao prazer. Nosso próprio ponto de partida, evidentemente, só pode consistir em interrogar a ideologia do prazer a partir do que torna meio ultrapassado, para nós, tudo aquilo que a sustentou. Para isso, convém nos colocarmos no nível dos meios de produção, na medida em que foram eles que passaram a condicionar realmente, desse prazer, a prática.

Já indiquei suficientemente, agora há pouco, como podemos colocar numa página a publicidade para o bom uso das férias, ou seja, o hino ao sol, e, na página ao lado, a submissão às condições do teleesqui. Bastaria acrescentar que tudo isso acontece à custa do arranjo simples da vida corriqueira, como atestam esses cancros de sordidez em meio aos quais vivemos, sobretudo nas grandes cidades.

Se estas recapitulações são muito importantes, é porque permitem discernir o que acontece com o uso que fazemos, na psicanálise, do princípio do prazer.

2

Na psicanálise, o princípio do prazer situa-se e impera no inconsciente. Isso quer dizer que o prazer, melhor dizendo, sua própria idéia, está, para nós, nas catacumbas.

Nesse aspecto, a descoberta de Freud faz as vezes do visitante noturno. É aquele que volta de longe e encontra os deslizamentos estranhos que ocorreram durante sua ausência. *O prazer, você sabe onde eu o encontrei*, ele parece dizer-nos, *essa flor da nossa idade, essa leveza? Agora ele se esfalfa nos subterrâneos*, no Aqueronte, *empenhado apenas em impedir que tudo exploda, em impor moderação a todos aqueles furiosos, deixando insinuar-se ali um ou outro lapso, porque, se aquilo funcionasse direitinho, onde iríamos parar?*

De fato, há no princípio do prazer freudiano algo assim como um poder de retificação, de comedimento, de *tensão menor*, como Freud se exprime. É uma espécie de tecelã invisível, que ficaria ali zelando para não haver um excesso de calor no nível das engrenagens. Qual é a relação entre isso e o prazer supremo do *farniente* contemplativo que colhemos, por exemplo, nos enunciados de Aristóteles?

Se retorno a esse ponto, não é para girar em círculos, mas porque isso se presta para nos dar a desconfiança de que talvez haja nessa contemplação, afinal, uma certa ambigüidade, isto é, uma fantasia. Talvez convenha nos abstermos de tomá-la excessivamente ao pé da letra, embora o fato de ela nos ocorrer, depois de tantas derivas, torne bastante precário, sem dúvida, apreciar o que ela foi em sua época. Digo isto para corrigir o que poderia afigurar-se em meu discurso, no ponto a que cheguei aqui, uma referência aos bons velhos tempos. Sabemos que é difícil escapar disso, o que também não é razão para não assinalarmos que não lhe damos muito crédito.

Seja como for, a imagem do prazer em Freud é marcada por uma ambigüidade confessa, que é, justamente, a do *além* do princípio do prazer, como ele disse.

Para nos liberarmos disto sem nos estendermos, lembraremos apenas que Freud escreveu que o gozo, no fundo, é masoquista. Aí há apenas uma metáfora, isso é bem claro, já que o masoquismo, aliás, é de um nível organizado de maneira diversa da tendência radical de que se trata aqui. Quando Freud tenta elaborar o que a princípio só é articulado metaforicamente, ele nos diz que o gozo conduz a uma diminuição do limiar necessário à manutenção da vida, limiar este que o próprio princípio do prazer define como um *infimum*, isto é, a mais baixa das elevações, a mais baixa tensão necessária a essa manutenção. Mas também é possível cair abaixo dele, e é aí que a dor começa e só pode disseminar-se. Por fim, diz-nos Freud, esse movimento tende para a morte. Em outras palavras, por trás da constatação de um fenômeno que podemos considerar ligado a um certo contexto de prática, isto é, ligado ao inconsciente, Freud abre com esse além um filo de natureza totalmente diversa.

Sem dúvida, com certeza perfila-se aqui uma certa ambigüidade — ambigüidade cuja premência o que acabo de enunciar não deixou de preservar — entre, por um lado, a pulsão de morte, teórica, e, por outro, um masoquismo que é apenas uma prática, prática muito mais astuciosa, porém de quê? Prática, ainda assim, do gozo, na medida em que ele não é identificável com a regra do prazer. Em outras palavras, com a experiência psicanalítica, o gozo *se colore*, se vocês me permitem dizê-lo dessa maneira, para abreviar.

É claro que há todo um pano de fundo nessa referência. Conviria dizer que, no tocante ao espaço, com suas três dimensões, a cor sem dúvida poderia acrescentar uma ou duas, talvez três, se soubéssemos como fazê-lo. Os estóicos, os epicuristas, os doutrinários do reino do prazer, tudo isso continua a ser preto-e-branco com respeito ao que se abre diante de nós como interrogação. Será que vocês não o percebem, a partir deste toque que lhes dou?

Desde que a introduzi em nosso manejo, tentei indicar que a função do gozo é, essencialmente, uma relação com o corpo, mas essa relação não é qualquer uma. Baseia-se numa exclusão que é, ao mesmo tempo, uma inclusão. Daí nosso esforço em prol de uma topologia que corrija os enunciados aceitos até hoje na psicanálise. Não recordarei todos eles, mas está claro que só falamos disso, em todas as etapas — formação do não-eu por *rejeição*, função do que é chamado de *incorporação*, e que se traduz por *introjeção*, como se se tratasse de uma relação do interior com o exterior, e não de uma topologia muito mais complexa. Tal como se exprimiu até aqui, em suma, a ideologia analítica é de uma inabilidade notável, que se explica pela não construção de uma topologia adequada.

A topologia do gozo é a topologia do sujeito. É ela que, em nossa existência de sujeito, *porsifica* [*poursoit*].

O verbo *porsificar* é uma palavra nova, que me saiu assim. Desde os tempos em que se fala no em si e no por si, não vejo por que não poderíamos fazer variações. É extraordinariamente divertido. Por exemplo, vocês poderiam escrever o "em si" [*en-soi*] como "alça-ganso" [*an-se-oie*], ou então como "de seda" [*en soie*], e por aí vai. Quando estou sozinho, eu me divirto muito. O interesse do verbo *porsificar* está em que ele encontra imediatamente uns amiguinhos, como prover [*pourvoir*], por exemplo, ou então adiar [*surseoir*]. Se *porsificar* estiver do lado do adiar [*surseoir*], será preciso modificar a ortografia e escrever *pourseoir*.

Isso tem interesse quando ajuda a pensar em coisas, em particular na seguinte dicotomia: será que o sujeito, em contraste com o gozo, é *porsificado* [*poursu*]? Em outras palavras, ele se experimenta? Tem sua participaçãozinha na história? Ele é senhor, afinal de contas? Ou será que é adiado [*sourci*] no gozo? Será que fica na dependência dele, é seu escravo? Trata-se de uma questão que tem lá seu interesse, mas, para levá-la adiante, é preciso partir de que todo o nosso acesso ao gozo, de qualquer modo, é comandado pela topologia do sujeito. Isso cria algumas dificuldades, eu lhes garanto, no nível dos enunciados concernentes ao gozo.

Sucede-me falar com pessoas que não estão forçosamente em evidência, mas que são muito inteligentes e acham que o gozo poderia se garantir pela conjunção impossível, que enunciei da última vez, entre o discurso e a linguagem formal. Essa maneira de pensar está ligada, evidentemente, a uma miragem que consiste em acreditar que todos os problemas do gozo estão essencialmente ligados à divisão do sujeito. Daí se conclui que, se o sujeito já não fosse dividido, reencontraríamos o gozo.

Devemos prestar muita atenção aqui. O sujeito cria a estrutura do gozo, mas tudo que podemos esperar disso, até nova ordem, são práticas de recuperação. Isso quer dizer que aquilo que o sujeito recupera nada tem a ver com o gozo, mas com sua perda. Um certo indivíduo chamado Hegel já formulou esses problemas a si mesmo, e muito bem.

Hegel não escrevia o *por si* [*pour-soi*] como eu, e isso não deixa de ter conseqüências. A maneira como ele construiu a aventura do gozo é decerto inteiramente dominada, como convém, pela fenomenologia do espírito, isto é, do sujeito, mas seu erro, se assim posso dizer, é inicial e, nessas condições, não pode senão trazer conseqüências até o fim de sua enunciação. De fato, ele faz a dialética partir, como se costuma dizer, das relações entre o senhor e o escravo e da luta de morte, de puro prestígio, insiste. Que quer dizer isso senão que o senhor renunciou ao gozo? Como não é por outro motivo senão a salvação de seu corpo que o escravo aceita ser dominado, não vemos por que, nessa perspectiva explicativa, o gozo não ficaria em suas mãos. Afinal, não se pode ao mesmo tempo comer o doce e guardá-lo. Se, logo de saída, o senhor envereda para o risco, é porque deixou o gozo para o outro. É muito singular que isso não seja manifestado de maneira absolutamente clara.

Será que preciso evocar, neste momento, aquilo que toda a literatura antiga nos atesta, ou seja, que ser escravo não era tão chato assim? Pelo menos, dispensava o indivíduo de muitos aborrecimentos políticos. Sem mal-entendidos, não é? Refiro-me ao escravo mítico, àquele do começo da *Fenomenologia* de Hegel. Mas esse escravo mítico tem seus correspondentes.

Abram Terêncio. Não é à toa que, na comédia, a mocinha destinada à vitória final do casamento com o amável filhinho do papai é sempre uma escrava. Para que tudo corra bem e para zombar de nós, como é função da comédia, constata-se que ela é escrava, mas, apesar disso, de ótima família. Se é escrava, isso aconteceu por acidente e, no final, tudo se desvenda, mas o filhinho de papai já investiu demais para poder dizer nesse momento, decentemente: *Tempo! Não brinco mais! Se eu soubesse que ela era filha do melhor amigo de papai, nunca teria me interessado por ela.* O sentido da comédia antiga é nos apontar que a filha do dono do terreno ao lado não é a mais indicada, quando se trata do gozo. Ela tem qualquer coisa meio sem-graça, está um pouco ligada demais ao que lhe cabe de patrimônio.

Peço-lhes desculpas por ter-me deixado levar por essas fabulinhas, mas foi para sublinhar que aquilo de que se tratava na época era de natureza diferente daquilo que a evolução histórica recuperou ao libertar os escravos. Ela os libertou não se sabe de quê, mas uma coisa é certa: é que, em todas as etapas, ela os atrela. Em todas as etapas da recuperação, ela os atrela ao mais-de-gozar.

Creio ter enunciado o bastante, desde o começo deste ano, que o mais-de-gozar é diferente do gozo. O mais-de-gozar é aquilo que corresponde não ao gozo, mas à perda do gozo, na medida em que dele surge o que se torna a causa conjunta do desejo de saber e da animação, que recentemente qualifiquei de feroz, que provém do mais-de-gozar.

É esse o mecanismo autêntico. Era importante relembrá-lo, no momento em que, de todo modo, vamos falar de Pascal.

3

Pascal, como todos nós, era um homem de sua época, e a aposta certamente tinha a ver com o interesse voltado nos mesmos anos para a regra da partição.*

Quanto a esses pontinhos de história, confiem em mim, fiz o circuito do que se pode ler. Meu amigo Guilbaud produziu alguns pequenos artigos curtos, muito curtos — só tenho a separata deles, mas,

* A regra da partição [*règle des partis*] foi elaborada por Pascal a partir de sua correspondência com Fermat, como uma forma de solucionar com rapidez o problema dos pontos num jogo de dados interrompido, a fim de dividir equitativamente o dinheiro das apostas, conforme as possibilidades iguais de ganho de cada jogador, caso a partida prosseguisse até o fim. Foi a base histórica do cálculo das probabilidades. (N.T.)

mesmo assim, tentarei saber onde vocês podem encontrá-los — que são absolutamente decisivos quanto à relação entre a regra da partição e a aposta. Ele não é o único, aliás, porque a coisa também foi tratada no livro de Brunet.

Da regra da partição seria preciso falar muito, para lhes mostrar a importância dela no progresso da teoria matemática. Saibam, simplesmente, que não há nada de mais arguto no que tange àquilo de que se trata, para nós, com respeito ao sujeito. Nada isola de maneira mais pura o que acontece com nossas relações com o significante do que o que chamamos de jogo, na medida em que essa é uma prática definida por comportar um certo número de lances que têm lugar dentro de certas regras. Aparentemente, nada nos interessa aqui senão a mais gratuita manipulação na ordem da combinação, e, no entanto, em parte alguma o que acontece com as decisões a serem tomadas tem mais força e necessidade do que nesse campo do gratuito. É em relação ao jogo que a aposta adquire sua importância.

Tudo falta, na aposta, das condições aceitáveis num jogo. Os esforços dos autores para como que racionalizar isso, no tocante ao que era de fato a referência para Pascal, só levaram a demonstrar que a coisa não colava, e ele devia mesmo ser o primeiro a saber. É exatamente isso que dá valor ao modo como a aposta foi manejada por ele.

Com um estilo de visão curta que realmente é o que há de mais exemplar, os autores, que afinal podemos dizer que nos prestam o serviço de mostrar como se instala o impasse com que eles se obstinam, destacam no texto de Pascal as relações de extensão do que está em jogo. Por um lado, há uma vida a cujo gozo se renuncia para fazer dela a aposta, exatamente da mesma forma que Pascal assinala, no estudo da regra da partição, que, quando o cacife entra em jogo, está perdido. É esse o princípio da aposta. Do outro lado, o do parceiro, a aposta é o que Pascal articula como *uma infinidade de vidas infinitamente felizes*.

Abre-se aqui a questão de saber se essa infinidade de *vidas* deve ser pensada no singular ou no plural. Uma infinidade de *vida*, no singular, não quer dizer grande coisa, a não ser por mudar o sentido da palavra *infinidade* no contexto da regra da partição. Nesse aspecto, no entanto, ficamos entregues à ambigüidade do papelzinho. A palavra *feliz* não está terminada, logo, por que estaria completa a palavra *vida*? Poderia haver um *s* contíguo a ela, assinalando a face numeral da comparação aqui promovida entre as possibilidades de perder e ganhar. De qualquer modo, é no plano numérico que se deve medir a perda ou o ganho.

Não é diferente com algo que não tem outro nome senão incerteza. Ela é até numericamente considerada. Pascal chega a escrever que, em relação a um acaso de ganho, podemos supor uma infinidade de acasos de perda, assim introduzindo como numérico o elemento do acaso, aquele que foi propriamente excluído no que Pascal enunciou da regra da partição, que pressupõe a igualdade de acasos.

Se insisto no numeral, é porque, nesse papelzinho, que de modo algum é uma redação ou um estado definitivo, mas uma sucessão de sinais de escrita, Pascal enuncia também, em outros pontos, que, ao se apostar na incerteza fundamental, ou seja, *existe ou não um parceiro?*, há uma probabilidade em duas, isto é, Deus existe ou não existe.

Percebemos bem o insustentável desse procedimento, que não precisa ser refutado. Mas, será que vemos com precisão em que reside tudo de que se trata nesse nível de incerteza? Está bem claro, com efeito, que nada desse cálculo se impõe por si só, e que sempre podemos opô-lo à proposição da aposta: que o que eu tenho, eu retenho, e que, com esta vida, já tenho muito que fazer. Pascal então exagera e nos diz que esta vida não é nada. Que significa isso? Ela não é zero, pois, nesse caso, não haveria aposta e, portanto, não haveria jogo. Pascal diz que ela é *um* nada, o que é uma história totalmente diferente.

É muito precisamente disso que se trata quando a questão é o *mais-de-gozar*. E é justamente por ser disso que se trata que há aí alguma coisa que leva nossa paixão por esse discurso ao mais intenso, ao mais radical.

Será que, ao apostar num jogo assim, não se aposta demais? A objeção, sem dúvida, continua a se sustentar, e é por isso mesmo que Pascal deixa escrito o enunciado dela na argumentação de seu suposto contraditor, porque este, aliás, é apenas ele próprio, já que ele é o único a conhecer o conteúdo do papelzinho. Você não pode deixar de apostar, responde ele, porque é obrigado a fazê-lo. Obrigado por quê? Você não é obrigado, em absoluto, a não ser que predomine o fato de que tem de tomar uma decisão.

Que é uma decisão? Na teoria dos jogos, como se diz hoje em dia, a qual não passa da continuação absolutamente direta do que Pascal inaugurou na regra da partição, a decisão é uma estrutura. É por estar a decisão reduzida a uma estrutura que podemos manipulá-la de maneira inteiramente científica. Só que, nesse nível da aposta, se vocês tiverem que tomar uma decisão, seja ela qual for, dentre duas que se proponham, se forem obrigados a fazê-lo de qualquer maneira, será somente a partir do momento em que forem interrogados dessa forma, e por Pascal, ou seja, a partir do momento em que se autorizarem a ser *Eu* nesse discurso.

A verdadeira dicotomia não é entre *Deus existe* ou *Deus não existe*. Queira Pascal ou não, o problema passa a ser de natureza totalmente diferente a partir do momento em que ele afirma que não é que não saibamos se Deus existe, mas nem sabemos se Deus é nem o que ele é. Como perceberam e articularam perfeitamente os seus contemporâneos, a questão concernente a Deus será, portanto, uma questão de fato, o que significa uma questão de discurso, se vocês se reportarem à definição que dei do fato, ao lhes dizer que só existe fato quando enunciado. É por isso que, no que diz respeito a Deus, ficamos inteiramente entregues à tradição do Livro.

Mas o que está verdadeiramente em jogo na aposta de Pascal é uma outra questão, aquela que já lhes enunciei no fim de meu discurso anterior — será que *Eu* existe ou *Eu* não existe?

Embora estas premissas tenham sido indispensáveis, investi um certo tempo, talvez tempo demais, como me é meio costumeiro fazer, em introduzir o cerne daquilo de que se tratava, o que me leva a fazer nosso corte de hoje num momento que não é particularmente oportuno.

Saibam apenas que se, ao contrário do que se supõe, a aposta não se referir à promessa de uma vida futura, mas à existência do *Eu*, será possível deduzir alguma coisa além, desde que se ponha no devido lugar a função da causa, tal como ela se coloca no nível do sujeito, ou seja, no objeto *a*. Não terá sido a primeira vez que a escrevo assim: *a a-causa*.

Toda a essência da aposta está precisamente em reduzir nossa vida a essa coisa que podemos segurar assim na palma de uma mão. Isso, de qualquer modo, não é uma coisa evidente. Poderíamos ter da vida uma apreensão totalmente diversa, uma perspectiva totalmente diferente, qual seja, a de que ela nos abarca, e sem limite, a de que somos nela um lugar de passagem, um fenômeno. Por que a coisa não se sustentaria? Afinal, ela foi sustentada. O fato de esta vida se reduzir a esse algo que pode ser posto em jogo, não será ele o sinal de que o que predomina numa certa elevação das relações com o saber é *a a-causa*?

Teremos de avaliar, em nossos passos seguintes, além dessa *a-causa*, o que resulta de uma escolha entre o *Eu* e o *a*. Dizer *Eu existe* tem toda uma série de conseqüências, perfeita e imediatamente formalizáveis, cujo cálculo eu lhes farei da próxima vez. Inversamente, o próprio fato de poder calculá-lo assim mostra que a outra posição, aquela que aposta na investigação do que acontece com um *Eu* que talvez não exista, vai no sentido da *a-causa*, ou seja, no sentido daquilo a que procede Pascal quando exorta seu interlocutor a renunciar a isso.

Para nós, é aí que adquire sentido a direção de uma busca que, no tocante à psicanálise, é expressamente a nossa.

15 de janeiro de 1969

VIII

O Um e o pequeno *a*

O desejo e a Graça
A marca e a perda
Como representar o efeito de perda?
Medir o campo do Outro
Do gozo masoquista

O mais difícil de pensar é o Um. Não é de hoje que nos esforçamos por fazê-lo.

A abordagem moderna do Um é escritural, conforme o que um dia extraí de Freud, para espanto, lembro-me, de um de meus ouvintes, que ficou maravilhado com isso — Ah, como foi que o senhor conseguiu abordar isso, o *einziger Zug*? Essa é a expressão com que Freud rotula uma das formas do que chama de identificação. Eu a traduzi, de uma forma que persiste, por *traço unário*.

Mostrei naquela ocasião, de maneira suficientemente desenvolvida para não ter que voltar ao assunto hoje, mas apenas recordá-lo, que nesse traço unário reside o essencial do efeito do que, para nós, analistas, no campo em que lidamos com o sujeito, chama-se repetição.

Isso eu não inventei. Está dito em Freud, desde que simplesmente se preste atenção ao que ele disse. A repetição está ligada de maneira determinante a uma conseqüência que ele designa como o objeto perdido. Resumindo, trata-se essencialmente do fato de que o gozo é almejado num esforço de reencontro, e que só pode sê-lo ao ser reconhecido pelo efeito da marca. A própria marca introduz no gozo a alteração da qual resulta a perda.

Esse mecanismo fundamental é essencial para confrontar o que já havia aparecido numa investigação, a de Platão, a qual, em suma, seguiu no mesmo caminho, e que concerniu a toda essência. Ela levou à Idéia, à preexistência de toda forma, e, ao mesmo tempo, recorreu a uma coisa pouco fácil de pensar: a reminiscência.

Relembrados esses pontos, estamos na aposta de Pascal, cuja relação com a repetição não é inteiramente despercebida, creio, para muitos dos que estão aqui.

1

Por que passei agora pela aposta de Pascal? Com certeza não foi para bancar o espírito bem-pensante, nem para fazer recapitulações filosóficas nem filosofia da história da filosofia.

Encontramos no contexto pascaliano o jansenismo. O que acontece nesse nível é uma história que nos interessa, nem que seja porque o historiador, como em muitas outras coisas, é incapaz de tirar proveito disso.

Por um desses surpreendentes efeitos de encalhe que não convém desconhecermos que são também uma dimensão da história, só restou dos jansenistas uma espécie de fantasma, ou seja, que eles eram pessoas ditas rigoristas, isto é, que impediam a gente de viver a nosso gosto. Ocorre que, de minha parte, algum tempo atrás, pude ter uma apreensão direta deles, mas não falarei mais do que se dá em minha relação pessoal com o jansenismo, porque isso equivaleria a lhes dar uma oportunidade boa demais para se precipitarem em determinações históricas ou biográficas dos meus interesses.

Leiam um pouco o "Que sais-je?" a esse respeito. Peço desculpas a seu autor por ter esquecido até mesmo seu nome, mas li seu livrinho de ponta a ponta, não, é claro, para me informar sobre o jansenismo, mas para oferecer a mim mesmo o testemunho do que se pode dizer dele quando as coisas são simplesmente tomadas, como indica o título da coleção, no nível do *Que sei eu*?

O autor sabe muitas coisas. Parte das origens, se é que elas existem, da questão levantada, para chegar ao ponto em que a coisa submerge no abalo da Revolução Francesa, e, por último, confessa muito gentilmente que, no final das contas, pensando bem, não se compreende realmente o que quis dizer o jansenismo, o que é, aliás, uma conclusão bastante curiosa, embora exemplar, para um trabalho de levantamento histórico.

O jansenismo, tomado em seu nível de registro histórico, começou como um assunto de teólogos. Jansênio revelou-se o mais representativo dentre eles. Digamos até que é o mais digno de representá-los, nem que seja por um dado que é exemplar: é que, em tudo que se agitou na época em torno do jansenismo, das contradições que ele provocou e das condenações que lhe serviram de cortejo, a objeção fundamental, que não deixou de ser proferida por quase nenhum dos participantes do debate, foi: *E, para começar, você não o leu.*

Trata-se do livro do bispo Jansênio que foi publicado postumamente, vocês talvez saibam disso, chamado *Augustinus*. De fato, parece que a grande, a imensa maioria dos que então se apaixonavam a favor e contra, não só não o tinha lido, como nem sequer o abrira. Com certeza devia haver alguns que o tinham lido, dois ou três líderes, o Grande Arnauld,* mas, de fato, que necessidade havia de lê-lo? Tinham-se lido muitas outras coisas, as quais, por sua vez, eram fundamentais. Em particular, muito antes de ser publicado o *Augustinus*, houvera santo Agostinho, cujo pensamento não podemos negar que está na base do cristianismo.

A questão da Graça é patente quando se trata do cristianismo. O interesse que temos pelo cristianismo no nível da teoria se mede, precisamente, pelo papel conferido à Graça. Quem não vê que a Graça tem a mais estreita relação com o que, partindo de funções teóricas que decerto nada têm a ver com as efusões do coração, designo como o desejo do Outro?

O desejo do Outro é o desejo do homem, disse eu numa época em que me convinha, para me fazer entender, arriscar algumas palavras improváveis, como "homem", por exemplo. Eu poderia ter-me contentado em dizer que o desejo, no que diz respeito a vocês, opera no campo do Outro, tal como este se articula como o lugar da fala. O fato é que vocês encontram no grafo do desejo uma relação orientada cujo vetor parte de ($\$ \lozenge D$) para ir em direção a *d*(A), o desejo do Outro, e para interrogar este último num *Eu me pergunto o que queres*, que também se equilibra com um *Eu te pergunto o que eu quero*. Se o que assim

* Antoine Arnauld (1612-94), teólogo que foi o mais ilustre defensor do jansenismo. (N.T.)

se enuncia está correto, quem não vê que isso implica que toda manifestação do desejo se inclina para um *Seja feita a Tua Vontade*?

Aí está algo que merece ser formulado desde logo, em qualquer apreciação da natureza da prece. A prece não é, forçosamente, privilégio dos espirituais. Seu nó, sua mistura inextricável com as funções do desejo, poderia ser esclarecido por isso.

O tratamento por *tu*, nessa formulação, não tem um começo simples, já que permanece intacta a questão, como eu disse, de saber *quem fala* no nível do sujeito. Nem por isso é menos essencial discernir que ele se dirige a um Outro sem rosto. Não é preciso, a rigor, que ele tenha nenhum, se soubermos distinguir da relação com o semelhante o campo do Outro, e essa é precisamente a definição do Outro na minha teoria.

Parece que, na época de que estamos falando, os responsáveis de direito, isto é, a Igreja, não conseguiram safar-se de outra maneira dessas disputas sobre a Graça senão proibindo, reiteradamente, durante dois séculos, que se articulasse fosse o que fosse sobre ela, nem a favor nem contra. Essa proibição, é claro, só teve como resultado fazer com que se recomeçasse a luta e se multiplicassem os livros, assim como os libelos.

Esse frenesi, que alguns chamariam de puramente intelectual, foi estreitamente solidário, no entanto, de um movimento cujas incidências de fervor não poderíamos contestar. Os efeitos ocasionalmente gerados por este foram rotulados, na época, de propriamente *convulsionários*.* Basta lembrar o que aconteceu sobre o túmulo de um certo diácono Pâris, e que motivou o fechamento do cemitério, em cujas portas se escreveu: *Em nome do rei, Deus está proibido de fazer milagres neste local* — o que não impediu as ditas convulsões de continuarem noutros lugares. Nem que seja para salientar as coisas nesta última conseqüência, podemos ver que o campo de que se trata, de qualquer modo, é bem aparentado com o que nos pertence.

Como psicopatologistas, podemos avaliar essas coisas de maneira diversa, mas nada nos obriga a tomá-las pelo nível mais baixo e a nos contentarmos em indagar se teria ou não sido conveniente internar os interessados. Afinal, temos o direito de tentar articular a esse respeito alguma coisa mais elevada.

---

* Assim foram chamados os jansenistas tomados por convulsões, em 1727-32, no túmulo do diácono François de Pâris (1690-1727). (N.T.)

Por que não fazê-lo no ponto mais livre, mais lúcido, mais jogador, que é, justamente, a aposta de Pascal?

2

Um efeito de fascinação destaca-se de todas as confusões feitas em torno da aposta de Pascal. Anunciar-lhes desde já que aqui se trata do Nome-do-Pai talvez seja a melhor maneira de fazer com que vocês se afastem delas.

No nível da aposta, o Nome-do-Pai — sobre o qual insisto em dizer que não foi por acaso que não pude fazer o seminário, tempos atrás, no local em que lhes deveria falar dele — assume uma forma singular, que lhes peço observarem bem. Talvez isso modifique para vocês as chicanices a que habitualmente se dedicam os autores a respeito de saber se vale a pena apostar.

O que vale a pena é examinar como se formula a aposta na pena de Pascal. A forma singular do Nome-do-Pai, nós a encontramos no enunciado que aparece no cabeçalho do papelzinho — *Cruz ou coroa.*

Não se trata da Santa Cruz, tirem isso da cabeça. Era a maneira de dizer, na época, o que agora chamamos de *cara ou coroa.* Está aí o que chamarei de real absoluto.

Para fazê-los captar isso, eu gostaria que vocês pensassem na idéia de que, numa ciência qualquer, no sentido moderno, quando efetuamos o que chamamos de medição, nada nos afirma que façamos outra coisa senão medir nossas próprias medidas. Se é concebível que cheguemos ao cabo dessa ciência, só pode ser num ponto em que *É isso ou não é isso* seja tudo o que se possa dizer. Nesse ponto, isso é o que é. É preciso chegar ao ponto em que, *cara ou coroa,* trate-se apenas do real como esteio.

A aposta contém em seu início algo que se refere a esse ponto-pólo, o real absoluto, ainda mais que, quando se coloca a questão do ato da aposta, trata-se justamente de uma coisa que não podemos saber *nem se é nem o que é,* como Pascal enuncia expressamente sua definição. Trata-se, podemos traduzir, de saber se o parceiro existe ou não.

Mas não é apenas o parceiro que constitui o interesse da aposta, há também o que se pode ganhar ou perder. Que Pascal possa enunciar nos termos em que a enuncia a questão de nossa medida a respeito do real absoluto pressupõe um passo dado. Quando os amantes da bisbilhotice histórica sublinham que já Raymond Sebond, e já o padre Sirmond, e já Pierre Charron tinham exibido alguma coisa da ordem desse risco, eles desconhecem o avanço de Pascal. Não foi à toa que a maneira como ele avançou foi tão profundamente sentida no campo em que isso pensa. É que ele havia modificado profundamente a abordagem do *Eu* do jogador, e o fizera procedendo ao que se poderia chamar de um exorcismo, digamos assim, no dia em que descobriu a regra da partição.

O problema era saber de que maneira era correto dividir o valor apostado quando, por uma razão qualquer, forçada ou com consentimento mútuo, interrompia-se durante seu curso uma partida cuja regra já fora dada. Pascal respondeu a isso baseando-se no que chamamos de triângulo matemático, já descoberto por um certo Tartaglia,* mas não lhe era forçoso estar informado disso, e ele extraiu outras conseqüências, voltando a Arquimedes e a suas leis de máximo e mínimo, para dar um novo ponto de partida ao que serviu de prelúdio do que viria a nascer de cálculo integral. Mas, qual foi propriamente o pivô do que lhe permitiu vencer as resistências com que deparou e resolver de maneira tão fecunda o problema levantado? Tudo repousa na observação simples de que o que se aposta no início está perdido.

É essa a essência do jogo, no que ele comporta de "logificável", porque ele se submete a regras. Ali onde a questão do atrativo do lucro deformava, refratava, desviava as articulações dos teóricos, somente essa purificação inicial permitiu enunciar corretamente como funcionar para fazer, em todos os momentos, a partilha correta do que se encontra ali centralmente em jogo, em jogo perdido.

Essa questão nos interessa como analistas, porque a ela podemos ligar a motivação essencial do surgimento de uma forma semelhante de encadeamento. Se há uma atividade cujo ponto de partida se baseia na assunção da perda, é justamente a nossa, na medida em que, na própria abordagem de qualquer regra, isto é, de uma concatenação significante, trata-se de um efeito de perda. É precisamente nisso que, desde o começo, eu me esforço para pôr os pingos nos is.

---

* Niccolo Fontana (1500-57), dito Tartaglia, matemático italiano que descobriu a solução das equações de terceiro grau. (N.T.)

Nossa experiência, como dizem, na análise confronta-nos a todo instante com um efeito de perda. Ela atesta que esse efeito é encontrado a cada passo. Atesta-o inocentemente, isto é, da maneira mais nociva, atribuindo-o a um prejuízo imaginário, referindo-o ao esquema de uma ferida narcísica, ou seja, imputando-o à relação com o semelhante. Ora, essa relação não tem absolutamente nada a ver com isso. Não é porque uma parcela qualquer que fizesse parte do corpo foi separada dele que a ferida em questão funciona, e toda tentativa de reparação, seja qual for, está condenada a prolongar a aberração disso. A ferida de que se trata prende-se a um efeito que, para distingui-lo do imaginário, qualifiquei inicialmente de simbólico.

Esse efeito simbólico inscreve-se no vazio que se produz entre o corpo e seu gozo, na medida em que é a incidência do significante, ou da marca, isto é, do que chamei há pouco de traço unário, que o determina ou que o agrava. Como não podemos sondar o que já havia desse vazio no organismo, e já que só nos importa o agravamento, dizemos que a incidência do traço unário lhe dá consistência.

Desenha-se, pois, uma relação entre o efeito da perda, ou seja, o objeto perdido que designamos por *a*, e o lugar chamado Outro, sem o qual ele não poderia se produzir, um lugar ainda não conhecido e não medido.

Para ver que a perda não deixa de se relacionar com a maneira pela qual funcionamos como desejo, basta, aliás, a experiência, ou a paixão pelo jogo.

Essa relação, como medi-la?

3

Pois bem, há aí uma coisa muito estranha. Já existe uma proporção nos números, quero dizer, nos sinais escritos com os quais articulamos a própria idéia de medida.

Nesse ponto, chamo atenção, não sabemos nada sobre a natureza da perda. Posso agir como se não lhe déssemos nenhum suporte particular. Damos apenas pontos, não digo onde possamos sofrer dissabores, mas onde colhemos as rebarbas, sem nenhuma necessidade de saber qual é seu suporte.

Por um lado, há simplesmente o *a*, a função da perda, é só o que sabemos. Por outro, há o Um, e seguramente não sabemos o que acontece com ele, já que é apenas o traço unário. Esse *é só o que sabemos* é apenas tudo o que nos agrada guardar.

Passemos a escrever agora a relação do 1 determinante com o efeito de perda. Bastará que o façamos da seguinte maneira:

$$\frac{1}{a}$$

Se é de perda que se trata, parece que essa relação deve ser igual à conjunção, por um *e* aditivo, do 1 com o sinal escrito da perda, *a*:

$$\frac{1}{a}=1+a$$

Fórmula inicial

É dessa inscrição que resulta uma certa proporção. Sua harmonia, se for preciso evocá-la, decerto não decorre de efeitos estéticos. Peço-lhes simplesmente que, de início, vocês se deixem guiar pelo exame de sua natureza matemática.

De fato, as harmonias em questão não foram feitas de uma felicidade [*bon-heur*], um encontro fortuito, como lhes mostrará, creio eu, a aproximação entre a série resultante da função recorrente que se engendra a partir dessa igualdade e uma série inteiramente diversa, gerada por outro ponto de partida, mas que nos interessa igualmente. Vocês verão que nela encontramos a nota característica, a do *a*.

Essa segunda série é a que, tomando as coisas por outra perspectiva, seria gerada pelo que chamamos de *Spaltung*, ou divisão original do sujeito, e pelos esforços para levar duas unidades disjuntas a se juntarem.

Agora convém percorrer esse campo passo a passo. Para tanto, é necessário escrever com clareza o que pode acontecer com a referida série.

Vamos inscrevê-lo da seguinte forma, colocando à esquerda o *a*, à direita o 1, e depois, a indicação de uma direção. Essa direção só existe, assinalo de passagem, em virtude de nosso ponto de partida.

$$\begin{array}{ccc} a & \qquad & 1 \\ \downarrow & & \downarrow \end{array}$$

Depois do 1, colocamos $1 + a$. Depois do a, $1 - a$. A série é gerada pela adição dos dois termos precedentes para produzir o termo seguinte. Assim, temos à direita a seguinte lista, que não deixa de apresentar uma certa relação com a lista oposta:

Série decrescente	*Série crescente*
a	1
$1 - a$	$1 + a$
$2a - 1$	$2 + a$
$2 - 3a$	$3 + 2a$
$5a - 3$	$5 + 3a$
$5 - 8a$	$8 + 5a$

Deixo para lá os detalhes, porque lhes é fácil controlar que a seqüência dos valores na série da direita representa uma proporção que se mantém, ou seja, que $1 + a$ está para 1 assim como $2 + a$ está para $1 + a$. É exatamente isso que está escrito na fórmula inicial. Essa seqüência de valores também pode ser escrita assim:

$$1 \frac{1}{a} \frac{1}{a^2} \frac{1}{a^3} \frac{1}{a^4} \ldots \text{ etc.}$$

Visto que a é menor do que 1, esse número continuará a crescer.

Do lado do a, em contrapartida, escrevemos os valores a^2, a^3, a^4, a^5, a^6. Como a é menor do que 1, repito, esse número irá sempre decrescendo.

$$\begin{gathered} a \\ 1 - a = a^2 \\ 2a - 1 = a^3 \\ 2 - 3a = a^4 \\ 5a - 3 = a^5 \\ 5 - 8a = a^6 \end{gathered}$$

Não deixemos nosso Pascal, pois o que ele faz no papelzinho é uma articulação, e não há nenhuma necessidade de que ela seja destinada a algum Outro para que as réplicas tenham valor, um valor que não é persuasivo, mas é logicamente passível de construção.

Hoje em dia, discerniu-se muito bem que há uma maneira de resolver certos problemas na qual o número de lances conta. Não é indiferente saber ao cabo de quantos lances uma partida conquista a última palavra. Se ela a conquista em virtude do que poderíamos chamar, embora de maneira puramente retrospectiva, de um erro no nível da outra parte, fica claro que a prova consistirá em propor à outra parte uma resposta mais submetida ao acaso. Contudo, se o resultado for o mesmo, poderemos atribuir a uma articulação lógica — refiro-me a uma articulação *aceita*, bastando defini-la de início —, a título de demonstração, o que se articularia no quadro da seguinte maneira:

a	1
$+ (1 - a)$	$+ (1 + a)$
$+ (2a - 1)$	$+ (2 + a)$
$+ (2 - 3a)$	$+ (3 + 2a)$
$+ (5a - 3)$	$+ (5 + 3a)$
$+ (5 - 8a)$	$+ (8 + 5a)$
$1 + a$	$+ \infty$

Numa época, a nossa, que soube muito bem codificar as leis da função do *sim ou não*, é aborrecido que as pessoas esqueçam que o *sim ou não* refutável abre mais campo do que o puro e simples demonstrável. Assim é que o processo de Pascal, como assinalei da última vez, ao iniciar o estudo da aposta, primeiro faz com que ela sonde, em relação a um puro *cara ou coroa*, a racionalidade de fazer uma aposta que é alguma coisa na vida, e que não é definida de outra maneira, contra *uma infinidade de vidas* qualificadas de *infinitamente felizes*, também sem esclarecer o que isso significa. Talvez valha a pena reinterrogarmos esses signos depois dele, para ver se eles não são capazes de nos fornecer alguma coisa que esclareça necessariamente seu sentido. É exatamente isso que estamos fazendo, ao operar no nível dos signos a e 1.

O a de que nos apoderamos, nem sempre sabemos seu valor. Apenas vemos, mais nada, a série que ele gera em sua relação com o 1. Poderíamos até dizer que a questão de saber o que acontece com o a e o 1 como tais não tem sentido. Eles são apenas termos apostos de uma forma qualquer, matematicamente. Não são elementos neutros, como quando se trata de definir os números inteiros e o que se pode fazer com eles. O 1 dessas séries não tem nada a ver com o 1 da multiplicação. É preciso haver ações suplementares para fazê-lo servir. O mesmo se dá com o *a*. O *a* e o 1 estão em toda parte em que existe a relação <1 sobre *a*>, isto é, em toda a série.

O interesse de partir desses dois termos, a única razão que exige que partamos deles, é que escrevemos a partir deles. Eles não têm lugar em parte alguma de nenhum real que pareça poder corresponder a essa escala. Só que não podemos escrever essa escala sem eles.

Agora, partindo dessa escala, posso me permitir fazer uma imagem da relação a partir de outra escrita. Essa escrita será igualmente a mais simples, pois continuamos, ao que me parece, dentro de nossos limites, que são os do traço unário, exceto que o projetaremos indefinidamente, ou, pelo menos, tentaremos fazê-lo. Aí está o *a*, aí está o 1. Não somos obrigados a medir os segmentos para que os termos sejam corretamente inscritos.

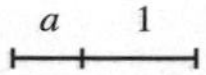

$a = 0{,}618$

Outra escrita da relação <1 sobre a>

Vocês me perdoarão por abreviar, dizendo que projetaremos o *a* no campo do Outro, considerado em sua função de 1. O que acabamos de escrever, ou seja, <$1 - a = a^2$>, indica-nos que o que virá aqui será a^2. O rebatimento do a^2 aqui nos porá aqui um a^3. O rebatimento do a^3 nos colocará aqui um a^4.

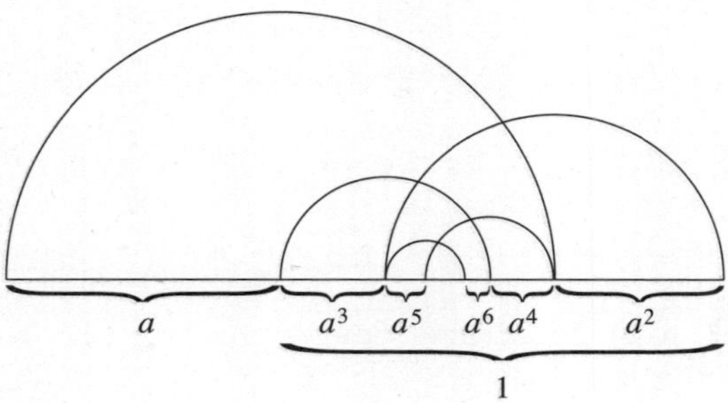

Rebatimentos sucessivos

Portanto, vocês vêem, espero, que as operações que vão em certo sentido farão com que se adicionem à direita todas as potências pares de *a*, ou seja, a^2, a^4, a^6, ao passo que à esquerda se reproduzirá a série das potências ímpares, a^3, a^5, a^7.

$$\begin{array}{ccc} a^3 & & a^2 \\ a^5 & & a^4 \\ \dfrac{a^7}{a^2} & + & \dfrac{a^6}{a} \\ \hline & 1 & \end{array}$$

É fácil perceber que, ao proceder assim, encontraremos no ponto de junção convergente dessas potências, umas pares, outras ímpares, por um lado, a medida a como total de todas as potências pares, ficando o próprio a excluído, é claro, e, por outro lado, a medida a^2 como soma das potências totais ímpares de a.

A soma de a^2 e a dá o total 1. Em outras palavras, ao adicionar separadamente, de um lado as potências pares, de outro as potências ímpares, encontramos, efetivamente, a medida do campo do Outro como 1, que é diferente de sua pura e simples inscrição como traço unário.

Obtive esse resultado ao tomar isoladamente o fundamento proporcional do a. Agora posso tomar seu desenvolvimento no sentido do crescimento.

Consideremos adicionar as potências crescentes. O que dá, por exemplo, somar toda a série dos <1 sobre a> elevada à potência n até surgir o a^{100}? É uma fórmula muito conhecida, mas é fácil fazer o cálculo, se vocês dispuserem de uma página. Não leva mais de dez minutos, e dá como resultado

2 000 000 000 000 000 000 000 000 000

Uma série assim constituída chama-se progressão geométrica, ou, em outras palavras, exponencial.

Não há nada mais notável do que uma série que inclui um crescimento infinito dos inteiros. Só que, no final das contas, ela continua, de qualquer modo, na ordem do enumerável. Não é por eu os ter levado a observar que o ponto em que estão o 1 e o a só nos importa de forma escritural que devemos agora negligenciar sua incidência. Assim, há alguns pontos em que vemos uma diferença entre crescimento e decréscimo.

O infinito decrescente é o mesmo, em sua geração, que o infinito crescente, mas não leva ao infinito dos números inteiros, sobre o qual sabemos um pouquinho mais, afinal, e que aprendemos a reduzir a seu valor próprio e distinto. Começando pelo outro lado, como lhes mostrei, vocês terão um limite, do qual a série se aproximará o máximo possível, de maneira menor em cada grandeza escolhida, por menor que ela seja, isto é, $1 + a$.

O ponto de partida de Pascal em suas anotações é escrito simplesmente como *Nada infinito*. Esse é o ponto que atesta a segurança de seu toque e é, ao mesmo tempo, o ponto realmente funcional a partir do qual toda a seqüência é determinada.

O que Pascal chama de *nada* é indicado por ele, da maneira mais expressa, em outras de suas anotações; é simplesmente que, partindo de um ponto qualquer, como eu lhes disse, obtemos, no sentido decrescente, um limite. Não é por ter um limite que essa série é menos infinita, assim como o fato de obtermos do outro lado um crescimento ilimitado não especifica essa direção como mais especificamente infinita.

Aliás, não é à toa que Pascal escreve *nada*. Ele mesmo desconfia que o *nada* não é um nada, que é alguma coisa que pode ser posta na balança, muito especialmente no nível em que temos de colocá-lo na aposta.

Mas, não é que aparece uma coisa da qual finalmente nos devemos dar conta? No campo do Outro enuncia-se uma revelação que nos promete *uma infinidade de vidas infinitamente felizes*. Pascal prendeu-se por algum tempo a esse enunciado numérico, depois começou a ponderar. Uma vida contra duas, será que já valeria a pena? Ora, sim, disse ele, é claro que sim. E contra três? Mais ainda. E, naturalmente, quanto mais vidas há, maior o valor. Só que, a partir do momento em que escolhemos, ficamos, na totalidade dos casos, até quando é *nada* que perdemos, privados de um semi-infinito.

Isso corresponde justamente à maneira como podemos, por meio da perda, medir o campo do Outro como Um.

Que acontece na gênese desse Outro? Podemos distingui-lo do Um que é anterior ao 1, ou seja, o gozo. Como medi-lo? Se afirmamos o <1 + *a*> e com infinitos cuidados fizemos a soma deles, foi porque é do *a*, em sua relação com o 1, que podemos esperar, de maneira analógica, tirar a medida do que acontece com o Um do gozo em relação a essa soma supostamente realizada.

A relação do *a*, como a falta recebida do Outro, com o 1, como o campo completado do Outro que poderíamos edificar, pode ser ilustrada por esta imagem:

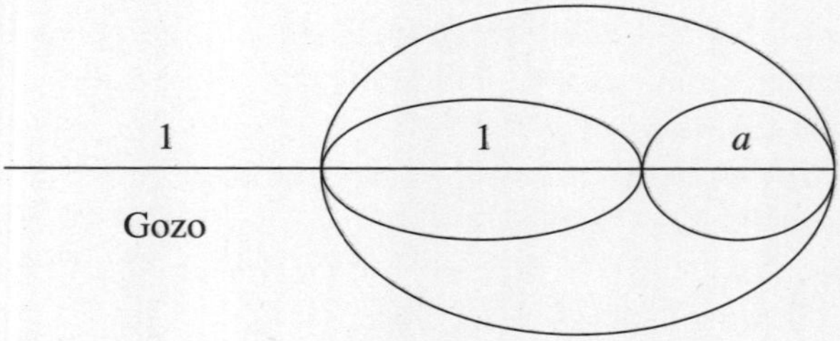

Nós, analistas, conhecemos isso, e o reencontramos aqui. É o que se chama de gozo masoquista, e é a forma mais característica e mais sutil que demos da função causa-do-desejo.

O gozo masoquista é um gozo analógico. Nele, o sujeito assume analogicamente a posição de perda, de resto, representada pelo *a* no nível do mais-de-gozar. Em seu esforço para constituir o Outro como um campo articulado apenas à maneira do contrato, no qual com tanta felicidade nosso amigo Deleuze depositou ênfase, para substituir a vibrante imbecilidade que impera na psicanálise, o sujeito joga com a proporção que se furta, aproximando-se do gozo pelo caminho do mais-de-gozar.

Assim, vocês vêem que, ao reter as coisas pelo ponto de partida que tomamos, ao menos encontramos aqui uma entrada que justifica a experiência.

A questão do masoquismo, sem dúvida, não é desprovida de interesse em Pascal, dada a maneira como funciona nele uma certa renúncia. Mas não se apressem demais. Tratar universalmente por masoquistas todos aqueles que se debateram sem saber com essa lógica é da ordem de curto-circuito em que se designa o que chamei de canalhice, a qual eu disse que, nesse campo, transforma-se em burrice.

Hoje só pude levá-los a uma abordagem que consiste em entrar no campo apenas pela via escritural. Aí encontramos uma proporção já inscrita. É preciso, é claro, que a controlemos por outro lado.

O *a*, disse eu, é o que condiciona a distinção entre o *Eu* que sustenta o campo do Outro, e que pode totalizar-se como campo do saber, e o *Eu* do gozo. O que importa saber, precisamente, é que, ao se totalizar, o *Eu* do saber nunca atingirá sua suficiência, aquela que se articula no tema hegeliano da *Selbstbewusstsein*. De fato, à medida mesma de sua perfeição, fica inteiramente excluído o *Eu* do gozo. O que está no quadro é a imagem, a ilustração dele, nada mais. Se isso tem importância para nós, é porque nos confirma, em especial, que nenhuma soma de um com o outro pode totalizar-nos sob a forma de uma cifra qualquer, de um 2 adicionado, desse *Eu* dividido enfim reunido consigo mesmo.

Esse campo, longe de ser interminável, é apenas longo para percorrer, e preciso de tempo para lhes expor isso. Continuarei na próxima semana. Quem se informar, daqui até lá, sobre o que é uma série de Fibonacci — e espero que um bom número de vocês não precise fazê-lo — estará, evidentemente, mais preparado do que os outros para o que farei para eles, isto é, explicar-lhes como se constitui essa série.

Se o seu primeiro termo é 1, o segundo é 1. Este último 1 é somado ao que o precedeu para constituir o terceiro termo, ou seja, 2, e assim sucessivamente, sendo cada termo constituído pela soma dos dois termos anteriores. Ou seja, 1, 1, 2, 3, 5, 8, 13 etc. Vocês observarão de passagem que esses números já estão escritos aqui no quadro, e não é sem razão. Resta dizer que a relação de cada um desses números com outro não é, de qualquer modo, a relação *a*.

O que há de mais divertido nesse desvio é perceber que todas as séries de Fibonacci são homólogas. Começarei por aí da próxima vez.

Não importa de que números vocês partam para fazer uma série crescer. Se observarem a lei da soma dos dois termos precedentes, ela será uma série de Fibonacci, e sempre essencialmente a mesma. Seja ela qual for, vocês obterão no infinito, entre seus números, a proporção escrita, ou seja, a relação entre 1 e *a*. É do *a*, tal como ele era em relação a 1, que o número salta de um termo para outro. Em outras palavras, quer vocês partam da divisão do sujeito, quer partam do *a*, perceberão que eles são recíprocos.

Esta abordagem, que chamo de pura consistência lógica, nos permitirá situar melhor o que ocorre com um certo número de atividades humanas, e penso particularmente no misticismo.

Esse não é um campo que abordarei aqui pela primeira vez. Desde os primeiros anos, dos tempos obscuros de meu seminário, eu expus, para os três ou quatro que estavam presentes, Angelus Silesius, que foi contemporâneo de Pascal. Experimentem um pouco, só para ver, explicar o que querem dizer os versos dele, sem dispor de seus dísticos. Recomendo-lhes *O peregrino querubínico*,* que vocês poderão comprar na [editora] Aubier, não está esgotado.

Os místicos tentaram, por seu caminho, chegar à relação do gozo com o Um. Certo, esse caminho não concerne diretamente ao que nos

* Edição brasileira: São Paulo: Paulus Editora, 2001. (N.T.)

é próprio, mas o lugar nele ocupado pelo *Eu*, pelo *Ich*, relaciona-se, como vocês verão, com a pergunta que é nossa verdadeira meta aqui, e que repito ao terminarmos hoje: *Será que eu existo?**

Basta um apóstrofo para falsear tudo. Quando digo *j'existe* [eu existo], pronto, vocês acreditam, acham que é de mim que estou falando, unicamente por causa de um apóstrofo. Então, mais valerá dizer *Será que ele existe?* [*Est-ce qu'il existe?*], desta vez falando do *Eu*? Mas esse ele [*il*], bah. É a terceira pessoa.

Certo, dissemos que fazíamos do *Eu* um objeto. Só que omitimos a terceira pessoa. O *ele* [*il*] também serve para dizer *está chovendo* [*il pleut*].** Nesse caso, não falamos de uma terceira pessoa, não é um colega que chove.

Chove [*il pleut*]. É nesse sentido que emprego o *existe* [*il existe*]. *Será que existe* Eu?

22 de janeiro de 1969

* Em vez da formulação anterior, *Est-ce que* Je *existe*? (Será que *Eu* existe?), Lacan usa aqui *Est-ce que j'existe*, homófona, mas que remete prontamente à construção na primeira pessoa. (N.T.)

** Ver a primeira nota de rodapé da página 80. (N.T.)

IX

De Fibonacci a Pascal

Séries de Fibonacci
Primeira matriz da aposta
Segunda matriz
O gozar-com-a-mãe
O Pai está morto desde sempre

Depois de tê-los feito avançar com tanta firmeza pelo campo da aposta de Pascal, deixei-os da última vez com um comentário que pontua o que acabo de escrever no quadro [*ver a aula anterior*].

Apontei a identidade essencial das duas séries paralelas, ao lhes dizer que, se puséssemos nelas um ponto de partida, escolhido entre o *a* e o 1, só o faríamos de maneira totalmente arbitrária.

Arbitrário ganha sentido pela mesma ênfase que Saussure dá a essa palavra quando fala do caráter arbitrário do significante. Eu queria dizer que o corte entre uma série decrescente e uma série crescente situa-se num ponto que não temos outra razão para situar senão escritural, já que o 1 aqui não tem outra função a não ser a do traço, do traço unário, do bastão, da marca. Todavia, por mais arbitrário que seja isso, persiste o fato de que, sem esse traço unário, não haveria série alguma.

É esse o sentido que é preciso dar ao que se lê nesse Saussure — que certo autor, sem dúvida ultracompetente, declara que eu traio por gosto —, ou seja, que, sem essa arbitrariedade, a língua não teria propriamente nenhum efeito.

1

Agora eu os convido a considerar a série crescente, começando por 1, seguido de 1 + *a*.

Cada termo dessa série é produzido pela soma dos dois termos que o precedem. Isso é o mesmo que dizer, no sentido inverso, que cada um é constituído pela subtração do menor dos dois anteriores do maior que os segue.

Por outro lado, essa série é construída com base no princípio de que a relação de um de seus termos com o termo seguinte é igual à relação deste com a soma dos dois termos. Ora, dizer que *a*, o termo de que acabo de falar, é igual ao seguinte, 1, em sua relação com o que virá depois dele, isto é, com a soma de 1 e *a*, parece acrescentar à série uma segunda condição, especificá-la por uma condição dupla.

$$a = \frac{1}{1+a}$$

Variante da fórmula inicial

É exatamente aí que está o erro, como demonstra o fato de que a relação de cada termo com o seguinte tenderá para *a*, mesmo que a segunda condição não seja satisfeita, uma vez que vocês postularam como lei que cada um dos termos seja formado pela soma dos dois que o antecedem.

A função da soma mereceria ser especificada aqui de maneira mais rigorosa, porém, como não se trata de eu me estender a esse respeito em considerações desenvolvidas sobre a teoria dos grupos, nós nos ateremos à operação comumente conhecida por esse nome, e que já está colocada no começo da primeira série.

Para enunciá-la, portanto, basta escrever que U_0 será igual a 1, que U_1 será igual a 1 e que, em seguida, todo U_n será a soma de U_{n-1} e U_{n-2}.

Essa série é chamada série de Fibonacci. Vocês vêem que ela está submetida a uma condição singular.

Se vocês efetuarem nela qualquer operação definida — quer somem termo a termo, quer multipliquem termo a termo, e também poderão fazer outras operações —, daí resultará uma outra série de Fibonacci, que será essencialmente idêntica à série inicialmente formulada. Vocês confirmarão isso e, desse modo, verificarão que a lei de formação da série é exatamente a mesma, isto é, que basta somar dois de seus termos para chegar ao termo seguinte.

Na série de que parti, o *a* parece poder ser adornado com a função do número áureo. Essa função aparece desde o início, com efeito, sob a forma do *a* que se manifesta ali pela posição de princípio da fórmula inicial, fornecida mais acima.

Que acontece com essa proporção maravilhosa numa série qualquer de Fibonacci? O pequeno *a* não falta nela, pela seguinte razão. Estabeleçam a relação de cada um de seus termos com o termo seguinte

1/2 2/3 3/5 5/8 8/13 13/21

e assim sucessivamente — não escrevi 1/1 porque isso não quer dizer nada —, e vocês obterão um resultado que tenderá bem depressa a escrever as duas primeiras decimais, depois as três, depois as quatro, depois as cinco, depois as seis, do número que corresponde a esse pequeno *a*, e que se escreve, o que é muito fácil de verificar, como

a = 0,618 e assim sucessivamente.

Não importa que ele seja escrito dessa maneira, porque já sabíamos que era inferior à unidade. O importante é que, bem depressa, a partir do momento em que nos afastamos do ponto de partida da série de Fibonacci, esse *a* se inscreve como relação de um dos termos da série com o termo seguinte.

Que acontece com a escolha do *a*? Nós o escolhemos porque estávamos colocados diante do problema preciso de saber como calcular o que se perde no fato de postular arbitrariamente o 1 inaugural, reduzido a sua função de marca. Em contrapartida, o que acabo de lhes dizer demonstra que a escolha do *a*, por sua vez, nada tem de arbitrária, porquanto ele é a relação-limite de um termo da série de Fibonacci com o que o segue. Dá-se com ele o mesmo que com a perda que visamos, que está no horizonte do nosso discurso, aquela que constitui o mais-de-gozar — ele é apenas um efeito da postulação do traço unário.

De resto, se é necessária alguma coisa para lhes confirmar isso, basta vocês verem como é feita a série decrescente, tal como a reescrevi, depois de já tê-la escrito para vocês, da última vez, à esquerda.

$$\begin{gathered} a \\ 1 - a \\ 2a - 1 \\ 2 - 3a \\ 5a - 3 \\ 5 - 8a \end{gathered}$$

Série decrescente

A série de números que constitui a série de Fibonacci aparece aí de maneira alternante. Há aqui um a, $2a$, $3a$, $5a$, $8a$, $13a$, $21a$. Os números que afetam o a alternam-se à direita, depois à esquerda, e assim sucessivamente. Os inteiros também se alternam — 1, 2, 3, 5, 8, 13 etc.

Como vocês vêem, o a sempre se antecipa ao inteiro. Na primeira linha há um a, ao passo que o inteiro 1 só aparece na linha seguinte. Na segunda linha, há dois a, ao passo que o inteiro só será 2 na terceira, e assim sucessivamente. Se os a e os inteiros mudam de lugar, é para que se conserve um resultado positivo. Dito de outra maneira, para que cada um desses termos se escreva de maneira positiva, é preciso que o que se enumera como inteiro e o que se enumera como a passem alternadamente de um lado para outro.

Isso não é tudo. Visto que a é inferior a 1 e que sabemos, por outro lado, que ele se exprimirá por uma potência crescente, em razão da postulação dessa igualdade primária, o resultado dessa diferença se tornará cada vez menor em relação a algo que ele constitui como limite. É a isso que chamamos série convergente.

Ela é convergente para quê? Para uma coisa que não é 1. Eu lhes mostrei isso da última vez com a imagem do rebatimento do a sobre o 1, depois do resto que era a^2 sobre a, o que produz a^3, e o a^3 reduzido produz aqui a^4, e tudo isso chega a um corte que realiza <$a + a^2 = 1$>. É em razão disso que o limite aqui escrito da série convergente situa-se no nível <$1 + a$>, por sua vez igual a <$1/a$>.

Que quer dizer isso? Que é que representa o que funciona aqui? A questão é saber como representar corretamente uma conjunção possível da divisão subjetiva, que resulte de um reencontro do sujeito com... Aqui, ponto de interrogação em *sujeito*. Que acontece com o sujeito absoluto do gozo em relação ao sujeito gerado a partir desse 1 que o marca, ponto de origem da identificação?

É grande a tentação de situar o sujeito do saber como se sabendo ele mesmo. Essa escrita é a do *Selbstbewusstsein* hegeliano. Ou seja, a partir do momento em que o sujeito é instalado pelo 1 inaugural, basta ele se conjugar com sua própria figura como formalizada. É exatamente aí que aparece o erro, na medida em que não se vê que isso só pode ser eficaz se postularmos o sujeito sabido, tal como fazemos na relação de um significante com outro significante. Ora, não se trata de uma relação de 1 com 1, mas de uma relação de 1 com 2. Logo, em momento algum é suprimida a divisão original. A relação de 1 com 1 é imitada aqui, simplesmente. É só no horizonte de uma repetição infinita que podemos imaginar ver surgir alguma coisa que corresponda a essa relação de um 1 com, entre o sujeito do gozo e o sujeito instituído na marca.

$$\text{Falso}\begin{cases}\text{o sujeito do gozo}\\ \text{o sujeito dividido da marca}\end{cases}$$

A diferença entre esses dois sujeitos continua irremediável. Por mais longe que vocês levem a operação engendrada por essa redução, sempre encontrarão, de um termo para outro e inscrita como balanço da perda, a relação da qual vocês partiram, mesmo que ela não esteja inscrita na inscrição original, ou seja, a relação pequeno *a*.

Isso é ainda mais significativo por se tratar justamente de uma relação, e não de uma simples diferença que, de certo modo, pudesse tornar-se cada vez mais desprezível diante da continuação de sua operação. É fácil verificar isso.

Se vocês tomarem essa operação no sentido da série crescente, a diferença entre os inteiros — isto é, aquilo que se inscreve em 1, base da identificação subjetiva original — e o número dos *a* continuará aumentando. Com efeito, no sentido da soma, trata-se sempre da relação de um número de *a* correspondente ao menor termo com um número de inteiros correspondente ao maior termo. Em outras palavras, frente, digamos, a uma ampliação dos inteiros do sujeito, tomado no nível da massa, sempre haverá uma falta maior de unidades *a*. Não haverá *a* para todo o mundo.

$$\begin{gathered}1\\ 1 + a\\ 2 + a\\ 3 + 2a\\ 5 + 3a\\ 8 + 5a\end{gathered}$$

Série crescente

Fiquem com isso. Talvez eu volte ao assunto no nível de uma pergunta-apólogo.

O que certamente nos importa, o que terá peso em nossa sondagem da aposta de Pascal, é o que acontece no sentido de que, de maneira não menos infinita, o *a* pode ser abordado, de que, mais uma vez, aparece-nos o que indica, sob forma analógica, o que acontece com as relações do 1 com o <1 + *a*>, ou seja, esse *a* que é o único dentro do qual se pode apreender o que ocorre com o gozo em relação ao que é criado pelo aparecimento de uma perda.

Neste apontar a distância que há entre, por um lado, a solução hegeliana do *Selbstbewusstsein*, ou todas as que, de um modo qualquer, procedem por uma relação de 1 com 1, e, por outro lado, a solução que nos é dada por um exame rigoroso da função do signo, basta eu acrescentar um traço, que inscrevo aqui de maneira humorística, é o caso de dizer. Façam-se a pergunta: o que tende a dar esta imagem para a representação de um ideal, que um dia pudesse fechar-se, de um saber absoluto?

1-1

O H de que se trata, que acabo de traduzir humoristicamente, será ele o homem, *homo*? Não será, antes, a histérica? Por que não? Não nos esqueçamos de que foi no nível da identificação neurótica que Freud levantou a questão do Um.

Releiam o texto de *Psicologia das massas e análise do eu*, de preferência em alemão — para não serem obrigados a recorrer a este volume-esfregão em que não há nem mesmo sumário, e que devemos aos cuidados de umas pessoas zelosas que só nos deixaram esse recurso, quando não queremos usar apenas o francês. Enfim, se vocês se referirem, no artigo pertinente, ao capítulo sobre a identificação, verão que, dos três tipos de identificação enunciados por Freud, foi no intermediário, no campo da neurose, portanto, que ele inseriu o *einziger Zug*, o traço unário que extraí dali.

Se o relembro aqui, é porque terei que voltar a ele na continuação de meu discurso, pois, de maneira muito singular e ao contrário do que vocês poderiam imaginar, a forma mais inapreensível do objeto *a* aparece na neurose, onde efetivamente temos nosso ponto de partida como analistas. É para permitir que vocês evitem essa surpresa que eu a anuncio aqui.

Voltemos agora à nossa aposta de Pascal e ao que é possível inscrever dela.

2

As minudências dos filósofos realmente parecem fazer-nos perder o mais importante da significação da aposta de Pascal.

Mas não é que não se tenham feito para isso todos os esforços, inclusive o de inscrever os dados no interior de uma matriz, de acordo com as formas nas quais se inscrevem, presentemente, os resultados da chamada teoria dos jogos. Nessa forma, nós a questionamos, se assim posso dizer. Vocês verão de que maneira estranha se pretende refutá-la.

Observamos, primeiro, que a aposta é coerente com a seguinte postura: não podemos saber se Deus é nem o que ele é. A aposta é feita sobre quê? Sobre um discurso que está ligado a Deus, ou seja, uma promessa que lhe é imputada, a de *uma infinidade de vidas infinitamente felizes*. Pelo fato de eu estar falando, e não escrevendo, e de falar em francês, vocês não podem saber se *vida* está no singular ou no plural,* assim como não podem sabê-lo, eu lhes assinalo, no pedacinho de papel de Pascal, que é taquigráfico. No entanto, toda a seqüência do discurso pascaliano indica claramente que devemos tomar o termo no sentido de uma multiplicação plural, já que, aliás, ele começa a discutir se valeria a pena apostar somente para ter uma segunda vida, ou três, e assim sucessivamente. Trata-se, pois, de uma infinidade numérica.

O que investimos é algo de que dispomos e que colocamos no jogo, ou seja, uma aposta. Essa aposta, vamos dar-lhe uma representação gráfica. É legítimo representá-la a partir do momento em que nós mesmos pudemos avançar para apreender o que está em causa, esse *mais* enigmático que faz com que todos estejamos no campo de um discurso qualquer, ou seja, o *a*. É isso que está em jogo. Por que inscrevê-lo nesta casa? Justificaremos isso.

---

* *Vie* e *vies* são termos homófonos em francês. (N.T.)

a	

Há, por outro lado, essa *infinidade de vidas infinitamente felizes*. De que se trata? Devemos imaginá-la como a pululação dos inteiros que servem de suporte à pululação dos objetos *a*, esta última, aliás, sempre um termo atrasado em relação à primeira? A pergunta faria com que valesse a pena evocá-lo desde logo, se já não acarretasse algumas dificuldades, como vocês puderam ver. Digamos apenas que com certeza se trata da série crescente. Colocamos aqui o sinal ∞.

	∞
a	

O infinito de que se trata, portanto, é o infinito dos números inteiros, ilustrado por Pascal. De fato, é só com relação a esse infinito que se torna ineficiente, ou seja, neutro, o elemento inicial, a aposta. É nessa condição que o elemento inicial se transforma em zero, já que se identifica com a soma do zero ao infinito. O resultado da soma só pode ser ilustrado pelo sinal que designa um dos dois termos adicionados.

0	∞
a	0

É assim, portanto, que as coisas são representadas. Se fiz esta matriz, não é porque ela me pareça suficiente, mas porque ela é, comumente, aquilo a que nos atemos. Essas casas têm tão pouca importância quanto as matrizes com as quais se evidencia uma combinação na teoria dos jogos.

O que representamos aqui com o A é o campo de um discurso. Conforme esse A exista ou não, seja admissível ou rejeitável, resulta uma divisão dos casos. Quando o A é aceito de imediato, o *a* equivale a zero.

A	0	∞
	a	0

Essa equivalência do *a* com o zero não quer dizer nada além do seguinte: no nível de uma teoria do jogo, a aposta arriscada deve ser considerada perdida. A partir do momento em que queremos articular como um jogo o que ocorre com a aposta de Pascal, isso não é de modo algum um sacrifício, é a própria lei do jogo.

Do mesmo modo, se A não existe, ou seja, se a promessa não é aceitável, se nada do que se situa além da morte ainda é sustentável, também temos aí um zero, mas um zero que não quer dizer nada, a não ser que a aposta, aquela do outro lado, representada por ∞, está perdida.

	Sujeito	
A	0	∞
Ⱥ	-*a*	0

De fato, na aposta de Pascal, o montante arriscado é idêntico à promessa. É pelo fato de a promessa ser enunciada que podemos construir a matriz. A partir do momento em que ela é construída e em que a conduta do sujeito só se define pelo que se determina por uma amarração significante, já não há dúvida. A dissimetria das apostas impõe uma conduta, e uma só.

A dificuldade só começa ao nos darmos conta de que o sujeito não é, de maneira alguma, algo que possamos contentar-nos em enquadrar pela conjunção de um número qualquer de significantes, nem tampouco pela relação de 1 com 1, como lhes indiquei ainda agora. De toda conjunção significante resulta um efeito de resto, que dá ao nosso *a*, inscrito aqui na casa inferior esquerda, uma ligação que não é separável da construção da própria matriz.

É precisamente disso que se trata no progresso engendrado pela psicanálise. É essa ligação que é preciso estudar em sua conseqüência que cria o sujeito dividido, isto é, não ligado ao simples estabelecimento dessa matriz. É que então aparece com evidência, perfeitamente claro, que podemos estabelecer uma matriz, ou seja, escrever. É que o zero que se inscreve aqui embaixo é o zero do início, bem marcado pela axiomatização de Peano como necessário para que se produza o infinito da série dos números naturais. Sem o infinito, não há zero que seja levado em consideração. Porque o zero estava ali, essencialmente, para produzi-lo.

É igualmente a partir dessa ficção, como lhes recordei há pouco, que o *a* é reduzido a zero quando Pascal argumenta. De resto, vocês só fazem perder zero, dado que os prazeres da vida, como ele se expressa, não são pesados, sobretudo diante da infinitude que se abre à nossa frente. Nesse ponto, Pascal se serve de uma ligação matemática, a que expressa que qualquer unidade, seja de que tipo for, adicionada ao infinito, só faz deixar intacto o sinal do infinito — com a ressalva, porém, o que lhes mostrei em várias ocasiões, de que de modo algum podemos dizer que não sabemos se o infinito é, nem o que ele é, como argumenta Pascal, para opacificar o infinito de maneira homóloga ao Ser divino.

É igualmente impossível dizermos que a soma de uma unidade não fará com que possamos dizer se o infinito é par ou ímpar, já que, como vocês viram, são todas as operações pares que se empilharão umas sobre as outras na série decrescente, e todas as operações ímpares, do outro lado, para totalizar a soma infinita. Por mais infinita que seja, essa série não deixa de ser redutível a um 1 de um certo tipo, o 1 que entra em conjunção com o *a*.

Vocês percebem que só estou indicando aqui, de passagem, toda sorte de pontos esclarecidos pelos avanços da teoria matemática, e que fazem como que balançar o véu. O que há sob esse véu é a articulação do discurso, seja ele qual for, inclusive o da referida Promessa, ou seja, seu efeito de resto, e no nível do gozo. Negligenciando o que o véu esconde, desconhecemos a verdadeira natureza do objeto *a*.

Aliás, nossa prática, que é prática do discurso, mostra-nos que convém distribuir de outra maneira o que ocorre com a aposta, se quisermos dar-lhe seu sentido verdadeiro.

Esse sentido, o próprio Pascal no-lo indica, quando nos diz: *Vocês estão comprometidos*. Ora, o que obriga menos do que uma matriz como essa?

É justamente isso que constitui a confusão da aposta, junto a espíritos que parecem singularmente despreparados para a função professoral na mestria daquilo de que se trata quando se trata de um discurso.

Vocês estão comprometidos: que significa isso senão que, fazendo um trocadilho, o que é comprometido [*engagé*] é o *Eu* [*Je*]?* Esse é o momento da entrada do *Eu* na questão.

Se existe a possibilidade de comprometer no jogo algo a ser perdido, é porque a perda já está nele. É justamente por isso que não se pode anular a aposta feita.

O que aprendemos da psicanálise é que existem efeitos que são mascarados pela pura e simples redução do *Eu* àquilo que se enuncia. E, quando se trata de um jogo representado sob a pena de Pascal, como podemos desprezar por um só instante a função da Graça, isto é, do desejo do Outro? Não lhes parece que também pode ter ocorrido ao espírito de Pascal que, até para compreender sua aposta, tão ridiculamente representada, a Graça era necessária? Eu lhes disse que um *Seja feita a Tua Vontade* está latente em toda representação ingênua da relação do sujeito com a demanda. É exatamente isso que é questionado quando vem a faltar essa vontade, que existe justamente por não ser a nossa.

Em outras palavras, sem mais delongas, deixemos o Deus dessa primeira matriz e passemos ao Deus que é realmente o único que pode estar em questão na pena de Pascal.

Dar-lhe a mesma letra A não mudará em nada a diferença. Nós a veremos articular-se bastante na nova distribuição do quadro. Veremos que essa distribuição não é diferente d'Ele mesmo.

---

* Vale lembrar que *engager* provém de *en* e *gage*, também podendo traduzir-se por *apostar*, *dar como aval*, *dar como fiança*, *comprometer(-se)*, *arriscar* etc. (N.T.)

3

	A favor	Contra
	Eu	
A	0,∞	*a*,- ∞
$\not{A}$	- *a*,0	*a*,0

Digamos as coisas cruamente.

Deus existe. Para um sujeito que supostamente saiba disso, escrevemos agora o par <0, ∞> num dos quadrados da matriz. Supõe-se que eu saiba disso, mas é preciso acrescentar uma coisa: que sou a favor.

Segundo caso. Se, mesmo supondo que sei que Deus existe, eu sou contra, então a escolha se dá entre o *a* e essa infinidade de vidas infinitamente felizes que perco deliberadamente. Aqui fica o par <*a*, -∞>. É exatamente disso que se trata ao longo de todo o pensamento enunciado por Pascal.

Depois, temos o caso em que se supõe que eu saiba que Deus não existe. Pois bem, por que não achar que, ainda assim, posso apostar o *a* e perdê-lo, pura e simplesmente? Digamos, <-*a*, 0>. Isso é ainda mais possível na medida em que é da natureza do *a* ser perda. Em se tratando de um jogo em que só conservo o pequeno *a* ao preço de <menos o infinito>, pode ser legítimo indagar se isso vale a pena. Será que se deve ter tanto trabalho para conservá-lo? Se há quem o conserve ao preço da perda <-∞>, imaginem que existiu uma porção de gente que rejeitou o *a* sem ter a menor preocupação com a imortalidade da alma. Em geral, esses são os chamados sábios, as pessoas tranqüilas [*pépères*], não apenas pais [*pères*], mas serenos [*pépères*].* Isso tem muita relação com o pai, como vocês verão.

Por último, vocês têm aqueles que, ao contrário, conservam o *a* e dormem sossegados. Quanto ao zero que vem depois, o que impressio-

* Na linguagem infantil, o termo *pépère* também designa avô, como nosso *vovô*. (N.T.)

na nessa distribuição <*a*, 0> é a coerência, que decorre do sujeito suposto saber. Mas, será que não é uma coerência um tantinho feita de indiferença?

Ele existe — aposto a favor, mas sei muito bem que ele existe. *Ele não existe* — é claro, aposto contra, mas isso não é uma aposta. Nada disso tem nada a ver com uma aposta. Na diagonal que vai de <0, ∞> a <*a*, 0>, vocês têm pessoas que estão tão seguras de sua posição que, para elas, não há aposta nenhuma. Elas se deixam levar por aquilo que sabem.

Mas, que significa isso, *saber*, nessas condições? Significa tão pouco, que os que não sabem nada podem até fazer disso um caso único.

Permitam-me assinalar de passagem que não estou fazendo nenhuma extrapolação sobre o que é a tradição de Freud a esse respeito, e que não saio da minha seara. Se vocês consultarem o livro que relembrei há pouco, verão Freud fazer uma observação tranqüila o tempo todo: a de que, no final das contas, a fé dos cristãos não os leva a modificarem tanto a sua conduta em relação àqueles que não o são. É na posição de sujeito purificado, se assim posso me expressar, que o que acontece na diagonal da esquerda vem a poder ordenar-se na matrizinha do alto.

Inversamente, o que decerto nos mostra alguma coisa imprevista é o caso daquele que aposta *contra*, com base em saber que Ele existe, e o caso daquele que aposta *a favor*, como se Ele existisse, embora saiba muito bem que não existe.

Aqui isso se torna interessantíssimo. Imaginem que esse menos-infinito que vocês vêem surgir na casa do alto, à direita, traduz-se, nos pequenos escritos de Pascal, por um nome: inferno.

Só que isso pressupõe examinarmos por que a função do *a* levou à imaginação, das mais discutíveis, de que existe um além da morte. Por certo isso se deve à realidade de seu deslizamento infinito, matemático, sob qualquer tipo de cadeia significante. Por mais longe que vocês levem o aperto final da cadeia, essa função continua a subsistir, intacta, como já articulei, no começo do ano, num certo esquema das relações de S com A. Mas agora, isso pode induzir-nos a indagar o que significa o surgimento, sob a forma de um menos-infinito, de alguma coisa nesse quadro. Será que esse "menos" não deve ser traduzido de maneira mais homóloga a sua função aritmética? Ou seja, quando ele aparece, a série dos inteiros se duplica, o que quer dizer que se divide. Ele é o sinal de uma coisa que me pareceu ser a única que valia a pena lembrar no fim de meu último discurso, qual seja, que ao tomar como objeto *a*, e não de outra maneira, o que é posto em jogo na renúncia proposta por Pascal, há tanto infinito ali, onde esse jogo do *a* depara com um limite, quanto ali, onde ele não o encontra. Seja como for, é um semi-infinito que apostamos, o que vem equilibrar singularmente as chances na primeira matriz.

Só que é bem possível que convenha entender de outra maneira o que é representado nesse mito, o qual Pascal nos lembra que, embora faça parte do dogma, não faz nada senão atestar que a misericórdia de Deus é maior do que Sua justiça, uma vez que Ele extrai alguns eleitos, quando deveriam estar todos no inferno.

Espantou-me que essa proposição tenha parecido escandalosa, já que está perfeitamente claro e manifesto que esse inferno nunca foi algo que pudéssemos imaginar fora do que nos acontece todos os dias. Quero dizer que no inferno nós já estamos. Essa necessidade que nos abarca, de só podermos realizar a solidez do *a* num horizonte cujo limite seria preciso interrogar, e por uma medição infinitamente repetida do corte do *a*, será que isso não basta, por si só, para desanimar os mais corajosos?

Mas, vejam, não temos escolha. Nosso desejo é o desejo do Outro e, conforme a Graça nos tenha faltado ou não — o que se decide no nível do Outro, isto é, de tudo o que nos precedeu nesse discurso e determinou nossa própria concepção —, somos ou não determinados na corrida de obstáculos do objeto *a*.

Resta o quarto caso, esse embaixo, à direita. Os que estão nele, não foi à toa que hoje me permiti sorrir a seu respeito. Eles são tão numerosos e tão bem distribuídos quanto os que se encontram na casa superior direita. Chamei-os de sossegados [*pépères*], mas provisoriamente, pois seria um erro minimizar a comodidade de seus deslocamentos.

Seja como for, eu gostaria de lhes assinalar que foi aí que, na análise, pusemos a norma certa. O mais-de-gozar é expressamente modulado como alheio à questão, se a questão de que se trata, no que a análise pode prometer, é o retorno à norma. Como não ver que essa norma se articula efetivamente aí como a Lei, aquela em que se fundamenta o complexo de Édipo? Ora, por onde quer que tomemos esse mito, está perfeitamente claro que o gozo se distingue absolutamente da Lei.

Gozar com a mãe é proibido, dizem, mas isso não é ir longe o bastante. O que tem conseqüências é que o *gozar-com-a-mãe* é proibido. Nada se ordena senão a partir desse enunciado primordial, como se vê bem na fábula, onde o sujeito, Édipo, nunca pensou que estivesse gozando com a mãe, sabe Deus por que distração. Refiro-me a tudo o que Jocasta espalhou de encanto em torno dele e, provavelmente, também de assédio, para que isso nunca lhe viesse à cabeça, nem mesmo quando começaram a chover provas.

O que é proibido é o gozar-com-a-mãe, e isso se confirma pela formulação que lhe foi dada, em *Totem e tabu*, sob uma outra forma. Essas formulações, é indispensável aproximá-las todas, para apreender o que Freud articula.

O assassinato do pai cega todos esses jovens touros imbecis que vejo gravitarem de tempos em tempos a meu redor, em arenas ridículas. O assassinato do pai significa, justamente, que não se pode matá-lo. Ele já está morto desde sempre. É por isso mesmo que se preserva alguma coisa de sensato até em lugares em que é paradoxal ver bradar que Deus está morto. Evidentemente, ocorre que, não pensando nisso, corre-se o risco de perder uma face das coisas, qual seja, a de que, de saída, o pai está morto. Mas vejam, resta o Nome-do-Pai, e tudo gira em torno disso.

Se foi por aí que comecei da última vez, é também por aí que termino.

A virtude do Nome-do-Pai, não fui eu que a inventei, ou seja, isso não é da minha lavra, está escrito em Freud. De fato, ele escreveu em algum lugar que ela funda a diferença entre o campo do homem e, digamos, o da animalidade. Isso acontece seja onde for, mesmo quando só se produz sob formas mascaradas, isto é, quando se diz que há pessoas que não fazem idéia do papel do macho na geração. E por que não? O que demonstra a importância da função do Nome-do-Pai é que justamente aqueles que não fazem idéia dela inventam Espíritos para exercê-la.

Essa função, Freud articula sua característica num local muito preciso. Não passarei meu tempo lhes dizendo em que página de qual edição, já que agora há uma profusão de lugares onde se fazem leituras freudianas e onde, afinal, há pessoas bastante competentes para dar essa indicação aos que estiverem interessados. A essência e a função do pai como Nome, como eixo do discurso, decorrem precisamente de que, afinal, nunca se pode saber quem é o pai. Continuem tentando descobrir, é uma questão de fé.

Com o progresso das ciências, consegue-se, em alguns casos, saber quem não o é, mas, de qualquer modo, persiste uma incógnita. Aliás, é absolutamente certo que a introdução da pesquisa biológica da paternidade não pode, de forma alguma, deixar de ter incidência na função do Nome-do-Pai.

É justamente por só se manter como simbólico que o Nome-do-Pai é o eixo em torno do qual gira todo um campo da subjetividade. É nesse ponto que temos de pegar a outra face, isto é, o que sucede na relação com o gozo.

Resumindo, é isso que nos permitirá avançar um pouco mais no que acontece com a transmissão do Nome-do-Pai, ou seja, no que se dá com a transmissão da castração. É isso que constitui nosso objeto este ano.

Terminarei hoje, como de hábito, no ponto a que mais ou menos chegamos, e lhes digo até a próxima.

29 de janeiro de 1969

X

AS TRÊS MATRIZES

As duas escritas
Filosofia ou repetição
Supereu e Durcharbeitung *segundo Bergler*

Recomeçarei hoje onde os deixei da última vez.

Eu disse muitas coisas e consegui, em particular, impressionar alguns com a evidência matemática que creio ter logrado dar à gênese do *a*, simplesmente em virtude do Um como marca.

Isso repousa no *factum*, na fabricação que resulta do mais simples uso desse Um, na medida em que, uma vez repetido, ele prolifera, visto que só é posto ali para tentar a repetição do gozo, para reencontrá-lo no que ele já fugiu. Aquilo que não era marcado na origem, o primeiro Um, inscrito para encontrá-lo, já o altera, uma vez que na origem isso não era marcado. Ele já se coloca, portanto, na fundação de uma diferença que não constitui como tal, mas na medida em que a produz.

Esse ponto original faz da repetição a chave de um processo sobre o qual é preciso saber se, uma vez iniciado, ele pode ou não encontrar seu fim.

Eis-nos aqui levados de imediato à questão do término. Ela só é terminal ao ser tomada na simples carreira de Freud como sujeito. Ele foi também um homem de ação, digamos, um homem que inaugurou um caminho. Como o inaugurou? Talvez convenha relembrá-lo por um desvio do que lhes direi hoje. Quanto a encontrar o término do caminho traçado por Freud na questão por ele formulada do fim da análise, terminável ou interminável, só podemos fazê-lo do ponto de vista de que o que toda carreira humana inicia tem seu limite na morte, o que só faz assinalar o tempo da questão que reabro, ao perguntar se o processo que se inicia para o sujeito em virtude da repetição, com a repetição como origem, tem ou não seu limite.

Foi isso que deixei em aberto, em suspenso, mas proposto, ao demonstrar no quadro, da última vez, da maneira mais clara, o que pude expressar como a divisão, a bipartição de dois infinitos. Assinalei que é disso, no fundo, que se trata na aposta de Pascal.

O infinito sobre o qual ele se apóia é a infinidade do número. Tomei essa infinidade e a acelerei ainda mais, por assim dizer, pela instituição da série de Fibonacci, que é exponencial e na qual os números que ela gera crescem não em progressão aritmética, mas geométrica. Essa série engendra, justamente na medida em que nos distanciamos de sua origem, a proporção que se articula no *a*. À medida que os números crescem, é de maneira compacta, constante, que o *a* intervém nela sob sua forma inversa, $1/a$, que é ainda mais notável por atar o 1 ao *a*. Essa proporção de um número para outro aproxima cada vez mais rigorosamente a constante $1/a$.

Também escrevi a série que resulta de tomarmos as coisas no sentido inverso. Ali, pelo fato de o *a* ser menor do que 1, o processo de soma conclui-se não apenas numa proporção, mas num limite. Quer vocês procedam por adição, quer, inversamente, por subtração, de tal maneira que seja sempre verdadeiro nessa cadeia que, ao tomar a coisa no caminho ascendente, cada termo é a soma dos dois anteriores, nem por isso vocês deixarão de descobrir a função de *a*, na medida em que a soma da série designa um limite, dessa vez. Por mais numerosos que sejam os termos que somem, vocês não ultrapassarão o $1 + a$, o que parece indicar que, tomando as coisas nesse sentido, o que a repetição gera tem um término.

Foi nesse ponto que fiz intervir o famoso quadro pelo qual os que querem inscrever a aposta de Pascal nos termos da teoria dos jogos, em suma, perdem de vista aquilo de que se trata.

1

Trata-se, pois, de uma matriz construída a partir da distinção dos casos.

Tomemos o caso A, em que Deus existe. Por um impulso espontâneo, cujo caráter espantoso teremos de apreciar, inscrevemos com um zero o que resulta da observação dos mandamentos divinos, aqui confundidos com a renúncia a alguma coisa, quer a chamemos de *prazer*, quer lhe demos outro nome. O que é deixado nesse caminho aos fiéis, portanto, é notado por um zero, mediante o que uma vida futura é marcada pelo termo *infinito*, por uma infinidade de vidas prometidas, infinitamente felizes.

Supondo-se que Deus não exista, A barrado, escrevemos com *a* o sujeito do jogo, sempre tomado ao pé da letra, cabe dizer, na medida em que se presume que ele conheça a felicidade limitada, e aliás problemática, que lhe é oferecida nesta vida. Não é infundado escolhê-la, dizem, uma vez que, não existindo Deus, parece claro que não há nada a esperar da outra vida.

A	0	∞
A̸	*a*	0

Primeira matriz

Assinalei-lhes aqui o caráter frágil desse tipo de inscrição, na medida em que, a seguirmos a teoria dos jogos, as conjunturas só poderiam determinar-se pelo re-cruzamento do jogo de dois adversários. Se houvesse aqui dois adversários, o sujeito deveria estar nessa posição, ao passo que o Outro enigmático, aquele de quem se trata, em suma, de sustentar ou não a aposta, deveria encontrar-se no lugar indicado por A e A barrado.

Só que Deus não participa disso. Pelo menos, nada nos permite afirmá-lo. Desse fato paradoxal resulta que o valor apostado se confunde aqui com a existência do parceiro, ao passo que é na mesa, por assim dizer, que está não o homem, mas o sujeito definido pela aposta. E é precisamente por isso que devem ser reinterpretados os sinais escritos neste quadro.

A escolha é feita no nível do *Deus existe ou Deus não existe*. É daí que parte a formulação da aposta. Vendo as coisas por esse prisma, e somente por esse prisma, fica claro que não há por que hesitar, pois o que arriscamos ganhar ao apostar que Deus existe, ou seja, o infinito, nada tem de comparável com o que ganharemos com certeza ao apostar no contrário, ou seja, em *a*. Mas essa certeza pode ser facilmente questionada, pois o que se ganhará, exatamente? O *a* não é definido com precisão.

Essa formulação tem o interesse de tomar em sua fonte a questão do que acontece com a intervenção do significante num ato qualquer de escolha. Mas foi aqui que abri a questão e assinalei a insuficiência desse quadro. Ele é incompleto, por não comportar um segundo nível, que talvez devolva a posição certa do que a matriz comporta, tal como é usada na teoria dos jogos. Assim, introduzi este nível:

	Eu	
A	0,∞	*a*,- ∞
	- *a*,0	*a*,0

Segunda matriz

Do sujeito puramente idêntico à inscrição das apostas distingo o *Eu*, como aquele que pode pensar, mesmo que Deus exista, em apostar contra, isto é, em escolher o *a* à sua custa. Ele escolhe o *a*, mesmo sabendo o que essa escolha comporta, ou seja, que ele perde positivamente o infinito, a infinidade de vidas felizes que lhe é oferecida. Foi o que escrevi como <*a*, -∞>.

Nos dois casos, a diagonal da esquerda para a direita reproduz o que ocupava a primeira matriz.

Resta ainda preencher a quarta, embaixo, à esquerda. É o caso em que se supõe que, mesmo que Deus não exista, o *a*, como ocupante do lugar que vocês o vêem ocupar na primeira casa, pode ser abandonado, desta vez expressamente. Por isso ele aparece como negativo, é uma subtração de *a*. Aqui ele aparece aliado a um zero que escrevemos sem maiores comentários, porém, apesar de ser zero e embora pareça se explicar por si, ele não deixa de constituir um problema.

Agora, extraiamos os termos que nossa segunda composição acrescentou, ou seja, *a*, -∞, -*a*, 0. Vamos isolá-los numa nova matriz:

A	a	$-\infty$
	$-a$	0?

Terceira matriz

Para ser honesto, assinalo expressamente o que acabo de indicar de passagem: que o zero, aqui, assume o valor de pergunta. Para apreender o que acontece com ele, comecemos por retomar a primeira matriz. Os zeros colocados nela merecem reter nossa atenção.

Que disse eu há pouco? Que, na posição do jogador, do sujeito que é o único que existe, só importam, na verdade, só pesam na balança o infinito e a finitude do *a*. Decorre daí que esses zeros designam apenas que, como sublinhou Pascal ao introduzir a teoria da partição, nada de exato pode ser enunciado sobre um jogo que tenha um começo e um fim fixados em sua regra, a não ser a partir de que aquilo que é posto na mesa, a chamada aposta, está originariamente perdido. O jogo só existe a partir disso que está na mesa, e, se assim podemos dizer, numa massa comum. Isso é implicado pelo que o jogo é.

Logo, é por sua constituição que o jogo só pode produzir o zero na casa inferior à direita. Esse zero só faz indicar que vocês jogam. Sem esse zero, não há jogo.

Certamente poderíamos dizer o mesmo do outro zero, isto é, do que está na casa superior esquerda, uma vez que ele representa a perda do infinito à qual o jogador se resigna. Mas, visto que aqui se trata da existência do Outro jogador, o zero como sinal da perda já se torna problemático.

Afinal, como nada nos obriga a precipitar nenhum movimento, pois é justamente nessas precipitações que os erros se produzem, podemos muito bem abster-nos de explicar esse zero de maneira simétrica ao que acontece com o outro.

De fato, reportando-nos à discussão que os filósofos fizeram da montagem de Pascal e ao diálogo deste com Méré, que não deixa de entrar na maneira como ele escreve e, ao mesmo tempo, nos desencaminha — nunca, é claro, sem a nossa colaboração —, quanto ao que acontece com o interesse dessa montagem, evidencia-se que esse zero menos representa a perda constitutiva da aposta do que a inscrição de uma das escolhas que se oferecem, que é a de não sentar à mesa de jogo. Aliás, é isso mesmo que faz aquele a quem é dirigido o esquema da aposta, num diálogo que é não apenas ideal, mas eficaz. Esse zero, portanto, não representa a perda constituinte da aposta, mas a *inexistência de aposta* daquele que não se senta à mesa.

Agora temos que interrogar, a partir daí, o que se produz no nível da segunda matriz, para ver como se pode distribuir em seu nível o que acontece com o jogo.

2

Já indiquei, da última vez, as imagens que nos podem ser dadas no texto de nossa prática.

Se pude indicá-lo com a rapidez com que o fiz, isso se deveu, na verdade, ao fato de já se haver construído um certo grafo, não com a hipótese, mas com o inscritível e, portanto, com o tangível, que faz com que o próprio *a* possa ser apenas o efeito da entrada da vida do homem no jogo.

O próprio Pascal nos advertiu a esse respeito, em termos que decerto não foram expressamente formulados. *Vocês estão comprometidos*, diz-nos ele, e é verdade.

Para dizê-lo, ele se fundamenta na palavra, que, para ele, é a da Igreja. É singular que não lhe pareça necessário distinguir das Escrituras Sagradas a escrita mais radical que aparece em filigrana aos nossos olhos em sua aposta, e que, no entanto, forneceu-lhe muita coisa. Certamente se deve buscar a razão disso no caráter ineliminável, durante muito tempo, das Escrituras Sagradas, que foram o ponto cego de séculos de pensamento, os quais nem por isso foram de obscurantismo.

Dessa escrita radical, buscarei a trama na lógica matemática. Nem por isso minha posição torna-se homóloga à dele, exceto que não podemos evitar formular explicitamente a questão de saber se o próprio valor jogado na aposta não seria, como tal, dependente da função da escrita.

A epígrafe que usei no primeiro tempo de meu enunciado deste ano valoriza nossa diferença de Pascal. Isso poderia ser dito de maneira simples, já que não é sua formulação exata — *O que eu prefiro é um discurso sem fala*, o que não designa nada além do discurso sustentado pela escrita.

Gastemos um tempinho para avaliar a importância do que enuncio neste ponto, e que é absolutamente solidário de tudo o que comecei por anunciar sob a aliança tríplice do simbólico, do imaginário e do real. É aí que convém insistir na diferença existente entre o discurso filosófico e aquilo a que nos apresenta o que se distingue por partir da repetição.

O discurso filosófico, seja ele qual for, sempre acaba por se desligar do aparelho que age, no entanto, num material de linguagem. Toda a tradição filosófica esbarra na refutação, por Kant, do argumento ontológico. Em nome de quê? De que as formas da razão pura, a analítica transcendental, ficam no âmbito de uma suspeita de imaginação. É isso, aliás, que cria a única objeção filosófica à aposta de Pascal. Esse Deus cuja existência vocês podem conceber como necessária, diz Kant, mesmo assim vocês só o concebem nos quadros de um pensamento que se apóia tão-somente na suspensão prévia de que decorre a estética, qualificada, para essa ocasião, de transcendental. Isso não quer dizer outra coisa senão: Vocês não podem enunciar nada, enunciar nada como palavras, a não ser no tempo e no espaço, cuja existência, por convenção filosófica, colocamos em suspenso, na medida em que ela seria radical.

Só que há um problema: é que o Deus de Pascal não deve, de modo algum, ser questionado no plano do imaginário, porque não é o Deus dos filósofos. Não é nem mesmo o Deus de um saber. Não sabemos, escreve Pascal, nem o que ele é, e nem sequer se é. Ele não deve ser posto em suspenso, de maneira alguma, por nenhuma filosofia, já que não é a filosofia que o funda. Nisso reside o interesse da aposta de Pascal, e é por isso que me permito encontrar nele um ponto de virada exemplar, pensem o que pensarem do recurso a velharias.

Ora, meu discurso, quando retomo o de Freud para me basear no que ele descortinou, distingue-se essencialmente do discurso filosófico, por não desgrudar daquilo em que estamos presos e a que estamos comprometidos, como diz Pascal. Bem mais do que se servir de um discurso para fixar no mundo sua lei e na história suas normas, ou vice-versa, ele se coloca nesse lugar em que o sujeito pensante percebe desde logo que só pode se reconhecer como efeito da linguagem.

Em outras palavras, para salientar da maneira mais sucinta o que estou dizendo, a partir do momento em que se monta a mesa de jogo, e Deus sabe se ela já está montada, o sujeito, antes de ser pensante, primeiro é *a*. E é depois que se coloca a questão de ligar a isso o fato de que ele pensa. Mas ele não precisou pensar para ser fixado como *a*. Isso já está feito, ao contrário do que se pode imaginar em razão da lamentável carência, da futilidade cada vez mais flagrante de toda a filosofia, isto é, que é possível virar a mesa do jogo.

Posso virar esta aqui, é claro, jogar para o alto as mesas de Vincennes e outros lugares, mas isso não impede que a verdadeira mesa, a mesa de jogo, esteja sempre presente. Não se trata da mesa universitária, aquela em torno da qual o professor se reúne com os alunos, num interiorzinho bonito, seja lá onde for, quer esse interior seja o dele, muito caloroso e tranqüilo, quer seja aquele de que ele é cercado nas creches-modelo.

Foi precisamente por essa razão que ontem me permiti cometer uma escrevinhação — não é escrevinhação nenhuma, gastei um bom tempo nela — que não sei se vocês verão publicada, porque ela só sairá num único lugar, ou não sairá — e eu me interesso pelo fato de saber se sairá ou não. Em suma, cheguei à exorbitância delirante — porque, faz um tempinho, deliro cá comigo que essas coisas sempre saem um dia, de uma forma ou de outra — que consistiu em dizer (é um delírio meu, ou não) que eu gostaria que as pessoas se dessem conta de que já não é possível desempenhar o papel que convém à transmissão do saber sem ser psicanalista.

A transmissão do saber não é a transmissão de um valor, embora isso agora se inscreva em registros, as unidades de valor. Pois bem, justamente por ter acontecido alguma coisa com o valor do saber, quem quiser, no futuro, assenhorear-se dos meios do que se pode chamar de um efeito de formação e ocupar um lugar pertinente aos locais em que ele deve ser produzido, mesmo que se trate de matemática, de bioquímica ou de qualquer outra coisa, fará bem em ser psicanalista, se é assim que convém definir alguém para quem existe a questão da dependência do sujeito em relação ao discurso que o sustenta, e não que ele sustenta.

Voltemos à segunda matriz. Em razão de vocês todos serem produtos da escola, isto é, de um ensino filosófico, eu sabia que não podia abordá-la de maneira abrupta.

Que significa não haver mais, nas casas inferiores, nem *a* nem zero? Primeiro, como acabo de lhes indicar, e como disse Pascal, isso nunca foi *a* ou 0. Dado que sempre foram somente filósofos que o leram, todo o mundo ficou surdo a esse ponto. Quando Pascal diz que *a* é zero, o que significa que *a* é a aposta, isso estava bem esclarecido desde a teoria da partição. Pois bem, não adiantou nada, eles continuaram surdos. Por mais que ele dissesse que zero era zero em relação ao infinito, só enxergaram futilidades. Que é que muda por haver agora, não, como se disse em vão, de maneira imaginária, *a* ou zero, mas *a* ou -*a*?

Se -*a* quer efetivamente dizer o que leva jeito de dizer, ou seja, que o *a* é invertido, que pode ser esse negócio aqui, <-*a*, 0>?

E ainda por cima, num só caso, haja o que houver, nem que seja à custa de algo que, para se inscrever, parece ter que ser dispendioso. Mais uma vez, que vem a ser essa correlação, <a, -∞>, que talvez nos permita perceber que aqui nossos sinais de conjunção oscilam?

Em todo caso, aí estão duas ligações que me parecem dignas de ser interrogadas. Vocês vêem que elas não foram inteiramente classificadas como as de antes.

Lamento não ter ido além, hoje, daquilo que já havia articulado, só que depressa demais, nos últimos minutos da última vez, quando indiquei que a ligação do pequeno *a* com o ∞ é a imagem indicada nos rabiscos de Pascal sob o nome de inferno.

Alardeei para umas pessoas, que já iam meio que se dirigindo para a saída: o inferno nos conhece, é a vida do dia-a-dia. O curioso é que sabemos disso, dizemos isso, não dizemos outra coisa, aliás, mas é algo que se limita ao discurso, e a alguns sintomas, é claro. Graças a Deus, se não houvesse os sintomas, nem nos daríamos conta disso.

Se os sintomas neuróticos não existissem, não teria havido Freud. Se as histéricas já não tivessem aberto o caminho para essa questão, não haveria a menor chance de que a verdade tivesse sequer levantado a ponta da orelha.

Agora, precisamos fazer uma pequena pausa aqui.

3

Alguém a quem agradeço — convém sempre agradecer às pessoas por quem nos chegam os presentes — lembrou-me, por razões externas, da existência do capítulo intitulado "O supereu subestimado" na famosa *Neurose de base*, de Bergler, que explica tudo.

Vocês não hão de me dizer que também explico tudo. Eu não explico nada, justamente. Aliás, é isso que lhes interessa. Tento em diversos níveis, e não apenas aqui, fazer com que haja psicanalistas que não sejam imbecis. Minha operação aqui é uma operação de direcionamento, não a fim de atrair para um vazio escolar, mas para tentar dar o equivalente ao que os psicanalistas deveriam possuir a pessoas que não têm nenhum meio de possuí-lo. É uma iniciativa desesperada. Mas a experiência prova que a outra, a de ensinar aos próprios psicanalistas, também parece condenada ao fracasso, como já escrevi.

Falei em psicanalistas imbecis. Imbecis como sujeitos, bem entendido, porque, para se virarem na clínica, eles são bem safos. E isso é precisamente uma conseqüência do que estou enunciando aqui, coaduna-se com a teoria. É isso que prova não apenas que não há nenhuma necessidade de ser filósofo, mas também que é melhor não sê-lo. Só que a conseqüência é que não se compreende nada. Daí eu também passar meu tempo enunciando que mais vale não compreender. Mas o chato é que eles compreendem umas coisinhas muito miúdas. Isso, então, é abundante.

Tomemos, por exemplo, "O supereu subestimado". É um capítulo genial porque, para começar, reúne todas as maneiras pelas quais o supereu foi articulado em Freud. Como não é filósofo, Bergler não vê em absoluto que todas elas se coadunam. Por outro lado, ele é sedutor, confessa o negócio. O que há de bom nos psicanalistas é que eles confessam tudo. Bergler confessa numa nota que escreveu a um certo sr. H.H. Heart que fazia excertos de Freud, para pedir que ele lhe enviasse algumas citações sobre o supereu. Afinal, pode-se fazer isso, também está de acordo com a teoria. Se a escrita tem tanta importância, podemos pegar as coisas assim, com uma tesoura, e, em todo lugar em que houver *supereu*, vupt, vupt, a gente corta, e depois faz uma lista de quinze citações.

Quanto a isso, devo dizer que estou fazendo piada. Mas Bergler vem em meu socorro. É claro que ele leu Freud, enfim, gosto de imaginar que sim. Mas, de qualquer modo, ele confessa que, para redigir esse capítulo, escreveu ao sr. Heart, para que este lhe desse citações sobre o supereu. O resultado, evidentemente, é que ele pode assinalar a que ponto a coisa é incoerente. É exatamente do mesmo nível do que se pode encontrar em todas as revistas de psicanálise existentes, exceto a minha, é claro.

A história começa pelo censor no nível dos sonhos. Acredita-se que ele é um inocente, o censor, como se ter justamente a tesoura com que em seguida se produz a teoria não fosse nada. Depois, o supereu se transforma numa coisa que titila. E, mais adiante, vira o grande lobo mau. E em seguida, não existe mais. E então evocam-se Eros, Tânatos e a tralha toda. Assim, eu me ajeito com esse supereu, faço-lhe salamaleques e cócegas. Ah, querido supereuzinho!

Bom. Graças a esse levantamento, obtém-se algo muito risível, convém dizer. Só mesmo estando em nossa época para ninguém rir. Até um professor de filosofia consegue ler aquele troço sem rir. Há que dizer que eles chegaram a um ponto, em nossa geração... eles foram domados. Houve época, enfim, em que um cara mais especialmente inteligente, chamado Charles Blondel, soltava urros a propósito de Freud. Pelo menos, era alguma coisa. Agora, até as pessoas menos aptas a imaginar do que se trata numa psicanálise lêem coisas absolutamente atordoantes, sem chiar. Tudo é possível, tudo é aceito. Estamos realmente no regime da segregação intelectual. No mais, as coisas continuam a desenhar seus contornos em outros lugares que não o real, antes de descerem a ele.

Pois bem, Bergler apercebeu-se de uma porção de coisas. Quando uma coisa é posta diante de seu nariz, ele a compreende. Isso é que é triste, porque ele a compreende no nível de seu nariz, que não pode absolutamente ser um nariz, porque é forçosamente pontudo. Assim, ele vê uma coisinha miudinha. Começa por se dar conta — mas assim, de um jeito intuitivo, no nível da sensibilidade — do que lhe é explicado nas citações de Freud como sendo o supereu, que deve ter uma relação com o que ele enxerga o tempo todo, o chamado *Durcharbeitung*.

Leva-se um tempo para perceber que isso é intraduzível. Como não existe em francês uma palavra que signifique *trabalho através*, *perfuração*, traduziu-se o termo por *elaboração*. *Durcharbeitung* não é *elaboração*, não há nada que se possa fazer. Todo o mundo sabe que, na França, as pessoas elaboram. Isso está mais para o gênero *vapores*.

A elaboração analítica não se parece nada com isso. Quem está num divã percebe que ela consiste em voltar o tempo todo à mesma coisa, que em todas as viradas se é levado para o mesmo troço, e isso precisa durar, para chegar justamente ao que lhes expliquei, ao limite, ao término, quando se vai pelo caminho certo, naturalmente. Percebe-se que isso é um efeito de supereu, isto é, que essa espécie de fulano bandidão, supostamente extraído do complexo de Édipo, ou da mãe devoradora, ou de qualquer dessas gangorras, tem, no entanto, uma relação com o lado desgastante, importuno, necessário e sobretudo repetido através do qual, na análise, efetivamente se chega, às vezes, a um fim.

Como é que Bergler não vê que isso não tem nada em comum com essas espécies de roteiros em que, como não se compreendeu muito bem o que era apenas uma instância, dá-se vida ao supereu como se ele fosse uma pessoa?

Ele quer que isso tudo não se passe na outra cena de que falava Freud, aquela que funciona nos sonhos, mas se desenrole como um esquetezinho no qual o chamado ensino analítico nos faça brincar com marionetes. O supereu é o delegado e vem bater na cabeça de Guignol, que é o eu. Como é que a aproximação do supereu com a *Durcharbeitung*, que ele intui tão bem do ponto de vista clínico, não sugere a Bergler que talvez não seja necessário, para encontrar o supereu, multiplicar as instâncias da personalidade?

Ele abre o verbo a todo instante, confessa o truque. Bem que notaram, diz, que isso estava relacionado com o ideal do eu. Há que confessar que não se entende absolutamente nada. Ninguém fez a colagem até agora.

Para que seu discurso seja outra coisa que não as memórias do psicanalista, Bergler evoca o caso de uma moça em quem se viu claramente que foi o sentimento de culpa que a fez entrar em psicanálise. Esperamos que o mesmo a faça sair dela.

Apesar disso, talvez se pudesse perceber o interesse que haveria em dar uma articulação realmente precisa, que permitisse conceber que não é um abuso dos termos aproximar, mesmo em nome de uma intuição mínima, o supereu e a *Durcharbeitung* no tratamento. Talvez essa articulação pudesse passar por uma manobrinha que permitisse estabelecer a medida do que não pode ser medido, por ser a aposta inicial. Em alguns casos, com efeito, isso pode ser representado com extrema precisão e escrito no quadro. Talvez seja por uma certa maneira regular de balançar de um lado para outro que conseguimos preencher esse algo que, em alguns casos, pode ser representado como o 1.

É preciso escolher. Não devemos supor que o supereu é o grande lobo mau e, em seguida, cogitar para ver se esse supereu severo não teria nascido na identificação com sabe-se lá que pessoa. Não é assim que as perguntas devem ser formuladas. É como as pessoas que dizem que, se fulano é religioso, é porque seu avô o era. Para mim, isso não basta. Mesmo que se tenha um avô religioso, talvez também se possa perceber que isso é besteira, não é?

A identificação, de qualquer modo, seria preciso distinguir sua direção própria. Seria preciso saber se a identificação na análise é a meta ou o obstáculo. Talvez seja bom instar as pessoas a fazê-la, mas para que ao mesmo tempo ela se desfaça. Do fato de ela se desfazer, justamente por ter sido feita, pode aparecer alguma coisa diferente, que, no caso, chamaremos de furo.

Hoje os deixarei por aqui. Tentei mostrar-lhes, no fim de meu discurso, que ele é um discurso diretamente interessante para arejar nossa prática.

Como Freud não conduziu experiências *olfativas*, não avançou na base do faro, de fato podemos, acompanhando o desenvolvimento de uma função através de seu pensamento, ver as arestas que permitem dar-lhe sua coerência. Mas, se quisermos fazer com que essa coerência avance de outra maneira que não com historinhas, será indispensável reuni-la e lhe dar consistência e solidez. Isso talvez permita ver outros fatos que não os simplesmente analógicos.

Bergler insiste, justamente, na importância do detalhe. O que estou dizendo não retira nada disso. Leiam esse capítulo pertinente, para ver que, ainda que ele seja bem orientado, é orientado à maneira das partículas de limalha de ferro, quando se bate num campo já magnetizado. Não se encontra ali nenhuma expectativa de explicação verdadeira da força e da importância do detalhe. Só os detalhes nos interessam, é verdade, mas é preciso saber o que é interessante em cada caso. Na falta disso, apoiamo-nos na pura e simples semelhança e juntamos detalhes díspares.

Recomeçaremos da próxima vez no nível da terceira figura.

5 de fevereiro de 1969

XI

Debilidade da verdade, administração do saber

Uns estudantes escrevem
O real, embargo do saber
A mentira, secreção da verdade
O Outro identificado com o a

Muito chateado com tudo o que está acontecendo. Vocês também, creio. Mesmo assim, não se pode deixar de perceber. Fico me perguntando se estou aqui para cuidar de minhas coisas de hábito ou para fazer uma ocupação.

Alguns ouvidos benevolentes tiveram a gentileza de entender que certas coisas que formulei em meu penúltimo seminário tinham alguma relação com uma ciência — quem sabe? Não uma nova ciência, mas talvez com um afinamento do que acontece com as condições da ciência.

Hoje, sinto que vou desviar um bocadinho as coisas. Sinto-o por toda sorte de razões, nem que seja por nos estarmos aproximando da Terça-feira Gorda, de modo que é conveniente. Sinto-o assim, conforme o equilíbrio do que cogitei hoje de manhã, antes de ver vocês. Vou me desviar um pouco para uma coisa a que vocês darão o nome que quiserem, porém é mais por uma nota moral.

Aliás, como escaparíamos disso, na aura, na margem, nos limites do motivo por que abordei a aposta de Pascal? É certo que não podemos desconhecer essa incidência, embora, é claro, o que me inspirou a lhes falar dela tenha sido que a aposta de Pascal se sustenta numa certa junção.

Antes de entrar nisso, nem que seja para relaxar um pouquinho o clima — eu lhes disse que estamos chegando perto do Carnaval —, vou ler para vocês uma carta que recebi. Não lhes direi quem a mandou, nem tampouco de qual cidade.

Caro sr. Lacan, somos estudantes e lemos seus Escritos, *quase na íntegra. Encontramos neles um bocado de coisas. Evidentemente, o livro nem sempre é de abordagem fácil, mas, de qualquer modo, merece nossos parabéns.* Não é todo dia que me mandam coisas assim.

Gostaríamos muito de saber como fazer para escrever coisas tão difíceis... Não estou gozando com a cara de ninguém, e tampouco com a desses garotos, que acho realmente... Enfim, vou dizer-lhes o que penso a esse respeito. Eles se juntaram em dupla para escrever isso. ... *isso serviria para nossos exames. Somos licenciados em filosofia, mas está ficando cada vez mais complicado vencer a seleção. Achamos que mais vale tapear e chocar os professores do que persistir numa forma de discurso trivialmente terra-a-terra.*

E eles exageram, cabe dizer: *O senhor poderia nos indicar uns macetes nesse sentido?* Isso me impressiona, porque digo a mim mesmo que, no fundo, é isso que estou fazendo. *Por outro lado, gostaríamos de lhe pedir mais uma coisa, se não for abuso: será que o senhor poderia nos mandar de lembrança uma de suas bonitas gravatas-borboleta? Isso nos daria muito prazer. Agradecendo de antemão, subscrevemo-nos, senhor Lacan, com nossas respeitosas homenagens.*

Eles não estão muito atualizados. Não sabem que faz algum tempo que uso gola rulê.

Para mim, isso é um eco, uma confirmação, uma ressonância do que me emociona quando ouço umas boas almas modularem, depois da comoção de maio, *Nunca mais será como antes.* Creio que, no ponto em que estamos, é mais do que nunca como antes. É claro que estou longe de limitar o fenômeno ao pequeno *flash* dado por essa carta. Ela não passa de um pedacinho da história, é evidente que há muitas outras coisas em jogo, mas, de certo ponto de vista, essa carta pode muito bem fazer o balanço da maneira como tenho sido escutado, numa zona que não é tão distante de mim quanto a cidade de onde me chegou essa carta, e que fica além de um perímetro muito grande.

Como vocês viram, eles não estão muito atualizados. Mas, enfim, essa é uma faceta da maneira como o ensino é tomado. Não vejo por que nos ressentiríamos deles, em função das gravatas-borboleta, quando alguém que desempenhou um papel axial numa certa comissão examinadora, que nos fora delegada em tempos remotos por uma certa Sociedade Britânica, considerou minha gravata-borboleta perfeitamente digna de ser posta na balança com o resto de meus ensinamentos. Era o ensino num prato e, no outro, minha gravata-borboleta, ou seja, a identificação que supostamente realizariam, com a ajuda desse acessório, os que se apresentavam então como meus alunos.

Como vocês vêem, o interesse pelas gravatas-borboleta não se limita aos jovenzinhos, aos gentis, aos ingênuos. Aliás, eles não são tão ingênuos assim, porque, como nos dizem, talvez seja preciso tapear.

Retornaremos a esse ponto.

1

Primeiro, retomemos as coisas onde as desmontamos um pouco.

$0,\infty$	$0,-\infty$
$-a,0$	$a,0$

$A \vee \neg A$

0	∞
a	0

Eu

$S(\not{A})$

a	$-\infty$
$-a$	0

As três matrizes da aposta

As linhas verticais servem para mostrar onde se detém cada um desses esquemas, para que eles não se superponham, nem o façam realmente no espírito de vocês.

O da esquerda é o que julguei que deveria completar a matriz que está no centro, pela qual poderíamos esquematizar, imitando o que é praticado na teoria dos jogos, o que de fato se debateu em torno da aposta de Pascal durante todo o século XIX, e até durante boa parte do começo de nosso século, ou seja, a maneira de demonstrar como Pascal tentou, de certo modo, com astúcia, nos enganar.

Creio tê-los feito perceber o bastante que os zeros realmente não fazem parte dos resultados de uma aposta que seria feita contra um parceiro, em razão de se tratar aqui, precisamente, da *existência* de um parceiro, e de ser nesta que se trata de apostar. Nessas condições, as duas linhas de possibilidade que se oferecem ao apostador não se entrecruzam com nenhuma linha de possibilidade pertencente ao Outro, já que do Outro nem sequer podemos garantir a existência. Logo, é ao mesmo tempo à existência ou à inexistência do Outro, ao que sua existência promete e ao que sua inexistência lhe permite, é a isso que se refere a escolha. Nesse caso, é plausível — se tivermos espírito matemático, é claro — apostar, e apostar no sentido proposto por Pascal.

Só não nos esqueçamos de que, para não dar margem a mal-entendidos nem a acharem que me presto aqui a algo que seria uma indicação do benefício dessa solução, introduzi uma observação desde a primeira etapa da história, desde o momento em que recordei o que acontece com a aposta, tal como esta se apresenta, e muito menos tal como é vista através da grade das discussões que se tornaram clássicas. A observação é a seguinte.

Nesse nível, também podemos substituir a escolha a ser feita a propósito da existência de Deus por uma outra escolha, que cumpriria igualmente essa função, mas modificaria totalmente o seu sentido. Do que poderia tratar-se é da formulação radical que é a do real, na medida em que não é concebível — e, aliás, nesse instante pomos o dedo nisso — imaginar outro limite do saber senão esse ponto de embaraço em que só lidamos com uma coisa: com algo indizível que é ou não é. Em outras palavras, algo que decorre do cara ou coroa.

Isto foi para deixá-los em sintonia com aquilo que é preciso não perder de vista. Trata-se de que não estamos aqui para nos divertir. Estamos tentando fornecer articulações tais que possam representar para nós as decisões mais importantes a serem tomadas. Ocorre que nossa época assinala cada vez mais que as decisões mais importantes, na medida em que possam ser as do psicanalista, podem também coincidir com as que se impõem num ponto-chave do corpo social, ou seja, na administração do saber.

Que fique bem claro que me desfiz do que não servia, que não estou estudando história. Só não vejo por que um aparelho tão preciso quanto a aposta de Pascal teria menos recursos para nós do que teve para seu autor, e isso pede que se compreenda com clareza em que articulação ele se situa. Essa é a situação que tornaremos a esclarecer agora.

2

Não foi para estudar história, como vocês verão dentro em pouco, que eu quis lembrar-lhes, da última vez, que, na época de Pascal, a Revelação existia, e que enfatizei do que se tratava nesses dois níveis, a palavra da Igreja e, depois, as Escrituras Sagradas, e a função que estas desempenhavam para Pascal.

Newton, embora tivesse coisas mais importante para fazer, também cometeu um calhamaço — como minha distração é a bibliofilia, acontece que o li, e é esplêndido — que é um comentário do Apocalipse e da profecia de Daniel. Ele teve tanto cuidado com o cálculo, com a manipulação dos números — apesar de altamente problemáticos, quando se trata de situar o reino de Nabucodonosor, por exemplo —, quanto com seu estudo das leis da gravitação. Este é, portanto, um lembrete à margem, embora nos seja indiferente.

No nível em que Pascal nos propôs sua aposta, portanto — seja qual for a pertinência de nossos comentários sobre o fato de que tal proposta só foi concebível no momento em que nasceu um saber, que foi o da ciência —, nem por isso a aposta deixou de repousar, para ele, no que podemos chamar de a palavra do Outro, e a palavra do Outro concebida como verdade.

Se retomo as coisas neste ponto, é porque a função simultaneamente conjunta e disjunta em que articulei saber e verdade, numa dialética que os distingue, quando não os opõe, não é ignorada por alguns que aqui estão. Quanto aos outros, eu os informo. Eles se haveriam informado facilmente, se tivessem feito como meus encantadores correspondentes, se tivessem lido meus *Escritos* quase na íntegra, porque isso está no último artigo que ali compilei. Ele tem por título, exatamente, "A ciência e a verdade".

Em outro desses artigos, "A coisa freudiana", escrevi, a propósito do que acontece com a verdade, algo que poderia ser entendido assim: que sua propriedade é que ela fala. Portanto, eu estaria num certo eixo que se poderia qualificar de obscurantista, por que não?, já que se ligaria ao fato de eu como que dar uma mãozinha à instigação de Pascal, na medida em que ele tenta nos reconduzir ao plano da religião.

Então, dirão vocês, *evidentemente, a verdade fala, certo*. Isso é o que vocês diriam, se não tivessem entendido nada do que eu disse, o que não é inteiramente impossível. Eu nunca disse isso. Eu fiz dizer à verdade: *Eu, a verdade, falo*. Mas não a fiz dizer, por exemplo: *Eu, a verdade, falo para me dizer como verdade*, nem *para lhes dizer a verdade*. O fato de ela falar não significa que ela diga a verdade. É a verdade, e ela fala. Quanto ao que ela diz, vocês é que têm de se haver com isso.

Isso talvez queira dizer, e é o que fazem alguns, *Fala demais, é só o que você sabe fazer*. À verdade, se me atrevo a dizê-lo, eu atribuí um pouco mais. Atribuí-lhe que ela fala, de fato, e não simplesmente no sentido a que corresponde o *fala demais*, mas que ela fala inclusive com toda a força. Aliás, nesse mesmo artigo, "A ciência e a verdade", relembrei o dito de Lênin sobre a teoria marxista do social, a qual ele diz que triunfará por ser verdadeira — mas não forçosamente por dizer a verdade. Isso também se aplica aqui.

Não me deterei nisso, mas dizem que meu nome é citado de maneira favorável no [jornal] *L'Humanité* — não fui olhar, porque não tive tempo. Pelo que ouvi dizer, este ano eu teria como que começado a fazer uma mediação entre Freud e Marx. Eu soube disso quando estava gripado, no último fim de semana, e, graças a Deus, de repente isso me deu um estímulo para o chamado trabalho, isto é, para a desarrumação. Arregacei as mangas para mexer na assustadora quantidade de papéis de cuja destruição será preciso eu cuidar, para o momento em que eu me for, porque, caso contrário, Deus sabe o que farão dela, e percebi que minha tradutora italiana, a quem eu dera muito destaque quando me decidi a fazer essa espécie de analogia entre mais-valia e mais-de-gozar, não tivera nenhum mérito ao me dizer que o *a*, em suma, era a mais-valia, porque já falei tanto de Marx, do valor de uso, do valor de troca e da mais-valia a propósito de um certo número de articulações fundamentais na psicanálise, que me pergunto que foi que eu trouxe de novidade este ano, a não ser o substantivo *Mehrlust, mais-de-gozar*, análogo ao *Mehrwert* [mais-valia]. De qualquer modo, mesmo que eles passem por esses pontos radicais, o discurso de Freud e o de Marx não se desenvolvem em absoluto, é claro, no mesmo campo.

Já que estamos evocando Lênin, não é mau lembrar que a teoria marxista, na medida em que concerne a uma verdade, efetivamente enuncia que a verdade do capitalismo é o proletariado. Isso é verdade, é uma verdade. Só que — e é justamente aí que se evidencia o alcance de nossos comentários sobre a função da verdade — é da conseqüência revolucionária dessa verdade que parte a teoria marxista. Ela vai um pouquinho mais longe, é claro, já que cria, precisamente, a teoria do capitalismo.

Proletariado, que quer dizer isso? Quer dizer que o trabalho é radicalizado no nível da mercadoria pura e simples, o que significa que isso reduz ao mesmo nível o próprio trabalhador. Só que, a partir do momento em que o trabalhador, em virtude da teoria, aprende a se saber como tal, podemos dizer que, com esse passo, ele encontra os caminhos de um estatuto — chamem isso como quiserem — de cientista. Ele já não é proletário *an sich* [em si], por assim dizer, já não é pura e simples verdade, mas é *für sich* [para si], é aquilo a que se chama *consciência de classe*. E, ao mesmo tempo, pode até se tornar a consciência de classe do partido em que nunca se diz a verdade.

Não estou fazendo sátira, estou lembrando evidências, e é isso que é reconfortante. Essas evidências não decorrem, em absoluto, do escândalo que se faz quando não se entende nada de nada. Se temos uma teoria correta sobre o que acontece com o saber e a verdade, não vemos por que alguém se espantaria em particular com o fato de, da relação mais *leninianamente* definida com a verdade, decorrer toda a *leniência* em que o aparelho está imerso. Se vocês enfiassem na cachola que não há nada mais leniente do que os linhas-duras, ficariam no nível de uma verdade já conhecida há muito tempo.

Na verdade, será que não sabemos disso há muito tempo, desde sempre? Se há algum tempo, e eu lhes direi por quê, não estivéssemos tão convencidos de que o cristianismo não é a verdade, poderíamos afinal lembrar que, durante um certo tempo, que não foi insignificante, ele foi a verdade, e forneceu a prova de que em torno de toda verdade que tem a pretensão de falar como tal prospera um clero que é obrigatoriamente mentiroso. Assim, eu realmente me pergunto por que as pessoas caem das nuvens a propósito do funcionamento dos governos socialistas.

Chegarei eu a dizer que a pérola da mentira é a secreção da verdade? Isso sanearia um pouco a atmosfera, atmosfera que aliás só existe por causa de um certo tipo de imbecilização cujo nome devo dizer prontamente, já que, no final do que temos de percorrer hoje, terei que afixá-lo num destes quadradinhos — é o chamado progressismo.

Tentarei dar-lhes uma definição melhor dele do que fazendo referência aos efeitos de escândalo, digo, a que o progressismo produz almas escandalizadas. Essas coisas deveriam ser arejadas há muito tempo pela leitura de Hegel, da lei do coração e do delírio de presunção, mas, quando acontece saírem coisas meio rigorosas, ninguém pensa em se lembrar delas no momento que convém. Foi por isso que destaquei em meu discurso deste ano uma coisa que significa que o que eu prefiro é um discurso sem palavras.

Então, aquilo de que se trata, o que poderia estar em questão aqui, se quisermos lamber o prato, como se costuma dizer, a ponto de podermos aproveitá-lo, passando-lhe o dedinho, é de nos darmos conta de que essas coisas não têm efeitos tão ruins assim. Já que eu disse que o serviço do campo da verdade, o serviço como tal — serviço que não é pedido a ninguém, é preciso ter vocação para ele —, leva necessariamente à mentira, quero também assinalar, porque é preciso ser justo, que isso dá um trabalho gigantesco. De minha parte, eu o adoro — quando são os outros que trabalham, é claro. Regalo-me com a leitura de um bom número de autores eclesiásticos, nos quais admiro o que foi preciso de paciência e erudição para eles carregarem tantas citações, que me ocorrem na hora certa em que isso me serve para alguma coisa. O mesmo acontece com os autores da Igreja comunista. Esses também são excelentes trabalhadores. Por mais que, no caso de alguns, eu tenha tão pouca possibilidade de suportá-los na vida corrente quanto os padres nos contatos pessoais, isso não impede que eles sejam capazes de fazer trabalhos belíssimos, e gosto de ler um certo número deles, por exemplo, um certo livro sobre *O Deus oculto*.* O que não me torna o autor mais freqüentável.

O fruto que provém daí para o saber não é nada desprezível, já que, quando nos ocupamos um pouquinho demais com a verdade, ficamos tão atrapalhados que acabamos mentindo. A única questão verdadeira — já que eu disse que irei até o limite nisso — não é, em absoluto, que isso tenha conseqüências, pois, afinal, essa é uma forma de seleção das elites, e é por isso que reúne, tanto num campo quanto no outro, tantos débeis mentais. Pronto, é esse o limite.

Não pensem que isto é simplesmente para eu me divertir, para fazer uma trocinha de grupos que não vemos por que devam ser mais preservados que outros da presença dos débeis mentais. É que nessa matéria, nós, analistas, talvez possamos fomentar alguma coisa muito importante.

Quanto a esse aspecto, eu os remeto à chave trazida sem alarde por nossa querida Maud, Maud Mannoni, para os que não sabem quem ela é. Trata-se da relação dos débeis mentais com a configuração que nos interessa, que evidentemente nos consome, a nós, analistas, no nível da verdade. É por isso, inclusive, que sabemos nos precaver melhor do que outros. Até nossas mentiras, aquelas a que somos obrigados, são menos impudentes que as outras — menos impudentes, porém mais pretensiosas, convém dizer. Mesmo assim, há quem conserve

---

* *Le Dieu caché*, de Lucien Goldmann, publicado em 1956 e relançado pela editora Gallimard, Paris, em 1997. (N.T.)

nessa relação uma certa vivacidade, e isso nos rende precisamente os trabalhos que evoco sobre o tema do que de repente se põe a flutuar na debilidade mental.

Quanto a mim, devo dizer que me habituei bastante a isso nos primórdios de minha experiência. Fiquei admirado ao ver o que recebi de braçadas de flores, de flores da verdade, quando, por inadvertência, aceitei em psicanálise o que Freud — como ele se enganou! — parecia ter tido que afastar dela, ou seja, um débil mental. Não há psicanálise, devo dizer, que funcione melhor, se com isso nos referirmos à alegria do psicanalista. Talvez isso não seja absolutamente tudo que se pode esperar de uma psicanálise, mas, enfim, como ele encerra verdades que faz saírem em estado de pérolas, de pérolas singulares — termo que até aqui só evoquei a propósito da mentira —, é forçoso, afinal, que nem tudo seja tão débil assim no débil mental. E se ele fosse um bocadinho ardiloso, o débil mental?

Vocês compreenderão melhor o que quero dizer se souberem reportar-se aos bons autores, ou seja, a Maud Mannoni. Essa era uma idéia que já havia ocorrido a alguns. O chamado Dostoiévski deu o nome *O idiota* a um desses personagens que se portam da maneira mais maravilhosa, seja qual for o campo social que atravessem e a situação de embaraço em que possam se meter.

Às vezes evoco Hegel, e isso não é razão para não voltar a refazê-lo. *A astúcia da razão*, diz ele. Aí está algo, devo dizer, de que sempre desconfiei. Com muita freqüência vi a razão ser tapeada, mas vê-la ter êxito numa de suas astúcias, isso eu nunca vi na minha vida. Talvez Hegel o tenha visto. Ele vivia nos pequenos círculos da Alemanha em que havia muitos débeis mentais e, na verdade, talvez tenha sido ali que buscou suas fontes. Quanto à astúcia de que pode tratar-se nos pobres de espírito, que alguém que sabia o que estava dizendo batizou de bem-aventurados, deixo a questão em aberto.

Terminei esta recapitulação simples, muito necessária e muito saudável no contexto em que vivemos.

3

Agora eu gostaria de recomeçar no nível em que os deixei da última vez, isto é, na matriz que se isola pelo fato de que já não se trata de saber o que apostamos.

Afinal, o que a aposta de Pascal quer dizer é que vocês só podem jogar esse jogo corretamente se forem indiferentes, isto é, na medida em que não haja nenhuma dúvida de que o infinito, no que está à direita, do lado da existência de Deus, é uma aposta muito mais interessante do que essa espécie de coisa que nem sei bem o que é, e que é representada como... o quê? Afinal, ao lermos Pascal, isso equivale a enunciar todas as desonestidades que vocês não cometerão ao seguirem os mandamentos de Deus, e, ao seguirem os mandamentos da Igreja, uns incomodozinhos suplementares, especificamente nas relações com a pia de água benta e mais uns outros acessórios.

Trata-se de uma posição de indiferença, no fim das contas, em relação ao que acontece, e isso atinge ainda mais facilmente o nível da aposta, tal como apresentada por Pascal, na medida em que, afinal, esse Deus — Pascal nos sublinha isso, e vale a pena tê-lo em sua pena —, nós não sabemos nem o que é, nem se ele é.

Há nisso uma negação absolutamente fabulosa. Afinal de contas, nos séculos anteriores, o argumento ontológico tivera peso aos olhos de todos os espíritos sensatos. Não me deixarei levar, mas faríamos bem em tomar isso como exemplo. Não equivalia a nada senão dizer o que também eu lhes estou ensinando, ou seja, que há um furo no discurso, que há em algum ponto um lugar onde não somos capazes de pôr o significante necessário para que todo o resto se sustente. Ele havia acreditado que o significante "Deus" poderia funcionar. Na verdade, funciona no nível de alguma coisa cuja questão é saber se não se trata de uma forma de debilidade mental, ou seja, a filosofia.

Em geral se aceita, entre os ateus, quero dizer, que o Ser supremo tem um sentido. Voltaire, que costuma passar por um sujeitinho astuto, agarrava-se a isso ferrenhamente. Diderot tinha um claro avanço em relação a ele, por uma boa distância, o que se vê em quase tudo que escreveu. Provavelmente, também foi por essa razão que quase tudo que ele escreveu de realmente importante só foi publicado postumamente e, no cômputo geral, foi muito menos volumoso que no caso de Voltaire. Diderot, por sua vez, já entrevira que a questão era a da falta em algum lugar, e com muita precisão, na medida em que nomeá-la era enfiar-lhe uma rolha, mais nada.

Mesmo assim, persiste o fato de que, no nível de Pascal, estamos no ponto da junção, no ponto do pulo em que alguém ousa dizer o que esteve ali desde sempre, que é como agora há pouco, é mais do que nunca como antes, só que chega um momento em que isso se separa, em que é preciso saber que ele diz que *o Deus de Abraão, Isaac e Jacó* não tem nada a ver com *o Deus dos filósofos*, porque é um deus que fala — peço-lhes que prestem atenção nisso —, mas tem a originalidade de ter um nome impronunciável, de modo que a questão fica em aberto.

É por isso, coisa curiosa, que foi por meio de um filho de Israel, um certo Freud, que nós nos descobrimos enxergando pela primeira vez, verdadeiramente, no centro do campo não apenas do saber, mas daquilo mediante o qual o saber nos agarra pelas tripas, e até, se vocês quiserem, pelos bagos. Aí se evoca o Nome-do-Pai, com toda a parafernália de mitos que ele arrasta. Se eu tivesse podido lecionar-lhes meu ano sobre *Os Nomes-do-Pai*, eu lhes teria participado o resultado de minhas pesquisas estatísticas. É uma loucura que pouco se fale disso, dessa história do Pai, mesmo entre os Padres da Igreja. Não estou falando da tradição hebraica, onde ela está nas filigranas por toda parte. É claro que, se pode estar nas filigranas, é por ser muito velada. Foi por isso que, na primeira conferência, aquela depois da qual fechei para balanço naquele ano, comecei falando do sacrifício de Isaac. São coisas que haveria todo o interesse em desenvolver, mas há pouquíssima chance de um dia eu poder voltar a elas, em razão da mudança de configuração, de contexto e até de auditório.

Não obstante, vou permitir-me um pequeno comentário. De vez em quando, eu formulo umas perguntas assim, por exemplo: Será que Deus acredita em Deus? Farei uma outra a vocês. Se Deus não tivesse segurado o braço de Abraão no último instante, ou, em outras palavras, se Abraão se houvesse apressado um pouquinho e tivesse degolado Isaac, seria isso que chamaríamos de genocídio, ou não? Hoje em dia, fala-se muito em genocídio, a palavra está em alta moda. Salientar o lugar de uma verdade na função do genocídio, especialmente no tocante à origem do povo judaico, é um marco que merece ser assinalado. Em todo caso, como sublinhei naquela primeira conferência, à suspensão desse genocídio correspondeu a degola de um certo cordeiro que estava ali, claramente, a título de ancestral totêmico.

Eis-nos no nível do segundo tempo, aquele que se destaca quando já não há indiferença, isto é, quando consideramos no jogo o ato inicial.

O que está em jogo, decide Pascal, eu já o perdi, ou então não jogo. É isso que querem dizer os dois zeros da figura central. O de cima é o indicador da aposta, o outro, o do *sem aposta*. Mas tudo isso só se sustenta quando se considera que a aposta não vale nada. Aliás, Pascal diz isso. E, de certa maneira, é verdade. O objeto *a* não tem nenhum valor de uso. Também não tem valor de troca, o que já enunciei.

Mas há uma coisa que estava em questão na aposta desde o momento em que percebemos de que maneira isso funciona, e foi por isso que a psicanálise nos permitiu dar um passo para a estrutura do desejo.

É na medida em que o *a* é o que anima tudo que está em jogo na relação do homem com a fala, precisamente, que um jogador, porém outro que não o jogador de que fala Pascal, ou seja, Hegel — porque ele sentia alguma coisa, apesar de tudo, mesmo que, contrariando as aparências, seu sistema fosse manco —, compreendeu que não havia outro jogo senão arriscar tudo por tudo, e que era inclusive a isso que se chamava agir, pura e simplesmente. A isso ele deu o nome de luta de morte por puro prestígio.

Pois é justamente isso que a psicanálise permite retificar. Trata-se de muito mais do que a vida. A vida, em suma, não sabemos grande coisa do que ela é. Sabemos tão pouco, que não nos agarramos tanto assim a ela, como vemos todos os dias, desde que sejamos psiquiatras ou, simplesmente, tenhamos vinte anos. Há em jogo alguma outra coisa que nunca foi denominada e que continua a não sê-lo até hoje, porque eu a chamo de *a*, e ela só faz sentido quando é posta em jogo, inversamente, com a idéia de moderação. A moderação, por sua essência, não tem nada a ver com Deus, mas é, de certo modo, a condição do pensamento. A partir do momento em que penso em alguma coisa, como quer que eu a denomine, isso equivale a chamá-la de universo, isto é, Um.

Graças a Deus, o pensamento teve o bastante com que remexer, no interior dessa condição, para perceber que o Um não se faz sozinho, e a questão é saber que relação tem com o *Eu*. É isso que é descrito pelo fato de haver no segundo quadro um *a* que já não é a aposta, o *a* abandonado à sorte do jogo, mas que é o *a* na medida em que sou eu que me represento, em que ali eu jogo contra, e precisamente contra o fechamento desse universo que será Um, se quiser, mas eu, quanto a mim, sou *a* a mais.

Quando o examinamos de perto, esse Deus inerradicável não tem outro fundamento senão ser a fé depositada no universo do discurso, o que decerto não é pouca coisa. Se imaginam que estou fazendo filosofia, terei que lhes contar um apólogo. É preciso pôr números grandes nos cantos para que se compreenda o que queremos dizer.

Vocês sabem que a era moderna teve um começo, como outras. É por isso que merece ser chamada de moderna, porque, se assim não fosse, como diz Alphonse Allais,* como seríamos modernos na Idade Média! Se a era moderna tem algum sentido, é em razão de certas superações, uma das quais foi o mito da ilha deserta. Eu também poderia ter partido apenas da aposta de Pascal. Ela ainda continua a nos azucrinar. Que livros vocês levariam para uma ilha deserta? Ah, como a gente se divertiria, depois dos camarões, com uma pilha da Pléiade, entregue à leitura! Mas isso tem um sentido. E, para ilustrá-lo, vou dar-lhes a minha resposta. Tremam um pouquinho. Que é que ele levaria, Lacan, para uma ilha deserta, à guisa de livro? Pois então, respondam.

[*Uma voz na platéia:*] A Bíblia.

A Bíblia, naturalmente! Estou brincando! Que é que vocês querem que eu faça numa ilha deserta? Para uma ilha deserta, eu levaria o Bloch e von Warburg. Espero, pelo menos, que vocês todos saibam o que é isso, não é a primeira vez que falo dele. O Bloch e von Warburg se intitula, de um modo que com certeza se presta a mal-entendidos, *Dicionário etimológico da língua francesa*.

O que não quer dizer que os autores nos dêem o sentido das palavras, a partir do pensamento que procedeu à sua criação; quer dizer que, a propósito de cada palavra, eles nos fazem uma pequena exposição, com as datas das formas e seus empregos ao longo da história. Isso tem um valor tão esclarecedor, tão abundante, que de fato podemos prescindir de todo o mundo. Por aí se vê a que ponto a linguagem, por si só, é uma companhia.

Baltasar Gracián**, que inventou a ilha deserta, era de uma classe diferente da de Daniel Defoe. Era jesuíta e não mentiroso, ainda por cima. Isso está no *Criticón*, no qual o herói, voltando sei lá de onde no Atlântico, passa um certo tempo numa ilha deserta, o que, para ele, tem pelo menos a vantagem de protegê-lo das mulheres. Quanto a Daniel Defoe, é extraordinariamente curioso que não se perceba que Robinson não tinha que esperar por Sexta-Feira, que o simples fato de ele ser um ser falante e conhecer perfeitamente sua língua, isto é, a língua inglesa, era um elemento tão essencial para sua sobrevivência na

* Alphonse Allais (1854-1905), célebre escritor satírico, autor de cerca de mil e quinhentos contos burlescos e de volumes inteiros de máximas humorísticas em que atacava as personalidades eclesiásticas, políticas e militares. (N.T.)
** Baltasar Gracián (1601-58), teólogo, filósofo e literato espanhol. (N.T.)

ilha quanto sua relação com algumas bagatelas naturais com que ele tinha conseguido fazer uma cabana e se alimentar.

Haja o que houver com isso de que se trata nesse mundo dos significantes, hoje não posso fazer mais, pelo adiantado da hora, do que tornar a esboçar o que ofereci aqui nos primeiros termos que enunciei, isto é, aqueles aos quais nos é possível conferir um certo rigor pelo momento em que estamos na lógica matemática, e partindo da definição do significante como o que representa um sujeito para um outro significante. Esse significante, digo eu, é outro, o que simplesmente quer dizer que ele é significante:

$$S \rightarrow A$$

O que caracteriza, o que fundamenta o significante não é, em absoluto, alguma coisa que lhe esteja ligada como sentido, mas sim sua diferença, isto é, não alguma coisa que lhe esteja colada e que permita identificá-lo, mas o fato de todos os outros serem diferentes dele. Sua diferença reside nos outros. É por isso que constitui um passo inaugural nós nos perguntarmos se desse Outro podemos fazer uma classe, ou podemos fazer um saco, ou podemos fazer, numa palavra, um Um, esse famoso Um.

Como já desenhei, se o A é 1, é preciso que ele inclua esse S, como representante do sujeito... perante o quê? Perante A. E esse A, por ser o mesmo que o que vocês acabam de ver aqui, vejam só, verifica-se que ele é o que é, predicado, enquanto o 1 de que se trata já não é o traço unário, mas o 1 unificador que define o campo do Outro.

Em outras palavras, vocês verão isso se reproduzir indefinidamente, tendo aqui uma coisa que nunca descobre seu nome, a não ser que vocês lhe dêem algum de maneira arbitrária. É exatamente para dizer que não há nenhum nome que o nomeie que eu o designo pela letra mais discreta, a letra *a*.

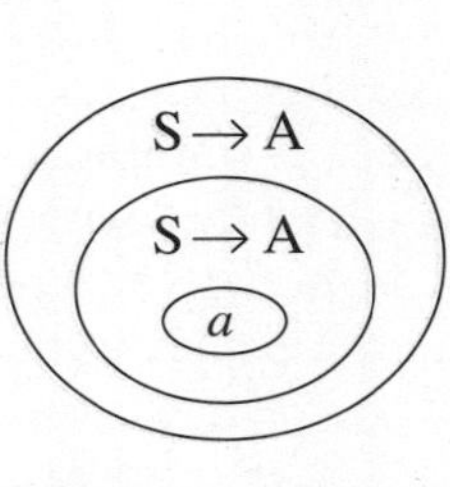

Que significa isso? Onde e quando se produz esse processo, que é um processo de escolha?

O jogo de que se trata, no que ele é realmente jogado, não é o *jocus*, jogo de palavras, mas o *ludus*, como é comum esquecermos, por sua origem latina, sobre a qual há muito que dizer. Isso seguramente comporta o jogo mortal de que falei há pouco, e varia desde os jogos rituais que Roma herdou dos etruscos — a própria palavra, muito provavelmente, é de origem etrusca — até os jogos do Circo, nem mais nem menos, e ainda mais alguma coisa, que lhes indicarei quando chegar o momento. Pois bem, há nesse jogo alguma coisa que interroga o 1 sobre aquilo em que ele se transforma, o 1, quando eu, o *a*, lhe falto. E, se mais uma vez me coloco como *Eu* nesse ponto em que falto a ele, será para interrogá-lo sobre o que resulta de eu ter instalado essa falta.

É aí que vocês encontrarão a série decrescente que já escrevi, e que vai em direção a um limite:

$$1 - a = a^2$$

$$2a - 1 = \frac{a^3}{1}$$

Essa série, não sei qualificá-la senão dizendo que ela se resume na dupla condição seguinte, que é apenas uma: ser a série de Fibonacci, por um lado, e por outro, impor a si mesma, como lei uniforme, aquilo que é produzido pela série de Fibonacci, seja ela qual for, isto é, a relação entre o 1 e o *a*.

Nessa linha que tracei, que prossegue para o infinito, já escrevi o total que se impõe pela soma dos diferentes termos dessa série, sempre em ordem decrescente, à medida que prosseguirem nessa soma — se vocês tiverem partido da subtração de *a* de alguma coisa, o processo conduzirá a um limite.

A soma das potências pares e das potências ímpares de *a* realiza facilmente o 1 como seu total. Mas persiste o fato de que o que define a relação de um desses termos com o seguinte, isto é, sua verdadeira diferença, é sempre, até o fim e de um modo que não diminui, mas se mantém rigorosamente igual, a função *a*.

O enunciado formulado da cadeia decrescente demonstra que, a despeito da aparência ligada à esquematização, é sempre do mesmo círculo que se trata. O círculo, esse Outro, é por um ato que estabelecemos como campo do discurso, tomando o cuidado de afastar dele qualquer existência divina, é por um ato puramente arbitrário, esquemático e significante, que nós o definimos como Um. Esse ato é um ato de fé, mas fé em quê? Fé em nosso pensamento, embora saibamos muito bem que esse pensamento só subsiste pela articulação significante, na medida em que ela já se dá no mundo indefinido da linguagem.

Na ordem lógica, que fazemos com esse estreitamento em que tentamos fazer o *a* aparecer como um resto no todo? Ao tê-lo perdido, ao tê-lo jogado sem saber num *quem perde ganha*, não chegamos a nada além de identificar com o *a* o que acontece com o próprio Outro, ou seja, a encontrar no *a* a essência do suposto Um do pensamento, isto é, a determinar o próprio pensamento como efeito, eu diria mais, como a sombra da função do objeto *a*.

No ponto em que nos aparece aqui, o *a* merece ser chamado de causa, por certo, mas conforme especificado em sua essência como uma causa privilegiada. Vamos chamá-lo de *a-causa*, como já fiz mais de uma vez.

Aliás, isso não soará destoante em francês, em razão da existência da expressão *por causa de* [*à cause de*]. Será que sempre vimos bem suas ressonâncias? Será isso a confissão de que o *por causa de* [à cause de] é apenas uma *a-causa*? Nesse aspecto, cada língua tem seu valor. O espanhol diz *por amor*. Poderíamos tirar facilmente daí o mesmo efeito.

O limite de tempo que nos é imposto me faz parar neste ponto. Assim, devo contentar-me em lhes anunciar que a experiência inversa o confirma, e que, ao confirmá-lo, completa-o.

A experiência inversa prende-se à via pela qual enveredou, para nós, a relação com o saber. Não se trata de interrogar o Um como aquele em quem pus uma falta no começo, e que agora descubro identificar-se com essa própria falta. Trata-se de interrogar o 1 ao qual acrescento o *a*; 1 + *a*, essa é a primeira forma, a da linha de cima na matriz da direita.

Que dá o 1 + *a* quando é em seu campo que se introduz a interrogação radical do saber? É o saber acrescentado ao mundo, na medida em que, armado dessa fórmula, dessa bandeirola liminar, ele pode transformá-lo.

Qual é sua seqüência lógica, interrogada da maneira como a interroguei no nível das diferenças progressivas? Seu correlato é <-∞>, o que talvez nos permita esclarecer mais radicalmente o que se dá com a função do *a*. Nesse menos-infinito, é fácil entrever muitas coisas, em particular uma coisa com que por muito tempo se iludiram os autores, e não numa época qualquer, mas precisamente na época em que o argumento ontológico tinha sentido, a saber, que o que falta ao desejo é, propriamente falando, o infinito. Talvez venhamos a dizer alguma coisa que lhe dê um outro estatuto.

Observem ainda a quarta casa da matriz da direita, onde aparece um zero. Tal como o articulei pelo esquema da relação de S com A, ele se distingue radicalmente do que é no primeiro esquema, ou seja, a aposta, ou, ao contrário, a indiferença. Aqui, ele efetivamente representa o furo.

Num terceiro tempo, demonstraremos a que ele corresponde na análise, e vocês verão o que se origina nesse mesmo furo.

12 de fevereiro de 1969

O Gozo: seu Campo

XII

O ACONTECIMENTO FREUD

A informação perfeita de Michel Foucault
Retorno à ética
Prazer, alucinação, sonho
Intuição e formalização
A verdade sobre o saber

Vocês tiveram a bondade de me acompanhar, até o presente, nos caminhos estreitos pelos quais enveredou meu discurso deste ano.

O fio que ele desenrola parece levantar, para alguns de vocês, a questão de sua origem e seu sentido. Em outras palavras, é possível que vocês já não saibam muito bem onde estamos.

Por isso me pareceu oportuno o momento para levantar a questão do título sob o qual figura este discurso, *De um Outro ao outro*. É concebível, com efeito, que não seja na entrada, à guisa de prefácio ou de programa, que se possa elucidar alguma coisa daquilo que é um fim. É preciso já ter percorrido ao menos um pedaço do caminho para que a partida se esclareça pela retroação.

Isso não vale apenas para vocês, mas também para mim. Por isso me convém tomar o referencial das etapas passadas desta operação de perfuração, por assim dizer, que é justamente o que lhes interessa, o que os retém, o que os faz estarem aqui, pelo menos um certo número de vocês, se não todos.

Assim, sucedeu-me retomar o texto — quem sabe, talvez, para efeito de publicação — do que enunciei dez anos atrás, no seminário de 1959-60, já faz um bom tempo, sob o título de *A ética da psicanálise*.

Essa retomada deu-me algumas satisfações de ordem íntima. Se de fato eu atualizar algo que se esforce por reproduzir, com a máxima fidelidade possível, o traçado do que fiz naquela época, isso não poderá ocorrer, é claro, sem todos os efeitos retroativos do que pude enunciar desde então, e nomeadamente aqui. É uma operação delicada, portanto, e é a única razão que faz com que eu não possa ater-me ao excelente resumo que tinha sido feito desse seminário, dois anos depois, por um de meus ouvintes, a saber, Safouan. As razões pelas quais não publiquei esse resumo na ocasião, terei que dizê-las, mas isso será objeto de um prefácio do que for publicado.

Minha satisfação, no caso, a qual vocês poderão compartilhar, se confiarem em mim quanto à fidelidade do traçado que tentarei produzir, deve-se a que não apenas nada me obriga a revisar o que formulei na época, mas também a que posso encaixar nisso, como que numa espécie de cadinho, o que consigo enunciar hoje de mais rigoroso, digamos, desse projeto.

Num esboço de redação que tentei fazer daquilo de que julguei que devia partir, no questionamento que nunca fora feito do que a psicanálise comporta no plano ético, enunciei, da maneira que me pareceu ser a mais rigorosa, a novidade trazida pelo que chamei, de um termo inédito, o acontecimento Freud.

Agora, na data em que estamos, tenho a satisfação de ver que uma Sociedade de grande amplitude de espírito encontra-se em condições de apreciar a originalidade de um autor como Freud.

Foi o que mostrou Michel Foucault no sábado passado, numa espécie de lugar precário, chamado Sociedade de Filosofia, onde enunciou a pergunta *Que é um autor?* Isso o levou a valorizar um certo número de termos que merecem ser enunciados a propósito dessa pergunta, por exemplo: qual é a função do nome de um autor? Foucault encontrou meios de destacar a ordenação dessa função no nível de uma interrogação semântica, atendo-se a sua situação estreitamente interna ao discurso e mostrando então que decorre daí um questionamento, um efeito de cisão, um rompimento da relação com o discurso que prevalece na chamada Sociedade dos Seres Pensantes, ou República das Letras.

Freud, nesse aspecto, desempenhou um papel capital. De fato, o autor em questão, Michel Foucault, não apenas acentuou, mas aguçou em toda a sua articulação a função do *retorno a*. No pequeno anúncio que fizera de seu projeto, essa expressão encontrava-se no fim e ele a fizera seguir por reticências. Por esse único fato, considerei-me convocado a essa conferência, já que, em nossos dias, ninguém deu mais peso do que eu ao *retorno a*, a propósito do retorno a Freud.

O conferencista, aliás, destacou isso muito bem e mostrou sua perfeita informação quanto ao sentido especialíssimo, quanto ao ponto-chave que esse retorno a Freud constitui, em relação a tudo o que acontece atualmente com o deslizamento, a defasagem, a profunda revisão da função do autor, especialmente do autor literário. Foi isso, em suma, que gerou o círculo que uma função crítica julgou poder captar por um termo que, com certeza, não é assumido por nenhum dos que são seus elementos de ponta, mas pelo qual nos vemos afetados, como se fosse uma etiqueta bizarra que nos tivessem colado nas costas sem nosso consentimento, a saber, o estruturalismo.

Essa função crítica, não há por que nos espantarmos com o fato de, em nossos dias, assim como em outros tempos, ela estar atrasada em relação ao que se faz.

1

Comecei a introduzir, portanto, há dez anos, a questão nunca antes levantada da ética da psicanálise.

É muito singular que ela não tenha sido erguida mais cedo, porém o mais estranho, com certeza, talvez seja esta observação com que julguei dever ilustrá-la: a de que a ética do psicanalista, tal como constituída por uma deontologia, não fornecia sequer o esboço, o rudimento, o mais ínfimo traço de começo da ética da psicanálise.

Essa observação, não a fiz de imediato, e nem sei se fundamentei tão bem a coisa, pois na época eu tinha um auditório de psicanalistas e acreditava como que poder dirigir-me diretamente a algo que convém chamar por um nome, quando se trata de moral: a *consciência*, acrescentem *moral*.

Em contrapartida, anunciei logo de início que o acontecimento Freud tinha evidenciado que o ponto-chave, o centro da ética, não é outra coisa senão o que então fundamentei no último termo de três referências, categorias das quais fiz partir todo o meu discurso, a saber, o simbólico, o imaginário e o real.

Como vocês sabem, foi no real que designei o ponto axial do que se refere à ética da psicanálise. Suponho esse real, é claro, submetido à interposição severíssima, se assim posso me exprimir, do funcionamento conjunto do simbólico e do imaginário. É na medida em que o real não é de acesso fácil, digamos, que ele é para nós a referência em torno da qual deve girar a revisão do problema da ética.

Para abordá-la, parti então de um livro que havia ficado meio na sombra e que, curioso destino, ressurgira apenas por obra de pessoas que não eram as mais bem orientadas quanto a nossa interrogação, ou seja, os neopositivistas. Estes acreditam que devem interrogar a linguagem pelo ângulo do que exprimem, de maneira exemplar, sob a forma do *meaning of meaning*, da questão formulada sobre o que acontece com o sentido, pelo fato de as coisas terem uma significação. Assinalei, na época, como devia ser fútil o destino dessa tentativa, e que esse era um caminho inteiramente oposto ao que nos interessa. Mas, além disso, não é por acaso que foram eles, e nomeadamente Ogden, que editaram o livro de Jeremy Bentham chamado *Theory of Fictions*.

É, pura e simplesmente, o que se escreveu de mais importante na chamada perspectiva utilitarista. Como vocês sabem, houve uma tentativa, no começo do século XIX, de solucionar um problema, digamos, ideológico, muito atual naquela época, e por boas razões: o chamado problema da partilha dos bens. *Theory of Fictions*, nesse nível, e com uma lucidez excepcional, é o questionamento do que se passa com todas as instituições humanas.

Tomando as coisas pelo ângulo sociológico, não se pode fazer nada que isole melhor o que se passa com a categoria do simbólico, que vem a ser precisamente a que reatualiza, mas de maneira totalmente diversa, o acontecimento Freud e o que se seguiu a ele. Basta entendermos o termo "fictions" como não representando nada de ilusório ou enganoso, como não afetando o que fica sob sua dominação, sob o que esta considera, por nenhuma característica desse gênero, mas abarcando precisamente o que promovi de maneira aforística, ao sublinhar que a verdade, na medida em que seu lugar só pode ser aquele em que se produz a fala, que a verdade, em essência — perdoem-me esse "*em essência*", ele serve para eu me fazer entender, não depositem nele toda a ênfase filosófica que o termo comporta —, a verdade, digamos, por si só, tem uma estrutura de ficção.

É esse o ponto de partida essencial que permite enunciar como tal a questão da ética, pois é preciso nos ajustar com todas as diversidades da cultura. Nós as colocamos aqui entre *brackets*, entre os parênteses desse termo, estrutura de ficção. Isso pressupõe uma postura adquirida quanto a esse caráter de ficção, uma vez que ele afeta toda articulação fundadora do discurso naquilo que podemos chamar, em linhas gerais, de relações sociais. Só se pode atingir esse ponto a partir de um certo limite.

Lembro-me de repente, neste desvio, de nosso Pascal. Para evocá-lo mais uma vez, quem se atreveu antes dele a observar, pura e simplesmente: *Verdade do lado de cá dos Pireneus, erro do lado de lá*?* Essa formulação devia fazer parte do discurso que ele deixou inacabado e que, de forma bastante legítima, e também bastante ambígua, foi compilado sob a denominação de *Pensamentos*. Pois bem, é a partir de um certo grau de relativismo, e do tipo mais radical, relativismo não apenas a respeito dos costumes e instituições, mas da própria verdade, que se pode começar a formular o problema da ética.

É nisso que o acontecimento Freud mostra-se tão exemplar. Durante o que foi o primeiro trimestre do seminário sobre *A ética da psicanálise*, enfatizei, e com algum acento, a mudança radical resultante de um acontecimento que não foi outra coisa senão sua descoberta, isto é, a função do inconsciente. Correlativamente, Freud fez funcionar o chamado princípio do prazer de maneira radicalmente diversa de tudo o que se fizera até então. Veremos por quê, e de um modo, creio eu, que irá impressioná-los muito por sua elegância.

Há entre vocês um número suficiente de pessoas que se descobriram permeáveis a meu discurso, ou, digamos, atravessadas por ele, para que eu só precise lembrar sucintamente o que acontece com esse princípio.

O princípio do prazer caracteriza-se, primeiro, pelo fato paradoxal de que seu resultado mais certeiro não é a alucinação, embora isso esteja escrito assim no texto de Freud, e sim a possibilidade da alucinação. Digamos que a alucinação, no texto de Freud, é a possibilidade específica do princípio do prazer.

Para dar conta dos efeitos do inconsciente, Freud construiu todo um aparelho, que vocês sabem encontrar no Capítulo VII da *Traumdeutung*, a propósito do esclarecimento dos processos do sonho, os *Traumvorgänge*. Mas tivemos a sorte de ver cair em nossas mãos e sob nosso exame o que era o alicerce disso, um certo *Entwurf*, um *Projeto* escrito nos anos em que, guiado pelas teóricas admiráveis que eram e

---

* Essa conhecida frase de Pascal expressa a idéia de que o que é verdade para um povo ou uma pessoa pode ser falso para outros. (N.T.)

são as histéricas, Freud teve sua experiência do que acontece com a economia inconsciente. Correlativamente, ele escreveu para Fliess esse *Entwurf*, um projeto realmente muito elaborado, infinitamente mais rico e mais construído do que o que ele resumiria mais tarde, no capítulo em questão, pois ele estava certo de que não podia deixar de preservar essa referência.

O que Freud construiu então, sob o nome de aparelho Ψ, regula no organismo a função do que ele chamou de princípio do prazer. Para esquematizá-lo grosseiramente, ele não é no organismo um simples intermediário, mas um verdadeiro círculo fechado que tem suas próprias leis, um sistema autônomo que se insere no ciclo, claramente definido pela fisiologia geral do organismo, do arco estímulo-motricidade — para não dizer *resposta*, visto que essa palavra seria um abuso terminológico, uma vez que a resposta tem para nós um sentido que implica uma estrutura bem mais complexa. Esse sistema interpõe-se sobre o arco basal e se define não apenas por ser o efeito de um empecilho surgido, mas, propriamente falando, por constituir um obstáculo à função.

O ser vivo animal é dotado de uma motricidade supostamente livre, que lhe permite escapar dos estímulos intensos demais, devastadores, capazes de ameaçar sua integridade. A economia do chamado sistema Ψ decerto não tem por função a adaptação ou a adequação dessa resposta motora, cuja adaptação, aliás, vocês sabem que está longe de ser sempre suficiente. O aparelho articulado por Freud aloja-se em alguns dos seres vivos, não em qualquer um, e decerto não basta dizer que está presente nos vertebrados superiores, ou nos seres providos de sistema nervoso. É do que acontece na economia humana que se trata, mesmo que Freud se arrisque, de quando em quando, a interpretar o que acontece em seres vizinhos. O aparelho nunca é senão para servir de referência ao que se passa no ser humano, que tudo indica, necessariamente, no texto do discurso de Freud, ser definido por ele como o ser falante.

É nesse nível que se produz a regulação homeostática, definida pelo retorno a uma identidade de percepção. Ou seja, trata-se de que na busca, no sentido mais lato da palavra, operada por esse sistema, nos desvios pelos quais ele passa para manter a homeostase que lhe é própria, seu funcionamento específico leva ao encontro de uma percepção idêntica. Na medida em que é regulada pela repetição, essa percepção se distingue por não trazer em si nenhum critério da realidade. O sistema só pode ser afetado por esses critérios como que de fora para dentro, pela simples conjunção de um sinalzinho, de alguma coisa qualificativa.

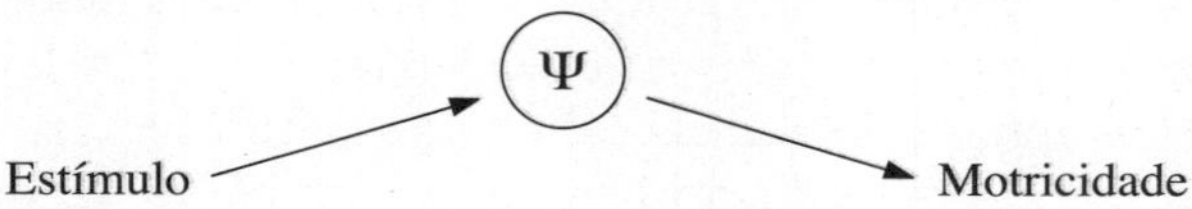

Nesse esquema, vocês vêem inscritos dois círculos: o círculo reflexo, que constitui o sistema φ, e o círculo central, que constitui o sistema Ψ, o qual define uma área fechada, que comporta um tipo próprio de equilíbrio.

Freud distingue estritamente a função da aferência, no tocante à energética imputável a cada um desses dois sistemas. O sistema Ψ apenas intervém em função de sinais, qualificados por períodos específicos, que são aferentes a cada um dos órgãos sensoriais e que, eventualmente, afetam alguns dos perceptos introduzidos no sistema por um *Wahrnehmungszeichen*, pelo sinal de que efetivamente se trata de uma percepção aceitável em relação à realidade.

Que quer dizer isso? Certamente, não que aprovemos o emprego aí feito por Freud do termo "alucinação", que tem para nós conotações clínicas. Decerto as tem também para Freud. Visto que a alucinação propriamente dita necessita de coordenadas totalmente diferentes, devemos supor que ele queria acentuar, muito particularmente, o paradoxo do funcionamento do sistema articulado com base no princípio do prazer. Aliás, temos em seu próprio texto a referência maior de sua utilização do termo. Freud o exemplificou com a função do sonho, e isso basta para que nós nos ressituemos. Trata-se, essencialmente, da possibilidade do sonho.

Eis aí, portanto, a aventura em que Freud se lança para explicar o funcionamento do aparelho regulador do inconsciente, no que ele rege uma economia radical que nos permite apreciar não apenas todos os nossos comportamentos, mas também nossos pensamentos. Em franca oposição do que se constitui, tradicionalmente, como o alicerce dos filósofos, quando se trata de abordar o que ocorre com o bem do homem, posto que o mundo inteiro está suspenso no sonho do mundo.

Esse passo é o acontecimento Freud. Ele não consiste noutra coisa senão a suspensão da rotação celeste, que era tida, na perspectiva tradicional, como o fundamento que englobava todas as reflexões, e que era manifestamente designada no texto de Aristóteles como o ponto de referência a que devia ligar-se todo e qualquer bem concebível. Trata-se do questionamento radical de qualquer efeito de representação, do desaparecimento de qualquer conivência com a representação do que acontece com o representado como tal.

Não nos apressemos demais a dizer "o sujeito", pois, se o termo *hypokeimenon* é formulado em Aristóteles a propósito da lógica, ele não é isolado em parte alguma como tal. Foi preciso um longo tempo, e todo o progresso da tradição filosófica, para que o conhecimento se organizasse, no limite último, no limite kantiano, com base numa relação do sujeito com alguma coisa inteiramente dependente daquilo que aparece, com o *phainomenon*, deixando excluído o *número*, isto é, o que está por trás dele. É esse o sentido do idealismo. Mas essa representação é cômoda, ao passo que, na posição idealista, o ser pensante nunca lida senão com sua própria medida, colocada como ponto de referência a partir do qual ele acredita poder enunciar *a priori* pelo menos as leis fundamentais da representação.

Na postura freudiana, nada é sustentável a partir da representação senão aquilo que, num ponto profundamente motivador para uma conduta, articula-se com uma estrutura, feita de tramas e redes que passam completamente fora do circuito do sujeito em que se pretenderia unificar a representação. Foi esse o sentido verdadeiro dos esqueminhas que a descoberta da articulação neuronal, então recente, permitiu a Freud construir. Basta consultarmos o *Entwurf* para perceber a importância decisiva dessas treliças na articulação daquilo de que se trata.

Aquilo de que se trata para nós, faz muito tempo que já não nos é possível identificá-lo com esses encaminhamentos, esses deslocamentos, essas transferências de energia feitas ao longo da trama neuronal, e que situamos por outros meios que não esses, físicos. Não há dúvida de que Freud já suspeitava disso. Não é absolutamente desse modo, o qual a experiência revela ser totalmente distinto, que podemos descobrir o uso apropriado dos esquemas que acabo de qualificar de redes. Para apreender o que elas permitiram a Freud sustentar, materializar de maneira intuitiva, basta ver o que é exposto nelas. Em cada um dos cruzamentos inscreve-se uma palavra, a palavra que designa uma dada lembrança, uma dada palavra articulada em resposta, uma dada palavra que fixa as relações, uma dada palavra que cunha, que marca, que torna engramático, se assim posso dizer, o sintoma.

Comprem *Naissance de la psychanalyse*, título dado em francês à coletânea de cartas a Fliess às quais foi anexado esse *Projeto*, e vocês verão que aquilo em que Freud encontrou um suporte fácil na articulação neuronal, que então lhe estava ao alcance da mão, pelo fato de que também disso se acabara de fazer a descoberta, não é outra coisa senão a articulação significante em sua forma mais elementar.

Comprem o último livrinho que saiu, ou melhor, a *Théorie axiomatique des ensembles*, do sr. Krivine,* onde vocês verão exatamente os esquemas de Freud, exceto pelo fato de eles serem orientados mais ou menos assim e utilizados para nos fazer compreender a teoria dos conjuntos:

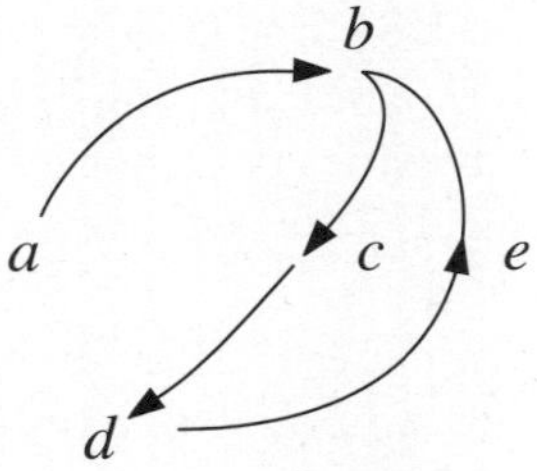

Esclareço de passagem que cada ponto ligado a outro por uma seta é considerado, na teoria dos conjuntos, um elemento do outro conjunto.

Não se trata de nada menos do que o necessário para articular corretamente, e da maneira mais formal possível, aquilo que pode servir de fundamento à teoria matemática dos conjuntos. À simples leitura das primeiras linhas desse livro, vocês já verão as verdadeiras exigências comportadas por cada passo axiomático dado, quando tomamos as coisas pelo ângulo formal, no nível mais radical da articulação significante.

Isolo em especial a idéia de parte, que é particularmente exemplar. A maneira como dizemos que um dos elementos de um conjunto, elementos que são sempre conjuntos, está contido em outro repousa em definições formais que não podem ser identificadas com a significação intuitiva da expressão *estar contido em*. Suponhamos, com efeito, que eu faça um esquema um pouco mais complicado do que esse, e que escreva no quadro uma nota dizendo *identificação de cada um desses termos de conjunto*. Não basta, em absoluto, que um deles seja escrito e

* Jean-Louis Krivine, *Théorie axiomatique des ensembles*, Paris: PUF, 1969. (N.T.)

pareça constituir uma parte do universo que instituo aqui para que se possa dizer, de alguma forma, que ele está contido em algum dos outros termos, ou seja, que é um elemento dele.

Em outras palavras, o que se articula de uma configuração de significantes não significa, de maneira alguma, que se possa totalizar a configuração inteira, isto é, o universo assim constituído. Muito pelo contrário, esse universo deixa tal conjunto fora de seu campo, como não podendo ser situado como uma de suas partes, mas apenas articulado como elemento numa referência a outros conjuntos assim articulados. Portanto, pode haver uma não coincidência entre a afirmação intuitiva de que um dado elemento faz parte desse universo e a articulação formal dessa assertiva. Esse é um princípio absolutamente essencial pelo qual a lógica matemática pode nos instruir, ou seja, permitir-nos colocar no devido lugar o que acontece, para nós, com algumas questões, vocês verão quais.

Os mecanismos do inconsciente definem uma estrutura lógica mínima, que resumi há muito tempo sob os termos *diferença* e *repetição*.

Por um lado, nada fundamenta a função do significante senão ele ser uma diferença absoluta. É somente através daquilo em que os outros diferem dele que o significante se sustenta. Por outro lado, os significantes funcionam numa articulação repetitiva. É isso que permite instituir uma primeira lógica, cujas funções são o deslocamento e a substituição. Com efeito, o que a apreensão significante fixa como referência está fadado, justamente por essa apreensão, a deslizar. Quanto à outra dimensão, prende-se a que é da natureza do significante, como apreensão, permitir a substituição de um significante por outro, uma substituição da qual podemos esperar efeitos de sentido.

Mas o que convém acentuar aqui, para captar o que verdadeiramente se dá com as funções psicanalíticas, é a importância do sonho. Na perspectiva freudiana, a função do princípio de realidade é constituída desde o começo como precária. Nem por isso ela é anulada, com certeza, mas é essencialmente dependente da precariedade radical a que é submetida pelo princípio do prazer, na medida em que ele implica a possibilidade do sonho. É através do sonho que se faz, de início, essencialmente, a abordagem da função do significante e dessa estrutura lógica mínima cujos termos rearticulei há pouco. Portanto, é preciso levar até o fim o que essa perspectiva implica.

Tudo em nossa maneira de abordar o sonho indica que aquilo de que se trata são frases. Deixemos de lado, por ora, a natureza de sua sintaxe; elas têm pelo menos uma sintaxe elementar no nível dos dois mecanismos que acabo de lembrar. O importante é que o sonho nos aparece como alucinatório, com a ênfase que Freud dá nesse nível a esse termo. Que significa isso senão que o sonho já é, em si mesmo, uma interpretação, selvagem, é claro, mas interpretação?

Ora, como escreve Freud com toda a tranqüilidade, o sonho se apresenta como um rébus. Se sublinhei isso, decerto não fui eu que o inventei nem o descobri no texto. Que quer dizer isso senão que a cada um desses termos, que são significantes de um ponto diacrônico do progresso em que se institui sua articulação, o sonho, por sua função de prazer, dá uma tradução em imagem, a qual só subsiste por ser articulável em significantes? Que fazemos, então, ao substituir essa interpretação selvagem por nossa interpretação ponderada?

Quanto a isso, basta invocar a prática de cada um dos que são analistas. Quanto aos outros, que releiam à luz disso os sonhos citados na *Traumdeutung*, e perceberão que, nessa interpretação ponderada, não se trata de nada além de uma frase reconstituída, e perceberão o ponto de falha em que, como frase, e não, em absoluto, como sentido, ela permite ver o que claudica. E o que claudica é o desejo.

Tomem o sonho, coisa verdadeiramente exemplar e como que exposta por Freud logo no começo do capítulo em que ele interroga os processos do sonho, os *Traumvorgänge*, e no qual tenta fornecer o que chama de psicologia destes. Ali vocês lerão o sonho *des alten Mannes*, do velho cujo cansaço o obrigou a abandonar no quarto contíguo o corpo de seu filho morto, sob a guarda de outro ancião. O sonho que ele tem é com esse filho de pé, vivo, aproximando-se de sua cama, segurando-o pelo braço e lhe dizendo, com a voz cheia de recriminação: *Vater, siehst du denn nicht daß ich verbrenne?* Pai, não vês que estou queimando?

Que há de mais comovente, que há de mais patético do que o que acontece, ou seja, o pai acorda e, indo ao quarto vizinho, vê que a vela caiu, ateou fogo à cortina e este já começa a encostar no cadáver, enquanto o velhote dorme? E Freud nos diz que o sonho só existiu para prolongar o sono, diante dos primeiros sinais do que foi percebido de uma realidade horrível.

Mas, não conviria ir mais longe, e apreender que a realidade coincide com o sonho que prova que o pai sempre dorme? Como não ouvir a ênfase que há nessa fala, quando Freud nos diz, por outro lado, que não há no sonho nenhuma fala que não tenha sido colhida em algum lugar no texto das falas efetivamente pronunciadas? Como não ver que é um desejo que incendeia esse filho, porém no campo do Outro, no campo daquele a quem ele se dirige — o pai, no caso? Que vem a ser isso, senão uma falha que ele demonstra, na medida em que é um ser desejante, diante do objeto querido que era seu filho? Isso é o que não é analisado no que Freud nos diz, porém é mais do que suficientemente indicado. É disso que a própria realidade, em sua coincidência, protege o pai. Seja como for, e Freud está de acordo, a interpretação do sonho não é aquilo que, na realidade, causou esse sonho.

Portanto, quando interpretamos um sonho, o que nos orienta certamente não é *o que quer dizer isso?*, nem tampouco *o que ele quer, para dizer isso?*, e sim *o que é que, ao dizer, isso quer?* Isso não sabe o que isso quer, aparentemente.

É justamente aí que está a pergunta, e é aí que convém fazermos intervirem nossas fórmulas.

2

Nossas fórmulas instauram uma relação primeira que está como que ligada à função mais simples do número.

Essa relação é gerada a partir do que se chama, em matemática, de um subgrupo em que intervêm somas, isto é, a série de Fibonacci, na qual a reunião dos dois termos precedentes constitui o terceiro. É justamente a partir daí, como eu lhes disse, que se gera esse algo que não é da ordem do que é chamado racional em matemática, a saber, o traço unário, mas o qual introduz na origem essa primeira proporção, a mais original de todas, perfeitamente conhecida na matemática:

$$a = \frac{\sqrt{5-1}}{2}$$

simplesmente por meio desta proporção:

$$\frac{a}{1-a} = \frac{1}{a} = 1 + a$$

Agora, escrevam no lugar de *a* a palavra *saber*. Ainda não sabemos o que é isso, já que é a esse respeito que nos interrogamos. Se 1 é o campo do Outro, o campo da verdade que não sabe de si, escrevemos:

$$\frac{\text{saber}}{\text{verdade - saber}} = \frac{\text{verdade}}{\text{saber}} = \text{a verdade com o saber a mais}$$

Procuremos entender o que querem dizer essas relações. A primeira significa o saber sobre o inconsciente. Em outras palavras, existe um saber que diz: *Há em algum lugar uma verdade que não se sabe*, e é ela que se articula no nível do inconsciente. É aí que devemos encontrar a verdade sobre o saber.

Não foi isso que dissemos há pouco sobre o sonho? Eu o isolo, a bem da clareza, do conjunto das formações do inconsciente, o que não quer dizer que também não pudesse estendê-lo. É um erro nos perguntarmos, a propósito do sonho, *o que quer dizer isso?*, pois não é isso que importa. O que nos importa é *onde está a falha do que é dito?*, e isso num nível em que o que se diz é distinto do que se apresenta como querendo dizer alguma coisa. No entanto, isso diz alguma coisa, sem saber o que diz, já que somos forçados a ajudá-lo por meio de nossa interpretação ponderada.

Saber que o sonho é possível, isso deve ser sabido. É o fato de ser assim, isto é, de o inconsciente ter sido descoberto, que nos indica a proporção singular que podemos escrever com a ajuda do termo *a* como efeito original da inscrição, desde que apenas lhe demos um empurrãozinho suplementar, — o de ele poder renovar-se, conjugando repetição e diferença nessa operação mínima que é a adição.

Há um saber que é sobre a verdade da qual o saber é subtraído. É aí que temos de pegar a verdade, isto é, a fala que se afirma sobre a função do saber. Vez por outra, porém, devemos até poder confrontá-los na mesma linha, e indagar o que acontece com a junção que se escreve como *verdade mais saber*.

Em função do tempo que me apressa, só posso lembrar a analogia econômica, muito sensível em nossa experiência, que introduzi aqui sobre a verdade como trabalho. Pelo menos no discurso analítico, o trabalho da verdade é bastante evidente, por ser penoso. É preciso abrir caminho, sem nos precipitarmos à direita ou à esquerda numa identificação intuitiva qualquer que passe por cima daquilo de que se trata nas referências menos pertinentes, como a da necessidade, por exemplo.

Inversamente, é à função do preço que homologarei o saber. O preço certamente não se estabelece por acaso, não mais do que qualquer efeito da troca. Mas é certo que o preço em si não constitui um trabalho, e é esse o ponto importante, porque tampouco o saber o constitui, digam o que disserem.

Isso é uma invenção dos pedagogos, o saber. Adquire-se com o suor do rosto, logo nos hão de dizer, como se o suor fosse forçosamente correlato do óleo das candeias de nossas vigílias. Com uma boa iluminação elétrica, podemos prescindir dele. Mas eu lhes faço uma pergunta. Não digo *Algum dia vocês aprenderam alguma coisa?*, porque aprender é uma coisa terrível, é preciso passar por toda a burrice daqueles que nos explicam as coisas, e isso é penoso de destacar, mas sim *Saber algo não é sempre algo que se produz como um clarão?*

Ter alguma coisa a fazer com as mãos, saber montar a cavalo ou esquiar, tudo o que se diz da suposta aprendizagem não tem nada a ver com o que é um saber. O saber é isto: alguém lhes apresenta coisas que são significantes e, da maneira como estas lhes são apresentadas, isso não quer dizer nada, e então vem um momento em que vocês se libertam, e de repente aquilo quer dizer alguma coisa, e é assim desde a origem. Isso se percebe pela maneira como a criança maneja seu primeiro alfabeto, que não é aprendizagem nenhuma, porém um colapso que une uma grande letra maiúscula com a forma do animal cuja inicial supostamente corresponde à letra em questão. A criança faz ou não faz essa conjunção. Na maioria dos casos, ou seja, naqueles em que ela não é cercada por uma atenção pedagógica demasiadamente grande, ela a faz.

Toda vez que se produz um saber, é claro que não é inútil que o sujeito tenha passado por essa etapa, para compreender o que acontecerá de efeitos de saber no nível dos esqueminhas. Fico apreensivo por não lhes ter transmitido isso completamente, agora há pouco, mas o tempo me pressionava, e a teoria dos conjuntos, nós voltaremos a ela, se for preciso.

Que é saber? Devemos levar as coisas mais longe e interrogar o que se passa com essa analogia fundamental. O saber, aqui, permanece completamente opaco, pois se trata, no numerador, da primeira relação de um saber singular, enquanto, no denominador, há a verdade, à qual ele falta como saber. Ora, é justamente dessa relação que esperamos a verdade sobre o que se passa com o saber.

Não os deixo no nível de um puro e simples enigma, uma vez que introduzi o saber pelo termo *a*. Isto equivale a dizer que toda manipulação possível da função do saber deve caber efetivamente na articulação, que já delimitei bastante bem, do objeto *a*.

Terei eu a audácia, no momento de terminar, de lhes dizer isto? Será preciso darmos um sentido plausível ao que se escrevera com uma conjunção cruzada, do tipo daquela de que nos servimos na aritmética, entre o saber concernente ao inconsciente e o saber interrogado como função radical, na medida em que ele constitui, em síntese, o próprio objeto para o qual tende todo desejo, na medida em que se produz no nível da articulação.

Uma vez que o saber, como saber perdido, está na origem do que aparece de desejo em toda articulação possível do discurso, é isso que teremos de examinar nos encontros que se seguirem.

26 de fevereiro de 1969

XIII

Do gozo postulado como um absoluto

Civilização frigideira
O saber no horizonte do sexual
O torpor do sexual
A estrutura lógica do gozo
A mentira do Um

$$\frac{\text{saber}}{\text{verdade - saber}} = \frac{\text{verdade}}{\text{saber}}$$

Da última vez, deixei-os com uma fórmula equilibrada de acordo com a proporção chamada de harmônica, que pude facilmente traduzir, em razão das elocuções anteriores, por isto que está no quadro.

Tal fórmula *a priori* traz em si um certo grau de evidência aparente, apropriada para satisfazer o que é o mais comumente reconhecido da conquista analítica, e que é isto: sabemos que, em algum lugar, nesse lugar que chamamos de inconsciente, enuncia-se uma verdade que tem a propriedade de nada podermos saber dela.

Esse próprio fato constitui um saber.

1

Assim, escrevi que *saber* sobre a função de *verdade-menos-saber* deve dar-nos a *verdade* sobre o *saber*.

A esse respeito, para divulgar um pequeno episódio de meus contatos, sucedeu-me esta semana ouvir uma formulação — peço desculpas a seu autor se a deturpo um pouco —, proferida nas premissas de uma investigação realizada nos moldes de meu ensino e que visava situar a função da psicanálise não como ciência, a qualquer preço, mas como indicação epistemológica, uma vez que a pesquisa sobre a função da ciência está na ordem do dia. A fórmula é esta: a psicanálise seria algo como uma *ciência sem saber*.

Meu interlocutor chegou até esse ponto, sem dúvida levado por um certo movimento atual, na medida em que, num nível que é também de experiência, coloca-se o questionamento de uma espécie de relatividade que seria acusada de constituir uma forma de dominação social no nível da transmissão do saber.

Em nome disso, reafirmei vivamente que é falso dizer que nada da experiência analítica poderia articular-se num ensino, doutrinar-se como saber e, por isso, já que se trata do que está sendo questionado neste momento, ser enunciado de maneira magistral, nos termos que são precisamente aqueles com que o enuncio aqui, esse saber.

No entanto, visto por certo ângulo, de certa maneira, o que meu interlocutor formulou é a verdade.

É a verdade, no nível desse saber analítico, que não há um saber em relação àquele que parece sê-lo, em relação àquele pelo qual o tomaríamos, se, a pretexto de ele haver enunciado a relação original e radical da função do saber com a sexualidade, nós nos precipitássemos com demasiada pressa — o que é um pleonasmo — a deduzir daí que se trata de um saber do sexual.

Não é nada disso. A psicanálise não é um saber do sexual.

Quem foi que aprendeu, na psicanálise, a saber tratar bem sua mulher? Porque, afinal, isso é importante, uma mulher. Há uma certa maneira de pegá-la pelo lado certo, isso se segura na mão de uma certa maneira, com a qual ela não se engana. Ela é capaz de lhes dizer: Você não me segura como se segura uma mulher.

Que se possam esclarecer numa análise os caminhos que o impedem, ao homem a quem essa mulher se dirige, de fazê-lo direito, gostamos de acreditar que isto se produz no final de uma análise. No que concerne à técnica, se me permitem expressar-me dessa maneira, o resultado fica entregue ao seu saber natural, à destreza [*adresse*] — se vocês me permitem empregar esta última palavra com toda a ambigüidade que ela possui no comum dos recursos da linguagem, ao mesmo tempo designando a faculdade captada por esse nome e tendo também o sentido de a quem isso se dirige [*s'adresse*], da suposta destreza que seria conferida ao término de uma desobstrução.

É claro que não há nada em comum entre a operação analítica e seja o que for que decorra do registro que há pouco chamei de *técnica*. Sabemos da amplitude disso. Mauss, por exemplo, situou de passagem esse campo e forneceu as características, na cultura, da função muito extensa a que dá o nome de técnicas do corpo. Não é à toa que na nossa, de civilização, elas são não propriamente eludidas, mas recalcadas nos cantos.

Basta-me aqui aludir à dimensão das técnicas propriamente eróticas destacadas numa cultura que de modo algum poderíamos qualificar de primitiva, como a cultura hindu, por exemplo. Nada do que se enuncia num livro como o *Kama Sutra* jamais poderá chegar a vocês senão a título de distrações da pornografia, embora haja uma outra dimensão em que esse texto pode ser entendido. Ele também pode assumir um alcance que, diante das confusões completas que se fazem quanto à palavra que vou empregar, será situada, não sem precisão, mas com uma precisão aproximativa, como metafísica.

Também aí, mais uma vez, recorramos à evidência inicial. A vertente pela qual se aborda na psicanálise o que há com o saber sexual é a do que pode pesar de proibição sobre esse saber, e é por isso que ele adquire peso da maneira como o escrevi no quadro *a*. Essa vertente é nova, no sentido de que nunca tinha sido usada antes. O saber sexual, não direi que entramos na questão por aí, mas que nos confrontamos com ele. Abordamos o saber sexual pelo ponto em que essa proibição pesa, e é por isso que os primeiros enunciados de Freud a respeito do inconsciente enfatizam a função da censura como tal.

Essa proibição se exerce como afetando um certo *aí*, o lugar em que isso fala, em que isso confessa, em que isso confessa que se preocupa com a questão desse saber.

Admiremos mais uma vez, de passagem, a riqueza da linguagem. Será que esse *preocupado* não é melhor para traduzir a *Besetzung*, o *besetzt* freudiano, do que o *investimento* ou o *investido* com que as traduções nos enchem os ouvidos? Ele fica *pré-ocupado*, ocupado de antemão com algo cuja posição, por conseguinte, torna-se mais ambígua.

É justamente isso que exige que voltemos hoje à função do inconsciente. Que pode significar esse saber cuja marca, num certo nível de verdade que se articula, define-se como sendo aquilo que menos sabemos, esse saber que nos preocupa?

Para começar a esclarecer as coisas, poderíamos dizer, por um certo ponto de vista, que em nossa cultura, em nossa civilização, no molho dessa frigideira — em todo caso, esse é o único termo que justifica a reunião de vocês aqui —, seria até possível sustentarmos que a psicanálise tem a função de alimentar uma espécie de hipnose, que faz com que, afinal, é verdade, o sexual se mantenha em nós num torpor sem precedentes.

Nada disso é razão para que a psicanálise possa de algum modo servir para contestar, já que é disso que se trata, a fundamentação da transmissão de um saber qualquer, nem mesmo do seu.

Afinal, existe um saber da psicanálise. Ela realmente descobriu algo, por mais mítica que seja a sua fórmula. Descobriu o que é chamado, em outros registros, de meios de produção — de quê? De uma satisfação. Ela descobriu que havia alguma coisa de articulável e articulada, alguma coisa que apreendi, que denunciei como sendo montagens, e que literalmente não podem ser concebidas de outra maneira, algo que ela chama de pulsões.

Isso não tem sentido — o que significa que ela não as apresenta como tais — senão na medida em que, na ocasião, é satisfatório. O que implica que, quando as vemos funcionar, isso traz em si sua satisfação. Quando, na vertente de uma articulação teórica, a psicanálise denuncia num comportamento o funcionamento da pulsão oral, da pulsão anal, da pulsão escopofílica ou da pulsão sadomasoquista, é para dizer que alguma coisa se satisfaz com isso, donde é evidente que não podemos designá-lo de outra maneira que não como aquilo que está por baixo, um sujeito, um *hypokeimenon*, seja qual for a divisão que deva necessariamente resultar disso para ele, em nome de ele ser apenas o sujeito de um instrumento em funcionamento, de um *organon*.

O termo é menos empregado aqui em seu acento anatômico de prolongamento de um corpo, apêndice natural mais ou menos animado, do que em seu sentido original de aparelho, de instrumento, que é como Aristóteles o emprega a respeito da lógica. Naturalmente, os campos são limítrofes, e por isso alguns órgãos do corpo, aliás diversamente ambíguos e difíceis de apreender, já que é por demais evidente que alguns não passam de resíduos, vêem-se colocados numa função de suporte instrumental.

Surge assim uma pergunta — como definir essa satisfação? É preciso acreditar que haja aí, afinal, alguma coisa que claudique, já que aquilo em que nos empenhamos com respeito a essas montagens é em desmontá-las.

Será que a pura e simples desmontagem, em si, como tal, em primeiro plano, implica que seja curativa? Se assim fosse, parece que a coisa andaria um pouco mais depressa, e talvez até houvéssemos resolvido a questão há um bom tempo. Se destacamos a função da fixação como essencial, é porque a história não é tão fácil assim.

O que precisamos reter no campo psicanalítico talvez seja, com efeito, que alguma coisa se inscreve como seu horizonte, e que isso é o sexual. É em função desse horizonte, mantido como tal, que as pulsões se inserem em sua função de aparelho.

Vocês estão vendo com que prudência introduzo minhas assertivas aqui. Falei de horizonte, falei de campo, não falei de ato sexual. Os que já estavam aqui dois anos atrás lembram-se de que dei à questão do ato premissas certamente diferentes das de tomar como um dado a existência de um ato sexual. Assim como concluí que, tomando *ato* pela ênfase estrutural que é a única em que ele subsiste, podemos enunciar que não existe ato sexual. Voltaremos a isso, e vocês têm razão em desconfiar que é para voltar a isso por outra vertente, a deste ano, que vai de um Outro ao outro, que nos reencontramos neste caminho, no qual, no entanto, o que concluímos por outra abordagem merece ser relembrado.

O que se interroga da satisfação como essencial à pulsão, também isso somos forçados a deixar em suspenso, nem que seja a fim de escolher nosso caminho para vir a defini-lo.

Por ora, podemos saltar a essência que se encontra em algum lugar no nível do sinal de *igual* da equação escrita aqui. É justamente isso que constitui o centro de nossa interrogação de hoje. A que satisfação pode responder o próprio saber?

2

O saber, em suma, não é à toa que o produzo aqui como nocionalmente abordável, como o saber que seria idêntico a esse campo, tal como acabo de delimitá-lo, que seria o *saber haver-se* nesse campo.

Será que isso é mesmo suficiente? Esse saber haver-se ainda é meio próximo demais do *savoir-faire*, sobre o qual pode ter havido um mal-entendido agora há pouco, o qual aliás favoreci, para agarrar vocês por onde convém, pelo ventre. Trata-se mais de um *saber haver-se*.

Isso nos leva à vertente que constitui nossa questão aqui, leva-nos sempre às bases, como convém, de nossa questão crucial. Com efeito, o que a descoberta freudiana enuncia é que podemos estar nisso sem saber que estamos, e também que, ao nos julgarmos mais certos de nos proteger desse estar aí, ao nos julgarmos noutro lugar, num outro saber, estamos nisso em cheio. É o que diz a psicanálise: estamos aí sem saber. Estamos nisso em todos os campos do saber. E é por essa vertente que a psicanálise se descobre concernir ao questionamento do saber. Não é a vertente de nenhuma verdade e, nominalmente, de nenhuma ontologia. Onde quer que estejamos, onde quer que funcionemos, pela função do saber estamos no horizonte do sexual.

Admitam que ao menos vale a pena examinarmos isso mais de perto.

Estamos nisso sem saber. Será que saímos perdendo? Quanto a isso, não parece haver dúvida, já que é daí que partimos. Somos tapeados até o gorgomilo. A tapeação da consciência prende-se a que ela serve àquilo que não pensa servir. Eu disse *tapeação*, não *engano*. A psicanálise não se interroga sobre a verdade da coisa. De parte alguma tiraremos dela discursos sobre o véu de Maia ou sobre a ilusão fundamental do *Wille* [a vontade]. *Tapeação* implica alguma coisa, porém aqui menos rápida de resolver que noutros lugares. Um tapeado é alguém que é explorado por outrem. Quem é que explora aqui?

Depositada a ênfase na tapeação, a pergunta eclode, mesmo assim. É isso que faz com que, numa zona que é a das conseqüências da teoria marxista, as pessoas se agitem um pouco, perguntem se essa maldita psicanálise não poderia servir de aval. Foi esse o termo que ouvi enunciar, que surgiu assim numa conversa que tive. Eu prefiro, como lhes disse, um discurso sem fala, mas, quando me encontro com as pessoas, é para conversarmos, e então elas falam, falam mais do que eu, e dizem coisas assim: Afinal, a psicanálise bem poderia ser mais um avalista da teoria da exploração social. Elas não estão erradas. Só que o explorador, nesse caso, é menos fácil de apreender, tal como o modo da revolução. Trata-se de uma tapeação que não beneficia ninguém, pelo menos na aparência.

Então, será que o saber da experiência analítica é apenas o saber como aquilo que serve para não sermos tapeados por essa história toda? Mas, de que adianta isso, se não for acompanhado por um *saber sair*, ou até, mais precisamente, por um saber de intróito, um *saber entrar* no que está em questão, no tocante ao clarão que pode resultar daí sobre o fracasso necessário de algo que talvez não seja privilégio do ato sexual?

Com respeito a essa pergunta, na verdade, a psicanálise ficou no limiar. Por que ficou no limiar? Que ela fique no limiar em sua prática só pode ser justificado teoricamente, e é nisso que nos empenhamos. Mas, que ela tenha ficado aí também no plano teórico, direi que é problema dela, deixemos que ela se safe sozinha. Isso não nos impede, a todos que estamos aqui, na medida em que estamos na frigideira, de também tentarmos fazer como os outros e ir mais longe.

Aqui, estamos justamente na encruzilhada em que, ao contrário do que enunciei há pouco, talvez tenhamos que colher as lições provenientes da experiência de outras dimensões, com respeito a um certo texto que, com o tempo, revela não ser tão diferente do nosso, já que a função do signo e até a do significante têm nele todo o seu valor. Trata-se da crítica marxista. Talvez bastasse um pouquinho menos de progressismo, de um lado e de outro, para chegarmos a conjunções fecundas em termos teóricos.

Todo mundo sabe que, nesse aspecto, trago alguma coisa que também é um *organon*, justamente o que poderia servir para ultrapassar essa fronteira. Alguns o rotulam de *lógica do significante*. É verdade, cheguei a fazer alguns enunciados a esse respeito. Nada preparava para isso as cabeças vindas da psicanálise, mas outras, provenientes de outros lugares, descobriram-se vivamente estimuladas.

Além disto, não é muito simples precisar de quais, já que não se trata apenas de fidelidade política, mas também de um certo número de modismos da atualidade. Muito depois de eu ter começado a enunciar a referida lógica, produziu-se toda sorte de perguntas sobre o manejo desse significante, sobre o que é um discurso, sobre o que é um romance, sobre o que é até o uso correto da formalização em matemática.

Nisso, como noutras coisas, andamos meio apressados. A pressa tem sua função, como já enunciei na lógica. Mas só o enunciei para mostrar as armadilhas mentais — chego a qualificá-las assim — em que ela nos precipita. Ao querer acentuar a que ponto o que enuncio como lógica do significante permanece à margem, pelo fato de que um certo frenesi na adesão à formalização pura permitiria afastá-la como metafísica, segundo dizem, acaba-se percebendo que, mesmo no campo do puro exercício matemático, o uso da formalização não esgota nada, mas deixa à margem algo a propósito do qual continua a ser válida a pergunta sobre o que acontece com o desejo de saber.

Quem sabe? A despeito de mim mesmo, talvez haja um dia na matemática uma coisa que será chamada de teorema de Lacan. Alguém à minha volta sugeriu isso, dias atrás. Certamente não é o que eu procuraria, porque tenho mais o que fazer, porém é justamente assim que as coisas acontecem. De tanto querer considerar fechado um discurso inacabado — e essa é efetivamente uma característica de algo que normalmente deve desembocar em outros lugares —, produzem-se efeitos de resto. Esse teorema, ainda podemos deixar seu enunciado numa obscuridade do futuro.

Voltemos ao saber, por enquanto, e tornemos a partir pela outra extremidade do que se enuncia no quadro. Não é a mesma coisa enunciar uma fórmula começando por um lado ou pelo outro.

Ao contrário de nossa experiência, o saber, pode-se dizer, é aquilo que falta à verdade.

É isso mesmo que desequilibra o debate de uma certa lógica, somente essa — a lógica de Frege —, na medida em que ela parte apoiada nas muletas de dois valores, verdade ou erro, que têm a notação 1 ou 0. Vejam a dificuldade que ele tem para encontrar uma proposição que possa qualificar de verídica. É-lhe preciso invocar o número de satélites de Júpiter, ou de determinado outro planeta, ou seja, alguma coisa bem redonda e inteiramente isolável, sem que ele se dê conta de que isso é apenas recorrer ao velhíssimo prestígio daquilo pelo qual, no começo, o real apareceu como o que sempre retorna no mesmo lugar. Se ele não pode recorrer a outra coisa senão a essas entidades astronômicas, é por não haver muitas outras fórmulas passíveis de ser enunciadas como verdades. Para um matemático, é claro, nem se cogita de enunciar, como fórmula que traz a verdade inerente em si, que dois e dois são quatro, porque isso não é verdade. Se por acaso, em cada um dos dois, houvesse um que fosse o mesmo, eles somariam apenas três.

Que a verdade seja desejo de saber, e nada mais, evidentemente só serve para nos fazer questionar precisamente isto: e se houvesse uma verdade antes? Todos sabem que é esse o sentido do *deixar ser* heideggeriano. Haverá alguma coisa a *deixar ser*? É nesse sentido que a psicanálise traz uma contribuição.

Para dizer que, com efeito, existe alguma coisa que se poderia *deixar ser*. Só que ela intervém nisso. E intervém de um modo que nos interessa, para além do limiar atrás do qual se detém, na medida em que ela faz com que nos interroguemos sobre o que se passa com o desejo de saber.

É por isso que voltamos à pulsão.

3

A pulsão é mitológica, sem dúvida, como escreveu o próprio Freud. Mas o que não é mitológico é a suposição de que o sujeito esteja satisfeito com ela. Ora, isso não é pensável sem que já exista a implicação, na pulsão, de um certo saber de seu caráter de lugar-tenente sexual.

Só que, vejam, que significa esse *não é pensável*? As coisas podem chegar a ponto de interrogar o efeito de pensamento como suspeito. Talvez não saibamos absolutamente nada do que quer dizer *lugar-tenente do sexual*. A própria idéia do sexual pode ser um efeito da passagem do que está no cerne da pulsão, isto é, o objeto *a*.

Como vocês sabem, isso aconteceu há muito tempo. Ela lhe passou a maçã fatal, a querida Eva. De qualquer modo, isso também é um mito. Foi a partir daí que ele a viu como mulher. Apercebeu-se de todas as coisas de que lhes falei há pouco. Antes, ele não tinha percebido que ela era algo extraído do lado de sua grade costal. Achara aquilo bonito, muito agradável, estava-se no paraíso. Provavelmente, foi nesse momento — a leitura do texto não deixa nenhuma dúvida — que ele não só descobriu que ela era a mulher, como também começou a pensar, pobrezinho. É por isso que dizer que *não é pensável* que a pulsão já comporte ou implique um certo saber não nos leva muito longe.

A prova disso, aliás, é que aí fica a articulação do idealismo. Houve alguém chamado Simmel que, em sua época, falou da sublimação, antes de Freud. Foi para partir da função dos valores. Ele explicou muito bem como o objeto feminino, no interior disso, veio a assumir um valor privilegiado. Foi uma escolha como outra qualquer. Existem valores, as pessoas pensam dentro dos valores, depois pensam de acordo com os valores, e depois se edificam valores.

Se eu lhes disse que a psicanálise e Freud não se preocupam com a ilusão nem com o véu de Maia, é justamente porque a prática e a teoria são ambas realistas. O gozo, isso é o que só se percebe ao ver sua constância nos enunciados de Freud. Mas é também o que se percebe na experiência — refiro-me à psicanalítica. O gozo, aqui, é um absoluto, é o real, e tal como o defini, como aquilo que sempre volta ao mesmo lugar.

Se o sabemos, é por causa da mulher. Esse gozo em si é tal que, na origem, só a histérica o ordena logicamente. É ela, de fato, que o coloca como um absoluto. É nisso que ela desvela a estrutura lógica da função do gozo. Porque, se o coloca dessa maneira, no que é uma teórica correta, ela o faz à sua custa. É justamente por postular o gozo como um absoluto que a histérica é rejeitada, só podendo responder a ele pelo ângulo de um desejo insatisfeito em relação a ela mesma.

Essa posição no desvelar lógico parte de uma experiência cuja correlação é perfeitamente sensível em todos os níveis da experiência analítica. Quero dizer que é sempre a partir de um além do gozo como absoluto que assumem logicamente o seu lugar justo todas as determinações articuladas sobre o que acontece com o desejo.

Isso chega a um grau de coerência no enunciado que refuta qualquer caducidade ligada ao acaso da origem. Não foi pelo fato de as histéricas terem estado lá no começo, por um acidente histórico, que a coisa toda pôde ter lugar. É que elas estavam no ponto exato em que a incidência de uma fala podia evidenciar o vazio que é conseqüência de o gozo desempenhar aqui a função de estar fora dos limites do jogo. Como diz Freud, o enigma está em saber o que quer a mulher, o que é uma forma deslocada de destacar o que acontece, nessa circunstância, com seu lugar. É a partir daí que ganha valor a questão de saber o que quer o homem.

O fato de toda a teoria da análise desenvolver-se numa fieira androcêntrica, como dizem às vezes, não é, com certeza, culpa dos homens, como se costuma acreditar. Em particular, não é por eles dominarem. É que eles perderam o fio da meada. A partir desse momento, não há senão as mulheres, e especialmente as histéricas, que, nisto, compreendem alguma coisa.

$1 - a$ verdade-saber

O enunciado do inconsciente, tal como acabo de escrevê-lo, traz a marca do *a* no nível em que falta o saber. Isso se dá na medida em que não sabemos nada desse absoluto. É inclusive isso que o constitui como absoluto. É que ele não está ligado no enunciado. Mas a enunciação, por sua vez, em seu papel inconsciente, afirma que é isso que é o desejo, como falta do 1. Ora, isso em nada garante que as coisas sejam assim. Não garante que a falta do 1 seja a verdade. Nada garante que não seja a mentira. É por isso, inclusive, que no *Entwurf* Freud designa a concatenação inconsciente como sempre partindo de um *proton pseudos*, o que só se pode traduzir corretamente, quando se sabe ler, por *a mentira soberana*. Se isso se aplica à histérica, é apenas na medida em que ela assume o lugar do homem.

O que está em pauta é a função desse Um como aquele que domina tudo o que acontece com o campo que se apreende, com justa razão, como metafísico. É ele que é questionado, muito mais do que o ser, pela intromissão da psicanálise. É ele que nos força a deslocar a ênfase do signo para o significante.

Se houvesse um campo concebível em que a união sexual funcionasse, ali onde ela parece fazê-lo, no animal, seria apenas uma questão do signo. *Faça-me cisne,** como disse Leda a um deles. Depois disso, tudo corre bem. Cada um se abstém de metade da sobremesa, fica-se junto, isso dá Um. Só que, se há uma coisa que a análise introduz, é justamente que esse Um não cola, e é por isso que ela introduz algo novo, unicamente à luz do qual, aliás, essas próprias façanhas do erotismo a que aludi há pouco podem ganhar sentido.

Com efeito, se a união sexual comportasse, ao mesmo tempo que seu fim, a satisfação, não haveria nenhum processo subjetivo a esperar de nenhuma experiência, isto é, não das que na análise concedem as configurações do desejo, mas daquelas que, bem além disso, nesse terreno já explorado e praticado, são consideradas as vias de uma ascese em que algo da ordem do ser pode vir a se realizar.

O gozo, esse gozo que só é valorizado aqui pela exclusão, digamos, de alguma coisa que representa a natureza feminina, porventura não sabemos que a natureza, para suprir as necessidades da conjunção em seus milhares e milhares de espécies, nem sempre parece ter que recorrer a ele?

Há muitos outros aparelhos além dos aparelhos de tumescência que estão em funcionamento no nível de certos artrópodes ou aracnídeos. O que acontece com o gozo não é de modo algum redutível a um naturalismo. O que há de naturalista na psicanálise é, simplesmente, o nativismo dos aparelhos chamados pulsões, e esse nativismo é condicionado pelo fato de que o homem nasce num banho de significantes.

Não há nenhuma razão para lhe dar qualquer continuidade no sentido do naturismo.

A questão que abriremos, e que será objeto da nossa próxima conversa, se esclarecerá, penso eu, por estas premissas que formulei hoje.

---

* Cabe ressaltar a homofonia entre signo (*signe*) e cisne (*cygne*), com a qual Lacan joga nesse ponto, em sua alusão ao mito de Leda e o cisne. (N.T.)

A sublimação é o ponto em que o próprio Freud assinalou o que chamei há pouco de parada da análise num limiar.

Da sublimação ele só nos diz duas coisas, a primeira das quais é que ela tem uma certa relação *am Objekt*. *Am*, *an*. Vocês já conhecem o *an sich*. O *an* não é, em absoluto, igual ao *en* francês. Quando se traduz o *an sich* por *en-soi* [em si], não é nada disso. É por isso mesmo que meu *en-Je* [no-Eu],* para qualificar o *a*, também produz uma ambigüidade. Eu gostaria de chamá-lo, introduzindo um apóstrofo, de *l'a-je* [a-Eu]. Assim, vocês veriam prontamente para onde deslizamos, é esse o uso correto das línguas em exercício.

Em segundo lugar, quando articula a sublimação, Freud nos sublinha que, se ela tem uma relação com o objeto, é por intermédio de algo que ele explora no nível em que a introduz, e que ele chama de idealização, mas sublinhando que, em sua essência, ela está *mit dem Trieb*, com a pulsão. Isso está em *Einführung zur Narzissmus* ["Introdução ao narcisismo"].

Reportem-se aos outros textos — há um certo número deles, creio que não preciso enumerá-los para vocês —, desde os *Três ensaios sobre a teoria da sexualidade* até a *Massenpsychologie* [Psicologia das massas]. A ênfase é sempre depositada em que, ao contrário da interferência censora que caracteriza a *Verdrängung* [o recalcamento], e, numa palavra, do princípio que cria obstáculos à emergência do trabalho, a sublimação como tal, propriamente falando, é uma modalidade de satisfação da pulsão.

A sublimação está com a pulsão, mas uma pulsão que Freud qualifica de *zielgehemmt* — desviada de seu objetivo, traduzimos.

Já tentei articular o que se dá com esse objetivo. Talvez, com efeito, seja preciso associar ao nível do objetivo o caminho do alvo, para enxergar com mais clareza. Mas, qual é a necessidade dessas argúcias, depois do que produzi hoje diante de vocês? Nada é mais fácil do que ver a pulsão satisfazer-se fora de seu objetivo sexual. Esse objetivo, como quer que seja definido, está fora do campo do que é essencialmente definido como o aparelho da pulsão.

Para concluir, vou pedir-lhes apenas uma coisa: que vejam a que isso leva, em todos os lugares em que, em torno da função sexual, or-

* O termo de Lacan, vale destacar, é homófono de *enjeu* (aposta, aquilo que está em jogo, que se arrisca, que se pode ganhar ou perder etc.). (N.T.)

ganiza-se não o instinto, que teríamos bastante dificuldade de situar em algum lugar a partir de hoje, mas uma estrutura social.

É de admirar que aqueles que se dedicaram a nos mostrar as sociedades das abelhas ou das formigas só se tenham ocupado dos grupos delas, de suas comunicações, seus embates, sua maravilhosa inteligenciazinha, e que ninguém tenha enfatizado que o formigueiro, assim como a colmeia, são inteiramente centrados na realização da relação sexual. É precisamente na medida em que essas sociedades assumem a forma de uma fixidez em que se revela a não presença do significante que elas diferem das nossas.

Foi por isso mesmo que Platão, que acreditava na eternidade de todas as relações ideativas, criou uma *Politeia* ideal em que todas as crianças seriam educadas em comum. A partir desse momento, vocês têm certeza daquilo de que se trata: trata-se, propriamente falando, de centrar a sociedade no que acontece com a produção sexual. O horizonte de Platão, por mais idealista que vocês o imaginem, não era outra coisa — à parte, é claro, uma série de conseqüências lógicas, que indubitavelmente dão frutos, que anulariam na sociedade todos os efeitos de seus *Diálogos*.

Deixo-os com isso por hoje e me despeço de vocês até a próxima, sobre o tema da sublimação.

5 de março de 1969

XIV

AS DUAS VERTENTES DA SUBLIMAÇÃO

A elegância de Gilles Deleuze
Lógica e biologia
O Outro, terraplenagem higienizada do gozo
Não existe relação sexual
Logística da defesa
A Mulher como Coisa sexuada
Um amor além do narcisismo
A anatomia do vacúolo
As cócegas feitas por dentro na Coisa

A Mulher?	O/A Outro? [*LA utre*?]	A Coisa?
X	Lugar da fala com que se faz amor	Vacúolo do gozo

A sublimação para atingir a Mulher
(o amor cortês, idealização do objeto)
A sublimação para atingir o gozo com a pulsão
O representante da representação

No quadro

Coloquei umas palavrinhas no quadro para que possam captar certas afirmações que farei hoje na presença de vocês.

De fato, faz tempo que isso deveria bastar-lhes. Quero dizer que, a partir dos pontos de articulação que figuram na primeira linha, sob a forma de pontos de interrogação, eu deveria poder passar a palavra pelo menos a alguns de vocês para fazerem em meu lugar o trabalho semanal em que consiste a escavação deste discurso.

Na verdade, não seria mau me substituírem, como aliás foi feito em alguns anos anteriores, e que houvesse alguém disposto a se dedicar a levar adiante um certo número de objetos subsistentes, de coisas já impressas, cuja organização não seria inútil após um certo lapso de tempo.

É bastante evidente, com efeito, que existem tempos, níveis no que enuncio, se pensarmos no ponto de que precisei partir. A princípio, tive de martelar que o inconsciente — refiro-me ao inconsciente de que fala Freud — é estruturado como uma linguagem. No entanto, isso era visível a olho nu, sem que eu me metesse, sem que se precisasse de meus óculos, mas enfim, foi necessário.

Uma pessoa amistosa me disse, recentemente, que a leitura de Freud, pensando bem, é muito fácil, podemos lê-lo e não entender nada. Por que não, já que, no cômputo geral, isso foi comprovado pelos fatos? A primeira coisa maciça de que era importante nos livrarmos, logo de saída, nem sequer fora percebida, graças a uma seqüência de configurações que podemos chamar de operação de vulgarização do freudismo. O que não impede que tenha sido preciso tempo para que eu transmitisse o inconsciente estruturado como uma linguagem, e ainda por cima no círculo que, nesse aspecto, era o mais instruído para percebê-lo.

Graças a todos esses atrasos, acontecem coisas que não posso dizer que sejam desanimadoras para mim, longe disso. Sucede, por exemplo, que um certo senhor Gilles Deleuze, dando continuidade a seu trabalho, lança, sob a forma de suas teses, dois livros capitais, o primeiro dos quais nos interessa em primeiro plano. Creio que, por seu simples título, *Diferença e repetição*, vocês podem ver que ele deve ter alguma relação com meu discurso, coisa de que o autor é certamente o primeiro a saber. E depois, assim, sem interrupção, tive a grata surpresa de ver aparecer em minha escrivaninha um livro que ele nos dá de lambuja, e que se chama *Lógica do sentido*. Isso foi uma verdadeira surpresa, aliás, porque ele não me havia anunciado nada disso na última vez em que eu o vira, após a defesa de suas duas teses.

Não seria vão alguém, um de vocês, por exemplo, se apossar de uma parte desse livro. Não digo do livro inteiro, porque ele é muito grande, mas, afinal, foi feito como se deve fazer um livro, ou seja, cada um de seus capítulos implica o conjunto, de modo que se tem o todo ao pegar uma parte bem escolhida. Não seria nada mau perceber que ele, em sua felicidade, soube ganhar tempo para reunir num único texto não apenas o que está no cerne do que meu discurso enunciou — e não há dúvida de que esse discurso está no âmago de seus livros, já que ele o confessou como tal e que "O seminário sobre A carta roubada" constitui seu passo inicial, definiu seu limiar —, mas também todas as coisas que auxiliaram meu discurso, que o alimentaram, que numa ou noutra ocasião lhe forneceram sua aparelhagem, como a lógica dos estóicos, por exemplo. Com a suprema elegância da qual detém o segredo, Deleuze pôde mostrar o lugar de sustentação essencial que ela ocupa, tirando proveito dos trabalhos de todos os que esclareceram esse aspecto da doutrina estóica, que é difícil porque só nos foi legada por trechos dispersos de depoimentos estrangeiros, com os quais somos obrigados a reconstituir, como que com luzes rasantes, qual foi efetivamente a sua relevância — relevância de um pensamento que era não apenas uma filosofia, mas uma prática, uma ética, uma forma de se manter na ordem das coisas.

Nesse livro em que sou evocado muitas vezes, o único ponto em que o autor indica separar-se de uma doutrina que seria a minha encontra-se na página 289 — pelo menos, diz ele, a nos atermos a um certo relatório que, num momento decisivo de meu ensino, expôs diante da comunidade psiquiátrica reunida o essencial de minha doutrina sobre o inconsciente. Deleuze faz essa ressalva, mas, dada a grande pertinência existente no conjunto desse relatório, que se deve aos dois excelentes trabalhadores que foram Laplanche e Leclaire, ele não hesita, é claro, em me imputar o que traduz como o caráter plurívoco dos elementos significantes no nível do inconsciente.

Mais exatamente, ao reler esse relatório, já que minha atenção foi atraída para ele por essa observação, ali encontramos formulado que a possibilidade de todos os sentidos produz-se a partir da verdadeira identidade do significante e do significado, a qual resulta de uma certa maneira de manipular a função metafórica, e de fazê-lo um pouco além da maneira como eu o fiz. O S rechaçado para baixo da barra, pelo efeito metafórico de uma substituição, os autores o fazem funcionar em conjunção com ele mesmo, como representando a essência da relação em causa, e agindo como tal no nível do inconsciente. Aí está um ponto que deixarei, com satisfação ainda maior, a cargo dos autores que me representaram nesse relatório notável, na medida em que é um ponto resultante, com efeito, de uma certa manipulação, por parte deles, do que eu havia enunciado até então.

Eu gostaria que alguém fizesse o favor de se empenhar em entrar nos detalhes disso, o que decerto me é proibido, pelo excesso de deveres de minha marcha, que está destinada por natureza a não poder parar, dado que ainda deverá ser longa. Seria o caso de aproximar o que Deleuze enuncia no conjunto desse livro e o que é formulado nesse relatório, não absolutamente sem pertinência, mas de uma forma que representa uma falha. Seria preciso estabelecer por que é uma falha e delimitar com precisão o que há ali de faltoso. Conviria também mostrar em que sentido essa falta é coerente com o que, no relatório, gira em torno do que há de essencial, como insisti em várias ocasiões nos anos anteriores, em dar uma tradução correta — o que equivale a dizer uma desarticulação correta — da chamada função do *Vorstellungsrepräsentant* e de sua incidência no tocante ao inconsciente. Se alguém quisesse propor-se a esclarecer essa questão, publicamente, no caso, eu veria nisso um grande benefício para os que se referem a meu ensino e que, é claro, o alimentam, acompanham e complementam, às vezes de maneira elucidativa. De fato, é sempre necessário esclarecer aquilo que, nesse ou naquele trabalho desses alunos, não convinha traduzir inteiramente, não o que era no momento presente o eixo do que eu enunciava, mas o que a continuação demonstrou ser seu eixo verdadeiro.

Enquanto aguardo que essa boa vontade se ofereça, observo que o relatório a que fiz alusão, *L'Inconscient, une étude psychanalytique*, foi publicado, aliás não se sabe muito bem por quê, em *Les Temps Modernes* de julho de 1961, isto é, sensivelmente depois de ter sido enunciado num certo Congresso de Bonneval, para o qual eu mesmo fiz uma contribuição, cujo texto, de redação também muito posterior, foi incluído em meus *Escritos* sob o título de "Posição do inconsciente".

Passo à ordem do dia e levo adiante minha proposta da última vez, no eixo do que lhes anunciei: a sublimação.

1

A propósito da sublimação, assinalei e destaquei duas coisas, da última vez.

Em termos de Freud, é claro, há muitas passagens a citar, mas esta é capital. Está na "Introdução ao narcisismo" e evoca a relação de idealização *am Objekt*, no objeto.

Por um lado, a sublimação liga-se essencialmente ao destino, ao avatar, à *Schicksal* das pulsões. É a quarta das transformações enunciadas por Freud no artigo intitulado "Triebe und Triebshicksal" ["A pulsão e suas vicissitudes"]. Caracteriza-se por se fazer *mit dem Trieb*, com a pulsão. Pelo menos para os que me ouviram, no passado, martelar esse *com* em diversas ocasiões, sobretudo ao retomar a formulação de Aristóteles, *Não se deve dizer que a alma pensa, mas que o homem pensa com sua alma*, é cativante reencontrá-la aqui na pluma de Freud. Alguma coisa se satisfaz *com* a pulsão.

Mas o que a pulsão encontraria para se satisfazer? Pois Freud a situa para nós como uma montagem — formulação que sempre apontei como essencial na pulsão — de quatro termos, os seguintes: a fonte, *Quelle*, o impulso, *Drang*, o objeto, *Objekt*, e o alvo ou objetivo, *Ziel*. É esse alvo que está em questão hoje, precisamente porque, na sublimação, a pulsão fica inibida quanto ao objetivo, elide o objetivo sexual.

Isso é habitualmente traduzido imaginando-se que as obras que apreciamos, aquelas que adquirem um *valor social*, termo com que Freud acentua a coisa, são produzidas pelos autores à custa de sua satisfação sexual, e que há nisso sabe-se lá que substituição obscura. Mas não basta nos atermos a isso para dar o alcance apropriado ao que Freud enunciou.

Demorei algum tempo para abordar este assunto e, em nossos dois últimos encontros, forneci suas premissas ao articular expressamente que a sexualidade, com respeito ao que nos interessa do campo psicanalítico, decerto constitui um horizonte, mas sua essência está muito mais longe ainda. Nem seu saber nem sua prática — refiro-me à da sexualidade —, contudo, são esclarecidos nem modificados por ele.

É para isso que eu gostaria de conduzir a atenção de vocês, num momento em que, certamente, as coisas no plano biológico encaminham-se para se desanuviar um pouquinho. Tudo que descobrimos no nível das estruturas reguladoras apresenta, às vezes, estranhos isomorfismos com nossos enunciados sobre o funcionamento da linguagem, mas com certeza é mais do que prudente, em matéria de sexo, não ficarmos com esquemas grosseiros.

Se vocês abordarem com um pouco de atenção os trabalhos de alguém como François Jacob sobre o que é chamado de bacteriófago, e sobre tudo o que uma técnica experimental rigorosa permite começar a discernir do funcionamento da matéria viva, talvez lhes ocorra a idéia de que, antes mesmo de se tratar de sexo, a coisa realmente copula muito dentro dela. Por isso é que talvez não deixe de ter relação que, num outro extremo do campo, o que é nosso, e que por certo não tem o que dizer a propósito da biologia, também percebemos que falar de sexo é um pouquinho mais complicado.

Conviria, por exemplo, não confundir o que acontece com a relação [*rapport*], tomando esse termo no sentido lógico, com a relação que fundamenta a função conjunta dos dois sexos. Parece evidente que existem apenas dois deles, mas, por que não haveria três ou mais? Não há nisto a menor alusão aos usos jocosos que têm sido feitos da expressão "terceiro sexo", por exemplo — livro particularmente notável, digo entre parênteses, pela irresponsabilidade de que dá mostras. Biologicamente, com efeito, por que não haveria três?

O fato de existirem dois decerto constitui um dos pilares fundamentais da realidade, mas conviria perceber até onde vão suas incidências lógicas. Com efeito, por uma curiosa inversão, toda vez que lidamos com o número 2, eis que o sexo, pelo menos em nossa cabeça, faz sua entrada por uma portinhola, mais facilmente ainda na medida em que do sexo nada sabemos.

Dou-lhes uma pequena indicação disso. Há em algum lugar um cromossomo a mais, o qual, aliás, é muito curioso que nunca possamos dizer de antemão, numa dada espécie, de que lado será encontrado, se masculino ou feminino. Ele é excedente, disjunto, dissimétrico.

Então, antes de enunciar alguma coisa sobre a relação sexual, melhor seria atentarmos para o fato de que isso não tem nada a ver com o que vem substituí-la por completo, especialmente na psicanálise, ou seja, os fenômenos de identificação com um tipo que, segundo o caso, é dito masculino ou feminino.

Dito isto, apesar das aparências, o que a psicanálise demonsta é, justamente, que nem mesmo essa identificação com um tipo é tão fácil assim. De modo geral, é com enorme inabilidade que chegamos a enunciar alguma coisa a esse respeito. Dizemos *posição masculina* ou *posição feminina*. E rapidamente resvalamos para falar em *posição homossexual*. No mínimo, é de espantar um pouquinho que, toda vez que Freud quer dar um enunciado preciso, ele mesmo confesse que é completamente impossível fazer referência à oposição masculino ou feminino, e a substitua por ativo ou passivo.

Seria interessante indagar se algum desses dois termos, masculinidade e feminilidade, *machice* ou *feminice*, [*mâlité* ou *femmelité*], é uma qualificação aceitável como predicado. Será que podemos dizer *todos os machos*? É possível enunciar isso, mesmo numa manipulação ingênua dos qualificativos? Por que uma proposição aristotélica não poderia ser habilitada, por exemplo, sob a forma *todos os machos da criação*? Essa interrogação também comportaria outra pergunta: será que *todos os não machos* quereria dizer *as fêmeas*? Os abismos abertos por tal recurso, que confia no princípio da contradição, talvez também pudessem ser tomados no outro sentido. Isso faria com que nos interrogássemos, num procedimento que anunciei há pouco, sobre o que o próprio recurso ao princípio de contradição pode conter de implicação sexual.

Nas fantasias oriundas da abordagem improvável da relação sexual, outras modalidades que não o *sim* ou *não* entram em jogo. Há, por exemplo, a da polaridade do casal sexual, em nome de uma visão microscópica. Uma vez consumada a fecundação do ovo, produzem-se filamentos e se estabelece entre os dois núcleos uma espécie de campo, o qual menos conviria conceber como um campo de gradação do que como um campo que comporta uma bivetorialidade crescente e decrescente, conforme a aproximação dos dois pólos. Será que essa imagem do campo, tão fundamental em outros domínios, como o do eletromagnetismo, por exemplo, deve bastar-nos para pensar que o sexo e sua relação fundamental são dessa ordem, ou seja, dois pólos, e que alguma coisa se organiza entre eles, uma trama de ordem esférica?

Se começarmos a nos fazer essa pergunta, perceberemos que os fundamentos dessa concepção talvez não sejam tão evidentes. Se algumas formas favorecem um dado suporte, muitas outras perguntas podem ser levantadas. Existem efeitos de dominância, de influência, de repulsa, inclusive de ruptura que talvez sejam bastante adequados para nos incitar a questionar de novo o que esse esquema tem de diretivo. Só é possível fazê-lo, é claro, a partir do momento em que nos apercebemos do papel que ele desempenha, e que é inconteste ou até ingênuo, como se costuma dizer.

Fala-se, por exemplo, da *Fortpflanzung*, da reprodução, da qual se pretende fazer a finalidade do sexo. O que dá a imagem do que se passa com o sexo é que, quando duas pessoas se deitam juntas, de vez em quando aparece um bebezinho. Se parti dos efeitos da copulação sexual no nível celular, foi, evidentemente, para indicar que, na conjunção sexual, trata-se menos do terceiro produzido que da reativação de uma produção fundamental, que é a da própria forma celular, a qual, estimulada por esse ato, torna-se capaz de reproduzir alguma coisa que está em seu próprio seio, ou seja, seu arranjo.

Portanto, atentemos para essas contaminações que nos tornam tão fácil fazer com que uma função da qual talvez nos escape todo o essencial seja coberta pela posição do mais ou do menos na matemática, ou do um ou do zero na lógica. Prestemos ainda mais atenção a isso na medida em que, justamente, a lógica freudiana, se assim posso dizer, indica-nos com clareza que não pode funcionar em termos polares. Tudo o que ela introduziu como lógica do sexo decorre de um único termo, que é realmente seu termo original, que é a conotação de uma falta, e que se chama castração. Esse *menos* essencial é de ordem lógica, e sem ele nada pode funcionar. Tanto no homem quanto na mulher, toda a normatividade se organiza em torno da transmissão de uma falta.

É isso que se dá com a estruturação lógica, tal como decorre da experiência freudiana.

2

Agora devo lembrar-lhes o que desenvolvi longamente sob o título *A ética da psicanálise*, no seminário que evoquei num de nossos últimos encontros.

Ali articulo que a própria dialética do prazer, isto é, o que ela comporta de um nível de estimulação a um tempo buscado e evitado, de um limite correto, de um limiar, implica a centralidade de uma zona, digamos, proibida, porque nela o prazer seria intenso demais.

Essa centralidade é o que designo como o campo do gozo, definindo-se o gozo em si como tudo o que decorre da distribuição do prazer no corpo.

Essa distribuição, seu limite íntimo, é isso que condiciona o que, numa certa época, e com mais palavras e mais ilustrações, é claro, do que posso usar aqui, designei como o *vacúolo* — a proibição no centro que, em síntese, constitui o que nos é mais próximo, embora nos seja externo. Seria preciso criar a palavra *êxtimo** para designar aquilo de que se trata.

Na época, eu havia destacado em textos de Freud — não tenho tempo para me estender e lhes dizer quais — o funcionamento, em sua pena, de um termo ainda mais cativante, por se distinguir de tudo o que ele já pudera enunciar. Para Freud, as coisas são sempre *Sachen*. Nesses pontos, ele diz *das Ding*.

A ênfase que coloquei nesse *das Ding*, não a reproduzirei aqui para vocês, porque, de novo, não tenho tempo. Tudo que posso lembrar é que Freud introduz esse termo através da função do *Nebenmensch*, do homem que é o mais próximo, desse homem muito ambíguo, por não sabermos situá-lo. Quem é, afinal, esse próximo que ressoa na formulação dos textos evangélicos, *Ama teu próximo como a ti mesmo*? Onde pegá-lo? Onde existirá, fora desse centro de mim mesmo que não posso amar, alguma coisa que me seja mais próxima? Freud, como que impelido por sua necessidade para vias dedutivas, não consegue caracterizá-lo senão como alguma coisa absolutamente primária, que ele chama de grito. É numa exterioridade jaculatória que se identifica esse algo pelo qual o que me é mais íntimo é, justamente, aquilo que sou obrigado a só poder reconhecer do lado de fora. É por isso que tal grito não precisa ser emitido para ser um grito.

Retomei, a propósito disso, a magnífica gravura de Munch chamada *O grito*, e demonstrei que nada é mais conveniente ao valor expressivo desse grito do que o fato de ele se situar numa paisagem calma, na qual há na estrada, não muito longe, duas pessoas que se afastam sem sequer olhar para trás. É essencial que, da boca retorcida do ser feminino em primeiro plano que representa esse grito, não saia nada senão o silêncio absoluto. É no próprio silêncio que se centra esse grito, que surge a presença do ser mais próximo, do ser esperado, ainda mais que ele já está sempre presente, o próximo, que não tem nenhuma *Erscheinung* [aparição, manifestação] senão nos atos dos santos.

Será que esse próximo é o que chamei de Outro, que me serve para fazer funcionar a presença da articulação significante do inconsciente? Certamente não. O próximo é a iminência intolerável do gozo. O Outro é apenas sua terraplenagem higienizada.

---

* Combinando *externo* e *íntimo*. (N.T.)

Faz tanto tempo que lhes articulo a definição do Outro que, afinal, posso dizer essas coisas rapidamente. O Outro é justamente isso, é um terreno do qual se limpou o gozo. É no nível do Outro que aqueles que se derem esse trabalho poderão situar o que é articulado no livro de Deleuze, com um rigor e uma correção admiráveis, como distinto de e consoante com tudo o que o pensamento moderno dos lógicos permite definir do que se chama os acontecimentos, a encenação, e todo o carrossel ligado à existência da linguagem. É aí, é no Outro que está o inconsciente estruturado como uma linguagem.

A questão, por ora, não é saber como e por quem pôde ser feita essa limpeza. Primeiro é preciso começar por reconhecê-la. Depois, talvez se possam dizer coisas sensatas. Só que é importantíssimo defini-la assim, porque é somente a partir daí que é inclusive possível conceber o que está perfeitamente expresso em Freud, e que formulei com dois termos que creio ser importante acentuar: a formalização, por um lado, e a impassibilidade, por outro — de quê? Do desejo.

É isso que Freud expressa na última frase da *Traumdeutung*. O desejo de que se trata, o desejo inconsciente, mantém-se impassível em sua estabilidade, transmitindo as exigências do que, com ou sem razão, Freud chama de passado. Não é por existir a *Vergänglichkeit* [transitoriedade] que isso nos deve fazer mergulhar prontamente em idéias de boas ou más impressões, de neurose traumática da criança pequena, que perdura para sempre em todos nós, e em outros lugares-comuns. Eles não são inutilizáveis, é claro, porém o essencial é a permanência, a constância, a impassibilidade do desejo, que é, portanto, completamente redutível ao formal.

Então, em que nível se situa ela, a relação sexual, quanto ao que possamos formular? No nível da Mulher? Do Outro, lugar do desejo que desliza sob toda fala, intacto, impassível? Ou da Coisa, lugar do gozo? É esse o sentido das perguntas escritas na primeira linha do quadro.

O que eu lhes disse — que não existe relação sexual —, se há um ponto em que isso se afirma na análise, e tranqüilamente, é que a Mulher, não sabemos o que é isso. Ela é desconhecida no lugar — a não ser, graças a Deus, por representações. Desde sempre, nunca foi conhecida senão desse modo. Se a psicanálise destaca justamente alguma coisa, é que só a conhecemos por um ou mais representantes da representação. É realmente o caso de valorizar a formulação dessa expressão, introduzida por Freud a propósito do recalcamento. Não se trata, por ora, de saber se as mulheres são recalcadas, mas de saber se a Mulher como tal o é, e por que não, nela própria, é claro.

Este discurso não é androcêntrico. Se em sua essência a Mulher é alguma coisa, e disso nada sabemos, ela é tão recalcada para a mulher quanto para o homem. E o é duplamente. Primeiro no sentido de que o representante de sua representação está perdido, de que não se sabe o que é a Mulher. Depois, porque esse representante, quando é recuperado, é objeto de uma *Verneinung*. Que outra coisa senão uma denegação é lhe atribuir como característica o não ter precisamente aquilo que nunca se tratou de que ela tivesse? É somente por esse ângulo, no entanto, que a Mulher aparece na lógica freudiana — um representante inadequado, de lado, o falo, e em seguida a negação de que ela o tenha, isto é, a reafirmação de sua solidariedade com esse treco, que talvez seja mesmo seu representante, mas que não tem nenhuma relação com ela. Por si só, isso deveria dar-nos uma aulinha de lógica, e permitir-nos ver que o que falta ao conjunto dessa lógica é precisamente o significante sexual.

Quando vocês lerem Deleuze — talvez alguns se dêem esse trabalho —, vão se acostumar com coisas com que o convívio semanal com meus discursos aparentemente não bastou para familiarizá-los, caso contrário eu teria mais produções desse estilo para ler, e verão que ele diz em algum ponto que o essencial do estruturalismo, se é que essa palavra tem sentido — visto que lhe deram um no nível de um fórum inteiro, não vejo por que eu me concederia esse privilégio —, é, ao mesmo tempo, um branco, uma falta na cadeia significante, e o que dela resulta de objetos errantes na cadeia significada.

Pois bem, aí, por exemplo, o objeto errante é uma linda bexiguinha inflada, um balãozinho, com olhos pintados em cima e um bigodinho. Não creiam que se trata do homem. Isso está escrito, é a mulher, uma vez que essa mulher inapreensível, de qualquer modo, é assim que a vemos circular todos os dias. É isso que nos permite, inclusive, ter um certo senso do relativo com respeito ao fato de que poderia não ser assim.

Quando retrocedemos à pré-história, a uma época menos lógica, ali onde talvez ainda não houvesse complexo de Édipo, fazem-nos pequenas estatuetas de mulheres, que deviam mesmo ser preciosas para terem sido reencontradas. Afinal, era preciso guardá-las nos cantos. E elas tinham uma forma assim:

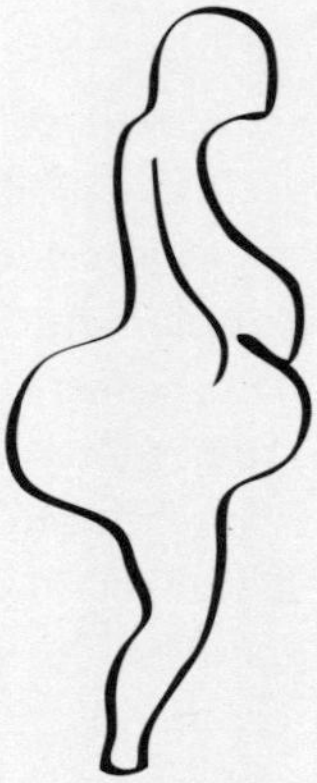

Vênus pré-histórica

Aqui, já não há nada de bexiguinha, olhos nem bigode, e sim nádegas portentosas. É assim que se compõe uma Vênus pré-histórica. Não a desenhei muito bem no quadro, mas foi só para lhes dar uma idéia. Ela era menos andromórfica. Isso não quer dizer, de modo algum, o que imaginam os paleontólogos, não quer dizer em absoluto que elas fossem assim. O representante da representação, para eles, era diferente do que é para nós. Não era um balão ou dois, nem tampouco a invocação de *As mamas de Tirésias*[*] — *Alçai vôo, pássaros da fraqueza*... Para eles, o representante da representação seguramente era assim. Isso lhes prova que o representante da representação pode diferir de acordo com as eras.

Com base nestas premissas, agora podemos avançar um pouco no que concerne à sublimação.

3

Agora há pouco, eu já lhes disse o bastante de como Freud articula a sublimação para não ter que repeti-lo — *zielgehemmt*, com idealização do objeto e operando com a pulsão.

Freud abre um certo número de portas por onde isso pode produzir-se. As mais simples, evidentemente, são as *Reaktionsbildungen*, as

---

* Guillaume Apollinaire, *As mamas de Tirésias*, trad. Maria José de Carvalho, ilustrações de Carlos Clemen, São Paulo: Max Limonad, 1985. (N.T.)

formações reativas. Se sabemos onde fica a barreira, isto é, do lado do gozo, está bastante claro que podemos imaginá-la, classificá-la, o que no entanto não a esclarece, por outro lado, entre as formações reativas à aproximação do gozo. Mas isso ainda não basta para nos explicar como isso funciona.

Ora, numa frase que termina uma notinha, Freud nos indica que, fora de todas as abordagens possíveis da sublimação, que ele define, existem outras, e absolutamente simples. Só que ele não diz quais são. Talvez tivesse dificuldade para pensá-las, em função de que, se do que compõe nossa matéria lógica ele nos forneceu os elementos chamados *intuitivos* na lógica matemática, ou ainda, muito mais impropriamente, *ingênuos*, nem por isso, afinal, ele mesmo se apercebeu inteiramente de que ela se prestava à formalização.

Sublimamos, diz-nos ele, com as pulsões. Mas, por outro lado, que sabemos dessas pulsões? De onde vêm elas? Do horizonte da sexualidade, que não foi minimamente esclarecido até hoje pelo fato de elas comportarem uma satisfação sexual. Mas o que nos é dito é que o gozo delas está ligado à sexualidade. Não é mau, nesse nível, termos começado por afirmar desde logo que, da sexualidade, nada sabemos. Em contrapartida, o que articulei é que na pulsão intervém o que é chamado, em topologia, de estrutura de borda.

Essa é a única maneira de explicar alguns traços da pulsão. Podemos dizer, *grosso modo*, que o que funciona como pulsão sempre se caracteriza por orifícios nos quais se encontra a estrutura de borda. Somente a estrutura de borda, tomada no sentido matemático, nos permite começar a ter uma compreensão do que Freud articula no nível do *Drang*, do impulso, ou seja, que o fluxo condicionado por essa borda é constante. Quanto a isso, incluí em meus *Escritos* uma nota, que melhorei ainda mais na terceira edição, na qual me refiro ao que, na teoria vetorial, define-se como fluxo do rotacional.

Numa palavra, a pulsão, por si só, designa a conjunção da lógica com a corporeidade. O enigma concerne mais a isto: como foi possível convocar o gozo da borda a uma equivalência com o gozo sexual?

Se vocês tiverem um pouco de imaginação, ou seja, a possibilidade de ligar o que cogitam em algum ponto, do lado de suas circunvoluções, com sua experiência, evidentemente acessória e sempre meio apressada, poderão afinal objetar que, no nível do gozo sexual, trata-se mais de tumescência, por exemplo, e depois, de orgasmo — e o que isso tem a ver com funções de borda?

Pois bem, se não houvesse a configuração de vacúolo, de furo próprio do gozo, que é algo de insuportável para o que é regulado como tensão temperada, vocês não veriam nada no sexual que fosse análogo ao que chamo, na pulsão, de estrutura de borda. A borda é constituída, aqui, por uma espécie de logística da defesa.

Essa logística da defesa, afinal, encontra-se em toda esquina, inclusive na prática sexual, justamente na medida em que essa prática é diferente do que se faz às pressas. Se não nos contentássemos, a propósito do gozo da mulher, com vagos farrapinhos diretivos que nos restam do vocabulário freudiano, talvez alguma coisa começasse a fazer vocês se interessarem, de maneira mais próxima, mais direta, mais colante, pelo que concerne não à relação sexual, sobre a qual vocês não podem dizer grande coisa, mas ao manejo do gozo sexual. O enigma representado aos olhos de alguns pela sensibilidade da parede vaginal, pelo caráter, não digo insubstituível, mas como que limítrofe do gozo feminino, pelos enigmas que aparecem, não se sabe por quê, quando se estuda a sexualidade feminina, tudo isso se harmonizaria muito mais facilmente com a topologia que tentamos abordar aqui.

Não entra em nosso tema estudá-la em detalhe. O importante é o que proponho: que alguma coisa nela se assemelha à Coisa, a essa Coisa que fiz falar, em sua época, sob o título de *A Coisa freudiana*. É por isso mesmo que lhe damos traços de mulher, quando a chamamos, no mito, de Verdade. Mas o que não se deve esquecer, e nisso está o sentido dessas linhas no quadro, é que a Coisa, ela mesma, decerto não é sexuada. Provavelmente, é isso que permite que façamos amor com ela, sem ter a menor idéia do que é a Mulher como Coisa sexuada.

O que acabo de enunciar talvez nos permita introduzir, dada a hora, as duas direções em que a sublimação pode ser estudada.

Se tive o cuidado, em meu seminário sobre a ética, de dar grande importância ao amor cortês, foi porque ele me permitiu introduzir que a sublimação concerne à mulher na relação amorosa ao preço de constituí-la no nível da Coisa. Infelizmente, como não refarei tudo isso este ano, será preciso, para que vocês possam dar a esse ponto a importância que ele tem, se reportarem ao longo estudo que fiz, naquela ocasião, sobre o amor cortês. Tentarei fazer com que esse texto chegue logo às suas mãos. Ele é muito esclarecedor e será relido com muito proveito à luz das formulações que enfim posso oferecer, agora, em seu caráter absoluto.

Quando estudamos o ritual da aproximação, as etapas gradativas, se assim posso dizer, rumo a um gozo bem preparado, mas também quase sacralizado, um dos aspectos não menos divertidos da história é ver a inépcia — que não quero chamar de comovente, porque é simplesmente repugnante — com que isso é tratado pelas pessoas que estão nos lugares onde se concentra a massa indiscriminada desses textos, que, é claro, não interessam a mais ninguém, essas pessoas que são irredutivelmente professoras, isto é, que vivem em condições que todos conhecemos quando vamos visitá-las, e cujo símbolo maior foi lindamente fornecido por Anatole France sob o título de *O manequim de vime*.* A coisa teria o sentido inverso. Elas são tomadas por uma espécie de estupor, de estupefação. *Meu Deus*, dizem, *essas pessoas que, naquela época, nas trevas da Idade Média, eram tão pouco refinadas* — pensem em como eram menos refinadas do que o professor em questão e sua patroa —, *como é que elas puderam imaginar homenagens tão exaltadas a todas essas mulheres que os poetas nos cantam, e que têm todas, todas, o mesmo caráter?*

É evidente que todas elas têm o mesmo caráter. Isso também é um representante da representação. Elas são como as Vênus pré-históricas, têm todas o mesmo caráter. O que não quer dizer que essas mulheres não existissem, nem que os poetas não fizessem amor com elas em função de seus méritos.

Há ainda muitas outras coisas que deixariam os professores estupefatos, inclusive a ênfase depositada no sofrimento, na crueldade, em mil outras coisas desse tipo.

Ao falar do amor cortês, diverti-me muito durante dois meses e meio, e espero que também o tenham feito os que me escutavam na época. Tentarei colocar isso no sentido próprio, de um modo que seja transmissível.

Em todo caso, o amor cortês, ou pelo menos o que nos resta dele, é uma homenagem prestada pela poesia a seu princípio, isto é, ao desejo sexual. Em outras palavras, ainda que esteja dito no texto de Freud que, fora de técnicas especiais, o amor só é acessível sob a condição de sempre permanecer estritamente narcísico, o amor cortês é a tentativa de ultrapassar isso.

Só que existe a outra vertente, a relação da sublimação com a chamada obra de arte.

---

* Anatole France, *O manequim de vime*, trad. João Guilherme Linke, São Paulo: Difel, 1986. (N.T.)

Freud nos diz que a sublimação dá a própria satisfação da pulsão, e isso numa produção que se caracteriza pela estima que o social lhe devota. Essa característica, afinal, continua absolutamente inexplicável, a não ser pela hipótese da diversão. Por que diabos tomamos gosto por umas coisas que são despejadas ao alcance de nosso bolso, sob a forma de romances, quadros, poesias e novelas? Pois bem, seria justamente para não nos preocuparmos com as nossas preocupações, que são muito mais importantes. Tomada por esse prisma, a coisa parece não ter saída.

A saída, não a desenharei hoje, para não lhes dar um acesso demasiadamente rápido ao que introduzirei da próxima vez. Direi apenas que a relação da sublimação com o gozo como gozo sexual, já que é disso que se trata, só pode ser explicada pelo que chamarei, literalmente, de anatomia do vacúolo.

Foi por isso que fiz, à direita, o traçado dessa coisa delimitada que representa o vacúolo.

Imaginem por um instante que esse vacúolo é o aparelho auditivo de um desses animálculos chamados, não sei por quê, de *primitivos*, embora nada seja mais primitivo que outra coisa. Considerem uma dáfnia. Ela se parece com um camarão minúsculo, porém é muito mais simples. É encontrada em todos os cursos d'água. No não-sei-quê que podemos dizer que lhe serve de órgão auditivo, mas, ao mesmo tempo, vestibular, isto é, de equilíbrio, a dáfnia tem o que se chama de otólito.

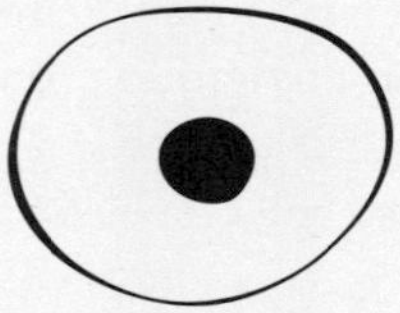

O objeto a *no vocúolo do gozo*

Se sei tudo isso, é porque andei examinando os relatórios, depois que o artigo de um psicanalista — eu lhes direi qual, da próxima vez — me chamou a atenção sobre isso. A coisa se torna muito divertida se, no lugar do otólito, vocês puserem um pedacinho de ferro e, em seguida, brincarem com ímãs em volta dele. Isso faz a dáfnia gozar, é só o que podemos presumir pelas atitudes variadamente extraordinárias que ela assume. É um perfeito homem em sua vida moral.

O objeto *a* desempenha esse papel em relação ao vacúolo. Em outras palavras, é o que faz cócegas por dentro em *das Ding*. Pronto. É isso que constitui o mérito essencial de tudo o que chamamos de obra de arte.

Era isso que eu queria lhes indicar como introdução da próxima vez.

A coisa merece ser detalhada, porque o objeto *a* tem mais de uma forma, como Freud enuncia expressamente em sua análise da pulsão ao dizer que o objeto pode ser muito variável, alterar-se continuamente. Não obstante, chegamos a enunciar quatro deles: o objeto oral, o objeto anal, o objeto escopofílico, se vocês quiserem, e o objeto sadomasoquista

Qual é este último? Digamos que, a propósito desse, a próxima vez lhes reserva algumas surpresas.

12 de março de 1969

XV

39 DE FEBRE

Anuncio o que tenho a dizer. Não farei meu seminário. Chamem-no como quiserem, meu seminário, minha aula, enfim — meu treco.

Vou repetir. Não foi à toa que vocês não me ouviram no começo; não estou propenso a falar alto, porque não estou propenso a falar, ponto. E, aliás, é isso que vou fazer, ou, mais exatamente, não fazer. Tenho a intenção de não lhes falar hoje. Isso tem um certo lado de alívio. É bem possível que eu esteja farto.

Mas, enfim, isso justamente não alivia, porque, como vocês podem ver, estou bastante cansado — por razões muito simples. Imaginem o que quiserem, uma gripezinha de Hong Kong, assim, durante o fim de semana, porque, naturalmente, um psicanalista só pode permitir-se adoecer durante o fim de semana. Enfim, o resultado é esse, hoje não falarei com vocês.

Aliás, eu estava decidido a lhes dizer: *Escutem, é o seguinte, estou doente, e o seminário, como vocês o chamam, não se realizará hoje*, e depois disso, pronto, vou embora.

Seria muito simples.

* * *

Da última vez, anunciei o prazer que eu poderia ter ao ouvir alguma coisa que me viesse como resposta, um certo testemunho que me pudesse chegar do que pode suceder a vocês pelo que estou tentando esboçar este ano.

É evidente que muitas coisas me levam a desejar isso. Para começar, uma certa sensação do que poderia ser, em última instância, o que faço ao dar continuidade aqui ao que é apreendido, não se sabe muito bem por quê, na verdade, como ensino. Será que isto tem mesmo a configuração de um ensino, à parte o fato de se dar no perímetro da École Normale? Não é certo que sim.

E além disso, Deus do céu, é o caso de dizê-lo hoje, por que será que há tanta gente? É realmente um problema. De todo modo, é preciso acreditar que isto parece mesmo ter alguma coisa de interessante. Mas a verdade é que, no rumo em que vão as coisas, não tenho nenhuma razão para crer que isso tenha um grande alcance, esse interesse pelo que acontece aqui.

Sucedeu-me esta semana — forçosamente não muito estimulante, não é?, pois raramente tenho 39 graus — me perguntar o que acontecia aqui. Com certeza porque deve haver alguma coisa não muito estimulante neste estado que ainda perdura, pois levei dois dias para construir uma hipótese de trabalho, convém dizer. Eu disse a mim mesmo que o que eu fazia aqui, saibam vocês ou não, tem realmente toda a natureza de um trabalho.

Algumas coisas que eu disse este ano talvez lhes permitam vislumbrá-lo.

A maneira como habitualmente falo com vocês, quando tenho meus papeizinhos, talvez os surpreenda. Eu os consulto, mais ou menos. Há muitos deles, com certeza há um excesso, mas enfim, é algo que tem mesmo todas as características do que acontece numa bancada de trabalho, ou até numa linha de montagem. Os papéis vêm de algum lugar e também acabam por se transmitir a outros. E com isso, de fato, acontece alguma coisa sobre a qual, ao sair, fico sempre perplexo o bastante para interrogar, às vezes com certa angústia, aqueles que sei que podem me dizer alguma coisa que me interesse. É certo que, nesse aspecto, faço algo que tem realmente o caráter de um trabalho, realizado com um certo material, algo construído, uma produção.

Evidentemente, isso é interessante de se ver fazer. Não é muito comum ter-se a oportunidade de ver alguém executar seu trabalho. Para a maioria de vocês, enfim, tenho a sensação de que o que é visado por este trabalho, a coisa a que ele se destina, não pode escapar completamente. Isso é ainda mais interessante.

Só que o fato de ver alguém trabalhar, sem saber para onde isso vai, para que serve, dá à coisa uma dimensão meio obscena. Naturalmente, isso não é verdade para todo mundo. Há quem saiba muito bem para que serve isto — enfim, para que serve num prazo limitado. Já que estou desenvolvendo esta metáfora operária, direi que meus patrões sabem para que serve isto. Ou, inversamente, se preferirem, que os que sabem para que serve isto são meus patrões. Há alguns aqui que fazem parte desse grupo. É para eles que eu trabalho.

Depois, há uns outros que estão entre as duas classes e que também fazem uma idéia de para que serve isto. Esses, de certa maneira, inserem o trabalho que faço aqui num outro texto, ou num outro contexto, que é o de algo que acontece, por ora, no nível da chamada Universidade. Sou muito interessado nisso. Quero dizer que há no que acontece de novo na Universidade algo que tem a mais estreita relação com o que faço como trabalho.

Por causa desta temperatura e da pausa que ela me proporcionou, tive uns momentos de descanso. Ninguém imagina como pode ser bom tirar proveito de 39 graus, quer dizer, a pessoa pode habitualmente colocar-se na posição horizontal. O que é muito agradável. Enfim, quando a coisa melhora um pouco, a certa altura, também podemos abrir jornais divertidos. Existe um, vocês sabem, o que é dirigido por um certo Jean Daniel, que se chama *Le Nouvel Observateur*. Dão-lhe esse nome, sem dúvida, para levar a crer que há algo de novo no observado. Mas seria um erro esperá-lo, e a prova disso é o que pude ler daquele jeito, na horizontal: um troço que, se não me falha a memória, chama-se *A juventude presa na armadilha*. Não sei por quê, talvez tenha sido por causa de meus 39 graus de febre, mas isso me enfureceu.

Para começar, o título, não é? Que todas as pessoas que empregam a expressão *preso na armadilha* saibam que consideramos repugnante o uso dessa expressão — é uma idéia minha —, uma forma de excitar grosseiramente a angústia de castração, sobretudo quando se fala com os jovens, por ora. Isso me parece de péssimo tom.

Além disso, juro que só há nesse artigo, é claro, coisas muito astuciosas, muito pertinentes. Talvez não haja uma só que, tomada como frase, como indicação de justificação, legitimação de tudo que vocês quiserem, não há uma frase contra a qual eu possa levantar seriamente uma oposição. Tudo isso é ótimo. É muito chato que deixe completamente de lado aquilo de que se trata.

É que, com certeza, não sou contra nenhuma das formas, nem mesmo as mais extremistas, do que atualmente associa a contestação, como se costuma dizer, a contestação estudantil, com as mais revolucionárias conjunções. Mas creio que nada disso escapa ao eixo de algo que se produziu como conseqüência de certos fatos, que são os seguintes.

A Universidade era insuficiente para cumprir sua função e, de repente, isso chegou a tal ponto, a tal exagero, acredita-se, que foi o motivo de ter havido, digamos, *maio*. Esse é um ponto muito sério quanto à interpretação da coisa. A Universidade sem dúvida era insuficiente, em relação a um certo tempo de glória que pôde ser seu e a uma certa função tradicional, que corresponderam ao emprego de diversas funções concernentes à transmissão do saber, as quais tiveram incidências diversas conforme as épocas.

Se nos colocarmos no ponto de vista da qualidade, do esplendor, do brilho histórico, é certo que fazia algum tempo que a coisa não seguia um rumo particularmente brilhante, mas, enfim, havia ilhotas que ainda se sustentavam muito bem. Se ela se mostrou insuficiente num certo nível, é porque não estava à altura das expectativas, em razão de certas exigências sociais. Seria preciso nos perguntar se o fato de ela não ter se mantido à altura não de todos, mas de alguns, não foi, afinal, intencional — quero dizer, se, tomando as coisas pelo ângulo do poder, isso não terá sido acertado justamente de maneira a não causar demasiado embaraço a ele, a esse poder.

Não há dúvida de que uma certa evolução, própria da ciência, traz o risco de causar problemas inteiramente novos, inesperados, às funções do poder. Talvez isso já se anunciasse há algum tempo. Seria realmente um efeito de sentido retroativo perceber que talvez tenha sido em função disso que a palavra *revolução* assumiu um outro sentido, uma ênfase diferente da que sempre teve na história, na qual as revoluções, por definição, não são novas. Desde sempre, os poderes só acabaram por meio de revoluções. A Revolução, com R maiúsculo, talvez não se tenha percebido cedo o bastante que ela está ligada a algo de novo, que aponta para o lado de uma certa função do saber e que o torna, para dizer a verdade, pouco manejável da maneira tradicional.

Em todo caso, para dar uma pista do que quero dizer com isto, vou ligá-lo ao que lhes indiquei há pouco, ao que se pode produzir de fascinação a respeito de um trabalho que não se sabe o que significa nem para onde conduz. A referência que tirei da relação operário/patrão, para servir de exemplo, como suposto modelo do que motivaria a presença de vocês aqui, também tem seus prolongamentos aí. O patrão sabe o que o operário faz, no sentido de que este lhe trará lucros, mas não tem certeza de ter uma idéia mais clara que o operário do sentido do que ele faz.

Considerem a linha de montagem da Fiat, ou de outro lugar. Refiro-me à da Fiat porque já a evoquei, aqui ou noutro lugar, e porque estive lá. Com efeito, tive a viva sensação de ver pessoas ocupadas num trabalho, sem que eu soubesse absolutamente o que elas faziam. A mim, isso me deixou envergonhado. A vocês não envergonha, tanto melhor. Mas, enfim, fiquei muito incomodado. Eu estava justamente com o patrão, Johnny, como é chamado, como eu o chamo. Johnny também estava manifestamente... enfim, também sentia vergonha. Isso se traduziu depois em perguntas que ele me fez, todas com o objetivo aparente, destinado a dissimular seu embaraço, de me levar a dizer que, ao que tudo parecia, os operários eram mais felizes lá, na empresa dele, do que na Renault.

Não levei a sério essa pergunta, que interpretei apenas, como vocês estão vendo, como um deslocamento, ou talvez um modo de evitar, de minha parte, a pergunta: *Afinal, para que serve aquilo tudo?* Não que eu diga que o capitalismo não serve para nada. Não. O capitalismo serve para alguma coisa, justamente, e não deveríamos esquecer disso. São as coisas que ele faz que não servem para nada. Mas essa é uma outra questão, muito diferente. É justamente o problema dele. Enfim, aquilo em que ele se apóia, e que é uma grande força, deveria esclarecer-se por isso.

Essa força atua no mesmo sentido que a de que lhes falei há pouco, ela vai contra o poder. É de outra natureza, e causa ao poder grandes embaraços. Também aí, evidentemente, é *nachträglich*, a posteriori, que é preciso ver o sentido do que se passa. O capitalismo alterou por completo os hábitos do poder. Talvez eles tenham-se tornado mais abusivos, mas, enfim, modificaram-se. O capitalismo introduziu algo que nunca se vira, isso que é chamado de poder liberal.

Há coisas muito simples das quais, no fim das contas, só posso falar por uma experiência muito pessoal. Observem bem. Segundo a memória dos historiadores, nunca se ouviu falar de ninguém que tivesse deixado, pedindo demissão, um órgão de governo. Ali onde poderes autênticos, sérios, subsistem, existem, a pessoa não se demite, porque isso é gravíssimo como conseqüência. Ou então, é uma simples maneira de falar. A pessoa pede demissão, mas é abatida na saída. Chamo a isso lugares em que o poder é sério. A idéia de considerar como um progresso, ainda por cima liberal, as instituições em que, quando alguém sabotou tudo o que tinha que fazer durante três ou seis meses e se revelou incompetente, basta que peça demissão, e não lhe acontece nada. Ao contrário, dizem-lhe que espere para voltar da próxima vez. Isso quer dizer o quê, afinal? Nunca se viu nada assim em

Roma, nos lugares em que a coisa era séria. Nunca se viu um cônsul pedir demissão, nem um tribuno do povo. Falando sério, isso é inimaginável. Significa, simplesmente, que o poder está noutro lugar.

É evidente, e todo o século XIX o esclarece, que, quando as coisas se desenrolam por essa função da demissão, é que o poder está em outras mãos, refiro-me ao poder positivo. O interesse, o único interesse da revolução comunista — refiro-me à Revolução Russa —, é ter restabelecido as funções do poder. Só que vê-se que isso não é cômodo de sustentar, justamente na época em que é o capitalismo que impera.

O capitalismo reina porque está estreitamente ligado à ascensão da função da ciência. Mas até esse poder, esse poder camuflado, esse poder secreto e, também cabe dizer, anárquico — ou seja, dividido contra si mesmo, sem a menor dúvida —, por seu aparelhamento com a ascensão da ciência, está agora mais atrapalhado com isso do que um peixe com uma maçã, porque, de todo modo, do lado da ciência, acontece alguma coisa que vai além da sua capacidade de controle. Então, o que seria preciso é que houvesse pelo menos um certo número de cabecinhas que não se esquecesse disso, de que é inútil uma certa associação permanente da contestação com iniciativas não controladas no sentido da revolução, porque isso continua a ser, no sistema capitalista, o que melhor pode servi-lo.

Não lhes estou dizendo que convenha entrar na reforma. A reforma, conseqüência incontestável da comoção de maio, é exatamente de natureza a agravar os efeitos disso. Se vocês tinham professores insuficientes, eles lhes serão dados aos montes, e ainda mais insuficientes, tenham certeza. Os efeitos, através da reforma, se agravarão cada vez mais. A questão é saber o que fazer em relação a esse fenômeno.

É certo que não se pode responder a isso com uma palavra de ordem, mas um processo que viesse a eliminar os melhores, com o tempo, por intermédio da contestação que de fato se impõe aos melhores, teria exatamente o efeito desejado, que seria o de barrar a esses próprios melhores o caminho interessante, a articulação, o acesso a um ponto decisivo, a um ponto sensível, a um ponto colocado no presente com respeito à função do saber em sua modalidade mais subversiva. Isso porque, evidentemente, não é no nível dos protestos agitadores que se pode purificar, tratar, produzir o que pode constituir uma guinada decisiva em alguma coisa.

Não digo o quê, e pelas melhores razões, porque, justamente, isso não pode ser dito. Mas não é em outro lugar senão aí que se pode apresentar uma novidade, a única novidade em cujo nome pode aparecer o que fundamenta o questionamento do que tem sido apresentado até aqui como essa ou aquela filosofia, isto é, como uma função que tende a instaurar a ordem, uma ordem universal, uma ordem unitária. Seria uma novidade dessa forma de relação conosco mesmos que é chamada saber.

A armadilha que consiste em recusar e em não fazer mais nada é, no momento, propriamente falando, o mais pesado dos inconvenientes. É, quanto a tudo o que existe, quanto a tudo o que subsiste, a promessa segura de subsistir, e da maneira mais deplorável.

Para quem alimenta ilusões sobre o chamado progresso, tenciono dizer o seguinte:

Já que foi uma entrevista que permitiu o artigo que, sob o título de *A juventude presa na armadilha*, deu ensejo, assim, ao que lhes estou dizendo, não posso fazer outra coisa, nesse nível, senão conferir a esse entrevistado o título correspondente ao que sempre foi minha idéia a seu respeito, ou seja, que seu pensamento não vai mais longe, objetivamente, que o de um apresentador de programas de auditório.

Isso é muito grave. Afinal, trata-se do depoimento de um homem que viveu o bastante para ser como que testemunha de dois períodos entre-guerras. O período entre as duas anteriores, eu o vivi com Giraudoux, Picasso e os outros, surrealistas, e em tudo isso só havia Giraudoux de original. O que equivale a lhes dizer que não me diverti muito.

Picasso existia desde muito antes. Pensem vocês o que pensarem, os surrealistas foram uma reedição. Tudo o que constituía seu vigor havia existido antes de 1914, o que projetou esse não-sei-quê de irredutivelmente insatisfatório na presença deles entre 1918 e 1939. Cabe observar que eu era amigo deles e nunca assinei com eles coisíssima alguma. Isso não impediu um crapulazinho, de nome L•, que era canadense, de se aperceber e fazer grande alarde dessa raiz surrealista, não sei por quê, sem dúvida para iniciar o público de Saskatchewan. Havia também Parcheminey, um sujeito muito especial da primeira equipe com que estive associado, que era muito ligado nisso. Eu lhe disse expressamente que não havia motivo para levar isto em conta, já que eu mesmo havia tomado o cuidado de não marcar em nenhum grau a minha ligação. Isso não o impediu de escrever *Lacan e os surrealistas*. Não saberíamos alimentar o erro com um excesso de exatidão.

Depois disso houve o novo entre-guerras, um entre-guerras fracassado, porque o fim não estava lá. É justamente isso que os embaraça, é aí que acontece o vencimento do prazo. O poder capitalista, esse poder singular cuja novidade eu lhes peço que avaliem, precisa de uma guerra a cada vinte anos. Não fui eu que inventei isso, outros o disseram antes de mim. Desta vez, ele não pode travá-la, mas enfim, acabará conseguindo, de qualquer modo. Não pode travá-la e, nesse meio tempo, permanece bastante incomodado.

Enfim, nesse segundo entre-guerras houve Sartre. Não era mais divertido do que os outros. Então, a mim, isso não me comoveu. Eu nunca disse nada a respeito, mas enfim, é curioso, não é?, que se sinta necessidade de encorajar tanto os jovens a se lançarem contra os obstáculos que colocamos diante deles, a irem à guerra desse jeito, em suma, e a uma guerra completamente medíocre.

É muito bonito, não é?, poder ir contra os bedéis autoritários,* porque eu aprovo isso a que se chama coragem. A coragem não é um grande mérito. A coragem física, nunca me pareceu que ela constituísse um problema. Ela é sobretudo desprovida de qualquer interesse. No caso, atirar-se contra os obstáculos que são apresentados é exatamente agir como o touro. A questão seria, justamente, passar por outro lugar que não aquele em que há obstáculos. Ou, pelo menos, não sentir um interesse especial pelos obstáculos.

Há nisso tudo uma verdadeira tradição de aberração. Começa-se dizendo, por exemplo, que as filosofias, no correr dos séculos, não passaram de ideologias, isto é, o reflexo da superestrutura, das classes dominantes. Então, a questão é acertada assim, elas não têm nenhum interesse, é preciso voltar os olhos para outro lugar. Nada disso. Continua-se a lutar contra as ideologias como ideologias. Elas estão aí para isso. É a absoluta verdade que sempre houve, naturalmente, classes dominantes ou gozadoras, ou as duas coisas, e que elas tiveram seus filósofos. Estes existiam para ser insultados no lugar delas. E isso era feito, ou seja, seguiam-se as instruções. Na verdade, porém, isso não tem nada de exato, não é?

Kant não era representante da classe dominante em sua época. Kant não só ainda é perfeitamente aceitável, como vocês fariam bem

* A expressão irônica francesa, *les appariteurs musclés*, era muito usada no contexto das revoltas estudantis de maio de 1968, e associava os funcionários da Universidade a uma idéia de "leões-de-chácara". (N.T.)

em seguir o exemplo dele, nem que seja para tentar compreender um pouquinho o que lhes tenho contado a respeito do objeto pequeno *a*, ou, mais exatamente, o que virá a respeito dele.

* * *

Da última vez, falei-lhes da sublimação. Ora, é evidente que não convém, no entanto, parar por aí. Não é à toa, afinal, que é nesse ponto que há uma pequena suspensão, ou um pequeno suspense, como quiserem.

Tentem descrever as relações dessa co-presença — vista pelo lado de vocês? Pelo meu? A pergunta se formula. Vamos colocá-la do lado da sublimação.

Pelo menos, mais vale colocá-la aí hoje, porque isso deixa vocês na posição de pólo feminino. O que não tem nada de desonroso, principalmente no nível em que eu a coloquei, a mais alta elevação do objeto.

Há coisas que não apontei da última vez, mas espero que haja ouvidos receptivos, por exemplo, à idéia de que a sublimação é o esforço para permitir que o amor se realize com a mulher, e não apenas, enfim, para dar aparência que isso acontece com a mulher.

Também não apontei que, nessa instituição que é o amor cortês, a mulher não ama, pelo menos em princípio, porque nada sabemos disso. Vocês se dão conta do alívio? Por outro lado, às vezes chega até a suceder, nos romances, ela se inflamar. Também vemos o que acontece depois. Nesses romances, pelo menos, a gente sabe para onde vai.

Por fim, talvez seja uma sublimação o que realizo aqui. Digo isto porque é mais do que hora de dizê-lo, antes que abordemos uma outra fase, que iniciei da última vez e que concerne à sublimação no nível pulsional. Essa, infelizmente, talvez nos diga muito mais respeito. Indiquei seu primeiro protótipo sob a forma da função do guizo, uma coisa redonda com um trocinho, o objeto pequeno *a*, que se agita fortemente em seu interior. Antes dessa entrada em cena, usemos formas mais agradáveis.

No nível das relações homem/mulher, portanto, não preciso temer que haja loucuras do lado de minha platéia. Mesmo assim, eu ficaria grato se, neste momento, alguém quisesse dar-me um sinal de audição, fazendo uma pergunta, quer a propósito do que acabo de dizer, quer, o que eu gostaria mais, a propósito do que tenho enunciado desde o início do ano. Eu gostaria que me chegassem uma ou duas perguntas nesse terreno simpático em nome do qual, como vocês vêem, eu próprio estou fazendo o esforço cortês de não faltar, mesmo no dia em que estou com as forças esgotadas.

Quem gostaria de fazer umas perguntas?

Não me incitem demais ao desânimo. Porque, afinal, também eu poderia sentir-me tentado pela demissão.

Por exemplo, aqueles que chamei de meus patrões, ou seja, as pessoas para quem trabalho, não ameaçam pedir demissão. Mas vamos supor que isso aconteça. Pode acontecer, um dia. Pois bem, eu me contentaria em fazer meu trabalho diante deles, de vocês todos, de todos os que não estão, em suma, dos psicanalistas, a meu ver — enfim, do meu ponto de vista. Minha utilidade principal é realmente dar aos psicanalistas o sentimento de que eles mesmos não podem me impedir de continuar a fazer meu trabalho. Mesmo que ninguém me responda nesse campo que é o dos não psicanalistas, vejo nele umas figuras muito interessantes. Conheço minha gente, afinal.

Se ninguém dos que não são psicanalistas jamais me der uma resposta, mas de verdade uma resposta que me divirta um pouco, suponham que um dia eu consiga, mesmo assim, atingir os psicanalistas, mostrar-lhes que eles acreditam que ir embora é privilégio do psicanalisando. O que há de absolutamente abusivo em minha maneira de trabalhar para eles é que, em suma, faço o que faz o psicanalisando. Eles, por sua vez, definitivamente puseram o trabalho nas mãos do psicanalisando. Reservam-se a escuta. Há um deles, segundo as últimas notícias, que convoca: *Venham me escutar escutar. Eu os convoco à escuta de minha escuta.*

Agora talvez eu consiga desestabilizar algo pelo lado desse terreno estranho, estreitamente ligado em seus pontos vivos, sobre o que acontece com a subversão da função do saber. Mas não farei um seminário aberto. Acho isso sério demais.

Eu me interrogo quanto à expressão *manejar o saber*, porque essa palavra, *manejar*, começa a assumir uma extensão inquietante. Há alguém, um sujeito excelente, aliás, que foi me procurar, que se sairá muito bem. Naturalmente, no primeiro encontro comigo, acontecem coisas. Ele voltou a segunda vez porque é preciso ver alguém pelo menos duas vezes. Disse-me que, na vez anterior, *tinha havido manipulação*. Quebrei a cabeça, fiz com que ele se explicasse, e isso queria dizer que eu o tinha manipulado.

É sempre interessante ver o deslizamento das palavras. Agora a palavra *manipular* entrou no vocabulário permanente, por uma espécie de fascínio que decorre de não se achar que possa haver ação eficaz, num grupo qualquer sem que ele seja *manipulado*, e isso de maneira agora aceita, reconhecida. E, afinal, não é certo — como dizem, talvez o pior seja certo — que não seja efetivamente assim. É bem possível que seja assim mesmo, sim. Mas, nesse caso, que o fato de alguém ser manipulado assuma um valor ativo é um ponto de báscula que eu lhes aponto. Se ele tiver que se difundir, se é assim que vocês o vêem prosseguir, avisem-me.

Enfim, é evidente que estas não são as melhores condições para examinar questões concernentes ao saber no nível em que elas se presentificam na psicanálise, ou na medida em que a psicanálise pode contribuir com alguma coisa.

* * *

Da última vez, destaquei o livro de meu caro Deleuze sobre a *Lógica do sentido*, e hoje, pedi a Jacques Nassif que lhes dirija a palavra, já que, na verdade, não estou espantado, mas estou, como dizem, muito amargurado com a ausência total de resposta, depois de uma provocação que foi tão longe.

Não é manipulação, justamente. Há outras maneiras de agir. Mas esse silêncio total, essa ausência total de resposta a meus apelos desesperados de pelo menos um pequeno depoimento... Deixo-lhes um exame de recuperação — vocês podem escrever para mim. O escrito vem depois do oral. Por fim, se um dia, no final do ano, eu fizer duas ou três sessões a portas fechadas, saibam que, à parte as pessoas que já conheço, as que me houverem escrito terão um privilégio.

Nassif, será que você ainda tem coragem, depois desta sessão estafante, pelo menos para mim, de tomar a palavra aqui? Bem, você é de uma gentileza enorme.

[Segue-se a exposição de Jacques Nassif.]

19 de março de 1969

XVI

Clínica da perversão

A captura do gozo
A extimidade do objeto
Do Outro barrado ao pequeno a
O perverso, defensor da fé
Exibicionismo e voyeurismo, sadismo e masoquismo

Hoje promoverei verdades primordiais.

Parece não ser inútil voltar a tocar este solo e, por outro lado, parece difícil organizar campos de trabalho complementares que nos permitam harmonizar-nos com tudo o que se produz de contemporâneo, que está profundamente implicado no que pode ser formulado, no ponto em que estamos, por um certo passo da psicanálise.

Em nosso penúltimo encontro, deixei as coisas no ponto em que a sublimação devia ser interrogada em sua relação com o papel nela desempenhado pelo objeto *a*. Foi essa colocação que me mostrou que era, se não necessário, pelo menos certamente não inútil eu voltar ao que distingue essa função, e voltar a isso no nível da experiência de que ela saiu — a experiência psicanalítica, tal como se prorrogou desde Freud.

Fui levado, naquela ocasião, a retornar aos textos que instauraram progressivamente o que é chamado de segunda tópica. Com certeza, esse é um degrau indispensável para compreender tudo o que eu mesmo pude promover, eu diria, de descobertas, no ponto em que Freud permaneceu na pesquisa. Já enfatizei o que quer dizer em minha fala a palavra *circare*, girar em torno de um ponto central enquanto uma coisa não é resolvida.

Hoje tentarei marcar a distância em que a psicanálise ficou, até meu ensino, de um certo ponto vital que foi formulado em toda parte pela experiência que a precedeu. Trata-se da função do objeto *a*.

O que se esboçou disso em alguns dizeres não foi absolutamente depurado, resolvido, ajustado. Não diremos que temos de corrigi-lo, mas, pelo menos, que agora podemos edificar outros passos.

1

A obra de arte, para chamá-la por seu nome, é hoje o alvo do que enunciamos sobre a sublimação.

No nível em que Freud avança, com prudência quase desajeitada, ele próprio se obriga a não poder apreendê-la senão como um valor comercial. É uma coisa que tem um preço, sem dúvida um preço à parte, mas que, a partir do momento em que entra no mercado, não é tão distinguível de qualquer outro preço.

A ênfase a depositar aí é que esse preço, ela o recebe de uma relação privilegiada de valor com o que isolo e distingo em meu discurso como o gozo — sendo gozo o termo que só se institui por sua evacuação do campo do Outro e, por isso mesmo, da posição do campo do Outro como lugar da fala.

Com certeza, a função do objeto *a* nos interessa no nível da sublimação. Se o objeto *a* pode funcionar como equivalente do gozo, é em razão de uma estrutura topológica.

Para percebê-lo, basta examinar a função pela qual o sujeito já não é fundamentado, já não é introduzido senão como efeito de significante, e fazer referência ao esquema que repeti cem vezes diante de vocês desde o começo do ano, do significante como representante do sujeito para um significante que, por sua natureza, é outro. Por isso, aquele que o representa só pode colocar-se como anterior a esse outro, donde é necessária a repetição da relação do S com esse A, como lugar dos outros significantes.

Essa relação deixa intacto o lugar em que inscrevi o *a*. Ele não deve ser tomado como uma parte. Tudo que se enuncia sobre a função do conjunto, como deixando o elemento em si como potencial de con-

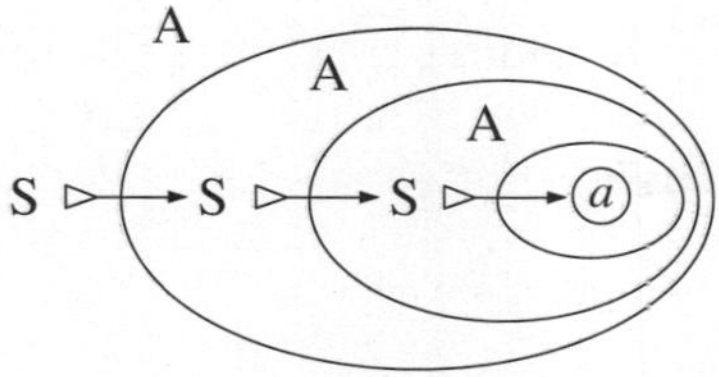

junto, justifica que esse resíduo, embora distinguido sob a função do *a*, seja igualado ao peso do Outro em seu conjunto.

Aqui, ele está num lugar que podemos designar pelo termo *êxtimo*, conjugando o íntimo com a exterioridade radical. Ou seja, isso se dá na medida em que o objeto *a* é êxtimo, e puramente na relação instaurada pela instituição do sujeito como efeito de significante, e como determinando por si só, no campo do Outro, uma estrutura de borda.

É fácil vermos as variações de toda estrutura de borda. Esta tem a opção, por assim dizer, de se reunir, seja sob a forma da esfera, aparentemente a mais simples das estruturas topológicas, na qual a borda assim desenhada se une num ponto, ali, mais problemático, seja sob a forma do toro, no qual vêm conjugar-se as duas bordas opostas que se correspondem ponto a ponto numa dupla linha vetorial, seja ainda, ao contrário, sob a forma do *cross-cap*, ou por uma combinação das duas possibilidades, sob a chamada forma da garrafa de Klein.

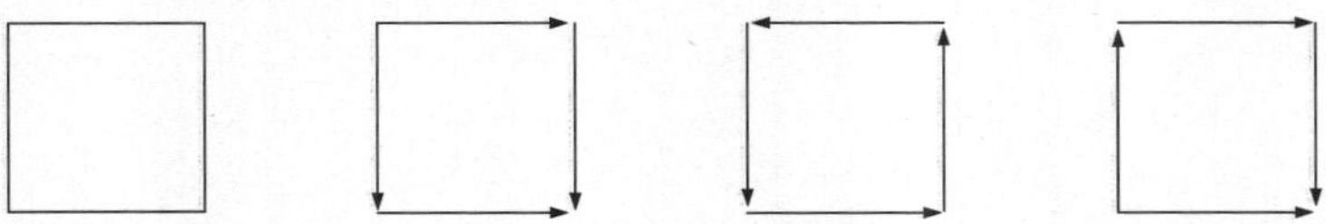

esfera toro *cross-cap* garrafa de Klein

É fácil perceber o parentesco dessas quatro estruturas topológicas com os objetos *a*. Também há quatro deles. Tal como efetivamente funcionam nas relações geradas entre o sujeito e o Outro no real, os quatro objetos refletem um por um as quatro estruturas.

Para indicá-lo de imediato, só voltarei a isso mais tarde, pois primeiro tenciono reavivar para vocês a função concreta que o objeto *a* desempenha na clínica.

Antes de estar, possivelmente, por métodos que elaboram sua produção, sob a forma que há pouco qualificamos de comercial, o objeto *a*, em níveis exemplificados com precisão pela clínica, fica na posição de funcionar como lugar de captura do gozo.

Assim, darei um salto aqui e irei depressa e direto a um certo ponto crucial do assunto, ao qual minha primeira colocação, ao vir hoje à presença de vocês, talvez tenha gerado mais desvios.

2

Nos enunciados teóricos de Freud, a relação entre a neurose e a perversão viu-se produzir muito depressa. Como terá ela, digamos, forçado a atenção de Freud?

Freud introduziu-se nesse campo no nível de pacientes neuróticos, sujeitos a toda sorte de distúrbios, e cujos relatos mais tendiam a conduzi-lo ao campo de uma experiência traumática, como lhe pareceu a princípio. No entanto, aquilo que como que acolhia essa experiência no sujeito aparentemente traumatizado constituía um problema, e foi introduzida a questão da fantasia, que é, com efeito, o nó de tudo de que se trata quanto à economia para a qual Freud produziu a palavra *libido*.

Mas, será que ainda devemos fiar-nos inteiramente no fato de que essas fantasias de neuróticos nos permitiriam reclassificar a perversão, remanejá-la de fora para dentro, a partir de uma experiência não oriunda dos perversos? Na mesma época — será que preciso lembrar os nomes de Krafft-Ebing e Havelock Ellis? —, apresentou-se de maneira descritiva o chamado campo das perversões sexuais.

Essa primeira abordagem, afinal, já era de ordem topológica. Uma vez que se dizia que a perversão era o avesso da neurose, um não-sei-quê já se apresentava como o anúncio das superfícies que tanto nos interessam, a partir do que sobrevém quando um corte as cinde.

A neurose, portanto, talvez meio apressadamente, foi apresentada como uma função escalonada em relação à perversão, como, no mínimo, recalcando-a em parte, sendo uma defesa contra a perversão. Muito cedo, porém, a coisa pareceu não ficar nada resolvida, ao ser simplificada dessa maneira.

Não está claro, será que não ficou desde logo claro, que não era possível encontrar nenhuma resolução pela simples evidenciação, no texto da neurose, de um desejo perverso? Se isso faz parte da soletração, da decifração desse texto, mesmo assim não é nada certo, nesse plano, que o neurótico encontre satisfação no tratamento. Do mesmo modo, ao abordar a própria perversão, evidenciou-se bem depressa que, em relação à estrutura, ela não apresentava menos problemas e defesas, conforme o caso, do que a neurose.

Olhando de uma certa distância, tudo isso é da alçada de referências técnicas cujos impasses, afinal, parecem só decorrer, talvez, de uma certa tapeação sofrida pela teoria, com respeito ao próprio terreno a que é preciso aderir, seja no neurótico, seja no perverso. Em contrapartida, se tomarmos as coisas a partir do nível que nos permitiu articular o retorno à terra firme de que nada acontece na análise que não deva ser referido ao status da linguagem e à função da fala, obteremos este referencial que fiz, num certo ano, sob o título de *As formações do inconsciente*:

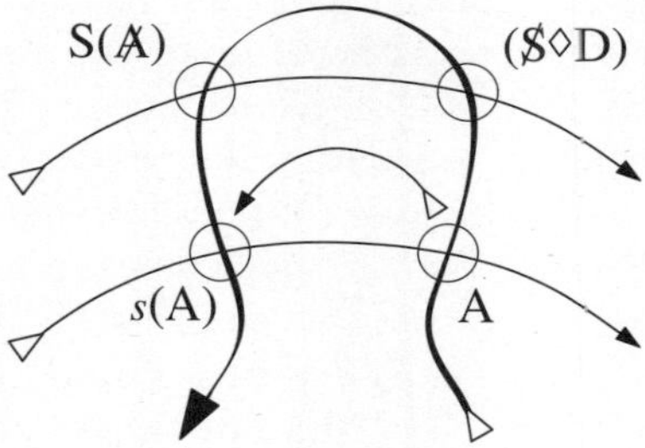

Não foi à toa que parti do que, dessas formações, parece ser o mais distante do que nos interessa na clínica, a saber, o chiste. Foi a partir do chiste que construí esse grafo, que, apesar de ainda não ter mostrado suas evidências a todos, não é menos fundamental.

Como todos sabem e podem ver, ele é feito da rede de três cadeias, duas das quais já estão marcadas, se não elucidadas, por fórmulas das quais algumas puderam ser abundantemente comentadas. Em particular, o ($ ◇D) marca como fundamental a dependência do sujeito em relação ao que, sob o nome de demanda, foi vivamente distanciado do que se passa com a necessidade. A forma significante, os desfiladeiros do significante, como me expressei, especificam a demanda, distinguem-na e não permitem de modo algum reduzir seu efeito aos termos simples de um apetite fisiológico. Isso é desde logo exigido — mas não esclarecido por esse meio — pelo simples fato de que essas necessidades só nos interessam, em nossa experiência, na medida em que aparecem na posição de equivalentes de uma demanda sexual.

As outras junções, as do significado enquanto proveniente do A situado como tesouro dos significantes, constituem apenas, no ponto em que estamos, uma simples recapitulação.

Quero enunciar um ponto aqui, já que, aliás, nunca o vi distinguido por ninguém.

É certo que essas três cadeias só podem ser supostas, instauradas e fixadas na medida em que o significante existe no mundo, em que o discurso existe, em que nelas é captado um certo tipo de ser que só se chama homem, ou ser falante, a partir da existência da concatenação possível como constituindo a própria essência desses significantes. No entanto, é o patamar inferior que podemos especificar pela categoria que distingo como o simbólico. Vocês vêem essa função simbólica aqui, com a possibilidade desse retorno curto, que é feito do enunciado do mais simples discurso. É nesse nível fundamental que podemos afirmar que não existe metalinguagem, que nada de tudo o que é simbólico pode edificar-se senão a partir do discurso normal. Na cadeia superior, ao contrário, podemos perceber que se trata, muito precisamente, dos efeitos do simbólico no real. Por isso, o sujeito, que é seu efeito primeiro e maior, só aparece no nível dessa segunda cadeia.

Se resta aqui alguma coisa que, apesar de sempre discutida em meu discurso, e particularmente este ano, ainda não assumiu sua instância plena — já que aí está o objeto e é a partir daí que avanço —, é o que acontece com isto, S(Ⱥ). É o significante pelo qual aparece a incompletude intrínseca do que se produz como lugar do Outro, ou, mais exatamente, do que, nesse lugar, traça o caminho de um certo tipo de engodo absolutamente fundamental. O lugar do Outro como esvaziado do gozo é não apenas um lugar desobstruído, um círculo calcinado, um espaço acessível ao jogo dos papéis, como é também algo que, por si só, estrutura-se pela incidência significante. É exatamente isso que introduz nele essa falta, essa barra, essa hiância, esse furo que pode distinguir-se do título do objeto *a*.

É isso que tenciono dar-lhes a perceber agora, através de exemplos extraídos no nível da experiência, à qual o próprio Freud recorre quando se trata de articular o que concerne à pulsão.

3

Freud apontou firmemente a importância da pulsão oral e da pulsão anal na experiência, pretensos esboços, chamados de pré-genitais, de algo que atingiria a maturidade ao cabo de não sei que mito de completude prefigurado pelo oral, e não sei que mito de dom, de entrega de um presente, prefigurado pelo anal.

Não é estranho que, depois de ter enfatizado tanto essas duas pulsões fundamentais, ele se afaste delas por completo, pelo menos na aparência, e que seja com a ajuda das pulsões escopofílica e sadomasoquista que articula a montagem da fonte, do impulso, do objeto e do alvo?

Afirmo desde já que a função do perverso, a que ele cumpre, está longe de se basear num desprezo qualquer pelo outro, pelo parceiro, como se disse durante muito tempo e como já não ousam dizer há algum tempo, principalmente por causa do que enunciei. Essa função deve ser avaliada de uma forma que tem outra riqueza. Para torná-la clara, ao menos para um auditório como o que tenho diante de mim, heterogêneo, direi que o perverso é aquele que se consagra a tapar o buraco no Outro. Para introduzir aqui as cores que dão relevo às coisas, direi que, até certo ponto, ele está do lado do fato de que o Outro existe. É um defensor da fé.

Aliás, examinando de perto as observações sob esta luz, que faz do perverso um auxiliar singular de Deus, veremos se esclarecerem algumas esquisitices formuladas por penas que qualificarei de inocentes. Podemos ver, por exemplo, num tratado de psiquiatria muito bem-feito, palavra de honra, no tocante às observações que coteja, que o exibicionista não se manifesta em seus folguedos apenas diante de menininhas, mas também lhe sucede fazê-lo diante de um tabernáculo.

Decerto não é com base em detalhes semelhantes que se pode esclarecer alguma coisa. É preciso situar primeiro, o que já foi feito aqui há muito tempo, a função isolável do olhar em tudo o que concerne ao campo da visão, a partir do momento em que esses problemas se colocam no nível da obra de arte.

Não é fácil definir o que é um olhar. Esta chega a ser uma questão que pode muito bem sustentar e devastar uma existência. Em certa época, pude examinar uma moça para quem essa questão, juntamente com uma estrutura da qual não tenho mais nada a indicar aqui, chegou propriamente a ponto de acarretar uma hemorragia retiniana, cujas seqüelas foram duradouras.

Indaga-se sobre os efeitos da exibição, isto é, se ela causa medo ou não na testemunha que parece provocá-la. Pergunta-se se é realmente intenção do exibicionista provocar esse pudor, esse susto, esse eco, esse algo de arisco ou de aquiescente. Mas não é esse o essencial da pulsão escopofílica, cuja face vocês qualificarão como quiserem, ativa ou passiva, deixo a escolha a seu critério — na aparência, ela é passiva, já que dá a ver. O essencial, propriamente e antes de mais nada, é fazer aparecer o olhar no campo do Outro.

E por quê, senão para evocar o caráter fugidio e inapreensível do olhar, em sua relação topológica com o limite imposto ao gozo pela função do princípio do prazer?

É pelo gozo do Outro que o exibicionista zela.

Que é que produz aí uma miragem, uma ilusão, sugerindo a idéia de que há um desprezo pelo parceiro? É o esquecimento de que, além do suporte particular que este dá ao outro, existe a função fundamental desse Outro que está sempre ali, muito presente, toda vez que a fala funciona, a função do lugar da fala em que todo parceiro é apenas incluído, a função do ponto de referência em que a fala se coloca como verdadeira.

É no nível desse campo, campo do Outro como desertado pelo gozo, que o ato exibicionista se coloca, para ali fazer surgir o olhar. É nisso que vemos que ele não é simétrico ao que acontece com o *voyeur*.

O que importa para o *voyeur*, de fato — e, muitas vezes, por ter sido como que profanado para ele tudo o que pode ser visto —, é justamente interrogar no Outro o que não se pode ver.

O que é objeto do desejo do *voyeur* num corpo franzino, num perfil de menina, é, muito precisamente, o que só se pode ver nele desde que ela o sustente com o próprio inapreensível, com uma simples linha na qual falta o falo. Que o garotinho tenha sido tão maltratado, para que nada do que para ele pode se ligar a esse nível de mistério pareça reter a atenção de um olhar indiferente, eis o que projeta ainda mais essa coisa negligenciada nele, para restabelecê-la no Outro, para suplementar com ela o campo do Outro, mesmo sem o conhecimento daquilo que é seu suporte. Aqui, vê-se que por esse desconhecimento, o gozo para o Outro, isto é, a própria finalidade da perversão, como que escapa.

É também isso que demonstra, para começar, que nenhuma pulsão é simplesmente o retorno de outra, que elas são dissimétricas, e ainda que o essencial aqui é a função de um suplemento, de algo que, no nível do Outro, interroga o que falta no Outro como tal e se previne contra isso.

Algumas análises, sempre as mais inocentes, são exemplares nesse aspecto.

Depois de ter lançado pela última vez a dúvida de uma falta de seriedade sobre uma certa filosofia, é impossível eu não me lembrar também da extraordinária ironia do que é captado por ela na análise da função do *voyeur*, que espia pelo buraco da fechadura aquilo que, verdadeiramente, é o que não se pode ver. Nada pode fazê-lo levar um tombo maior do que ser surpreendido em sua captura dessa fenda. Não é à toa que se dá à fenda o nome de *vigia* ou *luz*. A redução do *voyeur* à posição humilhada ou ridícula não se liga, em absoluto, a ele estar além da fenda, mas decorre de ele poder ser apanhado por outro na postura daquele que não enxerga nada, a tal ponto está seguro de si, postura esta que só é inferior à postura vertical do ponto de vista do narcisismo. Vocês encontrarão facilmente, numa página de *O ser e o nada*, essa análise que tem algo de imperecível, seja qual for a parcialidade do que dela se deduz quanto ao estatuto da existência.

O passo seguinte não tem menos interesse. Qual é, enfim, o objeto *a* na pulsão sadomasoquista?

Há quem acredite encontrar a chave do sadomasoquismo no jogo com a dor, para se retratar prontamente e dizer que, afinal, a coisa só é divertida quando a dor não vai longe demais. Esse tipo de cegueira, de engodo, de falso pavor, de cócegas da questão, reflete, de certo modo, o nível em que permanece tudo o que se pode praticar nesse gênero. Não é essa a máscara, de fato, graças à qual escapa o que diz respeito à perversão sadomasoquista? Não lhes parece que destacar a proibição própria do gozo, também nesse caso, deve permitir-nos repor no devido lugar aquilo de que se trata?

Talvez isto lhes pareça ousado demais, ou até uma especulação muito pouco propícia a uma *Einfühlung* [compreensão], e por boas razões, porque, em sua maioria, por mais numerosos que vocês sejam e acreditem no que acreditarem, o que concerne à perversão, à verdadeira perversão, isso lhes escapa. Não é por sonharem com a perversão que vocês são perversos. Sonhar com a perversão pode servir para algo totalmente diferente, e, em especial, quando se é neurótico, para sustentar o desejo, o que, quando se é neurótico, é muito necessário. Mas isso não autoriza ninguém a crer que compreende os perversos.

Basta haver freqüentado um exibicionista para perceber que não compreendemos nada do que, na aparência, eu não diria que o faz gozar, já que ele não goza — mas ele goza, ainda assim, sob a simples condição de que se dê o passo que acabei de mencionar, isto é, de que o gozo de que se trata seja o do Outro.

Naturalmente, há uma hiância. Vocês não são cruzados. Não se dedicam a que o Outro, isto é, um cego qualquer, ou talvez um morto, goze. Mas a ele, ao exibicionista, isso interessa. É assim, ele é um defensor da fé.

Foi para apanhá-lo que me deixei chegar a falar de *cruzado*, de *crer no Outro*, de *cruz*. As palavras francesas se encadeiam assim, cada língua tem seus ecos e seus encontros. *Cruá-cruá*, como também dizia Jacques Prévert.*

As Cruzadas existiram. Também se fizeram pela vida de um Deus morto. Significaram algo tão interessante quanto saber o que produziu, a partir de 1945, a articulação entre comunismo e gaullismo. Elas tiveram efeitos enormes. Enquanto os cavaleiros faziam suas cruzadas, o amor pôde civilizar-se, ali de onde eles se haviam retirado, ao passo que, quando estavam alhures, eles deparavam com a civilização, isto é, deparavam com o que iam procurar, com um alto grau de perversão, e, ao mesmo tempo, arrasavam tudo. Bizâncio não se recuperou das Cruzadas. É preciso atentar para esses jogos, porque isso ainda pode acontecer, mesmo hoje, em nome de outras Cruzadas.

Mas voltemos a nossos sadomasoquistas, que, justamente, estão sempre separados.

No nível da pulsão escopofílica, como eu disse há pouco, há um que logra êxito no que tem de fazer, isto é, no gozo do Outro, e um outro que só está ali para tapar o buraco com seu próprio olhar, sem fazer com que o outro veja nem um pouquinho mais sobre o que ele é. É quase a mesma coisa nas relações entre o sádico e o masoquista, com a única condição de discernirmos onde está o objeto *a*.

É estranho que não se perceba aqui uma função essencial, embora vivamos numa época em que, em suma, ressuscitamos muito bem todas as práticas da questão. Houve um tempo em que essa questão desempenhou nos costumes judiciários um papel de nível elevado; agora ela é deixada por conta de operadores que a praticam em nome de sabe-se lá que loucura, no gênero interesse da pátria ou do grupo. Já depois da guerra, a última desse gênero, na qual já havia acontecido uma porção de coisas, tinha-se prolongado um pouco o prazer no palco, mostrando-nos simulacros, alguns joguinhos de cena. Em suma, é estranho que não se perceba a função essencial desempenhada nesse nível pela fala, pela confissão.

---

* Os respectivos termos franceses, *croisé*, *croire* [*à l'Autre*] e *croix*, começam todos pelo som "cruá" a que Lacan se refere. O poeta Jacques Prévert viveu de 1900 a 1977. (N.T.)

Os jogos sádicos não são interessantes simplesmente nos sonhos dos neuróticos, mas também se pode ver o que se passa com eles ali onde isso se produz. Por mais que sempre haja razões para se fazer isto ou aquilo, sabemos muito bem o que se deve pensar das razões, que são secundárias diante do que se passa na prática. Isso sempre gira, com efeito, em torno de algo em que se trata de despojar um sujeito — de quê? Daquilo que o constitui em sua fidelidade, ou seja, sua fala.

Talvez fosse possível dizer, ainda assim, que isso tem alguma coisa a ver com o problema. Eu lhes digo desde já: não é a fala que é o objeto *a* aqui, mas essa é uma abordagem, feita para orientá-los. No entanto, abordar a questão por essa vertente favorece muito os mal-entendidos, porque tende a instituir justamente o que repilo, ou seja, uma simetria entre o masoquista e o sádico.

É certo que o masoquista florido, o belo, o verdadeiro, o próprio Sacher Masoch, organiza todas as coisas de maneira a não mais ter a fala. Em que isso pode interessar tanto? Esclareçamos nossa linguagem. Aquilo de que se trata é a voz.

Que o masoquista faça da voz do Outro, por si só, aquilo a que dará a garantia de responder como um cão, isso é o essencial. E é esclarecido pelo fato de que ele busca justamente um tipo de Outro que possa ser questionado nesse aspecto da voz — a mãe querida, por exemplo, como ilustra Deleuze, de voz fria e perpassada por todas as correntes de arbitrariedade. Essa voz, que talvez ele tenha ouvido em excesso alhures, do lado do pai, vem, mais uma vez, completar e tapar o buraco.

Porém há alguma coisa na voz que se especifica mais topologicamente, uma vez que em parte alguma o sujeito fica mais interessado no Outro do que através desse objeto *a*. Por isso é que a comparação topológica ilustrada aqui, a do furo numa esfera, pede para ser retificada, na medida em que essa esfera não é uma esfera, já que é precisamente nesse furo que ela se dobra sobre si mesma.

Um exame um pouquinho atento do que acontece no nível de certas estruturas orgânicas, nomeadamente do aparelho vestibular ou dos canais semicirculares, leva-nos às formas radicais de que já lhes fiz um apanhado, quinze dias atrás, mediante o recurso a um animal dos mais primitivos, a dáfnia. Acrescentemos a ela o crustáceo chamado palêmon, um belo nome, carregado de ecos míticos. Mas que ele não nos distraia do fato de que esse animal, ao ser despojado de toda a parte externa de seus aparelhos, como acontece em todas as suas mudas, obriga-se — por bons motivos, caso contrário não poderia mexer-se de jeito nenhum — a se recompor, nessa cavidade aberta na parte externa, que, apesar de se inscrever em seu nível animal, não deixa de ser realmente uma orelha, com uns grãozinhos de areia, para lhe fazer cócegas por dentro.

É rigorosamente impossível conceber o que se passa com a função do supereu, se não compreendermos — o que não é tudo, mas é um dos móveis — o que acontece com a função do objeto *a* efetivada pela voz como suporte da articulação significante, a voz pura, tal como é ou não instaurada no lugar do Outro, de uma forma que é ou não é perversa.

Um certo masoquismo moral só pode basear-se nesse aguilhão da incidência da voz do Outro, não no ouvido do sujeito, mas no nível do Outro que ele instaura como sendo completado pela voz. À maneira como vimos há pouco que goza o exibicionista, o eixo de gravidade do masoquista age no nível do Outro e da reposição nele da voz como suplemento, não sem que seja possível uma certa derrisão, que aparece nas margens do funcionamento masoquista.

Digamos que basta ter vivido em nossa época para saber que há um gozo nessa reposição da função da voz no Outro, mais ainda quanto menos esse Outro for valorizável, quanto menos autoridade ele tiver. De certa maneira, essa forma de subtração, de roubo do gozo, pode ser, dentre todos os gozos perversos imagináveis, a única que jamais alcança pleno sucesso.

Certamente não acontece o mesmo com o sádico. Embora ele tente, ainda que de maneira inversa, completar o Outro, roubando-lhe a fala e lhe impondo sua voz, em geral isso fracassa. Nesse aspecto, basta nos referirmos à obra de Sade, na qual é realmente impossível eliminar da fala, da discussão, do debate, a dimensão da voz.

São-nos contados os mais extraordinários excessos praticados com as vítimas, com cuja incrível sobrevivência podemos surpreender-nos. Mas não há um só desses excessos que não seja não apenas comentado, porém fomentado por uma ordem. O mais espantoso é que não provoca nenhuma revolta. Mas, afinal, também nós pudemos constatar, através de exemplos históricos, que isso pode ocorrer dessa maneira. Nos bandos de pessoas que foram empurradas para os fornos crematórios, parece nunca ter-se visto uma que, de repente, simplesmente mordesse o punho de um guarda.

O funcionamento da voz encontra aí seu registro pleno. Existe uma coisa só: é que o gozo, aqui, exatamente como no caso do *voyeur*, escapa. Seu lugar é mascarado pela dominação espantosa do objeto *a*, mas o gozo, por sua vez, não está em parte alguma. É claro que o sádico, aqui, é apenas o instrumento do suplemento dado ao Outro, mas o qual, nesse caso, o Outro não quer. Não quer, mas, mesmo assim, obedece.

Assim é a estrutura dessas pulsões, na medida em que elas revelam que um furo topológico pode fixar, por si só, toda uma conduta subjetiva. Vocês estão vendo que tudo o que se pode forjar em torno de pretensas *Einfühlungen* merece ser relativizado no mais alto grau.

4

Como tudo isso foi de produção sutil, dediquei-lhe todo esse tempo, e a hora avançou. Assim, vou contentar-me em anunciar qual é o problema do neurótico.

Vocês deverão referir-se ao artigo que fiz sob o título de "Observação sobre o relatório de Daniel Lagache", que é indispensável para se re-situarem no que há de equivocado em tudo o que é dito no texto freudiano a propósito da identificação.

A oscilação é manifesta através de seus livros, e a contradição é clara entre seus enunciados sobre o que ele chama de *reservatório da libido*. Ora Freud faz dele o *Ich*, ou seja, o narcisismo, ora o *Es*. Sendo evidentemente inseparável do narcisismo, o *Ego* encontra-se numa situação problemática. Então, será que é a título do objeto oferecido por ele à cobiça do *Isso* que o *Ego* vem a se introduzir como instância eficaz, da qual brotaria o interesse sentido pelos objetos? Ou será que, ao contrário, é a partir do objeto fomentado no nível do *Isso* que o *Ego* viria a ser secundariamente valorizado, como semelhante, como também seria o caso de alguns objetos?

É isso que nos leva a formular de maneira radical, a reformular toda a questão da identificação.

Se o neurótico se vê confrontado com os problemas narcísicos, é apenas na medida em que quer ser o Um no campo do Outro. A idealização desempenha nisso um papel lógico primordial. Mas, simplesmente ao fazer esta observação, eu lhes sugiro ao mesmo tempo que interroguem o que se dá com o narcisismo primário. Não será ele uma imaginação? Não estaremos sofrendo nisso, com Freud, um efeito *a posteriori* imagético, ou até indizivelmente falseado? Será que não exageramos um pouquinho, justo a conta certa para cair na rede do neurótico?

Tentarei fazê-los ver, da próxima vez, que é no nível do narcisismo secundário, sob sua forma característica de captura imaginária, que se apresenta para o neurótico, de maneira totalmente diferente da do perverso, o problema do objeto pequeno *a*.

Acreditamos poder pensar que existe em algum lugar, para o neurótico, uma relação não de suplemento, mas de complemento no Um, e é disso que investimos a pulsão oral. No entanto, e de maneira muito aparente, sob a simples condição de abrirmos os olhos para o fascínio do neurótico, a pulsão oral também apresenta a característica de ser centrada num objeto terceiro que se furta, tão inapreensível em seu gênero quanto o olhar ou a voz.

Esse famoso seio, faz-se dele, com a ajuda de jogos de palavras, o colo materno. Por trás do seio, porém, e tão chapado quanto ele na parede que separa a criança da mulher, está a placenta.

Ela está ali para nos lembrar que, longe de a criança no corpo da mãe formar com este um só corpo, ela não está nem mesmo encerrada em seus invólucros; não há um ovo normal, ele é partido, rompido dentro desse envoltório por esse elemento superposto. Aliás, como sabemos agora, é por meio dele que podem funcionar todos os conflitos que concernem ao lugar do bizantinismo, à mistura de sangues e à incompatibilidade de um dado grupo com outro.

Outrossim, evidencia-se que, no nível da pulsão, é impossível eliminar a função de um objeto terceiro, que chamei de placa — de pingente, eu diria ainda, pois voltaremos a vê-lo sob suas formas eminentes em tudo o que se edifica da cultura, na coisa pendurada na parede e que engana.

Com efeito, não é isso que aparece na experiência do neurótico? Preenchê-la pelo mito de uma unidade primitiva, de um paraíso perdido, melhor dizendo encerrado pelo trauma de nascimento, não seria cair nisto que precisamente desempenha um papel na questão do neurótico? Para ele, de fato, trata-se da impossibilidade de fazer o objeto pequeno *a* entrar novamente no plano imaginário, em conjunção com a imagem narcísica.

Disso vocês já podem encontrar as linhas iniciais, desenhadas de maneira perfeitamente clara, nesse artigo, e eu o retomarei para articulá-lo em detalhe.

Nenhuma representação sustenta a presença do que é chamado *representante da representação*. É por demais visível aí a distância marcada por essa expressão. Não há nenhuma equivalência entre um e outro, entre o representante e a representação.

É isso que me permite indicar que tudo será reordenado na terceira linha do grafo, a que cruza as outras duas. Propriamente falando, é isso que, por uma concatenação simbólica, relaciona-se com o imaginário, no qual ela encontra seu lastro. É nessa linha que, no grafo completo, vocês encontrarão o eu, o desejo, a fantasia e, por fim, a imagem especular, antes que apareça, aqui embaixo, à esquerda, sua ponta, que só é apreensível por um efeito retroativo. É aí que se inscreve a ilusão retroativa de um narcisismo primário.

É em torno disso que teremos de recentrar o problema do neurótico. Essa é também a manifestação do fato de que o sujeito, como neurótico, está fadado, precisamente, ao fracasso da sublimação.

Portanto, se nossa fórmula ($\$ \lozenge a$), S barrado, punção, pequeno *a*, como fórmula da fantasia, deve ser destacada no nível da sublimação, isso não se dá antes que uma crítica incida sobre toda uma série de implicações colaterais que foram injustificadamente inferidas, em razão de a experiência das incidências do significante no sujeito ter sido feita no nível dos neuróticos.

Mas persiste o fato de que essa experiência não poderia ter tido lugar de outra maneira.

26 de março de 1969

O Gozo: seu Real

XVII

Pensamento censura

Terrorismo e liberdade de pensamento
"Como se substitui isso"
De Hegel a Freud
"Eu não sei — o que penso"
Os efeitos de nossa ciência

Verdade aquém do pensamento, saber além?

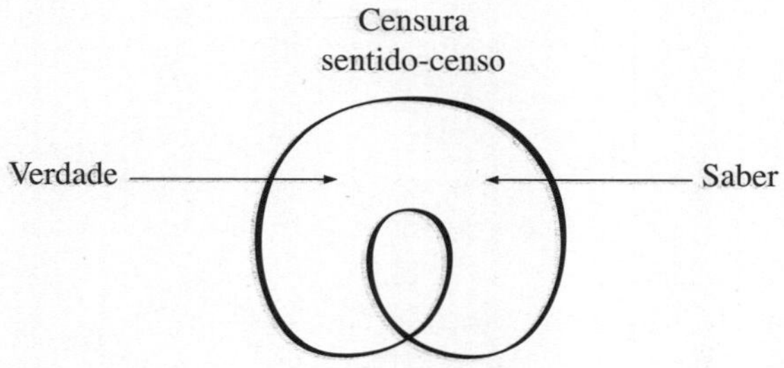

A garrafa de Klein

O período de férias interrompeu nosso propósito. Como vocês vêem, também eu levei tempo para retomar.

Uma vez aberto o tema da sublimação, que teremos de reencadear com algumas verificações, eu os deixei na questão do que ocorre na estrutura da perversão. Introduzi o esclarecimento de que, na perversão, o próprio sujeito toma o cuidado de suprir a falha do Outro.

Essa é uma noção cujo acesso não se encontra no primeiro plano. Meus esquemas, ou minhas noções, se vocês quiserem, a rigor, simplesmente tornam acessível sua definição, mas isso exige uma certa elaboração da experiência psicanalítica. Logo, é unicamente para os que estão familiarizados com meus termos que essa formulação pode assumir o valor de um avanço. Por certo há um inconveniente nisso, mas ele não é privilégio de meu ensino, pois é um fator comum a toda a ciência desde que ela começou a se construir.

O que não quer dizer, no entanto, que isso baste para autenticar meu ensino como científico, na medida em que ele tenta se precaver da negligência que, em nome de uma suposta referência à clínica, sempre se remete, para dar conta dessa experiência, a uma função reduzida a sabe-se lá que faro, o qual, obviamente, não poderia ser exercido se já não lhe fossem dados os marcos de uma orientação que, por sua vez, foi fruto de uma construção, e muito douta: a de Freud. A questão é saber se basta a pessoa se instalar nisso e, em seguida, deixar-se guiar, a partir daí, quanto ao que é tomado por uma apreensão mais ou menos vivenciada da clínica, mas que é apenas, pura e simplesmente, um lugar para se reintroduzirem sub-repticiamente os mais tenebrosos preconceitos.

Toma-se isso por sentido. É a esse sentido que creio que se deveria aplicar uma exigência censitária, como os termos mostram no quadro-negro. Ou seja, os que se gabam disso deveriam ter que comprovar, por outro lado, garantias suficientes. Hoje tentarei dizer por que essas garantias devem ser dadas em outro lugar que não o campo em que, comumente, eles não fizeram nada, nem para autenticar o que receberam de Freud a respeito do que constitui a estrutura desse campo, nem para tentar esclarecê-lo e lhe dar continuidade, o que é realmente o mínimo de exigência.

É assim que entendo um libelo do qual fui um dos primeiros a tomar conhecimento.

Seu título, por si só, é tão desonroso, que não o enunciarei aqui. Sob a chancela confessa dos autores, que, logo nas primeiras linhas, declaram ser dois analistas, o livro pretende fazer o balanço execrável do que eles designam globalmente como contestação. Depois disso, vocês já sabem o que esperar. A regressão psíquica, a debilidade, o infantilismo sórdido de que dariam mostra todos os que, seja a que título for, manifestam-se nesse registro — mas Deus sabe como ele pode ser matizado — levam-nos, assim, ao nível do que se é capaz de pensar num certo âmbito da experiência psicanalítica. A coisa não vai mais longe.

Não acrescentarei outra nota. Registro, simplesmente, que isso não surgiu de ninguém cuja cara tenhamos visto aqui em algum momento.

Isto é fato, um fato que eu mesmo confirmei, interrogando um de meus alunos mais autênticos, a propósito de quem poderia ter partido a suspeita de uma participação nesse negócio. Devo dizer que o simples fato de fazer essa pergunta talvez já tivesse algo de meio ofensivo, mas enfim, de onde estou, é preciso que eu possa responder, e por isso posso afirmar da maneira mais veemente que, entre os que aqui apareceram, seja em que momento tenha sido, para colaborar, para me responder, para estar em qualquer medida entre os que assistem a este seminário, não há nenhum que não tenha repudiado com horror a mais ínfima aprovação que pudesse dar a essa iniciativa extravagante, verdadeira degradação de um pensamento ao nível mais raso do solo.

E assim as coisas ficam arejadas. Aliás, isso não impede que certas pessoas que evoquei há pouco possam seguir uma inclinação que não deixa de se ligar, no final das contas, ao que pôde expressar-se no registro a que me referi. O fato de elas não o fazerem, e de, a propósito da contestação, toda a psicanálise francesa não estar por trás desses dois autores, de cujo nome eu disponho por algumas comunicações, e que não são insignificantes, que pertencem a um Instituto ilustre que todo o mundo conhece, é algo que posso me gabar de ser obra de meu ensino, o qual, no entanto, não se pode dizer que tenha tido um sucesso na psicanálise.

Um daqueles a quem julguei que devia interrogar sobre sua eventual participação nesse livro, sem que minhas suspeitas pudessem chegar a ponto de acreditar que ele não o repudiaria, é a mesma pessoa que, a certa altura das aventuras ou desventuras deste ensino, falou em nada menos que terrorismo a propósito do que enuncio. Assim, cabe acreditar que o terrorismo liberado por meu ensino é que faria com que, se a psicanálise francesa, digamo-lo, afinal, salvo algumas raras exceções, não se distinguiu por uma grande originalidade, nem por uma oposição particularmente eficaz a meu ensino, nem tampouco por uma aplicação dele, mesmo assim alguns discursos sejam impossíveis nela, e que realmente é preciso residir num meio como o que existe, no qual se é proibido até mesmo de folhear umas páginas que deixei serem publicadas, para que se possam produzir enunciados similares.

Estes logo chegarão ao conhecimento de vocês. Se falo deles, é porque um certo semanário feito no computador já dá destaque, numa boa página, ao narcisismo imputado aos contestadores nesse livro, é claro que num total desconhecimento da renovação, cabe dizer, que produzi desse termo.

Pois bem, já que há terrorismo e que, afinal, não detenho o privilégio dele, talvez pudesse ter chamado a atenção dos autores para o fato de que o terrorismo não está ausente do campo que eles consideram. Este não é simplesmente governado por uma busca de bem-estar e de miragem recíproca, porém, de maneira por certo bastante variada, nele se exerce alguma coisa que corta e que exclui, ou que se exclui de um para outro.

A constatação do que é um efeito característico de certas funções em nossa época, muito especialmente das que podem, seja a que título for, apoiar-se na autoridade de um pensamento, faz com que eu me proponha comunicar-lhes hoje algumas reflexões que giram em torno de uma expressão corriqueira, e que é brandida a torto e a direito: a *liberdade de pensamento*.

1

Liberdade de pensamento: o que se deve entender por isso? Em que diabo se pode sequer considerar que exista um valor inscrito nessas três palavras?

Numa primeira abordagem, soletremos a questão. Será que o pensamento, considerado em sua relação, apressemo-nos a dizê-lo, objetiva, contém alguma referência à liberdade? Naturalmente, não há nisso a menor liberdade.

Entretanto, do lado objetivo, ainda assim, a idéia de liberdade tem um ponto vigoroso em torno do qual ela surge, e que é a função, ou, mais exatamente, a noção de norma. A partir do momento em que essa noção entra em jogo, introduz-se correlativamente a de exceção, ou a de transgressão. É aí que a função do pensamento pode ganhar algum sentido, ao introduzir a idéia de liberdade.

Resumindo, é pensar na utopia, que, como enuncia seu nome, é um lugar de parte alguma, um *não lugar*; é utopia que o pensamento seja livre para contemplar uma possível reforma da norma. Foi assim que as coisas se apresentaram na história do pensamento, de Platão a Thomas Morus. No tocante à norma, ao lugar real em que ela se estabelece, é apenas no campo da utopia que se pode exercer a liberdade de pensamento. É justamente isso que resulta dos livros do último pensador que acabo de citar nominalmente, ou seja, o próprio criador do termo *utopia*, Thomas Morus, e que igualmente remonta àquele que consagrou, sob a função da Idéia, o termo *norma* — Platão, que do mesmo modo nos edificou uma sociedade utópica, a República, na qual se exprimiu a liberdade de seu pensamento em relação à norma política da época.

Exercer minimamente tudo o que promovi como distinguindo o imaginário do real faz-nos demarcar o que há de enquadrante, de formador nesse registro, uma referência que cabe inteira na imagem do corpo. A própria idéia de macrocosmo, como já sublinhei, sempre foi acompanhada por uma referência a um microcosmo que lhe confere seu peso, seu sentido, seu alto e seu baixo, sua direita e sua esquerda, e que está na base de um modo de apreensão, dito de conhecimento, do qual provém todo um desenvolvimento que se inscreve, justificadamente, na história do pensamento.

Em meu grafo, que tornei a traçar da última vez, as duas linhas horizontais são cortadas por uma linha em forma de anzol, que sobe e torna a descer para cortar a ambas e determinar os quatro cruzamentos essenciais em que se inscreve uma certa demarcação. Nos intervalos deixados pelas duas linhas, que são, respectivamente, as da enunciação e do enunciado, inscrevem-se na linha em anzol as formações imaginárias, quais sejam, a função do desejo em sua relação com a fantasia e a do eu em sua relação com a imagem especular. Isso quer dizer que os registros do simbólico, na medida em que se inscrevem nas duas linhas horizontais, não deixam de encontrar suportes na função imaginária. Mas o que eles têm de legítimo, isto é, de racionalmente assimilável, tem que permanecer limitado.

É nisso que a doutrina freudiana é uma doutrina racionalista. É unicamente em função do que se pode articular em nome de uma certa redução lógica, em proporções defensáveis, que isto ou aquilo pode ser aceito, ou, ao contrário, excluído.

No ponto da ciência em que estamos, onde fica a função imaginária, tomada como fundamento da investigação científica? É claro que ela lhe é totalmente estranha. Em nada do que abordamos, mesmo no nível das ciências mais concretas, das ciências biológicas, por exemplo, jamais importa saber como é isso no caso ideal. Basta ver o embaraço dos apelos ao pensamento que provoca em nós por qualquer pergunta dessa ordem, como, por exemplo: que é a saúde? Não é na ordem da idealidade que se situa o que se ordena por nosso avanço científico. O que interessa, a propósito de tudo o que existe e que temos de interrogar, é como isso é substituído.

Creio que a coisa fica suficientemente ilustrada para vocês pela maneira como agimos na interrogação orgânica das funções do corpo. Não é por acaso, exagero, acrobacia ou exercício que o que aparece de mais claro na análise de uma dada função é que seja possível, por alguma coisa que em nada se assemelha a ela, substituir um órgão.

Se parti de um exemplo tão revestido de atualidade, decerto não foi para fazer efeito, pois o que está em pauta é de natureza muito diferente. Se é assim, é porque a ciência não se desenvolveu a partir da Idéia platônica, mas de um processo ligado à referência à matemática, e de uma matemática que não é o que possa ter-se manifestado dela em sua origem pitagórica — por exemplo, digamos, para dar uma idéia, aquela que liga ao número uma idealidade de tipo platônico. Em Pitágoras há uma essência do Um, uma essência do Dois ou do Três, e, quando chegamos ao Doze, paramos, perdemos o fôlego. Isso não tem absolutamente nada a ver com a forma como agora nos perguntamos o que é o número. Não há absolutamente nada em comum entre as fórmulas de Peano e esse exercício pitagórico.

A idéia de função, no sentido matemático — não é à toa que ela é homônima da função orgânica, sobre a qual evoquei há pouco a maneira como era possível interrogá-la —, é sempre, em última instância, ordenada por uma concatenação entre duas cadeias significantes: *x = função de y*, eis aí o ponto de partida, o fundamento sólido para o qual as matemáticas convergem, pois ele não surgiu tão puro assim no início. À maneira que é, propriamente falando, a da cadeia simbólica, é o ponto de chegada que dá sentido a tudo que o precedeu.

Não direi que a teoria dos conjuntos é o ponto de chegada da teoria da matemática, pois que já se avança para mais adiante, mas, visto que ela constitui seu equilíbrio, ao menos em nossa época, atenhamo-nos a ela. Podemos constatar que a essência da ordenação numérica reduz-se aí a suas possibilidades articulatórias. Tudo é construído para despojar a ordem numérica de todos os privilégios ideais ou idealizáveis, imaginários, que evoquei há pouco, ao lhes relembrar o que era o Um, o Dois ou tal ou qual número, numa tradição que podemos chamar globalmente de gnóstica. Não há vestígio de unidade nas definições de Peano. Um número se define em relação ao zero e à função do sucessor, sem que a unidade tenha nisso nenhum privilégio, seja ela a unidade da corporeidade, da essencialidade ou da própria totalidade.

Convém sublinhar que um conjunto não pode ser confundido de modo algum com uma classe, e que falar em *parte* é profundamente contrário ao funcionamento da teoria, posto que o termo "subconjunto" existe precisamente para mostrar que não se pode escrever, de forma alguma, que o todo é feito da soma das partes. Como vocês sabem, os subconjuntos constituem, por sua reunião, algo que não se identifica em absoluto com o conjunto.

No fundo, o conjunto é despojado inclusive do recurso à própria espacialidade. É aí que se deve encontrar o sentido da teoria dos conjuntos.

2

Peço desculpas por esta introdução. Ela se destinou justamente a assinalar os termos de uma oposição tão profunda quanto necessária. Nessa oposição se define o quê? A revolução, ou a subversão, se vocês preferirem, do movimento de um saber.

Digo *saber* porque está claro que o desliguei há algum tempo do funcionamento que aqui é apenas inaugural, inclusive suposto, do pensamento. Se pude falar do pensamento, é porque parti de Platão.

O pensamento, não é a partir da orientação objetiva, em absoluto, que temos de interrogá-lo no tocante à liberdade. Por esse aspecto, ele só é livre do lado da utopia, daquilo que não tem nenhum lugar no real. Inversamente, um dos interesses do procedimento que adotei é, com certeza, mostrar que esse discurso, por sua vez, tem algo a ver com o pensamento e está, evidentemente, no campo subjetivo.

Por exemplo, como chamar o recuo que se faz quanto ao que acontece com as duas vertentes do conhecimento? Uma reflexão? Um debate? Uma dialética? Vejam a diversidade que se introduz aí. Sem dúvida teríamos muitas outras a fazer intervir, se, o que é muito improvável, de vez em quando vocês me respondessem.

No primeiro plano, portanto, encontramos a noção do *todos*. Que é que, no que acabo de dizer, pode ser aceito por todos? Esse *todos* tem algum sentido?

Reencontraremos aqui a mesma oposição de há pouco. Teremos que nos aperceber da transformação da exigência lógica, e seremos levados a promover a função do axioma, isto é, de um certo número de prefigurações lógicas tidas como criadoras de uma série, e tidas também como fazendo a referida série depender da aceitação ou não do axioma. A incerteza desse *todos* será questionada não só pelo fato de que a unanimidade do *todos* é, concretamente, a coisa mais difícil de obter, mas também porque a tradução lógica do *todos* revela-se muito precária, por menos que tenhamos a ordem de exigência requerida pela teoria dos quantificadores na lógica.

Sem me aprofundar mais em elaborações que nos desviariam do que temos de interrogar, perguntarei como se exprime no registro do saber o que concerne à liberdade de pensamento. Hegel, nesse ponto, é um referencial não apenas cômodo, mas essencial.

No eixo que nos interessa, Hegel prolonga o *cogito* inaugural. O pensamento se revela quando interrogamos o centro de gravidade do que nele se qualifica como *Selbstbewußtsein*, que não é outra coisa senão *Eu sei o que penso*. Mas o que Hegel acrescenta a Descartes é que alguma coisa varia nesse *Eu sei o que penso*. O que varia é o ponto em que estou. Isso, eu diria por definição, eu não o sei. A ilusão é que *Eu estou onde penso*. Ora, a liberdade de pensamento não é nada além disso. Assim, proibindo-me de pensar que *Estou onde quero*, Hegel revela que liberdade de pensamento não existe nenhuma. Será preciso o tempo da história para que, no final, eu pense no lugar certo, no lugar em que me terei tornado saber. Nesse momento, entretanto, já não haverá absolutamente nenhuma necessidade de pensar.

Entrego-me diante de vocês a um exercício muito louco, pois é evidente que nada disso pode ir muito longe para os que nunca abriram Hegel. Mas, enfim, mesmo assim espero que haja entre vocês um número suficiente de pessoas mais ou menos apresentadas à dialética do senhor e do escravo, e que elas se lembrem do que acontece com o mestre que tem a liberdade — é assim, pelo menos, que Hegel o define, trata-se do senhor mítico — quando ele coloca sua mestria na estranheza da linguagem. Talvez então ele entre no pensamento, mas esse, com certeza, também é o momento em que perde sua liberdade. É o escravo, como consciência vil, que realiza a história. No trabalho, em cada momento seu pensamento é servo do passo que ele tem que dar para aceder ao modo do Estado, onde se realiza o quê? A dominação do saber.

O fascínio de Hegel é quase impossível de desfazer. Só mesmo certas pessoas de má-fé para considerar que promovi o hegelianismo no âmbito do debate freudiano. Mas não imaginem que penso que, em Hegel, se chega a um ponto terminal. A idéia de que a verdade do pensamento está noutro lugar que não nele mesmo, de que é exigida a cada instante pela relação do sujeito com o saber, e de que esse próprio saber é condicionado por um certo número de tempos necessários, constitui uma grade cuja aplicabilidade certamente só podemos sentir, em todos os circuitos de nossa experiência. Ela é de um valor de exercício, de um valor formador exemplar. Na verdade, é preciso fazer um esforço de desordenação, de verdadeiro despertar, para perguntar como, por pouco que eu saiba, há um atraso que faz com que seja preciso eu pensar para saber.

Se olharmos mais de perto, ficamos a nos interrogar. A articulação do saber efetivo, que é que ela tem a ver com a maneira pela qual penso em minha liberdade, isto é, no *Estou onde quero*?

Hegel demonstra claramente que não posso pensar que estou onde quero, porém fica não menos claro, examinando de perto, que é isso, e nada mais, que se chama pensamento, de modo que esse *Estou onde quero?*, que é a essência da liberdade de pensamento como enunciação, é, propriamente, o que não pode ser enunciado por ninguém.

Nesse momento lhes aparece esta coisa estranha — não na *Enciclopédia*, mas na *Fenomenologia do espírito*, ali onde é assinalada da maneira mais viva a dialética própria do pensamento — que tudo pode ser feito na ausência de qualquer história do saber. Em toda a *Fenomenologia*, o que permite apontar o que o pensamento não sabe de sua função é uma referência a uma verdade. A partir daí, isso fica claro. De onde Hegel o detecta senão de seu saber, ou seja, do saber de sua época, desse saber científico cujo balanço foi feito por Kant, do saber newtoniano? Vamos resumir para os que entendem: ele o detecta a partir do saber-limite que marcou o apogeu e o fim da teologia.

A diferença entre Hegel e Freud é essa.

O pensamento já não é somente a pergunta formulada sobre a verdade do saber, o que já é muito, e é a essência do avanço hegeliano, mas ele barra, diz Freud, o acesso a um saber. Será que preciso lembrar do que se trata no inconsciente, como se pensou o primeiro acesso a um saber? A *Selbstbewußtsein* de Hegel é o *Eu sei o que penso*, ao passo que o trauma freudiano é um *Eu não sei*, ele mesmo impensável, já que supõe um *Eu penso* desvinculado de qualquer pensamento. O ponto-origem, a ser entendido não geneticamente, mas estruturalmente, quando se trata de compreender o inconsciente, é o ponto nodal de um saber falho. É daí que nasce o desejo, e sob a forma do que pode assim ser chamado de desejo de saber, desde que ponhamos estas duas últimas palavras numa espécie de parêntese, pois se trata do desejo inconsciente puro e simples, em sua estrutura.

Aliás, a propósito do célebre sonho *Ele não sabia que estava morto*, assinalei há muito tempo a linha superior em meu grafo, *Ele não sabia*, como o questionamento da enunciação do sujeito dividido na origem. É isso que faz a dimensão do desejo ser a do desejo do Outro. É na medida em que o desejo do Outro é impossível de formular na fantasia traumática que o desejo germina no que se pode chamar de desejo de saber, colocando *de saber* entre parênteses.

Aí reencontramos prontamente os temas fundamentais sobre os quais tenho insistido. Se o desejo do Outro é tal que é fechado, é por se exprimir no fato, característico da cena traumática, de que o corpo é percebido nele como separado do gozo. A função do Outro se encarna nesse ponto. Ela é esse corpo, percebido como separado do gozo.

Portanto, o passo que Freud leva a dar, no tocante à função do pensamento em relação ao *Selbstbewußtsein*, é esse. Ele mostra que a essência do *Eu sei o que penso* não é outra coisa senão o excesso de ênfase depositado no *Eu sei*, para esquecer o *Eu não sei* que é sua origem real. O enunciado desse *Eu não sei* já é posto em suspenso, se assim posso dizer — mas, justamente, não o digo —, pela divisão implicada pelo simples fato da presença da negação. O *Eu sei o que penso* é feito para encobri-lo de maneira definitiva.

Em Hegel, a verdade é o lugar em que realmente está esse *o que penso*. Em Freud, ela designa o lugar em que esse *o que penso* encontra sua motivação.

Observem que, a entendermos isso com todo o rigor, não há nada a dizer desse lugar que tenha sentido. Ele é criado por um *isso não quer dizer nada*. É o lugar em que o *isso não quer dizer nada* exige um *isso quer dizer* substituto.

3

Não sei a quantos de vocês a recapitulação dessas verdades primordiais pode servir. Para os outros, escrevi algumas palavras-chave no quadro, que lembram o que já elucidei longamente numa topologia.

O círculo pequeno desenhado no chão, isto é, no quadro, sobre o qual supostamente se dobra a superfície, é uma referência à garrafa de Klein, na medida em que ela nos dá, numa topologia de superfície, a possibilidade de uma divisão. Poderíamos colocar ali, de um lado, a verdade, e do outro, o saber. Observem que, em alguma parte dessa esquematização, deve haver alguma coisa que os reúna, e que tem a forma da banda de Moebius.

Essa verdade é a que interrogamos no inconsciente como falha criadora do saber e ponto-origem do desejo de saber. Esse saber está como que condenado a nunca ser senão o correlato dessa falha. Pelo menos, esse é o esquema que aparece. Mas, será que ele não é para ser mais interrogado por nós?

Como definir o pensamento — não só o pensamento espontâneo de quem se orienta nas realidades instaladas da vida, mas o pensamento como tal, isto é, como se interrogando quanto à indagação hegeliana sobre onde uma certa modalidade de saber realmente situa o sujeito? Podemos perguntar-nos se todo pensamento não deve ser definido como sendo, essencialmente, censura.

É justamente isso, com efeito, que a articulação freudiana comporta. Pelo fato de o *Eu não sei* ser radicalmente esquecido, é impossível voltar a seu lugar. *Pensamento censura* [*pensée censure*], chamem-no como quiserem. Deslizem as palavras *suposta pensura* [*censée pensure*].

Vocês não sentem que esse é pelo menos um dos correlatos essenciais do que é clamado em nossa época sobre um fim da filosofia?

Há nesse pretenso fim uma objeção estrutural: é que, filosofia ou até, como se diz melhor, metafísica, ela nunca fez senão isso, a metafísica, por se considerar terminada. Convém não acreditar que brandir Kierkegaard, Marx e Nietzsche, como dizem, seja suficiente para nos colocar tão fora dos limites da épura. Isso só é interessante para continuarmos a interrogar o que é, em nossos dias — constatem-no, em todo caso —, a coisa mais contestada do mundo, ainda que as pessoas só se armem dela, a saber, a liberdade de pensamento.

Em todo lugar onde se trabalha para realizar algo que tem jeito de ser a dominação do saber — refiro-me aos lugares em que se trabalha a sério, não aos que são uma bagunça —, não se tem liberdade de pensamento. Isso não impede que os estudantes de Praga estejam em greve por causa disso. Que é que isso quer dizer?

Todo o meu discurso é feito na medida em que nossa experiência analítica talvez possa contribuir para isso com um esboço de reflexão.

Procedemos, na experiência, fazendo o sujeito sustentar um discurso que se define pela associação livre, o que significa sem ligação com o outro. Vocês falam na análise, o que quer dizer que foram liberados de qualquer regra do jogo. E a que, meu bom Deus, isso pode levar?

Tal exercício não pode sequer resultar num texto estético. Os surrealistas, quando quiseram proceder por esse caminho, vocês estão lembrados de que eles empregaram fartamente a tesoura, para que isso acabasse criando uma coisa de que voltaremos a falar, uma obra de arte. Que se possa chegar a tal dessa maneira já é muito indicativo, mas completamente impermeável para quem não tem idéia do objeto *a*. Mas não é do objeto *a* que estamos falando hoje.

Normalmente, um exercício dessa natureza só pode levar a uma profunda insuficiência lógica. Na realidade, isso é o que Freud quer dizer quando afirma que o inconsciente não conhece o princípio de contradição. O princípio de contradição é, na lógica, uma coisa excessivamente elaborada e da qual, mesmo na lógica, podemos prescindir, já que podemos construir toda uma lógica formal no campo do saber sem fazer uso da negação.

No entanto, se podemos servir-nos de um discurso que se liberta da lógica, nem por isso, com certeza, ele é desligado da gramática. Esse ter que permanecer dentro da gramática é algo muito rico em propriedades e conseqüências. Não há nada em que uma fantasia se expresse melhor do que numa frase que só tem sentido gramatical, que, pelo menos no funcionamento e na formação da fantasia, só é discutida gramaticalmente, ou seja, por exemplo, *uma criança é espancada*. Se alguma coisa pode agir em torno dessa frase, é na medida em que algo nela só é censurado, e só pode ser censurado, pela estrutura gramatical — o agente, por exemplo.

Os neuróticos, portanto, revelam a distinção entre a gramática e a lógica. A questão seria dar um passo a mais e descobrir, como me esforço por fazer, uma homologia.

Essa homologia não é patente, as neuroses não a revelam de imediato. É só por ter estudado um pouco de lógica que se pode saber, por exemplo, que é da localização de um indeterminável que depende a consistência de um dos sistemas mais seguros, qual seja, a aritmética. Para demonstrá-lo, foi preciso uma lógica correta, que não tem mais de um século e que evidenciou um certo número de falhas.

Pois bem, há uma homologia entre as falhas da lógica e as da estrutura do desejo, qual seja, que o desejo, em última instância, é uma conotação do saber das relações do homem e da mulher por uma coisa que é o mais surpreendente: a falta ou não falta de um *organon*, de um instrumento, ou, dito de outra maneira, do falo — que o gozo do instrumento barra o gozo que é gozo do Outro, na medida em que o Outro é representado por um corpo; e, em suma, como enunciei, penso, com força suficiente, que não há nada estruturável que seja propriamente o ato sexual. Se tudo isso foi corretamente demonstrado, é concebível que o círculo se feche e que esse algo ligue por trás a verdade ao saber.

O pensamento é, justamente, o *Vorstellungsrepräsentanz*, que representa o fato de que existe o não representável, porque barrado pela proibição do gozo. Em que nível? No mais simples, no nível orgânico. O princípio do prazer é essa barreira ao gozo, nada mais. Que essa barreira seja metaforizada na proibição da mãe não passa, afinal, de uma contingência histórica, e o próprio complexo de Édipo é apenas um acréscimo a isso.

Mas a questão se aloja num plano mais profundo. A castração, ou seja, o furo na apreensão, o *Eu não sei* concernente ao gozo do Outro, deve ser repensada pelo ângulo de sua relação com os efeitos disseminados, onipresentes, de nossa ciência.

Há, de fato, uma relação entre esses dois pontos aparentemente muito distantes. Por um lado, existe a barragem que faz com que o sexo, do qual falamos o tempo todo, longe de dar um passo para qualquer solução do campo do erótico, continue a se obscurecer cada vez mais e assinale mais a insuficiência de nossos referenciais. Por outro lado, há os efeitos que chamo de disseminados por nosso saber, isto é, a irrupção prodigiosa da relação com o objeto *a*, da qual nossos *mass media* são apenas o retorno à presentificação.

Não será isso, por si só, uma indicação do que se passa com a liberdade de pensamento?

Suponham que a estrutura seja, efetivamente, a da garrafa de Klein, e que o limite seja, efetivamente, esse lugar de reviramento em que o que era direito transforma-se em avesso, e vice-versa. Basta pensar que o limite que aparentemente separa a verdade do saber não é fixo, que, por sua natureza, está em toda parte, para que surja a indagação de como fazer para que a divisão entre verdade e saber não se prenda de maneira puramente imaginária a um ponto fixo.

Por não haverem sequer começado a sugerir o problema dessa maneira, os psicanalistas demonstram não ter a menor possibilidade de se desligar de uma certa estase desse limite. Todo tratamento da neurose que se limita ao esgotamento das identificações do sujeito, isto é, daquilo pelo qual ele se reduziu ao Outro, não traz em si nenhuma promessa de resolução daquilo que constitui um nó para o neurótico.

O que constitui um nó para o neurótico, não o direi hoje aqui, pois seria forçado a andar muito depressa. Mas direi que, em razão da natureza do neurótico — que é, no fundo, que lhe perguntem o que há com seu desejo —, pode-se indagar se o psicanalista, nesse ponto, não é cúmplice, ao sustentar sem saber aquilo que é a base da estrutura do neurótico, isto é, que seu desejo só consegue sustentar-se pela demanda.

Se podemos dizer que a análise consistiu no rompimento com a hipnose, talvez seja por uma razão bastante surpreendente, pensando bem: é que, na análise, pelo menos sob a forma na qual ela estagna, é o analista que fica hipnotizado. No fim, o analista acaba se transformando no olhar e na voz de seu paciente. Isso é muito diferente do que se apresenta, ilusão do pensamento, como recurso à clínica. Talvez não seja nos distanciarmos da clínica, senão tomarmos cuidado para que não se produza essa mutação.

Só faço indicar aqui algumas portas de entrada, que são as que abriremos nas próximas sessões.

Eu não gostaria de terminar sem fazer uma última observação. Se em minha vida limitei-me a comentar minha experiência e a interrogá-la em suas relações com a doutrina de Freud, foi precisamente no intuito de não ser um pensador, mas de interrogar um pensamento já constituído, o de Freud, levando em conta aquilo que o determina, ou seja, aquilo que, hegelianamente falando, constitui ou não sua verdade.

23 de abril de 1969

XVIII

DENTRO FORA

Análise do idealismo
Óptica e representação
Mancha, falta e câmara escura
O objeto a *restituído ao Outro*
Homela *e* famiele

Talvez alguns de vocês, que porventura sejam filósofos, vislumbrem que aqui se encontra renovada uma questão meio ultrapassada, mais por um efeito de cansaço do que por ter recebido uma solução efetiva. Trata-se da questão que se abre entre os termos *idealismo* e *realismo.*

1

O idealismo é bem simples de aquilatar. Basta colhê-lo da pena daqueles que se fizeram seus doutrinários.

Vou tomar como base o seguinte: até certo ponto, ele não foi refutado. Não o foi filosoficamente, mas pelo senso comum, que é realista, é claro, realista nos termos em que o idealismo formula a questão, isto é, que, a lhe dar ouvidos, só conheceríamos do real as representações. A postura idealista, que é irrefutável a partir de certo esquema, mesmo assim é refutável, a partir do momento em que não fazemos da representação o reflexo puro e simples do real.

É notável que tenha sido do próprio interior da filosofia que se desferiram golpes decisivos contra o idealismo. Trata-se de que o que tinha sido inicialmente promovido na mitologia da representação pôde ser deslocado para uma outra mitologia, aquela que questiona não a representação, porém a função do pensamento como ideologia. O idealismo ateve-se apenas a confundir a ordem do pensamento com a da representação. Como vocês vêem, a coisa se articula de maneira muito simples.

Podemos acreditar-nos realistas, ao fazer do que é o pensamento uma coisa dependente do que chamamos, no caso, de real. Mas, será que isso é suficiente? Mesmo no âmbito da mitologia — é assim que a chamo —, da ideologia como dependente de um certo número de condições, explicitamente sociais, as da produção, será que é uma postura de realismo nos referirmos a um real que não pode ser plenamente apreendido como tal, pelo fato de que o pensamento é sempre dependente dele? — ainda mais que nos consideramos em condição de transformar esse real.

Estas reflexões são densas. O que tenciono fazer observar é que esse real em relação ao qual devemos considerar que nosso saber está progredindo, já que é esse o sentido da chamada crítica da ideologia, é parte integrante de uma subversão que introduzimos no real. A questão, portanto, é se em algum lugar esse saber em progresso já está ou não presente. Foi essa a questão que formulei nos termos do sujeito suposto saber.

O passo da ciência consistiu em excluir o que implica de místico a idéia do conhecimento, em renunciar ao conhecimento e em constituir um saber que é um aparelho que se desenvolve a partir do pressuposto radical de que não lidamos com outra coisa senão com os aparelhos manejados pelo sujeito, e, mais ainda, de que este pode depurar-se como tal, até não ser nada além do suporte do que se articula como saber ordenado num certo discurso, um discurso separado do da opinião, e que se distingue deste como sendo o da ciência. Uma vez dado e até compreendido esse passo, persiste um pressuposto, ou até um preconceito, ainda menos criticado na medida em que não é percebido, e não se formulou nenhuma indagação séria sobre as implicações que dele persistem, a despeito de nós.

Esse preconceito é o seguinte: ao descobrir esse saber, nós o concebemos — querendo ou não, pois esse é um dado do pensamento — como já ordenado em algum lugar. Devemos pensar que ele é assim, sim ou não? Enquanto não se examinam as conseqüências de uma suspensão radical desse sujeito suposto saber, permanecemos no idealismo, e sob sua forma mais retrógrada, aquela que, no final das contas, é inabalável numa certa estrutura, e que se chama, nem mais nem menos, teologia.

O sujeito suposto saber é Deus, ponto, só isso. É possível ser um cientista genial, e nem por isso obscurantista, ao que eu saiba; é possível ser Einstein e recorrer, da maneira mais articulada, a esse Deus. É preciso inclusive que ele já seja um suposto saber, uma vez que Einstein, argumentando contra uma reestruturação da ciência sobre fundamentos probabilísticos, afirma que o saber que supõe em algum lugar aquilo que ele, Einstein, articula em sua teoria, esse saber é recomendado por algo que é homogêneo ao que é de fato uma suposição concernente a esse sujeito, e que ele chama, nos termos tradicionais, de Deus. Esse bom e velho Deus talvez seja difícil de penetrar, no que sustenta da ordem do mundo, mas não é mentiroso: é leal, não muda os dados do jogo no decorrer da partida. As regras do jogo já existem em algum lugar, são instituídas pelo simples fato de que o saber já existe em Deus. É Ele que rege essa decifração chamada saber.

Um verdadeiro ateísmo, o único que mereceria esse nome, é o que resultaria do questionamento do sujeito suposto saber. Não se diz que seja possível ao pensamento sustentar um confronto com essa questão, nem tampouco que dar sua fórmula constitui um passo nesse sentido.

Certamente, isso não quer dizer que esse não seria um passo que me ocupa essencialmente, pois o que tenho de articular, ou seja, a psicanálise, é solidário dele, mas só posso transmitir, primeiramente, aquilo que tenho que solicitar aos analistas, isto é, que ao menos eles tenham um discurso que esteja a par do que eles efetivamente manejam — tratamento ou experiência analítica, chamem-no como quiserem, dá na mesma. O pensamento deles, com efeito, continua tão retardatário nesse ponto, que é fácil pôr o dedo no fato de que eles dão conta do que o sujeito faz no tratamento em termos ligados a preconceitos tão sumários que constituem uma verdadeira degradação daquilo em que um pensamento crítico pôde tocar numa de suas viradas.

Não pensem que isso é inofensivo. Não deixa de ter múltiplas conseqüências, que servem, primeiro, para reforçar no analista tudo o que, no pensamento, nos foi apontado por Freud como essencialmente constituído de uma resistência, que depois deturpam suas formas de intervenção e que, por último, só podem reforçar esses mesmos preconceitos no sujeito, mais ou menos justificadamente chamado de paciente, porque ele é tecido no próprio ato da experiência psicanalítica.

Para dizer do que se trata de verdadeiramente manifesto, eu o centrarei nos termos *dentro* e *fora*.

O fato de esses termos estarem presentes desde a origem no discurso de Freud não é razão para não os interrogarmos da maneira mais rigorosa, sem o que corremos o risco de ver produzirem-se os tipos de desvios que entravam o que se poderia perceber na experiência analítica como próprio para alimentar a questão essencial do sujeito suposto saber, ou, pelo menos, para confluir com ela. Enquanto o *sujeito-suposto-saber-antes-que-saibamos* não for questionado da maneira mais séria, podemos dizer que toda a nossa conduta continuará presa ao que é um fator de resistência, num pensamento que não se desliga disso, já que uma concepção viciosa do terreno em que enunciamos as questões leva, inevitavelmente, a sua distorção por princípio.

Quando sabemos o uso que o analista faz atualmente, não só dia após dia, mas a cada minuto, dos termos *projeção* e *introjeção*, como não teriam esses termos, se não forem corretamente criticados, seu efeito inibidor no pensamento do próprio analista e, mais ainda, seu efeito sugestivo na intervenção interpretativa, de um modo que não há nenhum exagero em dizer que só pode ser imbecilizante?

Um dentro e um fora, isso dá a impressão de ser evidente, se considerarmos o organismo, ou seja, um indivíduo de fato existente. O dentro é aquilo que está no interior de seu envoltório de pele. O fora é todo o resto. Pensar que o que ele representa para si desse fora também deve estar no interior do envoltório de pele parece, à primeira vista, ser um passo modesto e como que evidente. É exatamente nisso que repousa a articulação do bispo Berkeley. Do que existe no exterior, afinal, vocês só sabem o que está em sua cabeça. Por conseguinte, seja a que título for, será sempre uma representação. Digam vocês o que disserem a respeito do mundo, sempre poderei observar que isso vem do que vocês representam dele para si. É realmente muito singular que, num dado momento da história, essa imagem possa ter assumido um caráter tal de prevalência, que nela se possa ter apoiado um discurso que efetivamente não podia ser refutado, pelo menos num certo contexto — o de uma representação feita para sustentar essa idéia da representação. É na representação que confere essa vantagem à representação que consiste, afinal, o nó secreto do chamado idealismo.

Decerto é notável que, ao simplesmente nos aproximarmos dela da maneira como o faço, a tela, por assim dizer, vacile. Se isso é tão simples, dizem, como é que se pôde parar aí? Para alimentar essa vacilação, impõe-se agora mostrar como é construída essa representação de miragem, e é o que farei, ou seja, imaginar isso para vocês. Ela é o que há de mais simples.

Nem sequer é preciso recorrer a Aristóteles, em seu pequeno tratado *Da sensação*, que aliás é um texto impressionante, para perceber que, pelo estilo com que ele aborda o que se passa com o olho e com o qual pretende explicar o fato da visão, falta-lhe o que para nós não é problema, a saber, o aparelho mais elementar da óptica, a câmara escura.

Isso dá ensejo a indagar que vantagem haveria em se fazer um estudo do ponto em que estava a ciência antiga no tocante à óptica. Essa ciência foi muito longe, muito mais longe do que se acredita, em toda sorte de visões mecânicas, mas parece que, do ponto de vista da óptica propriamente dita, apresentou um vazio notável. Esse modelo, que dá o status do tempo da representação em que se cristalizou o núcleo do idealismo, é o mais simples que há. É o da câmara escura, isto é, um espaço fechado, protegido de toda a luz, no qual somente um pequeno orifício se abre para o mundo externo. Quando esse mundo externo é iluminado, sua imagem se pinta e se agita na parede interna da câmara escura, conforme o que se passa do lado de fora.

É extremamente notável ver o que foi articulado, e pelas melhores cabeças, num certo desvio da ciência, o de Newton, que, como vocês sabem, foi tão inaugural e genial no tocante à óptica quanto no tocante à lei da gravitação. Não é à toa que, nessa virada, lembrarei que aquilo pelo qual sua época o enalteceu foi, muito precisamente, por ele ter ficado à altura dos desígnios de Deus, que lhe sucedeu decifrar. Diga-se isto para confirmar a observação que fiz há pouco sobre o envoltório teológico dos primeiros passos de nossa ciência.

A óptica, portanto, é essencial para a imaginação do sujeito como algo que existe num dentro. Podemos até afirmar que a função do sujeito tem por modelo a câmara escura.

O singular é que parece admitir-se que o lugar do furinho do qual depende a localização da imagem é indiferente. Onde quer que ele seja colocado, sempre se reproduz na câmara escura, com efeito, uma imagem oposta ao furinho. É só pelo lado em que se abre esse pequeno orifício que se vê o mundo, ou seja, aquilo que está do lado de fora e que não passa de uma imagem, por só se traduzir como imagem do lado de dentro. Parece implícito nesse aparelho que, do que está do lado de fora, num espaço que não é limitado por nada, tudo, em princípio, pode vir a ter lugar no interior da câmara. No entanto, é patente que, se os furinhos se multiplicassem, já não haveria imagem em parte alguma.

Não insistiremos com muito peso nessa questão, porque não é ela que nos importa. Vamos contentar-nos em observar que é aí, e somente aí, que se apóia a idéia de que o que concerne ao psiquismo deve ser situado num dentro limitado por uma superfície.

Uma superfície? Com certeza, dizem-nos, isso já é uma coisa no texto de Freud, é uma superfície virada para fora, e é nela, portanto, que localizamos o sujeito. Ele é indefeso, como dizem, com respeito ao que há do lado de dentro. Visto que as representações não podem ser postas noutro lugar, nós as colocamos aí, e, do mesmo modo, aí colocamos o resto todo, ou seja, aquilo que é chamado, de maneiras diversas e confusas, de afetos, instintos, pulsões. Tudo isso está no lado de dentro.

Mas, que razões temos nós para fazer tanta questão de conhecer a relação de uma realidade com seu lugar, seja ele dentro ou fora? Conviria nos interrogarmos, primeiro, sobre o que ela vem a ser como realidade.

Talvez convenha começar por nos desligarmos da fascinante virtude decorrente de que só podemos conceber a representação de um ser vivo no interior de seu corpo.

2

Saiamos por um instante dessa fascinação, para nos perguntarmos o que acontece no dentro e no fora quando se trata, por exemplo, de uma mercadoria.

Comumente, já nos esclareceram a natureza da mercadoria o bastante para sabermos que ela se distingue entre valor de uso e valor de troca. O valor de troca, vocês dizem a si mesmos, é justamente o que funciona do lado de fora. Mas ponhamos essa mercadoria num depósito. Também é forçoso que isso exista. O depósito é um dentro, é nele que a mercadoria é guardada, conservada. Os barris de azeite, quando estão do lado de fora, são trocados e, depois, consumidos — valor de uso. É muito curioso que seja quando estão do lado de dentro que eles ficam reduzidos a seu valor de troca. Num depósito, por definição, ninguém está lá para dividi-los em porções nem para consumi-los, mas para conservá-los. O valor de uso, justamente, é proibido no interior, ali onde seria esperável, e nele subsiste apenas o valor de troca.

O ponto em que isso é mais enigmático é quando já não se trata da mercadoria, mas do fetiche por excelência — a moeda. Então, essa coisa que não tem valor de uso, que só tem valor de troca, que valor preserva ela quando está num cofre? Está muito claro que ela é colocada e guardada nele. O que é esse dentro, que parece tornar completamente enigmático o que nele é encerrado? Será que, a seu modo, em relação ao que constitui a essência da moeda, isso não é um dentro completamente fora, fora do que constitui a essência da moeda?

Estas observações só têm interesse para nos introduzir no que acontece com o pensamento.

O pensamento também tem alguma coisa a ver com o valor de troca. Em outras palavras, ele circula. Para os que ainda não compreenderam que um pensamento só é concebível, propriamente falando, ao ser articulado, ao se inscrever na linguagem, ao poder ser sustentado nas condições do que é chamado de dialética, o que significa um certo funcionamento da lógica, dotado de regras, esta simples observação deveria bastar para assinalar a oportunidade de indagar, exatamente como fizemos há um instante com respeito à moeda posta num cofre: que quer dizer pensamento, quando ele é guardado? Se não sabemos o que ele é quando é guardado, é justamente, afinal, porque sua essência deve estar noutro lugar, ou seja, já do lado de fora, sem que precisemos fazer uma projeção para dizer que o pensamento passeia por lá.

Em outras palavras, convém assinalar isto, que talvez não se tenha evidenciado a todos à primeira vista. Seja qual for o poder de convicção do argumento de Berkeley, é bem possível, com certeza, que o que constitui sua força seja uma intuição baseada num modelo que mostra que a representação é algo que não posso ter noutro lugar senão dentro. Na história, porém, não é isso o importante, não é que nós nos deixemos tapear por uma imagem a mais, e especialmente uma imagem dependente de um certo estado da técnica, mas sim que a argumentação de que se trata seja efetivamente irrefutável. Para que o idealismo se sustente, é preciso haver não apenas o bispo Berkeley, mas algumas outras pessoas com quem ele debata a questão de saber se só temos do mundo uma apreensão que define os limites filosóficos do idealismo. É na medida em que não podemos sair disso no discurso, em que não temos nada a lhe retrucar, que ele é irrefutável.

A propósito do idealismo/realismo, evidentemente, há os que têm razão e os que estão errados. Os que têm razão encontram-se no real, digo, do ponto de vista dos realistas. E os que estão errados, onde ficam? Também isso exigiria inscrever-se no esquema. O importante é que, no nível do debate, da discussão articulável, no ponto em que estava a discussão filosófica na época, Berkeley tem razão, embora seja patente que está errado.

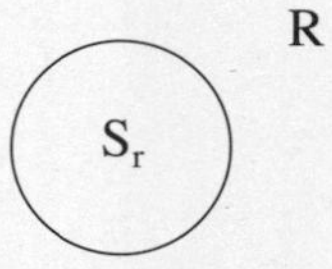

De Berkeley ao objeto pequeno a

Aí está, primeiro, o esquema que chamaremos de berkeliano. Ele se baseia no princípio da câmara escura, representada pelo círculo. Dentro, coloquei o sujeito da representação. O real se distingue por estar simplesmente no exterior, como se fosse evidente que tudo que há do lado de fora é o real. É justamente nisso que se demonstra que esse primeiro desenho do campo da objetividade está errado. Se é assim, convirá então substituí-lo por outro, ou não? E como fazer isso? Em que se transformam o dentro e o fora?

Somos até forçados a redesenhar esse esquema, já que nos encontramos no limite, no meio-termo entre simbólico e imaginário, e que nossas cogitações exigem um mínimo de suporte intuitivo. Mas, então, será que isso não implica abandonar radicalmente, na intervenção analítica, os termos *projeção* e *introjeção*, dos quais nos servimos ininterruptamente, sem fazer a menor crítica ao esquema berkeliano?

Outra apreensão das coisas, provavelmente muito incômoda, consiste em não distinguir, em tudo o que é construído do lado de fora, ordens diferentes de real. Para percebermos isso, basta simplesmente perguntar o que essa construção deve a uma ordem que de modo algum é forçosamente o real, já que é uma fabricação nossa. É isso que conviria interrogar, uma vez que temos de intervir num campo — o de uma coisa chamada inconsciente — que não é, ao contrário do que se diz, um campo de fatos elementares, orgânicos, carnais, de impulsos biológicos, mas um campo articulável como sendo da ordem do pensamento, sem no entanto escapar ao fato de que se articula em termos linguageiros.

O caráter radical do que está na base não do que ensino, mas do que tenho apenas de reconhecer em nossa prática cotidiana e nos textos de Freud, é isso que levanta a questão do que acontece com o dentro e o fora, e da maneira pela qual devemos conceber o que corresponde aos fatos, sempre muito inabilmente manejados em termos de introjeção e projeção.

É nesse ponto que, na origem da definição do eu, o próprio Freud ousa articular as coisas, dizendo que, por um certo estado de confusão com o mundo, o psiquismo se separa num dentro e num fora, sem que nada indique, em seu discurso, se esse fora é identificável com o espaço indeterminado que ele é na representação comum, na opinião pública, e se esse dentro se confunde com o algo que agora tomamos por aquilo que funda uma regra do organismo, do qual procuramos todos os componentes do lado de dentro.

3

Já podemos dar mais um passo, demonstrando o que há de impensável no esquema da câmara escura.

Basta remontar a Aristóteles para perceber que, por ele não se referir à câmara escura, as questões, para ele, são completamente diferentes das que se colocam para nós, e que sua concepção torna impensável, propriamente falando, qualquer concepção, digamos, do sistema nervoso.

Leiam os primeiros capítulos do tratado intitulado *Da sensação*, cujo texto é instigante. Ele já toca no problema, que depois daria margem a tantos desenvolvimentos, de saber se há na visão alguma coisa que se abra para a reflexão. O *ver-se vendo-se* de Valéry, ele o aborda, e da maneira mais engraçada, no fato de que, quando fazemos pressão sobre um olho, isso produz fosfenos, isto é, uma coisa que se parece com a luz. É somente aí que ele encontra a possibilidade de apreender que esse olho que vê também se vê, de certa maneira, já que produz luz quando o pressionamos.

Muitas outras coisas são instigantes, como as formulações a que ele chega, e que dão às coisas, essencialmente, a dimensão do diáfano, pelo qual se explica que o olho vê porque, e unicamente porque, na ordem do diáfano, representa um aparelho particularmente qualificado. Longe de termos aí algo que se pareça de algum modo com um dentro e um fora, é na medida em que o olho participa de uma qualidade que eu chamaria de visionária que o olho vê. Isso não é burrice. É uma certa maneira, de momento, de mergulhar o sujeito no mundo. Sem dúvida, essa questão tornou-se um pouquinho diferente para nós.

Todas as mil outras teorias enunciadas em sua época, com as quais Aristóteles teve de lutar, participam por algum aspecto, na verdade, de algo que não temos nenhuma dificuldade de encontrar em nossas imagens, inclusive a da projeção. Isso porque, eu lhes pergunto, que é que o termo *projeção* supõe, quando se trata não mais daquilo que se vê, porém do imaginário, de uma certa configuração afetiva pela qual supomos que o sujeito paciente, num dado momento, modifica o mundo? Que é essa projeção senão a suposição de que é de dentro que parte o feixe luminoso que pintará o mundo, assim como, nos tempos antigos, havia quem imaginasse os raios que, partindo do olho, de fato nos esclareceriam o mundo e os objetos, por mais enigmática que fosse essa irradiação da visão? É possível que ainda estejamos aí, como provamos em nossas metáforas.

Não menos brilhante nesse texto aristotélico é permitir que ponhamos o dedo não tanto no que ele mesmo constrói, mas em todos aqueles a quem ele se refere, em especial Empédocles, que faz a função do olho participar do fogo, ao que Aristóteles retruca com um apelo ao elemento água. Esclareço, a propósito, que o que o chateia é só existirem quatro elementos. Visto que existem cinco sentidos, é difícil saber como se fará a concordância, diz ele, com todas as letras. No fim, ele consegue safar-se unindo o paladar e o tato, como igualmente relacionados com a terra. Mas chega de brincadeira.

Aliás, essas coisas nada têm em si de especialmente cômico. São, antes, exemplares. Ao ler esses textos, que, por mais fúteis que nos pareçam, não eram ditos por pessoas tapadas, ao simplesmente nos deixarmos impregnar, por assim dizer, pelo que os anima, evidencia-se algo que localiza para nós o campo da visão, desde que o tenhamos reanimado, se assim posso me expressar, com o que introduzimos nele ao inseri-lo no desejo, por intermédio da perversão. Em outras palavras, é-nos sugerido o motor da função do objeto *a* no campo visual, desde que já nos tenhamos exercitado um pouco com ele.

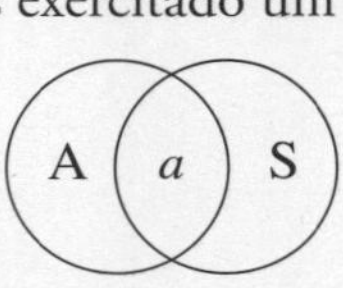

O objeto *a*, no campo visual, no que concerne à estrutura objetiva, é da alçada da função de um terceiro termo, com o qual é impressionante que os antigos literalmente não saibam o que fazer. Eles não o alcançam, embora isso seja, afinal, a maior coisa que existe. Também eles se encontram entre dois, entre a sensação, isto é, o sujeito, e o mundo sentido. Têm que ser sacudidos, por assim dizer, para fazer intervir como terceiro termo a luz, o foco luminoso, pura e simplesmente, na medida em que são seus raios que se refletem nos objetos e que, para nós, vêm formar uma imagem no interior da câmara escura.

E depois? Depois, temos a maravilhosa estupidez da síntese da consciência que existe em algum lugar, e que é, ao que parece, particularmente bem pensável, unicamente pelo fato de que podemos instalá-na numa circunvolução. E em que sentido a imagem de repente se tornaria algo de sintético por estar numa circunvolução, e não na retina? O conceito de objeto *a* nos é suficientemente indicado pelos próprios gestos tateantes que se desenharam ao longo de toda a tradição, e que mostram que os antigos se apercebiam muito bem de que a solução do problema da visão não era simplesmente a luz. A luz é uma condição, é claro. Para que vejamos alguma coisa, é preciso que haja claridade. Mas em que isso explica que enxerguemos?

O objeto *a*, no campo escopofílico, se tentarmos traduzi-lo no nível da estesia, é exatamente esse branco — ou esse preto, como quiserem —, esse algo que falta atrás da imagem, digamos, e que, por um efeito puramente logomáquico da síntese, colocamos com muita facilidade em algum lugar de uma circunvolução. Muito precisamente, é na medida em que falta alguma coisa no que se dá como imagem que está o móbil do qual há apenas uma solução, como objeto *a*, isto é, precisamente, como falta e, se vocês quiserem, como mancha.

A definição da mancha é ser justamente aquilo que, no campo, distingue-se como o furo, como uma ausência. Sabemos pela zoologia que o surgimento inicial, no nível dos seres lamelados, dessa coisa que nos deslumbra, que é tão bem construída como um aparelhinho óptico, e que é chamada olho, começa por uma mancha. Essa mancha, será que devemos fazer dela, pura e simplesmente, um efeito? A luz produz manchas, isso é certo. Não é aí que estamos. Pôr a mancha como essencial e estruturante em toda visão, colocá-la aí a título de lugar de falta, no lugar do terceiro termo do campo objetivado, ou ainda, no lugar da luz, é algo que os antigos não podiam se impedir de fazer, e foi esse o seu titubeio. Mas eis que já não há titubeio, se nos apercebermos de que esse efeito de metáfora, a metáfora do ponto negado no campo da visão, não deve ser colocado no princípio de uma exposição que é mais ou menos de miragem, porém no princípio do que liga a esse campo um sujeito cujo saber é totalmente determinado por uma outra falta mais radical, mais essencial, que lhe diz respeito como ser sexuado. É isso que evidencia como o campo da visão se insere no desejo.

Afinal, por que não haveria modo de admitir isso? Admitir que o que faz com que haja visão, contemplação, todas essas relações visuais que retêm o ser falante, que tudo isso só encontra realmente sua inserção, só encontra sua raiz no próprio nível do que, por ser mancha nesse campo, pode servir para tamponar, para suprir o que se dá com a falta, com a falta perfeitamente articulada, e articulada como falta, ou seja, com aquilo que é o único termo graças ao qual o ser falante pode situar-se em relação ao que acontece com sua pertença sexual.

É no nível desse objeto *a* que é possível conceber essa divisão articulável do sujeito entre um sujeito que está errado porque tem razão, como o bispo Berkeley, e um outro sujeito que, duvidando que o pensamento valha alguma coisa, na realidade comprova que o pensamento é, por si só, censura. O que importa é situar o olhar como subjetivo, porque ele não vê. É isso que torna pensável que o próprio pensamento se apóie nisto, e unicamente nisto: em ser censura. Assim, podemos articular metaforicamente o próprio pensamento como produzindo uma mancha no discurso lógico.

4

Em seguida a esta articulação bastante longa, ainda quero dizer uma coisa hoje. Poderei iniciá-la, pelo menos.

Tínhamos ficado no nível da perversão, baseada numa outra maneira de inscrever esse fora. Esse fora não é, para nós, um espaço aberto para o infinito, no qual ponhamos seja o que for sob o nome de real. Aquilo com que lidamos nesse fora é o Outro, e ele tem seu status como tal.

Esse status, decerto não é unicamente pelo esforço dos psicanalistas que podemos atualmente explorá-lo, por uma interrogação apenas lógica, e articulá-lo como marcado por uma falha. No grafo que vocês conhecem, o sinal S(Ⱥ), que representa a resposta dada pelo Grande

Outro ao término do que se coloca no nível da enunciação desejante, é exatamente a falha que representa o desejo.

Não é à toa que os termos se manifestam aqui por letras minúsculas, por uma álgebra. É próprio da álgebra poder ter diversas interpretações. S(Ⱥ) pode querer dizer toda sorte de coisas, inclusive a função da morte do pai. Mas, num nível radical, o da logicização de nossa experiência, S(Ⱥ) é, exatamente, se ela está em algum lugar e é plenamente articulável, o que se chama estrutura.

Se alguém pode qualificar meu discurso de estruturalista, apesar das reservas que vocês sabem que faço a esses rótulos filosóficos, é na medida em que ele demonstra a relação existente entre o que permite edificar uma lógica rigorosa e o que, por outro lado, nos é mostrado no inconsciente de algumas falhas irredutíveis de articulação, das quais provém o próprio esforço que atesta o desejo de saber.

Como eu lhes disse, o que defino como perversão é a restauração como que primordial, a restituição do *a* ao campo do A. A coisa é possibilitada pelo fato de o *a* ser um efeito da captação de alguma coisa primitiva, primordial. Por que não haveríamos de admiti-lo, desde que não façamos disso um sujeito? É na medida em que esse ser animal é captado na linguagem, esse ser que há pouco consideramos no nível de seu envoltório cutâneo, que alguma coisa se determina nele como *a*, esse *a* devolvido ao Outro, por assim dizer. Foi por isso que, outro dia, ao introduzir o perverso diante de vocês, eu o comparei ironicamente ao homem de fé, ou ao cruzado. Ele confere a Deus Sua verdadeira plenitude.

A perversão é a estrutura do sujeito para quem a referência da castração, isto é, o fato de a mulher se distinguir por não ter o falo, é tamponada, mascarada, preenchida pela operação misteriosa do objeto *a*. Trata-se de uma maneira de evitar a hiância radical, na ordem do significante, representada pela castração. A base e o princípio da estrutura perversa estão em evitar isso, provendo esse Outro, como assexuado, de alguma coisa que substitua a falta fálica. Se vocês me permitem terminar com uns trocadilhos humorísticos, retomarei uma formulação que já lhes apresentei uma vez. Será que o Outro do perverso não é o que designei com o termo *homela* [*hommelle*]?

Aí está uma referência cuja evidenciação, que parece — mas apenas parece — pitoresca, lhes prestará alguns serviços, para situá-los quanto à base de um certo fora com respeito ao funcionamento do inconsciente.

Como de hábito, hoje não pude percorrer o campo tanto quanto queria e quanto o faço. Antes de deixá-los, gostaria ainda de lhes abrir o caminho que leva da perversão à fobia, na qual vejo o intermediário que enfim lhes permitirá situar autenticamente o neurótico e, no nível dele, o que acontece com o dentro e o fora.

Esse *homela*, por que não escrevê-lo modificando o nosso S(Ⱥ), no sentido de que, aqui, é de um A não falho que temos o significante S? O S(A) fornece a chave da perversão. Inversamente, acaso não é no nível do significado da falha que a divisão do A se apresenta no neurótico? Digamos *s*(Ⱥ), o significado do Outro barrado.

Isso tem um grande interesse de ordenação topológica, e equivale também a mostrar que é no nível do enunciado que se articula o texto do sintoma neurótico. Assim se explica que seja entre o campo do eu, tal como ele se ordena especularmente, e o do desejo, no que ele se articula em relação ao campo dominado pelo objeto *a*, que se joga o destino da neurose.

Isto é o que veremos melhor da próxima vez, quando, baseando-me nesse antigo grafo, poderei mostrar-lhes o lugar ocupado pelo *s*(Ⱥ) no funcionamento da neurose. Vou retomá-lo primeiro na fobia, voltando ao que já articulei a propósito do Pequeno Hans, e que foi, como me dei conta, muito insuficientemente transmitido nas exposições.

Dizer que o significado do A como barrado, marcado por sua falha lógica, vem expressar-se plenamente no neurótico nos esclarece o que há de inaugural na experiência do neurótico. Quanto ao neurótico, ele não mascara o que acontece com a articulação conflituosa no nível da própria lógica. O fato de o pensamento falhar, em seu próprio lugar de jogo provido de regras, eis o que dá o verdadeiro alcance da distância que dele toma, em sua experiência, o próprio neurótico.

Para terminar com um novo trocadilho, desses que lhes anunciei e cujos encontros a situação da língua permite, que há de surpreendente, se nos divertimos com a palavra *homela*, em transformá-la, no andar inferior, em *famiele* [*famil*]? Esse *famiele*, não é que ele realmente parece nos mostrar, como um clarão instantâneo, o que acontece com a função metafórica da própria família?

Se, para o perverso, é preciso que haja uma mulher não castrada, ou, mais exatamente, se ele a cria como tal e como *homem-ela*, será que o *famiele* não se faz notar, no horizonte do campo da neurose, como esse algo que é um *ele* [*il*] em algum lugar, mas cujo *eu* é o que está verdadeiramente em jogo naquilo de que se trata no drama familiar?

Trata-se do objeto *a* como liberto. É ele que cria todos os problemas da identificação. É com ele que é preciso acabar, no nível da neurose, para que se revele a estrutura do que se trata de resolver, ou seja, o significante de A barrado, a estrutura pura e simples.

30 de abril de 1969

XIX

Saber poder

A disjunção entre saber e poder
Do Um ao 1
O a *aparece na contagem*
A, *em-fôrma de* a
O anaclitismo relido
A fobia, placa giratória

A angústia, disse eu em certo momento, *não é sem* objeto. Qual é o sentido do *não é sem* dessa formulação?

Ele significa simplesmente que há, para responder à angústia, algo que é análogo ao que se diz ser objetivo a partir de uma certa concepção do sujeito. Esse algo análogo ao objeto, do qual, segundo a psicanálise, a angústia é o sinal no sujeito, o *não é sem* não o designa, mas apenas revela que ele não falta. Pressupõe, portanto, o apoio decorrente da falta.

Ora, como sublinhei em dado momento, toda evocação da falta supõe instituída uma ordem simbólica.

1

Que é uma ordem simbólica? É mais do que apenas uma lei, é também uma acumulação, ainda por cima numerada. É uma ordenação.

Se definimos o real pela abolição pensada do material simbólico, nunca lhe pode faltar nada. O animal que morre em razão de uma série de efeitos fisiológicos perfeitamente adaptados — o que é totalmente inaceitável chamar de efeitos da fome, por exemplo, pois é o fim do organismo como *soma* — não sente falta de nada. Tem recursos suficientes em seu perímetro de organismo para avaliar sua chamada redução mortal. O cadáver também é um real.

O que nos força a conceber o imaginário são os efeitos pelos quais o organismo subsiste, já que é preciso que alguma coisa lhe indique que um dado elemento do exterior, do meio, do *Umwelt*, como se diz, é absorvível por ele, ou, em termos mais gerais, é propício à sua preservação. Isso significa que o *Umwelt* é uma espécie de halo, de duplo do organismo, e pronto. É a isso que se chama imaginário.

Certamente, toda uma ordem do *Umwelt* é descritível em termos de adequação, sem o que o organismo não subsistiria nem por um instante. A categoria do imaginário implica, por si só, sem dúvida, que esse *Umwelt* é passível de falha, mas a falha, também aí, não é falta de nada. É o começo de uma sucessão de efeitos pelos quais o organismo se reduz, como dissemos há pouco, levando consigo seu *Umwelt*. Ele morre com sua miragem, que pode muito bem ser o que chamamos, não se sabe muito bem por quê, de epifenômeno da fome, que evoquei há alguns minutos.

Até aí, portanto, tudo se reduz a diversos níveis de estruturação do real. Para que a existência da falta apareça, é preciso que se diga, em algum lugar, que *a conta não está certa*. Para que falte alguma coisa, é preciso que haja uma contagem. A partir do momento em que há contagem, há também efeitos da contagem na ordem da imagem. Esses são os primeiros passos da episteme, da ciência. Os primeiros acoplamentos do ato de contar com a imagem são o reconhecimento de um certo número de harmonias — de harmonias musicais, por exemplo, que fornecem o modelo da harmonia.

É aí que se podem constatar faltas, que nada têm a ver com o que se coloca, na harmonia, unicamente como intervalo. Há lugares em que não há contagem. Toda a chamada ciência antiga consiste em apostar que os lugares em que não há contagem se reduzirão, um dia, aos olhos do cientista, aos intervalos constitutivos de uma harmonia musical. Trata-se de instaurar uma ordem do Outro graças à qual o real assuma o status de mundo, de cosmo que implique essa harmonia.

A coisa tem sido feita assim desde que existem no mundo, nesse mundo de aventuras e de concretude que é chamado de histórico, empórios, lojas em que tudo é bem organizado. Os empórios e os impérios — que existem há um bocado de tempo, não fomos nós que os inventamos — são a mesma coisa. E isso é o forro e o esteio dessa concepção da ciência antiga, que repousa, em síntese, em algo que foi aceito por muito tempo, isto é, que saber e poder são a mesma coisa.

Aquele que sabe contar pode repartir; ele distribui e, por definição, quem distribui é justo. Todos os impérios são justos.

Se surgiu recentemente alguma dúvida a esse respeito, deve haver uma razão. O horizonte do que acontece aí, o tempo o atesta por algo que os doutos não querem ver que já não é um pródromo, em absoluto, e sim uma ruptura patente, ou seja, que eclode a discordância entre saber e poder.

O que me desculpa por dar continuidade a este discurso público, apesar de em princípio ele só se dirigir aos psicanalistas, é simplesmente isto: para que as coisas não se arrastem por muito tempo numa discordância, com tudo o que ela comporta de algaravias estranhas, de repetições inúteis, de choques absurdos, trata-se de denominar essa disjunção, de definir em que ela se opera, e de não pensar que a evitaremos com sabe-se lá que maneira episódica de virar a casaca do poder — dizendo, por exemplo, que tudo se ajeitará, porque aqueles que até aqui eram oprimidos pelo poder agora o exercerão. Não se trata, é claro, de que eu afaste pessoalmente, de algum modo, o prazo possível, mas me parece certo que também ele só teria sentido ao se inscrever no que acabo de chamar de virada essencial, a única que se prestou para mudar o sentido de tudo que se ordenou como império presumido, mesmo que fosse o do próprio saber, ou seja, a disjunção entre saber e poder.

Esta última formulação tem apenas um valor grosseiro, e não induz, propriamente falando, a nenhuma *Weltanschauung* nem a qualquer presunção, utópica ou não, de uma mudança impulsionada por sabe-se lá o quê, mas deve e pode ser articulada a partir de Freud. Certo, ele não fornece sua captura renovadora num sistema que seja comparável, seja em que aspecto for, aos que pretenderam fazer perdurar o mito da conjunção entre saber e poder. O próprio Freud, nesse ponto, é muito mais o paciente. Por sua fala, uma fala de paciente, ele atesta o que inscrevo sob o título de disjunção entre o saber e o poder.

Ele não é o único a dar testemunho dela, outros também o fazem, cada qual em sua particularidade, mas ele, por sua vez, a lê, lê seus efeitos nos sintomas que se produzem num certo nível do subjetivo, e tenta fazer frente a eles. É precisamente aí que se lê que ele mesmo é o paciente de seu esforço, quer de seu trabalho, quer de seu discurso.

Eu mesmo não sou nada além da continuação de tal discurso. Em meu próprio discurso, atesto aquilo a que conduz a prova dessa disjunção, isto é, segundo todas as aparências, a nada que a preencha ou que permita jamais esperar reduzi-la a uma norma, a um cosmo. É esse o sentido do que me empenho em levar adiante, frente a vocês, de um discurso inaugurado por Freud.

Foi por isso que comecei por uma leitura atenta daquilo que esse discurso atesta, e não apenas em sua mestria, porque é por suas insuficiências que ele é mais instrutivo.

Ao retomar o seminário que fiz em 1956-57, apercebi-me de que a distância irrisória de treze anos me permitia inclusive avaliar alguma coisa do caminho percorrido — por quem? Pelo quê? Por meu discurso, de um lado, e também pela evidência da manifestação da ruptura apontada por este discurso.

Essa evidência crescente, com certeza, nada deve a este discurso, mas atesta que existe um discurso, se não em dia com aquilo que se produziu, claro que não, pelo menos, digamos, não muito atrasado em relação ao que se produziu.

Dito isto, esse discurso é efetivamente forçado a ficar não apenas atrasado, mas a se retomar sempre no começo, como *nachträglich*, a posteriori, em razão de que, por falha das leis que regem o estatuto da Universidade, nada o registra numa renovação da forma da transmissão em que subsista aquilo de que se trata nos grandes passos dados há algum tempo no saber, e tal como marcado como internamente disjunto de qualquer efeito de poder.

Tornamos, portanto, a partir do princípio.

2

O termo que eu havia destacado em 1956-57, enquanto seguia passo a passo o Pequeno Hans, na tentativa de decifrá-lo, não podia ser, na época, objeto *a*.

Se, além do resumo disso, aliás nada malfeito, que foi fornecido no *Bulletin de Psychologie* sob o título "A relação de objeto e as estruturas freudianas", essa coisa estivesse publicada agora, o leitor poderia controlar o que enuncio há mais de um trimestre no próprio texto de Freud, texto que por si só confunde muito, em função de seu aspecto de labirinto, no qual se atesta uma espécie de soletrar balbuciante. Ele gira em círculos, porque, na verdade, qual é sua saída senão que o Pequeno Hans já não tem medo dos cavalos? E daí? Será que todo o interesse de uma investigação dessas é fazer com que um ou mil menininhos sejam livrados dessa coisa embaraçosa chamada fobia? A experiência prova que as fobias não levam muito mais tempo para se curar espontaneamente do que com uma investigação do gênero da conduzida, na ocasião, pelo pai de Hans, aluno de Freud, e pelo próprio Freud.

Na época, portanto, treze anos atrás, foi preciso eu sublinhar, soletrar e estudar o verdadeiro pivô daquilo de que se trata, e que vai muito além do caso. Trata-se do que entra em jogo a todo instante no limite, na fronteira entre o imaginário e o simbólico.

É efetivamente aí que tudo se joga, e voltarei a isso com algumas características, no decorrer do que estou enunciando hoje. Mas voltemos a partir do ponto em que temos de determinar o que acontece com a articulação dessas três ordens, o real, o simbólico e o imaginário, no que está verdadeiramente em causa. Trata-se do ponto decisivo em que, quaisquer que possam ser as desventuras e sintomas de cada um, todos somos pacientes, ponto este que designo como uma certa disjunção entre saber e poder.

Sejamos grosseiros, sejamos sumários, e ponhamos num lugar de um ponto o que chamei há pouco de real. Tal como o descrevi, ele interessa, isso é evidente.

Ainda não fui vê-lo, mas parece que existe um filme de Louis Malle sobre Calcutá. Nele se vê uma enorme quantidade de pessoas morrendo de fome. O real é isso. Ali onde as pessoas morrem de fome, elas morrem de fome. Não falta nada. Por que se começa a falar de falta? Porque elas fizeram parte de um império. Sem as necessidades desse império, não haveria nem mesmo Calcutá, não haveria uma aglomeração nesse lugar. Não sou tão historiador que possa saber disso, mas eu o admito, já que é o que nos dizem.

Os impérios modernos deixam que se evidencie seu papel de falta justamente porque neles o saber teve um crescimento desmedido, sem dúvida, em relação aos efeitos de poder. O império moderno tem a propriedade de que, em todos os lugares sobre os quais estende suas asas, essa disjunção também surge em nome do que podem fazer conosco, da fome na Índia, de um motivo que nos incita a uma subversão ou revisão universal, a *fazer qualquer coisa de real, ora*!

Para que haja simbólico, é preciso que se conte pelo menos 1. Durante muito tempo, acreditou-se que contar podia reduzir-se ao Um, ao Um de Deus — só existe um —, ao Um do Império, ao Um de Proclo, ao Um de Plotino. É por isso que não há nada de abusivo em simbolizarmos aqui o campo do simbólico por esse 1.

É claro que o Um não é simples, e o progresso todo consistiu em percebermos que ele funciona como 1 numérico, isto é, que ele gera uma infinidade de sucessores, desde que haja um zero. Isso para nos atermos à exemplificação do simbólico por um dos sistemas mais bem estabelecidos atualmente.

Essa contagem, seja qual for o nível de estrutura em que a situemos no simbólico, tem efeitos no imaginário, que evocamos há pouco como a ordem pela qual o real de um organismo, isto é, um real totalmente situado, é completado por um *Umwelt*. O que se ordena em meu discurso, e cabe aos que o acompanham pôr à prova esta formulação, é que a contagem tem o efeito de fazer surgir no nível do imaginário aquilo que chamo de objeto *a*.

Surgimento do a *pela contagem*

Ora, no ser humano, há uma imagem que desempenha um papel privilegiado. Essa imagem é a imagem especular, que está no princípio da dimensão que chamamos de narcisismo. Sabemos, aliás, que isso não faz do homem uma exceção tão grande no domínio dos seres vivos, porque encontramos em muitos outros animais, em certos níveis de seu comportamento, do que é chamado de etologia, costumes animais, imagens de uma estrutura aparentemente equivalente que são igualmente privilegiadas, e que exercem uma função decisiva no que se passa com seu organismo.

O ponto crucial da coisa de que se trata é a relação entre a imagem especular, *i(a)*, e o objeto *a*, da qual todos os momentos observados e articulados na psicanálise são, para nós, de interesse primordial, a fim de avaliar o que ela nos fornece no nível dos sintomas em seu valor de modelo, em particular quanto aos efeitos de disjunção, patentes em nossa época, entre saber e poder.

$$\frac{i(a)}{a}$$

Assim, para começar, defini o objeto *a* como essencialmente alicerçado em efeitos maliciosos, no campo do imaginário, daquilo que se passa no campo do Outro, no campo do simbólico, no campo do alinhamento, no campo da ordem, no campo do sonho de unidade.

Observem que a própria estrutura do campo do Outro, portanto, está implicada aqui como tal, o que tentei fazê-los perceberem graças a um esquema, em mais de uma de minhas aulas precedentes deste ano. O que é referido como efeitos *a* no campo do imaginário não implica nada senão isto: o próprio campo do Outro, se assim posso dizer, é em forma de *a*. Esse *em-fôrma* inscreve-se numa topologia na qual se apresenta no nível desse campo como o que nele produz um furo. Essa, evidentemente, é apenas uma imagem intuitiva.

O passo seguinte, eu o dei ao mostrar que restituir ao Outro — ou seja, ao campo de onde eles partem — esses efeitos pequeno *a* no imaginário, isso é a perversão. É uma coisa simples, uma forma um tanto apologética de apresentar as coisas, no estilo *dar a César o que é de César*, como disse um dia um espertinho, pois era isso que ele era, o indivíduo.

Devolver o *a* àquele de quem ele provém, o Grande Outro, é a essência da perversão. É impressionante, afinal, que quando digo coisas assim, isso passe, entre sem a menor dificuldade, o que prova, evidentemente, que os analistas não têm uma idéia muito segura daquilo a que podem se ater num campo desses. Dessa formulação, trata-se de saber o que podemos tirar.

Que é um efeito do simbólico no campo do imaginário? Isso ainda é problemático, mas, que afeta o sujeito, disso não podemos duvidar, uma vez que fazemos do sujeito algo que só se inscreve por uma articulação do campo do Outro, com um pé fora e um pé dentro.

Então, tratemos de reconhecer a face do sujeito de que se trata aqui.

3

Freud começou antes de mim a tirar a medida de uma certa câmara cujo negrume é muito menos fácil de calibrar que o da que evoquei da última vez, e que serviu durante mais de dois séculos de nome para um modelo óptico.

Dessa câmara, ele fez várias vezes o percurso. Não há por que nos surpreendermos com o fato de ele ter denominado com nomes diferentes as mesmas coisas que encontrou nesse périplo. Mas é importante reconhecermos aqui o valor exato de um dos termos que ele promoveu.

Freud falou muito do amor, com a distância que convinha. Não é por isso ter subido à cabeça dos que o seguiram que não temos que recolocar as coisas no nível de que ele as fez partir.

No nível do amor, ele distinguiu a relação anaclítica e a relação narcísica. Como ocorre que, em outros pontos, ele contrastou o investimento no objeto com o investimento no próprio corpo, na ocasião chamado de narcísico, julgou-se poder edificar sobre isso sabe-se lá que elucubração do tipo dos vasos comunicantes, segundo a qual o investimento no objeto provaria, por si só, que a pessoa saiu de si, que fez a substância libidinal passar para onde convinha. É nessa elucubração que repousa a da relação de objeto, que pus em cartaz há dez anos, quando ela ainda era robusta, com todo o mito da pretensa fase oblativa, ainda qualificada de genital.

O que Freud articula do anaclitismo, como um apoio calcado no nível do Outro, deu margem ao desenvolvimento de uma espécie de mitologia da dependência, como se fosse disso que se tratava. A mim me parece que o anaclitismo adquire seu status, sua verdadeira relação, por definir propriamente o que se situa no nível da estrutura fundamental da perversão. Trata-se de um certo funcionamento do *a*, um funcionamento dito perverso, pelo qual o status do Outro se certifica de ser coberto, preenchido, mascarado, e que está presente em toda sorte de efeitos que nos interessam.

Se quisermos dar uma aproximação lógica disso, poderemos fazer dele um estágio, a ser tomado discursivamente. Aliás, a relação anaclítica é primordial aqui, e é o único fundamento verdadeiro de toda uma série de nuvens pretensamente significativas com que nos envolvem para nos explicar que a criança sentiria saudade de seu paraíso, o qual teria encontrado em sabe-se lá que meio fisiológico materno, que nunca existiu nessa forma ideal.

Em síntese, trata-se unicamente do funcionamento do objeto definível como efeito do simbólico no imaginário, do funcionamento desse imaginário em relação a seja o que for que possa ter a pretensão de representar o Outro durante um certo tempo, e a mãe pode desempenhar esse papel tão bem quanto qualquer outro — o pai, uma instituição, ou até uma ilha deserta. O *a* funciona aqui como máscara da estrutura do Outro a que dei o nome, na medida em que ela é a mesma coisa que o *a*, de *em-fôrma* de *a*.

Esta formulação é a única que permite apreender o que se pode chamar de efeito de mascaramento ou de cegueira em que se satisfaz toda relação anaclítica. Entretanto, ao expressar as coisas dessa forma, continuamos não indo muito longe. É que, como podem perceber, aquilo de que se trata aqui não é de acesso fácil, e precisamente no plano do que chamamos de imaginação. A imaginação viva, aquela em que recolhemos o que chamamos avidamente de significação, agradável de diversas maneiras, decorre, com efeito, de um tipo totalmente diferente de imagem, muito menos obscuro — a imagem especular.

A imagem especular, aliás, é muito menos obscura, sobretudo a partir do momento em que nossos espelhos se tornaram transparentes. Jamais saberemos, a menos que reflitamos um pouquinho sobre isso, o que devemos ao surgimento dos espelhos transparentes. Toda vez que, na Antigüidade — e isso ainda perdurava na época dos Padres da Igreja —, alguma coisa era indicada como que num espelho, isso significava exatamente o contrário do que é para nós. Por serem de metal polido, os espelhos deles davam efeitos muito mais obscuros. Talvez tenha sido isso que permitiu que subsistisse por tanto tempo uma visão especular do mundo. O mundo realmente devia parecer-lhes obscuro, como para nós, mas isso não destoava do que se via no espelho. E pôde fazer com que perdurasse ainda por muito tempo uma idéia do cosmo. Se as coisas nos parecem menos simples, é simplesmente porque aperfeiçoamos os espelhos, e ao mesmo tempo fizemos outras coisas em matéria de elucidação do simbólico.

Já que se trata do saber, observemos que a experiência analítica introduz aqui uma novidade. Ela evidencia que, desde sempre — desde que funciona aquele, seja ele quem for, que pode encontrar-se na posição de funcionar como o Outro, o Grande Outro —, daquilo que se passa na ordem das satisfações oferecidas ao Outro por intermédio da inclusão do *a*, o Outro nunca soube nada.

É isso que me inspira quando me permito formular, aqui e ali, perguntas insidiosas, aos teólogos, por exemplo, do tipo: *Ele tem toda essa certeza de que Deus acredita em Deus?* Mas, mesmo que isso seja pensável, o interessante não está aí. O que nos solicita de maneira cada vez mais viva, à medida que mais progridem os impasses em que o saber nos imprensa, não é saber o que o Outro sabe, mas saber o que ele quer. Essa é a questão fundamental em todo procedimento psicanalítico, e creio tê-la formulado na linha de uma interrogação que, como todos os pródromos, começou a se desenhar num certo momento decisivo filosófico. Ela concerne ao avanço do saber com sua forma de *em-fôrma* de *a*, essa forma que se esboça de modo totalmente diferente de num espelho, cuja topologia se desenha por uma exploração, mal aflorada, aliás, da perversão, mas que se esclarece em muitos outros níveis que não as experiências patológicas. Esse saber que avança, que é que ele quer? E a que conduz? Esta, aliás, não é de modo algum a mesma pergunta.

A coisa permanece em estudo. Seria um erro imaginarmos que a psicanálise fecha o círculo, que ela descobriu a última palavra, mesmo sobre as perversões, mesmo ao se servir da relação com o objeto *a* para aplicá-la com mais extensão do que posso fazer aqui.

Nos anos perdidos, dos quais não sei se um dia alguém tirará a medida, em que caminhei para trazer à tona este discurso e lhe dar sua continuação precária, apoiei-me em certos temas, não os mesmos em todas as épocas, que pudessem, ao ressurgirem aqui a título de sintomas, esclarecer-nos sobre o que acontece nas relações entre o sujeito e o Outro.

Não posso dar lugar aqui a Angelus Silesius, embora seu *Peregrino querubínico*, do qual tantas vezes fiz uso no passado, se ofereça para ser retomado à luz da relação anaclítica, tal como a defino. Seus hemistíquios — os dísticos cortados, equilibrados em quatro membros, nos quais se desenha a identidade própria do que lhe parece ser o mais essencial — são hoje impossíveis de apreender, a não ser nos termos da relação de Deus com o objeto *a*.

Na falta dessa retomada, que nos seja suficiente perceber que todas as funções que podemos inscrever na rubrica da ordem, da hierarquia e também da partilha, e por isso, tudo o que é da ordem da troca, do transitivismo e da própria identificação, que tudo isso participa da relação especular, a qual é muito diferente da anterior.

Tudo isso se relaciona com o status da imagem do corpo, na medida em que, numa certa guinada de princípio, ela se liga a uma propriedade essencial na economia libidinal considerada: o domínio motor [*maîtrise motrice*] do corpo. Não é à toa que as mesmas consoantes são encontradas num e noutro — m*aî*tr*ise* mot*rice*, está tudo aí. Graças a esse domínio motor, o organismo qualificável por suas relações com o simbólico, o homem, como é chamado, desloca-se sem jamais sair de uma área bem definida, posto que ela lhe proíbe uma região central que é propriamente a do gozo. E é por isso que ele pode, em qualquer ocasião, denotar o comportamento do chamado homem de bem. É por aí que adquire importância a imagem do corpo, tal como a ordeno a partir da relação narcísica.

Se vocês se reportarem ao esquema que ofereci, sob o título de *Observação* sobre algumas colocações de um senhor cujo nome subsistirá graças a mim, verão que, para designar a relação que se estabelece entre o sujeito e o campo do Outro, fiz esse campo funcionar como um espelho — e por que não?, já que, aliás, ele não é subtraído do imaginário, e já que não posso, como imagem, fazer outra coisa senão o que é homogêneo ao espaço comum —, com a única finalidade de poder enunciar o segundo termo, isto é, o outro significante perante o qual o sujeito se representa por um significante. Isso não é outra coisa senão o que é assinalado aqui por este enigmático I maiúsculo, aquele a partir do qual se apresenta a ele, num outro espelho, a conjunção do *a* com a imagem do corpo. É isso que acontece no nível da fobia.

Se tomarmos qualquer observação da fobia, desde que ela ateste um pouco de seriedade — o que comumente acontece, pois na psicanálise as pessoas não se dão ao luxo de publicar um caso clínico sem uma anamnese completa —, se, por exemplo, no livro de Helene Deutsch sobre as neuroses, tomarmos os capítulos referentes à fobia, se tomarmos um caso qualquer, por exemplo, o de alguém junto a quem ela foi chamada a intervir, em função de que, num dado momento, ele tinha fobia de galinhas, que vemos?

A coisa é perfeitamente articulada, mas só se revela, é claro, num segundo tempo de exploração. Trata-se de que, na época anterior ao desencadeamento do sintoma, essas galinhas certamente não eram algo insignificante para ele. Eram os bichos de que ele cuidava em companhia da mãe, e nessas ocasiões os dois faziam a coleta dos ovos. Todos os detalhes nos são fornecidos, ou seja, tal como efetivamente fazem os que têm prática com essas aves, a palpação externa da cloaca era suficiente para saber se o ovo estava ali, pronto para sair, e depois disso bastava esperar.

Era isso, com efeito, que despertava o máximo interesse do pequeno X• do caso em questão, e, quando sua mãe lhe dava banho, ele lhe dizia para fazer a mesma coisa com seu próprio períneo. Como não reconhecer que nisso, justamente aí, ele se designava como aspirante a fornecer o objeto do que sem dúvida constituía para a mãe, por razões que não são mais aprofundadas, porém são perceptíveis, o objeto de um interesse particularíssimo? O primeiro tempo era, evidentemente: *Já que os ovos lhe interessam, seria conveniente eu os pôr para você*. Outrossim, não é à toa que o ovo adquire aí todo o seu peso. Se pode ocorrer que o objeto *a* seja implicado dessa maneira, é justamente no sentido de que as relações entre os sujeitos têm, digamos, uma face demográfica, que implica, naturalmente, que aquele que nasce se encontre no lugar de um ovo.

Só evoco primeiramente esse tempo para lhes fornecer, de imediato, o sentido daquilo de que se trata quando a fobia se desencadeia. Um irmão mais velho, aliás visivelmente mais velho, mais forte do que o menino, e que sabe perfeitamente o que acontece no galinheiro, um dia o segura por trás e lhe diz: *Eu sou o galo e você é a galinha*. O irmão menor se insurge com o máximo vigor e declara: *I won't be the hen*.* Observem que esse *hen* em inglês tem exatamente a mesma pronúncia, com o agá aspirado, do *n* do *Un* [Um] de que lhes falei há pouco. A *hen* ele não quer ser. Ele diz não.

Já havia um certo Alain que acreditava ter feito uma grande descoberta, ao dizer que pensar é dizer não. Mas, por que o menino diz não, quando, tempos antes, dava-se tão bem com a mãe, por poder ser para ela uma galinha a mais, se assim posso dizer, uma galinha de luxo, aquela que não ficava no galinheiro, a não ser pelo fato de que aí é implicado o narcisismo, isto é, a rivalidade com o irmão, a passagem para uma relação de poder? Isso é bem comprovado, porque o outro o agarra pela cintura, pelas ancas, imobiliza-o e o mantém numa certa posição enquanto quer.

É aí que há uma virada, não digo uma guinada completa, daquilo que é investido numa certa significação, de um registro para outro, do imaginário para o simbólico. A função precedente, que era imaginária, tropeça. A galinha passa a assumir para ele uma função perfeitamente significante, ou seja, ela lhe dá medo.

O campo da angústia certamente não é desprovido de objeto, como lembrei ao começar, desde que se veja com clareza que esse objeto é a própria aposta do sujeito no campo do narcisismo. É nele que se revela a verdadeira função da fobia, que é substituir o objeto da angústia por um significante que causa medo, porque, frente ao enigma da angústia, a relação de perigo assinalada é tranqüilizadora. Aliás, a experiência nos mostra que, desde que se produza a passagem para o campo do Outro, o significante apresenta-se como o que é em relação

* "Não serei a galinha", frisando-se nessa forma verbal do inglês a idéia de "não quero ser" ou "recuso-me a ser". (N.T.)

ao narcisismo, ou seja, como devorador. E foi justamente daí que se originou a espécie de prevalência assumida pela pulsão oral na teoria clássica.

A fobia não deve ser vista, de modo algum, como uma entidade clínica, mas sim como uma placa giratória. É esse o ponto que eu queria encaminhar hoje. Ela gira mais do que comumente para as duas grandes ordens da neurose, a histeria e a neurose obsessiva, e também realiza a junção com a estrutura da perversão; ela nos esclarece, em suma, sobre toda sorte de conseqüências que tem, e as quais não precisam se limitar a um sujeito particular para ser perfeitamente perceptíveis. Ela é muito menos uma entidade clínica isolável do que uma figura clinicamente ilustrada, de maneira espetacular, sem dúvida, mas em contextos infinitamente diversos.

A partir da fobia, voltaremos a interrogar aquilo de que partimos hoje: a disjunção entre saber e poder.

7 de maio de 1969

XX

SABER GOZO

A conjunção entre saber e gozo
O Outro e sua em-fôrma
Os quatro apagões do sujeito
A pessoa e o sujeito
A foraclusão do gozo

Na prática psicanalítica, é impossível não considerar primordial a incidência do sujeito.

Ela fica incessantemente em primeiro plano na maneira como pensa o psicanalista, se ao menos nos ativermos ao que é enunciado em suas exposições. Diz-se, por exemplo, que sucede ao sujeito agir ou manifestar uma dada intenção a partir desse ou daquele ponto, definido pelo que é chamado de uma identificação. Enuncia-se um dado paradoxo de suas condutas, por exemplo, dizendo que ele volta contra si sua agressão primária, ou seja, que vira contra si mesmo — e a partir de que ponto senão de um outro que ele esteve ocupando? — aquilo que esteve no lugar do alguém com quem ele se identifica.

Em suma, o sujeito se apresenta a todo instante como provido de uma autonomia pelo menos singular, e sobretudo de uma mobilidade que não se iguala a nenhuma outra, uma vez que quase não há nenhum ponto, no mundo de seus parceiros, sejam eles considerados semelhantes ou não, que ele não possa ocupar. Pelo menos assim acontece, repito, no nível de um pensamento que tende a explicar esse paradoxo de seus comportamentos.

Quanto ao status desse sujeito, ele continua absolutamente não criticado, já que, além disso, certos enunciados singulares chegam até a falar em *escolha da neurose*, como se fosse a sabe-se lá que ponto privilegiado desse sujeito pulverizado que tivesse ficado reservada a orientação, num dado momento.

Não há por que contestar, em absoluto, a legitimidade do termo "sujeito", do qual me sirvo aqui para evocar essa literatura. Podemos admitir, é claro, que, num primeiro momento, a investigação analítica não foi nada propensa a dar uma articulação lógica ao que se apresenta como absolutamente determinante, na aparência, numa certa maneira de reagir ao trauma. Bastaria perceber que esse ponto da anamnese, que é considerado original e norteador, foi de fato produzido retroativamente pela soma das interpretações do psicanalista, não só daquelas que ele forjou em sua cabeça, como dizem, ou ao escrever seu caso clínico, mas também daquelas em que ele interveio no que o liga ao paciente, ligação esta que, no registro em que se inscreve, de interrogação e suspensão do que se passa com o sujeito, está longe de poder ser descrita, pura e simplesmente, como uma relação de poder com poder, mesmo que esteja submetida a tudo que se possa imaginar de transferência.

Aí vocês vêem por que, em psicanálise, quando se trata do sujeito, é sempre essencial retomar a questão da estrutura. É essa retomada que constitui o verdadeiro progresso, é só ela que pode fazer progredir o que é impropriamente chamado de clínica.

Espero que ninguém se engane com isso. Se, da última vez, vocês puderam ter um certo prazer ao ver meu discurso esclarecer-se, no final, pela evocação de um caso, não é especificamente o fato de um caso ter sido evocado que constitui o caráter clínico do que se enuncia no nível deste ensino.

1

Retomemos as coisas, portanto, no ponto em que podemos formulá-las, depois de já haver assinalado, em várias ocasiões, como se forma o sujeito, a partir de uma definição inicial e muito simples.

Ela parte do significante, porque o significante é, afinal, o único elemento cuja certeza nos é dada pela análise, e devo dizer que ela lhe dá seu pleno destaque, que lhe confere seu peso.

O significante é aquilo que representa um sujeito para outro significante. É essa a formulação, a formulação-ovo, digamos, que nos permite situar o que pode acontecer com um sujeito, o qual, de qualquer modo, não poderíamos manejar segundo formulações que pareceriam ser as do bom senso, do senso comum, e que repousam na idéia de que há realmente alguma coisa que constitui a identidade que diferencia aquele cavalheiro ali de seu vizinho. Se nos contentássemos com isso, todo enunciado descritivo do que se passa na relação analítica deveria ser tomado como a descrição de um jogo de marionetes em que o sujeito é tão móvel quanto a própria fala — a do exibidor das ditas marionetes, que, quando fala em nome de uma, a qual segura em sua mão direita, não pode falar ao mesmo tempo em nome da outra, a qual segura na mão esquerda, o que não o impede de ser capaz de passar de uma para a outra com a rapidez que conhecemos.

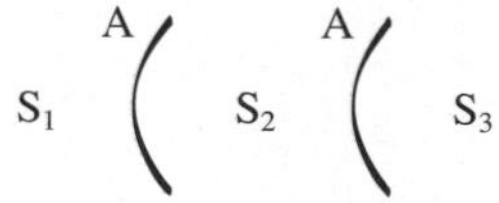

Esquema abreviado da relação significante

Isso já foi suficientemente escrito aqui para que eu não tenha que refazer sua construção nem seu comentário. Trata-se da relação primária, porém carregada de todas as outras, entre S_1 e S_2, do significante que representa o sujeito para um outro significante.

Já fizemos a tentativa de abarcar aquilo de que se trata quanto ao segundo significado, S_2, o outro desses dois significantes, aquele em cujo nível o sujeito vem a ser representado por um significante. Já descortinamos o campo em que inscrever o lugar do A, esse lugar que é o Grande Outro, isto é, aqui, o corpo. Penso que vocês devem estar lembrados de que, ao inscrever dessa maneira tudo o que é significante secundário, só nos é possível, no nível da própria inscrição de S_2, repetir, em relação a tudo o que pode inscrever-se em seguida, a marca do A como lugar de inscrição. Assim, nós o vemos, em suma, ser escavado pelo que chamei, da última vez, de *em-fôrma* do A, ou seja, o *a* que lhe introduz um furo.

Criaremos para nosso uso um novo nome, o *em-fôrma* de A.

Considero isso bem compreendido, por ter colhido o testemunho de que alguns foram sensíveis a esse enforma do A e encontraram nele uma certa evidência, entendo, de manejo clínico.

Detenhamo-nos nisso por um instante. A formulação destina-se a mostrar o que verdadeiramente acontece com o *a*, ou seja, com a estrutura topológica do próprio A, do que faz com que o A não seja completo, não seja idêntico a um 1 nem tampouco, em nenhum caso, a um todo. Numa palavra, que ele deve absolutamente ser sentido e representado como o que acontece com o conjunto no nível do chamado paradoxo do conjunto de todos os conjuntos que não contêm a si mesmos, paradoxo este que não é à toa que foi formado por lógicos.

Creio que vocês já têm manejo suficiente desse paradoxo. Quanto ao conjunto de todos os conjuntos que não se contêm, das duas, uma. Ou ele conterá a si mesmo, e isso será uma contradição, ou não conterá a si mesmo e, nesse caso, conterá a si mesmo, o que nos coloca diante de uma segunda contradição.

Isso é perfeitamente simples de resolver, se dissermos que o conjunto de todos os conjuntos que não se contêm, com efeito, só pode inscrever-se como função sob a seguinte formulação: o conjunto E tem por característica <*x* como diferente de *x*> —

$$E\ (x \neq x)$$

Ora, é aí que ele coincide com nossa dificuldade com o Grande Outro.

Se o Grande Outro apresenta o caráter topológico que dizemos, que faz com que seu *em-fôrma* eja o *a*, poderemos tocar muito diretamente no que isso significa quanto ao status do significante. Basta afirmar que, seja qual for o uso convencional que dele faz a matemática, o significante não pode ser tido, de modo algum, como capaz de designar a si mesmo. S_1 ou S_2 em si não podem, de maneira alguma, ser o representante deles mesmos, a não ser distinguindo-se deles mesmos.

Essa alteridade do significante nele mesmo é, propriamente, o que é designado pelo termo "Grande Outro", marcado por um A. Se inscrevemos esse Grande Outro maiúsculo como marcado pelo A, se fazemos dele um significante, o que ele designa é o significante como Outro. O primeiro Outro que há, o primeiro encontrado no campo do significante, é radicalmente Outro, ou seja, Outro que não ele mesmo, isto é, introduz o Outro como tal em sua inscrição, como separado dessa própria inscrição.

Esse A como externo ao S_2, o que ele inscreve é o *em-fôrma* de A, ou seja, a mesma coisa que *a*. Ora, esse *a*, como sabemos, é o próprio sujeito, na medida em que ele só pode ser representado por um representante, que no caso é S_1. A alteridade primária, a do significante, só pode exprimir o sujeito sob a forma do que aprendemos a delimitar, na prática analítica, por uma estranheza particular.

Isso eu não tenho que trilhar, uma vez que enunciei suas bases num seminário que fiz sobre a identificação, em 1961-62. Se hoje relembro, reúno e resumo essas mesmas bases, é para fazê-los entenderem uma coisa que não deve ser tida como dada, a não ser pela experiência analítica, ou seja, o que acontece com esse pequeno *a* que é essencial no sujeito e marcado pela estranheza que todo analista conhece.

De resto, os pequenos *a*, já os enumerei há tempo suficiente para que saibamos, do seio ao excremento, da voz ao olhar, o que significa em sua ambigüidade a palavra *estranheza*, com seu toque afetivo e também com sua indicação de margem topológica.

Para mim, a questão é dar a entender, aos que não têm que tomar o *a* como um dado da experiência, um não sei quê que pode evocar seu lugar explicado no nível dos referenciais do que se considera como a experiência prática — erroneamente, porque ela não é mais prática do que a experiência analítica.

Vamos a isso.

2

Uma vez que o *a* seria o que há de mais estranho para representar o sujeito, procuremos tomar como ponto de partida o que haveria, na aparência, de menos estranho.

De início, tomem o sujeito como tão indeterminado quanto quiserem, como aquilo que distingue o que está aqui do que está ali, e que é apenas seu vizinho, e tomem o que o representa num tipo de materialidade inteiramente vulgar, o traço.

Foi o que fiz quando falei da identificação. O traço significa o vestígio de uma mão ou de um pé, uma marca.

Observem bem que, nesse nível, o vestígio se distingue do significante de um modo diferente do que faz o sinal. O sinal, disse eu, é o que representa uma coisa para alguém. Aqui, não há necessidade de alguém, o vestígio se basta por si só. Será que, a partir disso, podemos situar o que acontece com o que chamei há pouco de sentido do sujeito?

Podemos desde logo enunciar a questão do que significa um sujeito quando, contrariamente ao vestígio natural, à marca, o vestígio já não tem outro suporte senão o *em-fôrma* de A.

Que quer dizer isso? O vestígio passa para o *em-fôrma* de A de acordo com as diversas maneiras pelas quais é apagado. O sujeito são essas próprias maneiras pelas quais o vestígio como marca é apagado. Eu já havia destacado essa observação com um chiste, ao intitular o que se podia dizer a esse respeito de *os quatro apagões do sujeito*. O sujeito, é ele que apaga o vestígio, transformando-o em olhar, olhar a ser entendido como fresta, entrevisto. É por aí que o sujeito aborda o que se passa com o outro que deixou o vestígio, que passou por ali, que está mais adiante.

Quanto ao sujeito, não basta dizer que ele não deixa vestígio. O que o define e o liberta, ao mesmo tempo, aquilo pelo qual o animal falante se distingue efetivamente de qualquer organismo vivo, é que ele pode apagar seus vestígios, e apagá-los como tais, como sendo seus vestígios. Isso basta para que ele possa fazer outra coisa que não vestígios — fazer, por exemplo, encontros que ele marca consigo mesmo. O Pequeno Polegar, as pedrinhas brancas que ele semeia são algo diferente de vestígios.

Observem aqui a diferença que já se esboça na matilha, que, ao perseguir alguma coisa, tem uma conduta, caberia realmente dizer, mas essa conduta se inscreve na ordem do olfato, do faro, como dizem. Isso não é forçosamente estranho ao animal humano. Mas, no próprio nível da matilha, uma coisa é essa conduta, e outra coisa é a escansão, calcada num suporte de voz, de um vestígio identificado. Será que o latido coincide com os vestígios? Quem se atreverá a afirmá-lo? Nesse ponto, vocês tocam num limite, porque o latido, afinal, já é o que podemos chamar de um esboço de fala. Mas esse suporte da voz se distingue do dado da voz, ali onde existe linguagem. Ali, o apoio da voz caracteriza autonomamente um certo tipo de vestígio.

Um ser capaz de ler seu vestígio, basta isso para que ele possa reinscrevê-lo noutro lugar que não aquele a que o levara inicialmente. Essa reinscrição, é esse o vínculo que o torna dependente, a partir daí, de um Outro cuja estrutura não depende dele.

Tudo se inaugura no que acontece com o registro do sujeito definido como *aquele que apaga seus vestígios*. Para deixar mais clara a dimensão original daquilo de que se trata, vou chamá-lo, em última instância, de *aquele que substitui seu vestígio por sua assinatura*.

Vocês sabem que não se exige muito para constituir alguém como sujeito. Na prefeitura, para um iletrado que não sabe escrever, basta-lhe fazer uma cruz, símbolo da barra barrada, do vestígio apagado.

Essa é a forma mais clara daquilo que está em questão. Quando primeiro se deixa um sinal, e depois se deixa que alguma coisa o anule, isso basta como assinatura. Que ela seja a mesma para qualquer um a quem for solicitada não altera em nada o fato de que isso é aceito como autenticando o ato em questão, justamente pela presença de alguém que, juridicamente, é tido como um sujeito, nem mais nem menos.

Parar por aí equivaleria a fazer do sujeito, cujo nível estou tentando definir, um absoluto, ao passo que pretendo, ao contrário, marcar seus vínculos de dependência. A assinalação começa aqui.

O significante nasce dos vestígios apagados. Então, qual é a conseqüência disso? É que esses vestígios apagados só têm valor pelo sistema dos outros, pelos outros instituídos como sistema, sejam eles parecidos ou iguais. É só aí que começa o alcance típico da linguagem. Os outros vestígios apagados são os únicos aceitos — aceitos por quem?

Pois bem, resposta: pelos outros vestígios.

Nesse ponto, nós nos safamos da dificuldade. Os vestígios são aceitos pelos outros vestígios do mesmo modo que, no nível da definição do sujeito, um significante o representa para outro significante. Um *bo-borrão*, como diz Bridoison nas *Bodas, não conta.** É por isso mesmo que a coisa lhe interessa tanto, porque, para ele, Bridoison, que leva a sério os vestígios, podia ser que isso contasse. Ele é um *não apressado.***

Introduzamos aqui o que sabemos. Esses vestígios, que só são apagados por serem apagados como contraste, têm um outro suporte, que é propriamente o *em-fôrma* do A, exigido para que ele faça um *a* que funcione no nível do sujeito. Por conseguinte, temos que considerar esses *a* no nível de sua substância.

Por exemplo, um olhar. O alcance de tal elemento no erotismo torna sensível a questão da relação entre o que se inscreve no nível do olhar e o vestígio. Será que um olhar erótico deixa vestígios ali onde vem se inscrever num outro qualquer? É nesse nível que se insere a dimensão do pudor, uma dimensão que só é própria do sujeito como tal.

* Referência a Beaumarchais, *As bodas de Fígaro*, Ato III, cena XIV, na qual Bridoison se refere ao borrão de tinta que impede a distinção entre *e* e *ou* num documento apresentado ao tribunal. (N.T.)

** Lacan joga com a homofonia entre o *pâté* (borrão) gaguejado por Bridoison, *pâ-âté*, e *pas hâté* (não apressado, sem pressa). (N.T.)

Ordenaremos brevemente, nesta digressão, a relação do significante com o *em-fôrma*, de um modo um pouco diferente de sua ladainha habitual.

Não é por acaso que a escrita se afirma no auge de nossa atualidade. A única coisa que pode dar o status correto a uma gramatologia é a relação da escrita com o olhar como objeto, o olhar em toda a ambigüidade que já assinalei há pouco a propósito da relação com o vestígio, com o entrevisto e, em suma, com o corte no visto, na coisa que se abre para além do visto.

A ênfase a ser depositada na escrita certamente é capital para a avaliação correta do que acontece com a linguagem. Que a escrita deve ser considerada primordial em relação à fala, afinal, pode ser considerado não apenas lícito, mas evidenciado pela simples existência de uma escrita como a chinesa, na qual fica claro que o que é da ordem da apreensão do olhar não deixa de ter relação com o que se traduz no nível da voz, ou seja, que existem elementos fonéticos, porém há também muitos que não o são.

Isso é ainda mais notável na medida em que, do ponto de vista da estrutura, da estrutura estrita de uma linguagem, nenhuma língua se sustenta de maneira mais pura do que a língua chinesa, na qual cada elemento morfológico se reduz a um fonema. É justamente aí que teria sido mais simples, se assim podemos dizer, que a escrita fosse apenas a transcrição do que se enuncia em palavras, ao passo que, ao contrário, longe de ser uma transcrição da fala, a escrita chinesa é um outro sistema, no qual eventualmente se engata o que é recortado num outro suporte, o da voz.

O corte, certamente, é o que predestina esses suportes, materialmente definíveis como olhar e voz, à função de serem o que, substituindo o vestígio, institui essa espécie de conjunto a partir do qual se constrói uma topologia, que, no final, define o Outro.

Aqui, como vocês estão vendo, trata-se apenas de considerações subestruturais. Elas não são nem um pouco originais, pois nada disso diz como começou esse Outro, mas apenas como ele se sustenta quando está presente. De onde ele se originou é justamente o que permanece entre parênteses até hoje.

Comentário marginal, porque, depois desse 1 e desse 2 concernentes ao olhar e à voz, continuo a dizer o que poderia vir na esteira de um aporte trazido por esse viés.

Não é de imediato que surge, na relação do sujeito com o Outro como estruturado, aquilo que agora se anuncia como sendo a demanda. Aqui, somos forçados a supor o olhar e a voz já construídos sobre um suporte, antes de abordar o que constituirá um elemento na demanda. É uma coisa singular, enquanto o manejo mais freqüente daquilo de que se trata na regressão analítica faz vir ao primeiro plano, na ordem do objeto *a*, o seio e o excremento, a ponto de deixar em certa penumbra o olhar e a voz.

Se encontramos na demanda um objeto *a*, este é o ensejo para assinalar que o que é demandado nunca é senão um lugar. Não é à toa que *lugar* [*place*] evoca esse adendo [*placage*] que é o sentido que nos permite postular o seio como análogo à placenta.

O seio define a relação subjetiva, tal como convém instituí-la nas relações entre a criança e a mãe. Seu papel de amboceptor entre os dois é, na realidade, seu papel preponderante. É como objeto *a*, como ser apenso à sua parede, que a criança-sujeito se articula, que sua mensagem é recebida da mãe e lhe é respondida. O que se demanda com os significantes, ou seja, o seio, aí está o que é nosso terceiro termo, e vocês podem ver sua ligação com esse outro elemento *a*, a voz.

Enfim, ao articular as coisas por esse viés, o que se engendra do funcionamento dos significantes, ou seja, aquilo que é o sentido, isto é, o significado propriamente dito, deve ser situado aqui como efeito de resíduo desse funcionamento.

O sentido é não somente efeito, mas efeito rejeitado, efeito que se exaspera e, outrossim, efeito que se acumula. Nessa perspectiva, a cultura participa desse algo que decorre de uma economia fundamentada na estrutura do objeto *a*, ou seja, do dejeto. É realmente como dejeto, excremento da relação subjetiva, que é preciso inscrever aqui o que constitui o material dos dicionários, aquilo que dizem ser a acumulação dos sentidos que se concentraram em torno de um significante no decorrer de uma certa prática registrável, por ter-se tornado comum. Isso é do registro do objeto anal.

São esses os quatro *apagões* pelos quais se pode inscrever o sujeito, que continua intangível, é claro, por só poder ser representado por um representante, por só subsistir na medida em que se inscreve no campo do Outro.

Vejamos agora com que temos de lidar, se quisermos explicar corretamente o que é a aposta de uma psicanálise.

3

É mensurável a distância entre o que define um sujeito e o que se sustenta como uma pessoa. Isso significa que é preciso distingui-los com muito rigor.

Qualquer espécie de personalismo em psicanálise é propício a todas as confusões e desvios. Aquilo que se marca como sendo a pessoa em outros registros, ditos morais, não pode ser situado em outro nível, na perspectiva psicanalítica, senão o do sintoma. A pessoa começa ali onde o sujeito está ancorado de maneira diferente da que lhes defini, ali onde ele se situa de maneira muito mais ampla, aquela que faz entrar em jogo o que sem dúvida se situa na origem do sujeito, isto é, o gozo.

Nesse aspecto, a experiência analítica nos ensina a desenhar, de maneira diferente do que foi feito, o atlas, no sentido cartográfico, dos jogos do significante relacionados com o sujeito. Ao fazê-lo, ela não pretende reconstituir nenhum todo novo, mas apenas inaugurar um método. Ocorre que, ao fazê-lo, ela derruba desde logo os antigos sistemas de projeção, cada um dos quais constituía um todo.

Aqui, caberia assinalar à margem toda sorte de indicações, que são sugestões, indicadores esticados. Ponto importante, a significação do indicador, numa descoberta em andamento, é algo totalmente diferente do distintivo de um certo tipo de significante que podemos fazer dele na língua.

Assim, proponho a alguns dos que estão aqui e que, como creio saber, têm uma propensão a voltar ao que Freud enunciou sobre o líder como elemento-chave da identificação, em "Psicologia de massas e análise do eu", que verifiquem como tudo isso se torna mais claro na perspectiva que desenho.

Com efeito, ela mostra a solução que possibilita que o sujeito, identificando-se estritamente com o *a*, transforme-se no que ele verdadeiramente é, ou seja, um sujeito enquanto ele mesmo barrado. O que vimos naquela época, e que deve ser considerado, portanto, sempre capaz de se reproduzir, é, se assim posso dizer, a passagem de toda uma massa para a função de um olhar unívoco. Só o que pode explicar isso é a percepção das possibilidades oferecidas ao significante privilegiado, nesse registro, de ser o mais sumário, de ficar reduzido ao que Freud designa como sendo, pura e simplesmente, a marca, a função como que única, do 1.

Eis, portanto, o sistema pelo qual o pensamento é inteiramente sujeitado. Percebam bem, não se trata, de modo algum, de que saia daí o que se pode articular e, designadamente, o que se pode articular como saber.

O fato de um ser vivo estar envolto na linguagem, no sistema dos significantes, tem sobre ele a conseqüência de que as imagens são sempre mais ou menos marcadas, nele, por serem assumidas como significantes no sistema, tal como a isso obriga a função do tipo e do que chamamos de universal. Ora, no que as imagens são presas no jogo do significante, perde-se alguma coisa, como atesta toda a experiência psicanalítica, a saber, a função imaginária, na medida em que ela responde pela concordância entre o macho e a fêmea.

Como é que isso não é perceptível, como é que ainda não se tornou comum, e como é que ainda não passou para uma forma efetiva de renovação das instituições?

Se há uma coisa que a análise nos demonstra, é isto: que, em razão da captação do sujeito na linguagem, tudo que é designável como masculino é ambíguo, ou revogável numa crítica mais próxima; que isso é igualmente verdadeiro para o outro lado; e, mais ainda, que, no nível do sujeito, não há reconhecimento como tal do macho pela fêmea nem da fêmea pelo macho.

Isso é sancionado na realidade por dados muito precisos. Toda exploração um pouco aprofundada da história de um casal demonstra que nele as identificações são múltiplas, que elas se superpõem e que, no fim, sempre formam um conjunto compósito. A experiência analítica permite constatar que, em seu nível, não há acoplamento significante. A tal ponto que, se na teoria se produzem diversos pares de opostos, *ativo/passivo*, *voyeur/visto* etc., nunca é promovida como fundamental nenhuma oposição que designe o par *macho/fêmea*.

A ambigüidade que persiste quanto a tudo que se possa inscrever dessa relação no nível do significante contrasta, por outro lado, com o que, no nível biológico, como sabemos, distingue radicalmente os sexos — sob a condição, é claro, de se omitirem os chamados caracteres sexuais secundários no nível dos mamíferos, assim como a possível distinção do sexo tissular em relação ao sexo fanerogâmico. Mas deixemos isso de lado, porque o importante está alhures.

O importante, de certo modo, é anterior à questão levantada aqui. É saber o que acontece, no sistema significante, com a chamada função do falo.

Pela maneira com que ela revela intervir efetivamente no que podemos chamar de relação sexuada, é certo que a função do falo não é diferente, de modo algum, de uma função terceira. Ela representa seja o que se define inicialmente como aquilo que falta, isto é, que funda o modelo da castração como instituindo o da mulher, seja, ao contrário, aquilo que indica, pelo lado do macho, de maneira muito problemática, o que poderíamos chamar de enigma do gozo absoluto. De todo modo, não se trata aí de referenciais correlatos nem distintivos. Um único e mesmo referencial domina todo o registro do que acontece na relação do ser sexuado.

Pretendo pontuar aqui por que se justifica que, numa longa elaboração estrutural, feita inteiramente em contato com a análise articulada do que restou como testemunho escrito de nossa experiência com as neuroses, eu possa ter qualificado esse significante privilegiado de *significante faltoso*.

Essa questão concerne à articulação da função do sujeito e é importante, já que, por mais longe que se possa levar a articulação do saber, o sujeito mostra sua falha. No nível em que pude enunciar que o falo é o significante que falta, no ponto de meu discurso em que arrisquei a primeira proposição disso, digamos, creio que o contexto ainda não estava suficientemente articulado para que fosse possível dizer o que esclareço agora.

O interesse da referência que hoje fizemos ao traço nos dá o ponto de apoio de que precisávamos. Tornemos a partir do que constituiu nosso ponto de partida e relembremos o provérbio árabe que citei em algum lugar em meus escritos, já faz muito tempo.

Há quatro coisas, esqueci a quarta, ou não procuro me lembrar dela imediatamente, *que não deixam vestígio: o pé da gazela no rochedo, o peixe na água e*, o que nos interessa mais, *o homem na mulher*. O que se pode objetar, conforme o caso, vem a ser dito sob a seguinte forma, cuja importância conhecemos nas fantasias dos neuróticos: *Sim, uma doencinha de vez em quando*.

Mas é justamente isso que é instrutivo. O papel das doenças venéreas não é, em absoluto, um acaso na estrutura. Não podemos partir de nenhum vestígio para fundar o significante da relação sexual. Tudo se reduz a um significante, o falo, que justamente não está no sistema do sujeito, uma vez que não é o sujeito que ele representa, e sim, digamos, o gozo sexual como externo ao sistema, ou seja, absoluto.

O gozo sexual, em relação a todos os outros, tem o privilégio de que alguma coisa no princípio do prazer, o qual sabemos constituir a barreira ao gozo, mesmo assim deixa um acesso a ele. O gozo sexual é o gozo por excelência, é verdade, mas confessem que ler isso na pena de Freud, de um cientista tão merecedor desse título quanto o nosso Freud, tem qualquer coisa, afinal, que pode dar o que pensar. Mas o gozo sexual não está no sistema do sujeito. Não há sujeito do gozo sexual.

Estas observações não têm outro interesse aqui senão permitir-nos precisar o sentido do falo como significante que falta.

O falo é o significante fora do sistema e, em síntese, o significante convencional para designar o que é radicalmente foracluído do gozo sexual. Se falei em foraclusão, justificadamente, para designar alguns efeitos da relação simbólica, é aqui que convém designar o ponto em que ela não é passível de revisão. Acrescentei que tudo que é recalcado no simbólico reaparece no real, e é por isso mesmo que o gozo é absolutamente real, porque, no sistema do sujeito, ele não é simbolizado nem simbolizável em parte alguma.

Daí a necessidade do mito que encontramos enunciado por Freud e que não se assemelha, estritamente, a nenhum mito conhecido da mitologia, sem que ninguém pareça inquietar-se com essa barbaridade, a não ser algumas pessoas — o velho Kroeber, Lévi-Strauss — que percebem muito bem que isso não faz parte de seu universo, e que o dizem. Mas é exatamente como se não dissessem nada, já que todo o mundo continua a acreditar que o complexo de Édipo é um mito aceitável.

Ele efetivamente o é, em certo sentido, mas observem que isso não quer dizer outra coisa senão o lugar em que é preciso situar o gozo que acabo de definir como absoluto. O Pai primevo do mito é aquele que confunde todas as mulheres em seu gozo. A forma mítica dada ao enunciado já diz suficientemente, por si só, que não sabemos de que gozo se trata. Será o do Pai ou o de todas as mulheres? Exceto pelo fato de que foi o gozo feminino que sempre permaneceu, na teoria, como também lhes assinalei, em estado de enigma analítico.

A função fálica, apesar de não representar o sujeito, parece marcar, como campo limitado da relação do gozo com o que se estrutura como o Outro, um ponto de sua determinação. É ao voltar dessas perspectivas radicais para nossa experiência e auscultá-la mais de perto que logo veremos como as coisas se traduzem no nível clínico.

De que desvio decorre a eclosão de uma neurose? Da intromissão positiva de um gozo auto-erótico, perfeitamente tipificado nas primeiras sensações mais ou menos ligadas ao onanismo — chamem-no como quiserem — na criança. Nos casos que caem em nossa jurisdição, isto é, naqueles que geram uma neurose, é nesse ponto exato, no momento mesmo em que se produz a positivação do gozo erótico, que se produz, correlativamente, a positivação do sujeito como dependência do desejo do Outro. Esse é o anaclitismo que enunciei da última vez. É aí que se designa o ponto de entrada pelo qual a estrutura do sujeito constitui um drama. Justifica-se articular toda a experiência que confirmará em que junção esse drama irá eclodir. Creio já ter assinalado o bastante, da última vez, o peso que assume aí o objeto *a*, não por ele se presentificar nisso, mas por demonstrar retroativamente que era ele que criava, antes, toda a estrutura do sujeito.

Veremos em que outras fronteiras o drama eclode. Mas podemos saber desde já alguma coisa sobre o retorno desses efeitos. Graças à relação positiva do sujeito com o chamado gozo sexual, mas sem que por isso se assegure de modo algum a conjunção sexuada, aparece o desejo de saber.

O desejo de saber se designa como essencial para a posição do sujeito. O ponto essencial da descoberta psicanalítica é o passo decisivo dado por Freud ao revelar a relação entre a curiosidade sexual e toda a ordem do saber, isto é, a junção entre o *a*, por um lado, ou seja, aquilo em que o sujeito pode encontrar sua essência real como falta-de-gozo e mais nada, seja qual for o representante pelo qual ele tenha que se designar em seguida, e, por outro lado, o campo do Outro, na medida em que nele se ordena o saber, tendo no horizonte o campo, proibido por natureza, do gozo, com o qual o gozo sexual introduz um mínimo de relações diplomáticas, que direi serem muito difíceis de sustentar.

É na medida em que se produz algo que chamei de drama que o significante do Outro, como estruturado e vazado, é diferente do que podemos chamar, metaforicamente, de o significante que o fura, isto é, o falo. É na medida em que isso é outra coisa que vemos o que acontece quando o jovem sujeito precisa responder aos efeitos que se produzem pela intromissão da função sexual em seu campo subjetivo.

Dei grande destaque, a propósito do Pequeno Hans, a uma certa brincadeira, e os que assistiram a minha fala ainda estarão lembrados disso.

O Pequeno Hans é o caso clínico exemplar de uma primeira exploração absolutamente desordenada, que gira em círculos e que, até certo ponto, não é dirigida, apesar da direção imperialista, a princípio, da referência ao pai, que desempenha um papel cujas carências assinalei e que Freud não dissimula, mas também, por outro lado, da referência última ao próprio Freud, como sendo a de um saber presumido como absoluto. Tudo o que pode desenhar-se nessa desordem, tomei o cuidado, como mencionei, de retomá-lo longamente, para mostrar suas camadas. Uma delas não é outra senão a de uma brincadeira a que o Pequeno Hans se entrega, a do confronto entre a *girafa grande* e a *girafinha*.

Pude sublinhar a importância dela ao mostrar que a fobia revela, no fundo, a impossibilidade de promover a coexistência entre a homela, isto é, a mãe falicizada — e, para Hans, a girafa grande é a maneira de expressar sua relação com ela —, e seja lá o que for que constitua a redução dela. Se Hans desenha a girafinha, é para mostrar, não que essa seria uma imagem comparável à outra, mas que ela é uma escrita num papel, razão por que ele a *zerwurzelt* — ele a amarrota, como se exprime o texto — e senta-se em cima dela. O importante, aqui, não é a função identificatória imaginária de Hans com o falo, com esse complemento materno que é, no fundo, seu grande rival, mas sim que ele faz esse falo passar para o simbólico, porque é aí que ele terá eficácia, e todos sabem de que ordem é a eficácia das fobias.

Se há uma expressão que serve, no vocabulário político, e não sem razão, para a articulação entre poder e saber, é aquela que foi lançada num ponto do mundo a que já aludi agora há pouco, a propósito da linguagem: o *tigre de papel*. Que há de mais tigre de papel do que uma fobia? A fobia de uma criança concerne, muitas vezes, a tigres que estão em seu álbum de figuras, tigres realmente de papel. Só que, se os políticos têm todas as dificuldades do mundo para convencer as massas a porem em seu lugar os tigres de papel, a indicação a ser dada aqui é exatamente o inverso. É preciso dar toda a importância ao fato de que, para solucionar uma questão que não pode ser resolvida no nível de sua angústia intolerável, o sujeito não tem outro recurso senão fomentar em si mesmo o medo de um tigre de papel. É isso que é instrutivo, afinal, ainda mais que o Pequeno Hans não é um sujeito do tipo que imaginam os psicanalistas, ou seja, como ele se expressa, essa é uma facilidade de estilo, ele faz tudo isso arrumando-o da melhor maneira que pode.

Existe uma ligação estreitíssima entre a estrutura do sujeito e o fato de que a questão é assim resolvida pelo medo. É no momento em que a pessoa do Pequeno Hans está inteiramente transformada num sintoma que o mundo, ou pelo menos a homela diante de quem ele se encontra, e que é a base desse mundo, transforma-se sozinha num tigre de papel, torna-se careteira, de repente, e começa a dar medo. O fato de se tratar de um tigre ou de um animal menor, de um gato, não tem a menor importância, pois nenhum analista se engana quanto a sua verdadeira função.

Se fomos finalmente levados a ver a importância da falta, quanto ao objeto absolutamente real que é o pênis em toda determinação da relação sexuada, é porque o caminho para isso nos foi aberto pelo neurótico e pelas questões que ele levanta. O complexo de castração é apenas o resultado do discurso pelo qual nos foi preciso enfrentar essas questões. Ele efetivamente realiza, no campo do significante, o lugar de uma falta. Isso quer dizer que, ao término de uma psicanálise, o que é e continua realmente *angewaschsen*, enraizado, como diz o Pequeno Hans, e, com a graça de Deus, em condições de servir à maioria, ou pelo menos assim o desejamos, é, num certo plano, *zerwurzelt* [amarrotado]. É preciso que se tenha deixado bem claro que se trata apenas de um símbolo.

Daí o que constitui um problema no fim do tratamento do Pequeno Hans, como eu já disse.

Com certeza, ele precisa, como qualquer neurótico, chegar à formulação que diz que, para ele se tornar um homem, *Não tenho o pênis a título de símbolo*, porque esse é o complexo de castração. Mas é preciso observar que essa frase pode ser cortada de duas maneiras. Uma é *Eu não tenho o pênis*, que é o que queremos dizer ao afirmar que o término da análise é a realização do complexo de castração, com isso rejeitando, por outro lado, a função pura e simples do pênis tal como ele funciona, ou seja, fora do registro simbolizado. Mas ela também pode ser cortada de outra maneira, ou seja, *Não tenho a título de símbolo o pênis*, não é o pênis que me qualifica como significante de minha virilidade. Isso não foi obtido do Pequeno Hans, foi o que passou pelas malhas da rede.

O Pequeno Hans, que durante todo esse tempo não parou de encenar com as meninas o papel daquele que tem o pênis, conservou das relações sexuais, no entanto, uma concepção que colocava o pênis em primeiro plano como função imaginária. Foi isso que motivou a ressalva que fiz, na época, quanto ao término desse tratamento. Em outras palavras, por mais heterossexual que ele pudesse vir a se manifestar, ele ficou exatamente no mesmo ponto em que ficam os homossexuais — refiro-me àqueles que se reconhecem como tais, porque, quando se trata das relações do sexo, é impossível ampliar em demasia, no campo das relações aparentemente normais, aquele que corresponde estruturalmente à homossexualidade.

Daí a importância de sondar e enunciar a articulação que, entre o imaginário e o simbólico, põe no devido lugar a função, ou, mais exatamente, as vertentes da função que definimos como complexo de castração.

As outras formas de neurose alimentam ainda mais a experiência que temos da articulação do Outro com o gozo, e continuarei a abordá-las posteriormente.

14 de maio de 1969

XXI

APORIAS RESPOSTAS

História de uma caneta da Belle Époque
O álibi da impossibilidade na insuficiência
A biografia em psicanálise
Escolher entre impossibilidade e impotência
Histeria e obsessão

O sistema de lugar nenhum, eis o que precisamos expor. É nele que enfim ganharia sentido a utopia, mas, desta vez, realizada com sucesso.

A velha *nulilocidade*, à qual eu tinha restituído, em tempos antigos, o lustro que ela merece, por ter sido inventada pelo bispo Wilkins, e que designa a qualidade daquilo que não está em lugar nenhum, vem a ser o quê? Trata-se do gozo.

O que a experiência analítica demonstra é que, por uma ligação com o que permite a emergência do saber, o gozo fica excluído, o círculo se fecha. Essa exclusão só é enunciada a partir do próprio sistema, na medida em que ele é o simbólico. Ora, é por aí que ele se afirma como o derradeiro real do funcionamento do próprio sistema que o exclui. De lugar nenhum, ei-lo que ressurge em toda parte, justamente por essa exclusão que é tudo aquilo por meio do qual ele se realiza. É justamente a isso que se liga nossa prática — ali onde lidamos com o sintoma, desvelar, desmascarar a relação com o gozo, que é nosso real uma vez que está excluído.

É nessa condição que propomos como suportes as três expressões seguintes: o gozo como excluído, o Outro como lugar em que isso se sabe, e o objeto *a*, que é o pivô da história.

O *a* é o efeito de resíduo que resulta de que, no jogo do significante, é o gozo que é visado, no entanto. O sujeito, surgido da relação indizível com o gozo, por ter recebido — de onde? — esse meio, o significante, é afetado por uma relação com o que, desenvolvendo-se a partir daí, ganha forma como Outro, Outro a que advêm transformações, que não disse sua última palavra, e é isso que nos interessa.

É no nível desses termos que temos de situar a psicanálise. Desde seu momento de origem, ela é, digamos, a experiência selvagem disso. Nascida, sem dúvida num lampejo excepcional, por intermédio de Freud, desde então não deixou de ficar à mercê das vertentes que a ela se oferecem, e que são idênticas justamente àquelas em cuja rede fica preso o sujeito que ela trata.

1

Eu gostaria de partir de alguma coisa tão próxima quanto possível.

Vejam — vocês me darão disso a moral que quiserem, analítica, por favor, ou outra, não importa —, aqui está um objeto pelo qual tenho uma queda, em matéria de aparelho. É uma caneta.

Por sua finura, ela é o mais próxima possível de um porta-penas, no sentido antigo, antediluviano. Já não restam senão pouquíssimas pessoas que se servem dela. Como a caneta pode se embutir e acabar se reduzindo a algo que cabe na palma da mão, seu reservatório tem um conteúdo muito pequeno. Daí resulta ser dificílimo recarregá-la, uma vez que se produzem efeitos osmóticos, o que faz com que, quando se verte a gota, a gota seja do tamanho exato de sua entrada. Portanto, ela é muito incômoda. Contudo, tenho por ela uma queda especial, em razão de que ela materializa um certo tipo de porta-penas com uma pena, uma pena de verdade. De fato, ela data de uma época em que isso era realmente uma pena, e não a coisa rígida como se faz agora.

Este porta-pena me foi dado por alguém que sabia que eu o estava procurando. Foi um presente que tinha acabado de ser feito, poucos minutos antes, ou horas, ou dias, não importa, por alguém que certamente fazia com ele uma homenagem de natureza bastante precisa, fetichista, em suma. Além disso, foi um objeto que, da pessoa doadora àquela que mo transmitiu, assinalou-se por vir da avó dela. É justamente por essa razão que não é fácil de encontrar. Parece que existem lojinhas em Nova York onde se vendem canetas da Belle Époque. Foi por outro caminho, como vocês estão vendo, que obtive uma.

Tenho, portanto, um apanhado da história deste objeto, mas, se ele me é caro, é por ele mesmo, de um modo totalmente independente dessa história, porque, na verdade, não sou especialmente grato à pessoa que mo deu por ter-me dado esse presente. Minha relação com este objeto prende-se a que ele é certamente muito próximo do que constitui, para mim, o objeto *a*. Assim, tenho um resumo da história do objeto, mas, será que vocês não percebem, pela maneira como acabo de lhe dar vida, que, em relação a todo objeto, a questão de sua história coloca-se tanto quanto em relação a qualquer sujeito?

Essa história, como imaginar quem a sabe, quem pode garanti-la, senão instituindo o Outro como o lugar onde isso é sabido? E, desde que lhe tenhamos dado acesso à captação dessa dimensão, quem não vê que ela existe, pelo menos para alguns e, atrevo-me a dizê-lo, para todos? Para alguns ela é totalmente preponderante, mas para todos ela constitui um fundo. Há um lugar qualquer em que tudo o que acontece é sabido. A partir do momento em que nos interrogamos por esse caminho, reconhecemos que o significante de A como inteiro está sempre implícito, e que, para o neurótico obsessivo, está muito mais implícito do que para outros.

É por intermédio da história, na medida em que ela é sugerida, não diretamente a partir do sujeito, mas também a partir do destino dos objetos, que se percebe o que há de louco no pressuposto de um lugar qualquer em que isso se saiba. O *isso se sabe*, no sentido neutro em que o introduzimos, resvala prontamente para o interesse assumido pela questão de saber se isso sabe de si. A reflexibilidade não surge da consciência, mas do desvio pelo qual é preciso verificar se, lá onde supomos que isso se sabe, sabe-se que isso se sabe.

Por exemplo, se nos interrogamos sobre o que acontece com a atividade matemática, é hilário constatar que o matemático, quando exerce a matemática, sabe muito bem disso, mas continua incapaz de dizer seja o que for, no fundo, sobre o que lhe permite discerni-lo. Até agora, bico calado. Ele pode dizer que uma coisa não é isso, mas o que isso é ainda não foi descoberto.

Entretanto, um matemático com quem falei me disse, recentemente, que o que caracteriza um enunciado matemático é sua liberdade em relação ao contexto. Um teorema pode ser enunciado e defendido por si só, porque traz em si uma dose suficiente de recobrimento de si mesmo, que o torna livre do discurso que o introduz, diversamente dos outros discursos, nos quais qualquer citação sempre corre o risco de ser abusiva em relação àquilo que a encerra, e que é chamado de contexto. Talvez esse seja um primeiro começo no caminho a seguir, que consiste em organizar coisas que se dizem de tal modo que isso se sabe a todo instante, e pode dar testemunho.

A coisa deve ser vista de perto. Com efeito, a subsistência do *isso se sabe* instantâneo, como tal, é acompanhada pela suposição de que tudo que se prende a isso também se sabe, no sentido de que isso abarca a si mesmo, isso se sabe em seu conjunto. Ora, o que é revelador aqui é que a suposição de um discurso que aspira a poder abarcar-se inteiramente depara com limites, visto que existem pontos que não podem ser formulados.

A primeira imagem disso é dada pela série infinita dos números inteiros, na qual aquele que é definido como sendo maior do que qualquer um não pode, justamente, ser postulado. Em parte alguma se pode escrever esse número maior do que qualquer outro. Esse número fica excluído, e apropriadamente, como símbolo. É da impossibilidade de escrevê-lo que toda a série dos números inteiros extrai o fato de não ser a simples grafia de uma coisa que pode ser escrita, mas de ser algo que existe no real. É justamente dessa impossibilidade que surge esse real.

Ora, esse mecanismo é exatamente o que permite retomar esse sinal, que é impossível de dispor no nível da série dos inteiros, isto é, no nível do símbolo, para dispô-lo inscrevendo-o na condição de transfinito. Podemos então começar a nos interrogar sobre o que se pode operar a partir desse sinal, ou símbolo. Percebemos que ele efetivamente permite um novo tratamento simbólico das relações aceitáveis em termos da série dos inteiros, que constituem sua realidade. Nem todas podem ser retomadas nesse nível, mas, com toda certeza, uma parte delas.

É esse o progresso que se busca de tal discurso, o qual, apesar de saber de si a cada instante, nunca deixa de deparar com uma combinação dos limites com os furos que chamamos de infinitos, isto é, inapreensíveis, até que, por serem retomados numa estrutura diferente, eles sejam redutíveis a ser limites. Aqui, a aporia nunca é senão a introdução numa estrutura do Outro.

É isso que vemos muito bem na teoria dos conjuntos, na qual de fato se pode avançar inocentemente durante um certo tempo. Ela nos interessa em especial porque, no nível mais radical com que lidamos, o da incidência do significante na repetição, nada parece objetar a que o A seja a inscrição inteira de todas as histórias possíveis. Cada significante remete ainda mais ao Outro, na medida em que só pode remeter a si mesmo como Outro. Portanto, nada cria obstáculo a que os significantes se distribuam de maneira circular.

É isso que permite enunciar muito bem que existe um conjunto de tudo o que não se identifica consigo mesmo. É perfeitamente concebível que tudo se ordene girando em círculo, inclusive o catálogo de todos os catálogos que não contêm a si mesmos. Isso é perfeitamente admissível, sob a simples condição de sabermos que nenhum catálogo contém a si mesmo senão por seu título. Isso não impede que o conjunto de todos os catálogos tenha um caráter fechado, que todo catálogo, na medida em que não contém a si mesmo, possa sempre ser inscrito num outro que o contenha.

Se traçarmos a rede orientada dessas coisas, veremos que a única coisa excluída é o traçado circular, que quer dizer que *b* remeteria a si mesmo. Basta que *b* remeta a *c*, e que o próprio *c* remeta a *b*, para que já não haja nenhum obstáculo à subsistência correlativa de *b* e *c* e para que uma totalidade os envolva.

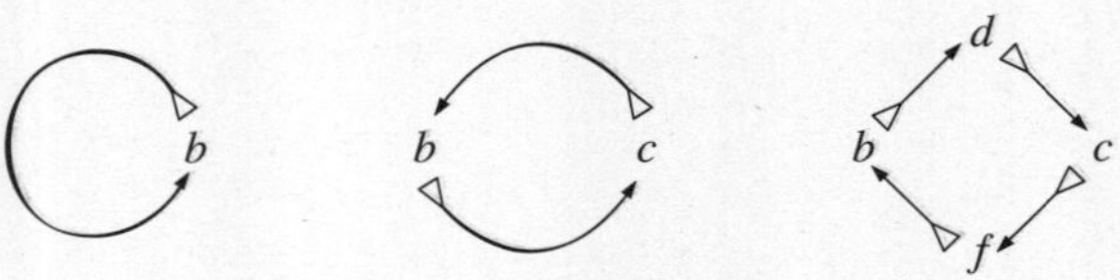

O primeiro traçado é excluído

2

Em seu nível, a experiência analítica situa em algum lugar o ponto do infinito de tudo o que se ordena na ordem das combinações significantes. Esse ponto no infinito é irredutível, porquanto concerne a um certo gozo que se mantém problemático, na medida em que instaura a questão do gozo sob um aspecto que já não é externo ao sistema do saber.

Esse significante do gozo, significante excluído, por ser aquele que promovemos sob o nome de significante fálico, é aquilo em torno do qual se ordenam todas as biografias a que a literatura analítica tende a reduzir o que sucede com as neuroses.

Com efeito, ao cabo de um certo tempo de habituação do analista, ele considera aceitas as relações infantis de tensão que foram estabelecidas pelo sujeito com respeito a um certo número de termos, o pai, a mãe, o nascimento de um irmão ou irmã caçulas, e considera esses termos como primitivos, embora eles só adquiram sentido e peso em razão do lugar que ocupam na articulação do saber, do gozo e de um certo objeto. Pelo menos, esta é a articulação que lhes trago hoje; talvez haja outras mais elaboradas, é o que espero.

Não basta fazermos um recuo com respeito às atuais relações ditas interpessoais que nos vem confiar aquele a quem chamamos adulto — adulto, convém dizer, essencialmente adulterado — e delas fazer surgir uma simples homologia, por mais completa que seja, com as relações primordiais. Todas estas devem ser situadas em relação a esses três termos, dos quais, queiramos ou não, saibamos ou não, fazemos sentir a presença, o peso e a instância, no decorrer da análise, na maneira como compreendemos a biografia secundária, ou melhor, primária, dita infantil. Nós a chamamos de original, porém, muitas vezes, ela só existe para mascarar a questão, sobre a qual teríamos que nos interrogar realmente, do que a determina.

Seu único móbil, é claro, está sempre na maneira como se apresentaram os desejos no pai e na mãe, isto é, na maneira como eles efetivamente ofereceram ao sujeito o saber, o gozo e o objeto *a*. É isso que nos deve incitar, por conseguinte, a não apenas explorar a história do sujeito, mas o modo de presença pelo qual lhe foi oferecido cada um dos três termos. É aí que reside o que chamamos impropriamente de escolha da neurose, ou de escolha entre psicose e neurose. Não houve escolha, porque a escolha já fora feita no nível do que foi apresentado ao sujeito, e isso só é demarcável e perceptível em função dos três termos, tal como vimos tentando destacá-los aqui.

A coisa tem mais de um alcance, tem um que é histórico, se for preciso dizer o que significa a psicanálise na história, na qual também a ela são oferecidas algumas escolhas.

Vivemos numa época em que as relações entre o saber e o gozo, consideradas na escala da comunidade, não são as mesmas, por exemplo, dos tempos antigos. Quem não concebe que não podemos aproximar nossa situação da dos epicuristas, ou de uma escola como essa? Para eles era possível um certo recuo em relação ao gozo, de uma forma meio inocente, ao passo que nós, pela entrada em vigor do que chamamos capitalismo, eis que somos todos incluídos na relação com o gozo de um modo que se caracteriza pela aresta de sua pureza, por assim dizer.

A chamada *exploração do trabalhador* consiste, muito precisamente, em que o gozo, por ser excluído do trabalho, ao mesmo tempo lhe confere, da mesma forma que há pouco evocamos o efeito do ponto no infinito, todo o seu real, e é isso que suscita a espécie de aporia sugerida pelo novo sentido, ausente do contexto antigo e sem precedentes, assumido em relação à dominação da sociedade pela palavra *revolução*.

Quanto a isso, temos uma palavra a dizer, primeiramente para lembrar a solidariedade estreita e circular desse termo com o sistema que o carrega, que é o sistema capitalista. Marx viu isso perfeitamente, e essa é inclusive a única coisa articulada por ele que se revela eficaz até hoje. Mas também é possível que tenhamos algo a oferecer a esse respeito como analistas. Seria mostrar, através de uma série de exemplos, uma articulação pela qual o círculo poderia abrir-se. É isso que constitui o interesse da psicanálise, digo, seu interesse na história. É também nisso que ela pode falhar da maneira mais integral possível.

Tomando as coisas no nível da virada que constitui, biograficamente, o momento de eclosão da neurose, vemos oferecer-se uma escolha, e se oferecer da maneira mais premente na medida em que é ela mesma que é determinante dessa virada.

A escolha é entre o que se presentifica, ou seja, o ponto de impossibilidade ou o ponto no infinito sempre introduzido pela abordagem da conjunção sexual, e a face que lhe é correlata, que é a projeção dessa impossibilidade em termos de insuficiência, em razão do momento prematuro em que ela entra em jogo na infância. Mas como não seria sempre prematuro esse tempo em relação à impossibilidade? Essa impossibilidade, a insuficiência a mascara e a desvia de ter que se exercer, considerando que o sujeito não está forçosamente à altura dela como ser vivo e reduzido a suas próprias forças.

O álibi da impossibilidade calcada na insuficiência é também a inclinação que pode ser assumida pela direção da psicanálise, como a chamei. Afinal, humanamente falando, ela também não é uma coisa em que possamos não nos sentir ministradores de um socorro que, em tal ou qual ponto, a propósito desta ou daquela pessoa, pode dar ensejo a um benefício.

Não é isso, no entanto, que justifica a psicanálise, não foi daí que ela saiu, não é aí que está seu sentido, e por uma simples razão: é que não está aí o que o neurótico nos atesta.

3

Se quisermos entendê-lo, o que o neurótico nos diz com todos os seus sintomas, que constituem o lugar em que se coloca seu discurso, é que ele não busca outra coisa senão igualar-se à pergunta por ele formulada.

Histérico ou obsessivo — posteriormente faremos a ligação dessas duas vertentes da neurose com o objeto *a* que produzimos na eficácia da fobia —, o neurótico questiona o que se passa com a verdade do saber. E o faz, precisamente, na medida em que o saber está apenso ao gozo.

Ao recolocar essa questão, será que o neurótico tem razão? Sim, com certeza, pois sabemos que o saber não apenas extrai seu status original de sua dependência do gozo, como também articula a distância dele em seu desenvolvimento. Só que não é pelo fato de seu discurso ser, naturalmente, dependente da verdade do saber que, como já enunciei diante de vocês, ele decorre dessa verdade. O fato de esse discurso ser verídico nem por isso torna legível o que, num certo nível, denuncia a coerência, o nó constitutivo pelo qual o saber é dependente da proibição do gozo.

Aliás, por que não traduziria o neurótico, também ele, uma certa forma de aporia, como mostrei há pouco com um exemplo matemático, sob a forma de uma posição tomada no nível dos impasses que se formulam como lei do Outro, quando se trata do sexual?

Depois de ter submetido ao crivo, tanto quanto me foi possível, as faces pelas quais se distinguem as posições do obsessivo e do histérico, direi que, em última instância, as melhores formulações que lhes posso dar provêm do que se oferece no nível da natureza, no natural, como solução para o impasse da lei do Outro.

Para o homem, na medida em que ele tem que exercer a identificação com a chamada função do Pai simbólico, que é a única a satisfazer — e é nisso que ela é mítica —, a posição do gozo viril na conjunção sexual é o que se oferece no nível do natural. É a isso, muito precisamente, que se chama *ser o mestre/senhor*. Isso esteve e continua muito suficientemente ao alcance de alguém.

Pois bem, direi que o obsessivo é aquele que recusa justamente tomar-se por mestre/senhor, porque, frente àquilo de que se trata, a verdade do saber, o que lhe importa é a relação desse saber com o gozo. Desse saber, o que ele sabe é que ele não tem nada além do que resta da incidência primária de sua proibição, ou seja, o objeto *a*. Qualquer gozo só é pensável para ele como um tratado com o Outro, sempre imaginado por ele como um inteiro fundamental. Ele negocia com o Outro. O gozo só se autoriza, para ele, por um pagamento sempre renovado, num tonel das Danaides, nesse algo que nunca é igualado. É isso que faz das modalidades da dívida a única cerimônia em que ele encontra seu gozo.

Não é à toa que o encontramos em oposição à forma histérica da resposta aos impasses do gozo.

A histérica, e é por isso que essa modalidade se encontra mais especialmente nas mulheres, caracteriza-se por não se tomar pela mulher, ao passo que, nessa aporia, as coisas simplesmente se oferecem a ela, de maneira tão natural quanto para o homem, por *ser a mulher*, por desempenhar seu papel na conjunção sexual, na qual, naturalmente, ela tem uma boa participação.

O que a histérica recalca, dizem, é o gozo sexual. Na realidade, ela promove o ponto no infinito do gozo como absoluto. Promove a castração no nível desse Nome-do-Pai simbólico, no lugar a partir do qual se coloca como querendo ser, no último instante, seu gozo. E é por isso que esse gozo só pode ser atingido quando ela recusa qualquer outro, o qual, diante dessa relação absoluta que para ela se trata de instaurar, teria um caráter de diminuição, o que é verdade, além disso, por não ter nada a fazer que não seja externo, por ser apenas do nível da suficiência ou da insuficiência.

À luz desses termos, leiam e releiam as observações de histéricas, e vocês as verão de um modo bem diferente das feitas de anedotas, e com um girar em círculos biográficos que a transferência, ao repeti-lo, sem dúvida resolve, para torná-lo mais manejável, porém só faz temperá-lo. O que nos surge como abertura ou hiância, nós nos empenhamos em acalmá-lo, é claro, mas porventura não é essencial situar nisso o impulso do qual ela surge? Não é outra coisa senão essa fronteira que o neurótico reinterroga, e que de fato nada pode suturar — a fronteira que se abre entre saber e gozo.

A articulação que dei do 1 e do *a* certamente não foi promovida aqui por acaso, e não está obsoleta. Esse modelo matemático não é nada além de uma série de números na qual, sob a condição de que inscrevamos a relação entre eles sob a forma de uma soma, a função do *a* conjuga-se com a simples repetição do 1. Não há por que nos surpreendermos, porque essa é a primeira coisa com que temos de deparar.

1, 1, 2, 3, 5, 8, 13, 21, 34, ...

Depois de dois 1, um 2, e continuamos indefinidamente. O último 1, somado ao 2, dá 3; 3 e 2 fazem 5. E depois disso vêm o 8, o 13 e assim sucessivamente. Essa seqüência, como eu lhes disse, pela proporção que gera, cada vez mais rigorosa, à medida que os números crescem, define estritamente a função do *a*.

Ao ser retomada no sentido inverso, no sentido negativo, ao proceder por subtração, essa mesma série tem a propriedade de levar a um limite. A série marcada pela proporção do *a* vai sempre diminuindo, até chegar, ao fazermos sua soma, a um limite perfeitamente finito, o qual, retomado, é um ponto de partida.

O que a histérica faz pode ser inscrito nesse sentido. Ou seja, ele ou ela subtrai o *a* do 1 absoluto do Outro, por interrogá-lo para saber se ele entregará ou não o 1 derradeiro, que seria como que sua segurança. Nesse processo, é fácil demonstrar, com a ajuda desse modelo, que todo o seu esforço de questionamento do *a* só levará, no máximo, a que o sujeito se descubra rigorosamente igual a esse *a*, e a nada mais. É esse o drama que, transposto do nível matemático, no qual se enuncia de maneira perfeitamente correta, para um outro nível, traduz-se pela hiância irredutível de uma castração realizada.

No nível dos enunciados, nível que caracterizei pelo rótulo *famiele*, o impasse aberto pela histérica é efetivamente resolvido pelo encontro com a castração. Mas há outras questões, no nível da enunciação, que promovem a relação entre o gozo e o saber.

Quem não sabe, através de ilustres exemplos históricos, que é possível encontrar a solução de um equilíbrio subjetivo, sob a simples condição de que se pague o justo tributo pelo edifício de um saber? — um saber que seria saber revestindo-se do saber experimentado da relação sexual, tal como só é percebida pela apreensão do ponto no infinito, que é impasse e aporia, com certeza, mas é também limite.

No obsessivo, todos sabem que acontece a mesma coisa. Todos sabem que um setor inteiro depende da produtividade do obsessivo. Até os mais cegos, os mais fechados para a realidade histórica, aperceberam-se de sua contribuição para o que chamamos pensamento. Não está aí também o que exprime seu limite, e que exige ao máximo ser des-exorcizado?

É exatamente a isso que Freud leva a questão, quando nos fala das relações do ritual obsessivo com a religião. Certamente, nem toda religião se esgota no que acontece com essas práticas. O angustiante na aposta de Pascal é justamente fazer-nos perceber isso.

Mesmo ao tomar as coisas no nível da promessa, mesmo ao se revelar partidário do Deus de Abraão, Isaac e Jacó, e ao rejeitar o Outro a ponto de dizer que não sabemos nem se ele existe nem tampouco, mais ainda, o que ele é, é justamente o Outro que Pascal interroga na aposta, no nível do par ou ímpar, do *é ou não é*. É que, com efeito, considerando-se sua época, ele estava preso nessa interrogação do saber.

É com isso que os deixarei hoje.

21 de maio de 1969

O Gozo: sua Lógica

XXII

Paradoxos do ato psicanalítico

Dos dois Deuses
A inexistência do sujeito suposto saber
Só a repetição é interpretável
O psicanalista como scapegoat
Confronto com a prática masoquista

Há menos pessoas de pé. Não posso lamentar por elas, mas, enfim, se isso significa que o público vem-se rarefazendo, eu o lamento, pois será forçosamente nos últimos encontros que direi as coisas mais interessantes. Este é meu estilo.

O que me lembra que, no ano passado, por volta do começo de um certo memorável mês de maio e seus acontecimentos, suspendi por vontade própria, e por razões que não renego, aquilo que tinha a dizer. Qualquer que tenha sido a legitimidade dessas razões, persiste o fato de que o que eu disse ficou truncado.

Tratava-se do ato psicanalítico, que ninguém sequer tinha pensado em denominar como tal antes de mim, o que é um sinal preciso de que nem sequer se havia formulado essa questão. Se assim não fosse, se achassem que havia na psicanálise um ato, em algum lugar, a maneira mais simples teria sido nomeá-lo. Há que acreditar que essa verdade havia permanecido velada.

Não penso que tenha sido por acaso que ficou truncado dessa maneira o que eu tinha a enunciar sobre o ato naquele ano. Há uma relação, que naturalmente não é de causação, entre esses acontecimentos e a carência dos psicanalistas quanto ao tema do que acontece com o ato, e nomeadamente com o ato psicanalítico. Mas há também, em todo o caso, uma relação entre o que causa esses acontecimentos e o campo no qual se insere o ato psicanalítico, de sorte que podemos dizer que foi sem dúvida em razão de uma deficiência de seu interesse por esse ato que os psicanalistas não se revelaram muito dispostos nem muito disponíveis, até o momento, para dar a esses acontecimentos nem que seja um toque de apreensão, ainda que superficial.

No outro sentido, é claro, é apenas acidental que os acontecimentos tenham interrompido o que eu pudesse ter a dizer sobre o ato, o que também não deixa de representar algo que, de minha parte, considero um certo encontro. Não o deploro, porque isso me dispensou de vir dizer sobre o tema do ato psicanalítico o que, em síntese, era *para não dizer*.

Mas afinal, eis que, pelo que formulei da última vez, somos reconduzidos a alguma coisa que não está longe do campo que eu havia enunciado no ano passado, visto que, na aposta, trata-se efetivamente de um ato, tal como relacionado com o objeto *a*. Que fique bem claro que esse objeto figura este ano em meu título e é o que está em jogo do essencial de meu discurso.

Eis aí o que deve encontrar sua expressão mais formal nestes últimos encontros.

1

Ao menos para os que estão a par daquilo com que terminei da última vez, não é inútil, parece-me, lembrar aqui que o objeto *a*, eu o fiz avançar para o campo da aposta de Pascal.

Pelo menos, foi esse o caminho que escolhi este ano para introduzi-lo como estando no campo do Outro, e como um certo jogo, precisamente o *no-Eu* [*en-je*], com o jogo de palavras que faço em torno desse termo.*

Talvez pareça singular que, de minha posição, que não é ambígua a esse respeito, e que por certo não é uma posição de apologética religiosa, eu tenha introduzido esse elemento da aposta, e de uma aposta que é formulada como respondendo a um certo parceiro, o qual é tomado aí ao pé da letra, digamos, da letra de uma fala que lhe é atribuída, a tí-

* Feito com *jeu* [jogo], *je* [eu], *enjeu* [aposta, cacife, trunfo, o que está em jogo] e *en-je*, o *no-Eu* da frase. (N.T.)

tulo, santo Deus, geralmente aceito, da promessa da vida eterna, sendo esta tida por todo fiel que segue os mandamentos de Deus como uma aquisição, ao menos no campo do que constitui, a respeito desse Deus, sua mais vasta referência religiosa, ou seja, a Igreja.

Não é extemporâneo partir daí, já que isso tem uma vivíssima relação com aquilo de que se trata como permanência em nossas estruturas, que vão muito mais longe do que as que poderíamos qualificar de mentais. As estruturas definidas pelo discurso comum, pela linguagem, evidentemente vão muito além do que o que podemos reduzir à função da mentalidade. Como insisto muitas vezes, isso nos cerca por todo lado, e em coisas que não dão a impressão, à primeira vista, de ter uma relação evidente.

A estrutura que viso, para dela partir hoje, é a estrutura original, aquela que chamo de um Outro. Trata-se de mostrar, pela incidência da psicanálise, até onde ele vai, e de revelar que, para nós, ele não constitui uma dúvida, se assim posso dizer, em nosso horizonte. Esse Outro, que é justamente o Deus dos filósofos, não é tão fácil de eliminar quanto se supõe. Na realidade, em todos os casos, ele se mantém estável no horizonte de todos os nossos pensamentos, e isso não deixa de se relacionar, evidentemente, com o fato de existir o Deus de Abraão, Isaac e Jacó.

Antes de voltar à estrutura desse Outro, pois é imprescindível estabelecer bem, aqui, o que deve ser designado a seu respeito, não é inútil lembrar, no despontar de nossa colocação, que, se ela está presente para nós, num certo horizonte estrutural determinado pelo discurso comum, que é o campo que Freud designou como *a civilização*, isto é, a civilização ocidental, a presença do outro Deus, daquele que fala, ou seja, o Deus dos judeus, o Deus de Abraão, Isaac e Jacó, não deixa de ter a ver com sua manutenção.

E não é apenas porque o Deus dos filósofos, o grande Outro, é Um. O que distingue propriamente o Deus dos judeus, aquele que designamos como estando na origem do monoteísmo, não é ele se colocar como Um, qualquer que tenha sido o desenvolvimento que o Um assumiu depois. Vale a pena lembrar que o Deus da sarça ardente, o Deus do Sinai, não disse que era o único Deus, e sim *Eu sou o que sou*. Isso tem um sentido totalmente diverso. Não quer dizer que ele é o único, mas que, ali onde está, não existe outro ao mesmo tempo que ele. Se vocês examinarem de perto, verão que é disso que se trata no texto da Bíblia. Ali onde ele está, em seu campo, ou seja, na Terra Santa, não há como pensar em obedecer a outros que não ele. Mas em parte alguma se nega a presença desses outros onde ele não está, onde não é sua terra. Nunca chovem castigos, a não ser quando há uma usurpação de homenagens feitas a outros ali onde se supõe que reine unicamente aquele que disse *Eu sou o que sou.*

Aos olhos de alguns, isso poderia passar por algo que tem apenas interesse histórico, mas, friso o essencial, não é outra coisa senão voltar ao que enunciei no começo: que o Deus de que se trata designa a si mesmo pelo fato de falar. Qualquer que tenha sido a distorção a que depois se submeteu essa fala — porque não é certo que se diga exatamente a mesma coisa na Igreja católica apostólica romana —, é isso que torna legítimo dizer, em todo caso, que esse é o Deus que se define por sua relação com a fala, que é um Deus que fala. É justamente por isso que os profetas são preeminentes na tradição judaica. Em outras palavras, a dimensão da Revelação como tal, isto é, da palavra como portadora de verdade, nunca foi destacada com tanto relevo fora dessa tradição. Em outras tradições, o lugar da verdade, como convém encobri-la, é ocasionalmente preenchido por mitos, por exemplo. Não o é pela profecia, a não ser de um modo absolutamente local, que chamamos de profecia oracular, mas que tem um sentido completamente diferente do profetismo como tal.

Isso nos dá uma introdução meio grandinha, mas enfim, ela era exigida pela recapitulação de alguns relevos absolutamente maciços, que devem ser mantidos para que se compreenda bem aquilo de que se trata quando afirmamos que, em relação ao campo da verdade, que nos interessa eminentemente, mesmo que não o identifiquemos com as formulações reveladas, o saber está alhures.

É justamente por isso que, desde que se introduziu a dimensão da Revelação, introduziu-se ao mesmo tempo uma dimensão tradicional em nossa cultura, a qual não devemos julgar extinta pelo fato de estarmos em nossa época, e que é a dimensão impropriamente chamada de verdade dupla. Ela significa a distinção entre a verdade e o saber.

O que a psicanálise revelou, por sua vez, e que antes não se suspeitava, é aquilo que se produz no saber, isto é, o objeto *a*.

2

A análise articula o objeto *a* pelo que ele é, ou seja, causa do desejo, isto é, da divisão do sujeito, daquilo que introduz no sujeito o que o *cogito* mascara — a saber, que, ao lado desse ser do qual ele crê assegurar-se, o *a*, essencialmente e desde a origem, é falta.

Retomo aqui o plano pelo qual, no ano passado, julguei que devia introduzir o paradoxo do ato psicanalítico.

O ato psicanalítico apresenta-se como uma incitação ao saber. A regra dada ao psicanalisando implica que ele pode dizer tudo o que quiser. Deus sabe o quanto, à primeira vista, isso pode representar de absurdo. Se nos tomassem ao pé da letra, se aqueles que apresentamos a essa prática se pusessem realmente a dizer tudo o que lhes passa pela cabeça, o que significa, na verdade, qualquer coisa, e se isso tivesse sentido para eles, onde iríamos parar? Se podemos confiar neles nessa empreitada, é, muito exatamente, por causa de algo que está aí, implícito, mesmo que eles não sejam capazes de dizê-lo: é que, digam vocês o que disserem, existe o Outro, o Outro que sabe o que isso quer dizer.

O Deus dos filósofos, como quer que, ao longo da história, tenha sido engatado no trem do Deus que fala, decerto não é estranho a este. Não era ilegítimo fazer do Deus dos filósofos a sede, o trono, o suporte, o assento daquele que falava. Mesmo quando o Deus que fala levantou-se para ir embora, ao menos para alguns, o assento continuou a ser do Outro, como aquele que situa o campo unificador e unificado que tem um nome para os que pensam. Vamos chamá-lo, se vocês quiserem, de princípio da razão suficiente.

O fato de vocês não suspeitarem disso, ao menos uma parte de vocês — parte que estou supondo, porque, afinal, não sei se ela existe —, não impede que sejam sustentados pelo princípio da razão suficiente. Talvez todos vocês sejam capazes de perceber isso, mas, se nem todos o percebem, dá exatamente na mesma: vocês estão no campo em que o princípio da razão suficiente sustenta tudo. Com certeza não seria fácil conceber o que aconteceria se as coisas fossem diferentes, o que, no entanto, é perfeitamente concebível.

Esse princípio, eu o enuncio diante de vocês como situado no horizonte do que possibilita a experiência psicanalítica. Em outras palavras, mesmo que não haja razão suficiente no que quer que vocês digam, ao não enxergarem mais longe do que dizer o que lhes vier à cabeça, sempre haverá nisso uma razão suficiente. É o quanto basta para colocar no horizonte o grande Outro, aquele que sabe. Na totalidade dos casos, a coisa fica perfeitamente clara nos sujeitos privilegiados dessa experiência, isto é, os neuróticos. O neurótico procura saber. Trataremos de examinar mais de perto por quê, mas ele procura saber e, no início da experiência analítica, não temos nenhuma dificuldade para incitá-lo, em suma, a confiar nesse Outro como o lugar em que o saber se institui, no sujeito suposto saber.

Portanto, é sobre o tema do que se articula como saber já no nível mais básico, por mais raso que seja, que intervimos com uma interpretação. Esta se distingue do que esse termo designa em todos os outros lugares. Na lógica, por exemplo, a interpretação de um sistema lógico qualquer consiste em ilustrá-lo, como se costuma dizer, introduzindo um sistema de alcance menor, que por isso é mais acessível. Permanecemos na superposição das articulações do saber. A interpretação analítica se distingue pelo fato de, no que se articula desde logo como saber, por mais primitivo que seja, visar a um efeito — um efeito de saber, por se articular aí —, o qual ela torna sensível como sua verdade.

Essa verdade, como dissemos, está do lado do desejo, isto é, da divisão do sujeito. Sigamos em frente, porque não podemos refazer todo o caminho, e o que tenho que percorrer hoje é outra coisa. A verdade de que se trata resume-se em que a Coisa freudiana, isto é, essa verdade — a Coisa freudiana, essa verdade, é a mesma coisa — tem como propriedade ser assexuada, ao contrário do que se diz, ou seja, que o freudismo é o pansexualismo. Só que, como o ser vivo, que é o ser pelo qual se veicula uma verdade, tem uma função e uma posição sexuais, resulta daí que não há relação sexual, no sentido preciso da palavra, em que uma relação seja uma relação logicamente definível.

Como tentei articular, dessa vez há dois anos, e não apenas um, falta o que se poderia chamar de relação sexual, ou seja, uma relação definível como tal entre o sinal do macho e o da fêmea. A relação sexual — desta vez, o que é correntemente chamado por esse nome — só pode compor-se de um ato. Foi isso que me permitiu formular estes dois termos: que *não existe* ato sexual, no sentido de esse ato ser o de uma relação exata, e, inversamente, que existe *apenas* o ato sexual, no sentido de que só existe o ato para criar a relação.

A psicanálise nos revela que a dimensão própria do ato — do ato sexual, pelo menos, porém, ao mesmo tempo, de todos os atos, o que já se evidenciara fazia muito tempo — é o fracasso. É por essa razão que, no cerne da relação sexual, há na psicanálise o que se chama de castração.

Falei-lhes há pouco *do que se produz no saber*. Claro que vocês não prestaram muita atenção. Eu deveria ter dito *o que o saber produz*. Não pude dizê-lo naquele momento porque convinha não andar depressa demais. Para que isso tenha sentido, é preciso voltar ao assunto mais de perto e denotar o destaque da dimensão que se articula como sendo, propriamente, a produção.

Podemos dizer que somente um certo processo do progresso técnico nos permitiu discernir a produção como algo que designa o fruto do trabalho, mas, será que é tão simples assim? Para que aquilo que é produção se distinguisse propriamente do que sempre foi *poiesis*, fabricação, trabalho, o nível do oleiro, foi preciso que o *meio* de produção se autonomizasse como tal. Isso se distingue muito bem no capitalismo, no qual tudo gira em torno de saber quem dispõe desses meios. É por uma homologia similar que ganha destaque a distinção entre o que é função do saber e o que é produção do saber. A produção do saber como saber distingue-se por ser um meio de produção, e não apenas de trabalho, da verdade. É nesse sentido que o saber produz o que designo pelo nome de objeto *a*.

O *a* vem substituir a hiância que se designa no impasse da relação sexual e reproduz a divisão do sujeito, dando-lhe sua causa, que até então não era apreensível de maneira alguma, porque é próprio da castração que nada possa enunciá-la, propriamente falando, uma vez que sua causa está ausente. Em seu lugar vem o objeto *a*, como causa substituta do que constitui, radicalmente, a falha do sujeito.

Depois que assim defini a função do objeto *a*, dois anos atrás, no ano passado eu lhes disse que o psicanalista — simplesmente por ter esse caminho, esse meio, esse truque da regra analítica, que comporta a incitação ao saber da qual falei, embora ele mesmo não saiba tanto assim — é aquele que realmente se descobre encarregado de ser o suporte do *sujeito suposto saber*. Eu também lhes disse, e em todos os tons, que o problema de nossa época, da atual conjuntura da psicanálise, só pode ser tomado como um dos sintomas de que esse sujeito suposto saber certamente não existe. Com efeito, nada indica que o Outro, esse lugar único em que o saber se conjugaria, seja Um, que ele não seja, como é o sujeito, unicamente expressável pelo significante de uma topologia particular, que se resume no que acontece com o objeto *a*.

O psicanalista, portanto, induz o sujeito — o neurótico, no caso — a enveredar pelo caminho em que ele o convida a encontrar um sujeito suposto saber, na medida em que essa incitação ao saber deve conduzi-lo à verdade. Ao término da operação, há um esvaziamento do objeto *a*, como representante da hiância dessa verdade rejeitada, e é esse objeto esvaziado que o próprio analista passa a representar, com seu em-si, se assim posso dizer. Em outras palavras, o analista cai, ao se tornar, ele mesmo, a ficção rejeitada.

Foi aí que acentuei o enigma e o paradoxo do ato psicanalítico. Se é verdade que o psicanalista sabe o que é uma psicanálise e a que ela conduz, como pode, nela, incidir esse ato?

Propus aqui a palavra "ficção". Já faz muito tempo, vocês sabem, que articulo que a verdade tem estrutura de ficção. Deve o objeto *a* ser tomado como marcando apenas o sujeito da verdade, que se apresenta como divisão, ou será que devemos, como parece, conferir-lhe mais substância? Vemo-nos aí, como talvez vocês percebam, num ponto nodal, que já motiva na lógica de Aristóteles a ambigüidade da substância e do sujeito, da *ousia* e do *hypokeimenon*, que vemos manterem-se ao longo de todo o texto aristotélico, não sem que as duas funções sejam distinguidas, porém à maneira de uma trança.

O *hypokeimenon* é perfeitamente isolado por ele, na medida em que, logicamente, não é outra coisa senão o que a lógica matemática soube isolar, posteriormente, na função da variável, ou seja, daquilo que só pode ser designado por uma proposição predicativa. Quanto à palavra *ousia*, sinceramente, melhor seria traduzi-la por *ser* ou por *ente*, pelo *Wesen* de Heidegger, do que por *substantia*, substância, palavra que, por sua vez, só faz veicular a dita ambigüidade. É justamente para esse lado que nos vemos ser levados, quando tentamos articular o que se passa com a função do objeto *a*.

Persiste um enigma, uma interrogação quanto a um ato que, justamente para aquele que o inaugura, a saber, o psicanalista, só pode iniciar-se por um velamento do que será para ele não só o término do processo, mas seu fim propriamente dito, uma vez que o término determina, retroativamente, o sentido de todo o processo, que é, propriamente, sua causa final. O uso dessa palavra não merece aqui nenhuma derrisão, porque tudo o que acontece no campo da estrutura é impensável sem uma causa final. A única coisa que merece escárnio na chamada concepção finalista é que o fim tenha a mínima utilidade.

O analista sabe ou não sabe o que faz no ato psicanalítico? Foi nesse ponto exato que, no ano passado, em razão do encontro eventivo pelo qual introduzi minhas colocações de hoje, meu discurso se deteve e foi suspenso, no horizonte desse nó severíssimo, rigorosamente interrogado, de um questionamento do ato psicanalítico, o que pôde dispensar-me de ressonâncias certamente embaraçosas, mas que são aquelas em torno das quais é possível interrogar o que acontece tanto com a teoria quanto com a instituição psicanalíticas.

Talvez eu indique um pouco mais disso no que virá agora.

3

Comecemos por lembrar o que resulta dessa maneira de situar, entre o saber e a verdade, o campo próprio de uma produção que vocês vêem que, em suma, é o próprio psicanalista que encarna, que encarna essa produção.

É nesses termos que deve ser situada, por exemplo, a questão do que se dá com a transferência.

Ainda que tudo que designamos como transferência seja interpretado na análise em termos de repetição, que necessidade há — a não ser para aqueles analistas que ficam absolutamente perdidos nessa rede, tal como a articulo — de questionar o que a transferência pode ter de objetivo, e de pretender que ela seja um recuo diante de sei lá o que mais, diante do que realmente entra em jogo na análise? A análise é, de fato, uma situação que só se apóia na estrutura, em cujo interior nada pode ser enunciado, como discurso do analista, que não seja da ordem de que a estrutura comanda. Nada pode ser apreendido nela, portanto, que não seja da ordem da repetição.

A questão aqui não é saber se a repetição é ou não uma categoria dominante na história. Numa situação feita para interrogar o que se apresenta a partir da estrutura, nada se ordena da história senão a repetição. Trata-se, repito, do que se pode dizer no nível de pôr à prova os efeitos do saber na análise. Não é correto dizer que a transferência se isola, em si mesma, dos efeitos da repetição. A transferência se define pela relação com o sujeito suposto saber, na medida em que ele é estrutural e ligado ao lugar do Outro como lugar em que o saber se articula, ilusoriamente, como Um. Para interrogar dessa maneira o funcionamento de quem procura saber, é necessário que tudo o que se articula seja articulado em termos de repetição.

A quem devemos essa experiência? É claro que ela nunca seria nem mesmo instaurada se não existisse o neurótico. Quem precisa saber a verdade? Unicamente aqueles a quem o saber incomoda. Essa é a definição do neurótico.

Examinaremos isso mais de perto, porém, antes de deixar este campo, no qual não fechamos o círculo, por boas razões, quero ainda assinalar, de qualquer modo, no que pode passar por um parêntese em relação ao que estou traçando hoje, um último desses referenciais com que tento pontuar corretamente este campo.

Se nele operamos, como acabo de lhes recordar, de um modo aceito como parcial, devemos admitir que somente a repetição é interpretável na análise, e é isso que tomamos por transferência. Por outro lado, o fim que aponto como a captação do próprio analista na exploração do *a*, é exatamente isso que constitui o ininterpretável. Em suma, o ininterpretável na análise é a presença do analista. É por isso que interpretá-la, como já se viu, como foi até impresso, é, propriamente, abrir a porta, convidar para esse lugar do *acting out*.

Para designar o que se passa exatamente com o lugar do analista e o do sujeito na análise, lembrei, em meu seminário do ano passado, a propósito do mito de Édipo, a distinção a ser feita entre a encenação heróica que serve de referência mítica à nossa prática analítica e o que se articula por trás dela, o nó do gozo que está na origem de todo saber. A divisão do sujeito se modela e se modula na divisão entre o espectador e o coro no espetáculo tradicional. Quanto ao psicanalista, ele está no lugar daquilo que era encenado na cena trágica, fica apenas no lugar do ator, na medida em que o ator basta, por si só, para sustentar essa cena. É isso que dá sentido ao ato psicanalítico, cujo outro paradoxo marcante, como lembrei no ano passado, é esse ator que se apaga, esvaziando o objeto *a*, o que coincide com o que afirmei agora há pouco.

É justamente isso que permite ver que, se na regra analítica se pede àquele que entra em análise que evite a passagem ao ato, é exatamente para privilegiar o lugar do *acting out*, do qual o analista, sozinho, assume e conserva o encargo.

Calar-se, nada ver, nada ouvir: quem não se lembra de que são esses os termos com que uma sabedoria que não é a nossa aponta o caminho para os que querem a verdade? Não há algo de estranho, desde que reconheçamos o sentido então assumido por essas ordens, em ver seu análogo na posição do analista? Mas seu contexto lhe dá esses frutos singulares. Do *calar-se* isola-se a voz, núcleo do que do dizer faz a fala. Do *nada ver*, muito freqüentemente observado pelo analista, resulta o isolamento do olhar, que é o nó apertado do saco de tudo, pelo menos de tudo que se vê. Enfim, do *nada ouvir* dessas duas demandas para as quais deslizou o desejo, e que o convocam, elas o encerram na função do seio ou na do excremento.

Que realidade pode impelir o analista a exercer essa função? Que desejo, que satisfação lhe é possível encontrar nela? Não tenho a intenção de indicá-lo de imediato, ainda que, antes de deixá-los, eu deva falar mais disso.

Convém enfatizar aqui a dimensão do *scapegoat*, tema que é caro a alguém como Frazer, e lhe dar seu destaque. Sabemos que sua origem é semita. O bode expiatório é o analista, que toma a si esse objeto *a*, que faz com que possa haver eternamente um adiamento para o sujeito, que faz com que o fruto de uma análise terminada, como pude designar no ano passado, seja uma verdade da qual o sujeito passa a ser incurável, precisamente por ter-se esvaziado um dos termos dela. É a partir daí — como não vê-lo? — que se explica a posição singular que, no mundo social, é ocupada pela comunidade dos psicanalistas, sob a forma de uma associação internacional para proteção dos *scapegoats*. O *scapegoat* se salva pelo agrupamento, e mais ainda pelos escalões. É verdade que é difícil conceber uma sociedade de *scapegoats*. Então, faz-se dos *scapegoats* ajudantes-chefes, e criam-se *scapegoats* que trabalham na antecâmara para vir a sê-lo. É muito singular.

Esta zombaria fácil não teria razão de ser se, nos documentos que acabo de receber sobre um próximo Congresso, que terão a insolência de realizar em Roma, não houvesse textos que exemplificam que não é por ignorarem o discurso de Lacan que as pessoas deixam de enfrentar as dificuldades que acabo de articular aqui.

Fazem-se enormes esforços, por exemplo, para definir o que há de não transferencial na situação analítica, e daí saem enunciados que são, propriamente falando, a confissão de que, a esse respeito, não se entende nada. Não se entende nada porque não se tem a chave, e não se tem a chave porque não se vai buscá-la onde a enuncio. Inventa-se até um termo, chamado *self*, sobre o qual não seria inteiramente inútil, para quem tiver alguma curiosidade, ver como ele pode ser ao mesmo tempo motivado e resolvido num discurso como o que acabo de articular hoje. Se eu tiver tempo, em nossos próximos encontros, talvez possa falar mais disso. O erro, ou melhor, a inépcia do que é formulado a propósito do tratamento psicanalítico da psicose, e o fracasso radical que se marca aí, justamente ao situar a psicose numa psicopatologia que seja de ordem analítica, têm as mesmas origens.

Indiquei que poderia ter articulado alguma coisa diferente sobre o ato psicanalítico, da qual declarei ter sido afortunadamente dispensado. É no horizonte do que se passa no masoquista que conviria situar essa articulação. Seria instrutivo, certamente não para confundi-los, confrontar o ato psicanalítico e a prática masoquista. Isso já foi indicado e, de certo modo, inaugurado pelo que pudemos dizer da conjunção do sujeito perverso com o objeto *a*, que se expõe literalmente na prática masoquista.

De certa forma, podemos dizer que, enquanto o quer, o masoquista é o verdadeiro senhor. É o senhor do verdadeiro jogo. Pode fracassar nele, é claro. Há, inclusive, todas as probabilidades de que fracasse, porque ele não precisa de nada menos do que o grande Outro. Quando o Pai eterno já não está presente para exercer esse papel, não resta mais ninguém. Se vocês se dirigirem a uma mulher, é claro, a Wanda,* não haverá a menor chance, a pobrezinha não entende nada. Entretanto, por mais que o masoquista fracasse, ainda assim ele goza, de modo que podemos dizer que é o senhor do verdadeiro jogo.

É evidente que nem por um instante pensamos em imputar tamanho sucesso ao psicanalista. Isso seria depositar-lhe uma confiança na busca de seu gozo que estamos longe de lhe atribuir. Digamos que o psicanalista banca o senhor, nos dois sentidos da palavra *bancar*. Eu teria que retomar esta formulação, não convém nos espantarmos, a propósito do obsessivo.

Prestem mais um pouquinho de atenção, por cinco minutos, porque isso é muito abreviado e delicado.

Como eu lhes disse há pouco, a questão que se levanta a propósito do ato psicanalítico é a do ato decisivo que, a partir do psicanalisando, faz surgir, inaugurar-se, instaurar-se o psicanalista. Se o psicanalista se confunde com a produção do fazer, do trabalho do psicanalisando, podemos efetivamente dizer que o psicanalisando *banca* o psicanalista, no sentido forte do termo. Mas também podemos dizer que, no exato momento em que surge o citado psicanalista, se é tão difícil apreender o que pode impeli-lo a isso, é que o ato se reduz a *bancar* o psicanalista, no sentido da afetação, a *bancar* aquele que garante o sujeito suposto saber. No início da carreira, quem não confidenciou, a quem teve a bondade de ajudá-lo em seus primeiros passos, que tinha a sensação de *bancar* o psicanalista? Por que retirar o valor desse testemunho? Enfim, e desta vez retomando as duas funções da palavra, será

---

* Alusão à personagem do romance de Sacher-Masoch, *Venus im Pelz* (*A Vênus de Peles*). (N.T.)

que conduzir alguém ao término de sua psicanálise, ao extremo de sua verdade incurável, ao ponto em que ele sabe que, embora exista ato, não existe relação sexual, não equivale, mesmo que não seja freqüente isso acontecer, a *bancar* em algum lugar uma verdadeira mestria?

No entanto, se também se pode dizer que o psicanalista tem alguma relação com o jogo, certamente ele não é o senhor deste, ao contrário do masoquista. Só que, ainda assim, ele lhe serve de suporte, encarna o trunfo-mestre, na medida em que é ele que vem desempenhar o papel do que é o objeto *a*, com todo o peso que isso comporta.

Foi só hoje que levei a este ponto meu discurso sobre o ato psicanalítico. Que acontece com o ponto em que se pode situar este próprio discurso, ou seja, o ponto de onde eu o enuncio? Será que esse é o ponto em que se sustenta o sujeito suposto saber? Ao falar do ato psicanalítico, será que posso ser aquele que sabe dele? Com certeza, não. Não há nada fechado no que abro como interrogação concernente ao que se passa com esse ato. Que eu seja o lógico disso, e que isso se confirme pelo fato de essa lógica me tornar odioso para todo um mundo de pessoas, por que não? Essa lógica se articula a partir das mesmas coordenadas da prática e dos pontos de que ela extrai sua motivação. O saber, tal como produzido pela verdade, não é isso o que imagina uma certa versão das relações entre o saber e o gozo?

Para o neurótico, o saber é o gozo do sujeito suposto saber. É por isso mesmo que o neurótico é incapaz de sublimação. A sublimação, por sua vez, é própria daquele que sabe contornar aquilo a que se reduz o sujeito suposto saber. Toda criação artística situa-se nessa demarcação do que resta de irredutível no saber como distinto do gozo. Mas alguma coisa vem marcar sua empreitada, na medida em que ela nunca designa no sujeito sua inaptidão para sua plena realização.

Porventura a imputação de que o trabalho do explorado é suposto no gozo do explorador não encontra seu análogo na entrada do saber, posto que os meios que ele constitui fazem dos que possuem esses meios aqueles que tiram proveito dos que ganham esse saber com o suor de sua verdade? A analogia decerto perderia a pertinência, por se dar em campos tão distintos, se o saber não se houvesse mostrado, há algum tempo, igualmente cúmplice no campo da forma de exploração qualificada de capitalista.

Ocorre que o excesso de exploração é uma coisa que desagrada. Eu disse *que desagrada*, porque não há mais nada a dizer. O princípio da agitação revolucionária não é outra coisa senão isto: que há um ponto em que as coisas desagradam. Ora, se vocês estão lembrados, no ano passado só assinalei que, se a posição do analista tem que ser rigorosamente conforme a seu ato, é porque, no campo do fazer que ele inaugura com a ajuda desse ato, não há lugar para seja o que for que o desagrade, nem tampouco que o agrade. Se ele der margem a isso, estará saindo desse lugar.

Mas isso não significa que ele não tenha algo a dizer aos que, no campo do saber, passaram a se insurgir a partir de uma certa variante desse saber, tanto em relação ao que pode limitá-los e desviá-los quanto em relação à maneira correta de articular o que se passa com o saber, a única propícia a permitir que o saber saia novamente do campo em que faz sua exploração.

É com esta última palavra que os deixo.

Prometo-lhes, da próxima vez, entrar nos detalhes daquilo de que se trata com respeito às respectivas posições da histérica e do obsessivo com relação ao grande Outro.

4 de junho de 1969

XXIII

Gênese lógica do mais-de-gozar

Do conjunto vazio
Do um no Outro
Hegel com Pascal
O gozo do escravo
O corpo expurgado do gozo

Como este festivalzinho semanal não está fadado a continuar por toda a eternidade, hoje tentaremos dar-lhes uma idéia da maneira como, se estivéssemos num contexto mais favorável, mais bem estruturado, poderíamos dedicar-nos a introduzir na teoria um pouco de rigor.

Quando escolhi *De um Outro ao outro* como título de meu seminário deste ano, uma das pessoas que, devo dizer, mais se haviam distinguido por uma escuta ágil, ao me ouvir neste recinto, porém uma pessoa que, como são Paulo na estrada de Damasco, ficara arrasada na virada dessa coisa que nos sucedeu no ano passado — vocês todos sabem, a lembrança ainda persiste — e fora derrubada de sua montaria teorizadora pela iluminação maoísta, essa pessoa escutou este título e me disse: *É... isso tem algo banal.*

Mesmo assim, eu gostaria de apontar, caso vocês já não desconfiem, que este título significa algo que exige a escolha expressa destas palavras, que se escrevem — como me atrevo a esperar que vocês as escrevam em sua cabeça — *De um Outro ao outro*. O A maiúsculo, já me sucedeu escrevê-lo em várias ocasiões, este ano, nestas folhas em que lhes recordo, de tempos em tempos, a existência de um certo número de grafos, e o *outro* concerne ao que escrevo com um *a* minúsculo.

Alguém teria dito que, aos ouvidos aturdidos, esses termos já não soavam com outro efeito sonoro senão um arzinho de balada, no gênero *De um ao outro** — *De um ao outro, sair para passear.*

1

Mas dizer *de um ao outro* não é insignificante. Marca os pontos de escansão de um deslocamento, daqui para ali. Nós, que não somos mordidos a todo momento pela comichão do ato, podemos perguntar-nos: qual é o interesse disso, se é de dois uns que se trata? Se o outro continua a ser um, por que um é mais do que o outro?

Há um certo uso preposicional desses termos, *um* e *outro*, inseridos entre um *de* e um *a*, que tem o efeito de estabelecer entre eles o que chamei, em outros tempos, de uma relação — vocês talvez estejam lembrados, imagino — uma relação metonímica. Foi o que acabei de designar ao dizer: de que adianta isso, se é sempre um *um*? Mas isso se torna interessante se vocês o escreverem assim, pois aqui a relação metonímica se dá entre dois elementos, cada um dos quais é 1:

$$\frac{\text{do um}}{1} \quad \frac{\text{ao outro}}{1}$$

É importante escrevê-lo assim. Escrito dessa maneira, 1, *um* é um efeito de significado privilegiado, que geralmente conhecemos pelo termo "número". Esse *um* se caracteriza por ser chamado de identidade numérica. Nada é designado aqui por esses termos, não estamos no nível de nenhuma identificação unária, como, por exemplo, a de um *um* que fosse ocasionalmente colocado na palma de sua mão, à maneira de uma tatuagem, para identificá-los num certo contexto, como já aconteceu. Trata-se, em cada caso, de um traço que não marca nada. Estamos estritamente no nível do que é chamado de identidade numérica, que marca a pura diferença, na medida em que nada a especifica. O outro não é outro em nada, e é justamente por isso que é o outro.

---

* No original, *de l'un à l'autre*, que também se traduziria por "entre um e outro". (N.T.)

Podemos perguntar-nos por que existem, em *de um ao outro*, essas espécies de coisas que puxam, e que em francês são chamadas de artigos definidos. Isso não se vê com clareza, de imediato, no nível do primeiro. Por que *o um* [*l'un*]? Chegaríamos muito perto de qualificar de eufônico esse *l* seguido de apóstrofo, se encontros anteriores já não nos houvessem alertado suficientemente a desconfiar dessas explicações. Tentemos ver se ele se justifica melhor no segundo caso.

O artigo definido, em francês, distingue-se de seu uso no inglês, por exemplo, onde a ênfase demonstrativa tem um acento muito forte. Um valor privilegiado do artigo definido em francês é funcionar em prol do que é notório, como se costuma dizer. No *de um ao outro* de que partimos, será que se trata do *outro entre todos*? Será que o empurraremos devagarinho para esse sentido? Visto que dizemos *entre todos*, será que haveria outros? Mas é bom nos darmos conta aqui, *rememorarmos*, se assim podemos dizer, de que, quando escrevemos *Outro* com A maiúsculo, também formulamos que *não existe Outro do Outro*. Como isso é absolutamente essencial a toda a nossa articulação, teremos que buscar para o artigo uma outra notoriedade. Se não existe Outro do Outro, porventura isso quer dizer que haveria apenas um? Mas isso também é impossível, porque, se assim fosse, ele não seria o Outro.

Tudo isto talvez lhes pareça um tantinho retórico. E é. Em tempos antiqüíssimos, especulou-se muito sobre esses temas, que na época eram expostos de maneira um pouco diferente. Falava-se do Outro e do Mesmo, e Deus sabe aonde isso levou toda uma linhagem, chamada platônica. Falar do *um* e do *Outro*, como fazemos, não é a mesma coisa. Certo, a linhagem platônica não pôde fazer outra coisa senão acabar formulando a questão do Um, mas ela o fez de um modo que interrogaremos, no final das contas, no sentido de um questionamento. O *um*, tal como o tomamos aqui, no nível da identidade numérica, é de uma ordem diferente do Um elaborado pela meditação platônica.

Para os que já me ouviram este ano, está claro que a relação *do um com o Outro* não serve para nada menos do que levar a entender a função do par ordenado. Vocês viram de passagem qual é o grande papel dessa função na introdução do que é bizarramente chamado de teoria dos conjuntos. Todo mundo parece se arranjar de maneira muito cômoda com esses *conjuntos*, no plural, embora seja justamente uma questão vivíssima, embora ainda não totalmente decidida, se devemos ou não pôr essa palavra no plural. Pelo menos, continua em aberto a questão de saber se podemos considerar que um elemento pode pertencer a dois conjuntos diferentes e continuar o mesmo.

Este pequeno parêntese destina-se a lhes relembrar a importantíssima inovação lógica constituída por tudo que se relaciona com o que eu chamaria de *conjuntação* [*ensemblissement*]. Por razões de consonância, gosto mais dessa palavra que de *ajuntamento* [*ensemblement*], embora, de vez em quando, a teoria dos conjuntos *encalhe* [*s'ensable*], mas ela *desencalha* [*se réensemblit*] bastante contente. Em particular, através dessa referência à teoria dos conjuntos, eu gostaria de sublinhar à margem a inovação radical constituída pelo fato de que ela introduz, e literalmente em seu princípio, um não: trata-se de não confundir um elemento qualquer com o conjunto que o tenha apenas como único elemento. Não é a mesma coisa, em absoluto.

Esse passo da inovação lógica deve servir-nos para introduzir como convém esse Outro problemático, sobre o qual acabo de perguntar por que lhe deveríamos conceder o valor notório de chamá-lo *o Outro*, com o artigo definido. O Outro, no sentido em que o introduzimos, provido desse O maiúsculo, adquire valor notório não por ser o Outro entre todos, nem tampouco por ser o único, mas apenas porque poderia não haver nenhum e, em seu lugar, haver apenas um conjunto vazio. É isso que o designa como o Outro.

Talvez vocês se lembrem, nesta ocasião, do esquema que escrevi várias vezes este ano nessas folhas em branco, para designar a relação do S_1 com um S_2, S_2 este que é propriamente o outro significante do sujeito, na medida em que o S_1 representa esse sujeito perante um outro significante.

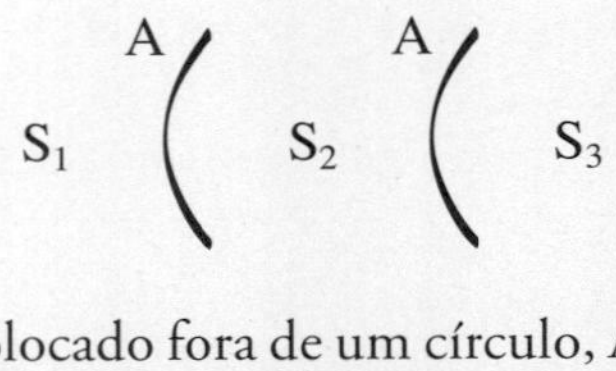

Aqui, o S_1 está colocado fora de um círculo, A, que designa precisamente o limite do campo do Outro como conjunto vazio. O S_2 se inscreve nesse campo do Outro. É isso que designa a relação do S_1 com o S_2.

Também insisti em que o limite do A, que é, repito, um conjunto vazio, se renovará com o S_3 e com tantos outros significantes quantos possam assumir em seguida o lugar de um certo revezamento.

Hoje exploraremos esse revezamento. Faço este lembrete apenas para aqueles que possam não ver o que vou designar, por terem estado ausentes quando já escrevi as fórmulas desta maneira.

Notem bem que não há nada de arbitrário em identificar com a mesma letra A, repetida, o limite aqui traçado da linha, pois um aspecto não menos singular da teoria dos conjuntos é que, quando vocês interrogam um conjunto, a todo instante podem fazer surgir o conjunto vazio, a título de subconjunto, como se costuma dizer. Qualquer que seja o nível em que ele se produza, trata-se do mesmo conjunto vazio.

Isso vocês logo imaginarão, com muita facilidade. Tomemos o conjunto formado pelo elemento *um* e pelo conjunto que tem como único elemento o elemento *um*. Esse é um conjunto com dois elementos distintos, uma vez que não podemos confundir um elemento com o conjunto que comporta apenas esse elemento.

$$\{1\{1\}\}$$

O chamado funcionamento dos subconjuntos não é o de menor interesse na teoria dos conjuntos, talvez seja até o principal. Lamento ter que fazer a recapitulação que se segue, mas a extensão de meu auditório me obriga a isso.

Façamos de x, y, z, n representantes de entidades diferentes, elementos de um conjunto E:

$$\{x, y, z, n\}$$

Incluído nesse conjunto E há um outro conjunto, que chamamos subconjunto, e que é o seguinte:

$$\{x, y, z\}$$

Há outros mais, e seu número cresce muito depressa. Há o subconjunto cujos elementos são $\{x, y, n\}$, o subconjunto $\{y, z, n\}$, e assim sucessivamente. Creio que não preciso insistir nisso para que se torne evidente para vocês.

Tomando-o à primeira vista, o subconjunto poderia figurar como parte do conjunto inicial. Evidentemente, não se trata disso. Está claro que o número dos subconjuntos do conjunto E, do qual partimos para articulá-los, não é igual, em absoluto, ao número dos elementos desse conjunto, isto é, 4, mas o ultrapassa largamente. É até fácil imaginar a fórmula exponencial que indica, à medida que aumenta o número de elementos de um conjunto, o número dos subconjuntos que podemos construir a partir deles.

É muito importante lembrar esse ponto, para abalar a espécie de adesão que existe a uma pretensa geometria natural e, especialmente, a um postulado sobre o qual, se não me falha a memória, um certo Eudóxio fez grande estardalhaço em algum lugar, espero não estar errado, ao lado de um certo livro X de Euclides. O fato de que esse ponto também é capital para nós é algo em que poremos imediatamente o dedo ao passarmos a enumerar os subconjuntos do nosso Outro.

O Outro, aqui, fica reduzido a sua função mais simples, a de ser um conjunto que abarca o *um*, esse significante necessário como aquele perante o qual se representará, de um para o Outro, o *um* do sujeito. Vocês verão dentro em pouco em que limites é legítimo reduzir esses dois S, o S_1 e o S_2, a um mesmo *um*. É justamente isso que constitui o objeto de nossas observações de hoje.

$$1\{1\}$$

É claro que, ao interrogarmos o *um* inscrito no campo definido como Outro, como conjunto enquanto tal, teremos como subconjuntos o *um* e este outro, que é a maneira de escrever o conjunto vazio:

$$\{1, \varnothing\}$$

Essa é a ilustração mais simples de que os subconjuntos de um conjunto constituem uma coleção numericamente superior à dos elementos desse conjunto.

Será preciso insistir nisso?

$$\{1, \{\ \}\}$$

O que vocês estão vendo aqui, sob a forma do parêntese duplo, é justamente a mesma linha que aquela que designa o A, é exatamente a identidade desse A como conjunto vazio, em dois lugares do esquema de agora há pouco.

Com isso se evoca o fato de que, a partir do momento em que concebemos que no campo do Outro se inscreve algo tão simples quanto o traço unário, surge no mesmo movimento, em virtude do conjunto, a função do par ordenado. Na verdade, aqui se podem inscrever dois *uns*, que se distinguirão por fazerem parte de coisas diferentes. O da esquerda é o elemento único do conjunto inicial, que é vazio antes dessa inscrição, ao passo que o da direita preenche o segundo conjunto vazio, se é que podemos expressar-nos dessa maneira, já que, como conjunto vazio, ele é o mesmo:

$$\{1, \{1\}\}$$

É nisso que reside a virtude, não encontrada até então, desse *de um ao outro* de que partimos há pouco, como quem não quer nada, e que nos serviu para lembrar o que há de específico na relação que motiva nosso título deste ano, *De um Outro ao outro*, na medida em que tudo que produz nossa experiência só pode girar, revolver e retornar sempre ao foco da questão da subsistência do sujeito, que é o eixo, o axioma indispensável para nunca perdermos de vista aquilo com que temos de lidar no concreto, e com que temos de lidar nele da maneira mais eficaz.

Na falta disso, se esse eixo e axioma não é conservado, entramos na confusão, aquela que temos visto estampar-se ultimamente em tudo que se enuncia no registro da experiência analítica, especialmente quando a ele se integra, de maneira cada vez mais invasiva, a chamada função *The Self*, que se destaca nas atuais articulações da análise anglo-americana.

2

A diferença que há entre o significante que representa o sujeito e aquele perante o qual ele vai se inscrever no campo do Outro, para que surja o sujeito dessa própria representação, fundamenta-se, como vocês estão vendo, numa dissimetria. Que primeiros passos isso nos permite dar?

Essa dissimetria fundamental nos permite formular uma pergunta: Que acontece com o Outro? Será que ele sabe?

Não lhes peço que respondam em uníssono. Mas, afinal, por que não haveriam de me dizer algo como: — Ora, não, ele não sabe, todo mundo sabe disso, o sujeito suposto saber, tan-tan-tan-tan!, ele não existe mais.

Se eu tivesse diante de mim umas duas fileiras de alunos de um certo tipo, que felizmente não tenho que considerar típicos, mas que, de qualquer modo, posso evocar como divertidos, eles me dariam essa resposta, porque ainda há quem acredite nisso e até o ensine, por certo em lugares inesperados, embora de surgimento recente. Mas não foi nada disso que eu disse.

Eu não disse que o Outro não sabe; são os que dizem isso que não sabem grande coisa, apesar de todos os meus esforços para lhes dar esse ensinamento. Eu disse que o Outro sabe, o que é evidente, já que ele é o lugar do inconsciente. Só que ele não é um sujeito. A negação na formulação *não existe sujeito suposto saber*, se é que algum dia eu a proferi dessa forma negativa, refere-se ao sujeito, não ao saber. Isso é fácil de apreender, aliás, desde que se tenha um mínimo de experiência do inconsciente, porque esta se distingue justamente pelo fato de que, nela, não sabemos quem é que sabe.

Isso pode ser escrito pelo menos de duas maneiras:

quem é que sabe
quem sabe quem é

O francês é uma bela língua, sobretudo quando sabemos servir-nos dela. Como em todas as línguas, nenhum trocadilho se produz nela por acaso.

O status do Outro se escreve, em meu simbolismo, S(A), o que designa o significante do Outro, desse Outro a que hoje dei a imagem do conjunto vazio. Esclareço isso porque não gostaria que, pelo estilo irascível com que há pouco supus que vocês me diriam — sou obrigado, aqui, a imaginar as perguntas e as respostas — que o Outro não sabia, vocês ficassem com a impressão de que lhes estou explicando o que aparece no alto do meu grafo, à esquerda, ou seja, S(Ⱥ), o que é outra coisa — o significante do Outro *barrado*. Como ainda teremos dois seminários, terei tempo para lhes explicar a diferença. S(A), eis o que acaba de ser enunciado aqui a propósito do que acontece com o Outro como conjunto vazio. Isso quer dizer que de modo algum o Outro é Um. Não é por não haver outro que ele é Um.

Por ora, então, deduzo que não há confusão entre um certo número de minhas notações. Eu o deduzo com certo vagar, mas é muito importante percorrer isso, por razões que talvez eu os deixe entrever no fim desta sessão. Será realmente preciso eu voltar a esse assunto mais uma vez, quando não falo de outra coisa desde o começo? Mas ainda não se provou que não conviria eu retornar.

Ora, então, para que o sujeito venha de fora fazer-se representar no Outro, é preciso que ele encontre um outro significante. E só pode encontrá-lo ali.

A fonte da confusão é a penosa necessidade que ele tem de partir de outro lugar, não sem razão, naturalmente. Enfim, não posso ficar repetindo o tempo todo esta história, ou seja, a de como esse animal que tem um fogo no rabo vem a ter que se promover como sujeito no Outro. Com certeza, é o fogo no rabo que o impele a isso. O fogo no rabo, é só isso que lhes interessa. Só que, de vez em quando, afinal, é preciso que eu possa começar a falar do que acontece, desprezando o fogo no rabo, o qual, no entanto, com certeza é a única coisa capaz de motivar aquele que chamei de animal a se fazer representar dessa maneira.

Nesta perspectiva, portanto, é preciso partir não do Outro, mas desse *um Outro*, o *um* do significante inscrito no Outro, condição necessária para que o sujeito se agarre a ele, e também uma boa oportunidade de ele não se lembrar do que é a condição desse *um*, isto é, o Outro.

É isso. Não sei se vocês adivinham, mas, enfim, se lhes falei de Pascal e sua aposta no começo do ano, não foi unicamente para dar mostras de uma erudição que, aliás, escondi completamente, como de hábito, no que concerne a minhas afinidades jansenistas e outras besteiras para os jornalistas. Não é absolutamente disso que se trata, mas de estudar o que acontece a partir do que acabo de escrever no quadro, e a propósito do qual vocês já deveriam ter-se adiantado a mim em pelo menos três quartos de hora.

O que ocorre é que é preciso que alguma coisa anuncie o sujeito antes de ele se agarrar ao *um Outro*. Essa alguma coisa está aí na condição mais simples, a do mesmo *um* unário a que, na hipótese estrita, reduzimos aquilo a que ele pode se agarrar no campo do Outro.

Há disso um modo, o mais simples, que escrevi ali hoje: o de esse sujeito contar a si mesmo como *um*. É preciso admitir que isso é tentador. Aliás, é tão tentador que não há um só entre vocês que não o faça. Por mais psicanálise que tenham enfiado na sua cabeça, não há nada que se possa fazer. Vocês se acreditam *um* há muito tempo. E cabe dizer que têm fortes razões para isso.

A mim, evocar esse *um* mais me faria vacilar a ponto de me fazer cair — embora eu não lhes esteja falando, por enquanto, de mentalidade nem de contexto cultural, e outras baboseiras do gênero — na lamentável fraqueza de lembrar que, de todo modo, vocês são incapazes de compreender, porque eu também sou, isto é, que existem no mundo zonas em que o objetivo da religião é evitar esse *um Outro*. Só que isso comporta uma tal maneira de se portar com a divindade, que nem sequer se pode dizer, como Pascal, que não sabemos o que Deus é, nem tampouco se ele é. Não se pode dizê-lo porque isso já é dizer muito para um budista. Isso supõe uma disciplina, que obviamente se impõe conseqüências resultantes daí, como vocês devem desconfiar, nas relações entre a verdade e o gozo. E eles mandam passar sei lá que DDT no campo do Outro, o que, evidentemente, lhes permite coisas que não nos são permitidas.

A lógica que se produziu neles, num certo momento da história, paralelamente ao que Aristóteles nos preparou em fogo brando, deve ter uma relação com o que lhes estou dizendo, afinal, e seria divertido examinar essa relação. A cozinha, no nível desse prato, assume uma forma diferente. Sua lógica não é tão ruim, está cheia de coisas ainda completamente inexploradas. Em vez de haver simplesmente uma maior, uma menor e uma conclusão, há no mínimo cinco termos. Mas, para captar bem isso, seria preciso começar por fazer os exercícios que devem permitir estabelecer, entre a verdade e o gozo, uma outra relação que não seja de uso, numa civilização fortemente centrada em seus neuróticos.

Graças a isso, trata-se do seguinte. É na condição de inicialmente inscrito como significante unário que o sujeito se anuncia ao *um Outro* que está ali, no Outro, e em relação ao qual ele tem que se colocar como *um*. Para o sujeito, trata-se de um pagar ou dobrar a aposta. Por aí vocês vêem a importância de minha aposta de Pascal, que também é feita por um único jogador, uma vez que o Outro, como insisti, não é um jogador, é o conjunto vazio. O Outro sabe coisas, mas, como não é um sujeito, não pode jogar.

Pascal nos articula bem do que se trata nesse pagar ou dobrar. Diz até que seria apenas uma questão de ter uma segunda vida depois da primeira, o que já valeria tudo. Isso causa uma certa impressão e, como somos justamente uma civilização cujo eixo é constituído pelos neuróticos, nós aquiescemos, acreditamos nisso, fiamo-nos nisso de todo o coração. Eu acredito, assim como vocês acreditam. Valeria a pena nos livrarmos dessa impressão para ter outra. Por quê? Porque isso permitiria fazer a soma, somar dois. Isso é ainda mais verossímil na medida em que temos certeza de ganhar, já que não existe outra alternativa.

Não sei se vocês compreendem bem em que sentido o que estou enunciando coincide com um certo esqueminha que se encontra em algum lugar na "Observação" feita sobre o relatório do sr. Não-sei-quem. Esse esquema é o de uma relação especular com o campo do Outro, constituída exatamente pela relação com o ideal. Para estabelecer esse ideal, é perfeitamente suficiente dar-lhe como suporte o traço unário, que terá um valor decisivo, como mostra o resto do esquema, para a maneira como virá a conviver com isso o *a* minúsculo, que pus num lugar que lhe permite refletir-se no espelho da maneira certa. No nível dessa figura, realmente sou forçado a instituir o *a* minúsculo como inteiramente dado, mas essa seria apenas uma etapa da explicação, pois a questão mesmo é saber de onde surge esse *a*, o que tem a mais estreita relação com o traço unário no Outro, posto que ele é o fundamento do que adquire importância nesse esquema por ser o Ideal do eu.

Será que vocês já não perceberam que aquilo de que se trata no pagar ou dobrar também está num certo texto de que falo há muito tempo, de tal sorte que alguns de vocês tiveram inclusive que entreabrir a *Fenomenologia do espírito*, de Hegel?

Reintroduzir por essa via o pequeno apólogo do senhor e do escravo, com sua dramaticidade um tantinho carregada demais, tem o interesse de destacar a mola mestra da prova, se assim posso dizer. Hegel falava numa Alemanha toda revolvida pelas trilhas de pessoas que, felizmente, representavam outra coisa, soldados arrastados por alguém muito ruim, que não precisou freqüentar meu seminário para saber como convinha atuar em política na Europa. Então, o senhor e o escravo, a luta de puro prestígio até a morte, como isso lhes enche os olhos!

Luta de morte não existe nenhuma, já que o escravo não está morto — sem isso, não seria escravo. Não há a menor necessidade de luta, de morte ou não. Há simplesmente necessidade de pensar nisso e, no caso dessa luta, pensar significa que, sim, de fato, se for preciso chegar a ela, a gente chega, e fizemos um traço unário com o que é, afinal, se refletirmos bem, a única coisa com a qual um ser vivo pode fazê-lo: com uma vida. Com isso ficamos tranqüilos, porque, em todo caso, só teremos uma. No fundo, todo mundo sabe que é assim, o que não impede que só haja uma única coisa interessante: acreditar que temos uma infinidade delas e, ainda por cima, que é prometido a essas vidas serem infinitamente felizes — prometido Deus sabe por que e em nome de quê. Procuraremos elucidar isso.

É incrível ser Pascal. O que ele escreveu naqueles papeizinhos que não se destinavam à publicação tem uma certa estrutura, que converge com a luta que só é de morte ao transformar sua vida num significante limitado ao traço unário. É com isso que se constitui o puro prestígio, o que, aliás, é repleto de efeitos, que assumem seu lugar no nível do animal.

A luta é tão pouco mortal no animal quanto no homem; basta ver o que se produz no nível da luta dos machos, que nos foi tão bem descrita pelo querido Lorenz. Os semanários se regalam com isso, vinte anos depois de eu ter mostrado sua importância, em meus seminários no Sainte-Anne, na época do estádio do espelho e de sei lá o que mais, do gafanhoto-peregrino, do esgana-gata e das pessoas que perguntavam: Que é esgana-gata? Fazíamos um desenho para elas. Esgana-gatas ou outra coisa qualquer, eles não necessariamente matam uns aos outros, eles se intimidam. Nessa matéria, Lorenz mostrou coisas comoventes, por exemplo, o que acontece no plano dos lobos. O que é efetivamente intimidado oferece o pescoço. Basta o gesto, não é preciso que o outro o degole. Só que, depois disso, o lobo vencedor não se toma por dois lobos. Já o ser falante acredita ser dois, ou seja, senhor de si mesmo, como se costuma dizer. É exatamente esse o puro prestígio criado nessa história. Se não houvesse significante, um treco desses, vocês poderiam continuar correndo para imaginá-lo.

Basta olhar para qualquer um para saber que, no mínimo, ele se toma por dois, porque o primeiro troço que ele sempre lhes conta é que, se não tivesse sido assim, teria sido assado, e teria sido muito melhor, porque isso corresponderia à sua verdadeira natureza, a seu ideal. A exploração do homem pelo homem começa no nível da ética, exceto que, no nível da ética, vemos melhor do que se trata, ou seja, que é o escravo que é o ideal do senhor. É o escravo que dá ao senhor o que lhe falta, seu *um-a-mais*. O ideal está aí, é o *serviço do serviço*.

Isso torna muito menos espantoso o que acontece com o senhor em Hegel, no final da história. É evidente, basta olhar: o senhor não poderia ficar mais perfeitamente escravizado. Daí a formulação com que o denominei em certa época, no Sainte-Anne, já que a evoquei: a de ser o cornudo da história. Mas cornudo ele é desde o começo, é o cornudo magnífico. O ideal, o Ideal do eu, é isso — um corpo que obedece. Assim, o senhor vai procurá-lo no escravo. Mas, naturalmente, ele não sabe qual é a posição do escravo. Porque nisso tudo, afinal, não há absolutamente nada que demonstre que o escravo não sabe muito bem o que quer desde o começo. Como assinalei muitas vezes, a questão das relações do escravo com o gozo não está nada elucidada. Seja como for, isso basta para deixar totalmente obscura a escolha dele nesse negócio.

Afinal, nada diz que ele tenha rejeitado a luta, nem tampouco que tenha sido intimidado por ela. Se, de fato, essa história de relação de pagar ou dobrar entre o *um* e o *um* tem um preço, nada nos diz que ela também não possa corroer situações totalmente diversas das situações animais, nas quais se encontra seu ponto de engate eventual, mas não forçosamente único. Assim, podemos supor um escravo que encare as coisas de maneira inteiramente diferente. Há até pessoas que se denominam estóicas, que tentaram, justamente, fazer algo desse gênero. Mas, enfim, como a lagosta da história, a Igreja pintou-as de verde e as pendurou na parede, o que faz com que já não nos apercebamos muito bem do que se tratava: elas deixaram de ser reconhecíveis. O estóico tinha uma certa solução dada para o pagar ou dobrar, solução esta que era a posição do escravo. Os outros que continuassem suas lutas como quisessem; ele cuidava de outra coisa.

Tudo isso equivale apenas a repetir o que eu lhes disse agora há pouco, que a exploração do homem pelo homem também deve ser considerada, digamos, no nível da ética. O jogo de que se trata, para meu direito de me imaginar como dois e para a constituição de meu puro prestígio, merece ganhar importância pela recapitulação de todas essas coordenadas, porque tem uma enorme relação com o que é chamado de mal-estar na civilização. A luta de morte, por sua vez, talvez seja um pouco mais complicada do que seu começo, e podemos constatar a que ponto isso chega numa civilização que se caracteriza justamente por ter partido desse começo.

Com efeito, retomando o assunto, o senhor ideal de Hegel, representado por *um*, sai ganhando, é claro, uma vez que joga sozinho. É exatamente por se representar por *dois* que, depois de ganhar, ele pode agarrar-se à relação que passa então a se estabelecer entre esse *dois* e esse *um*. Visto que ele cotejou o *um* na mesa com o campo do Outro, não há razão para que se detenha. Contra esse *um*, ele joga o *dois*:

1) 1) 2) 3)

Em outras palavras, contra qualquer um que seja picado pela mesma mosca que ele e que se tome por senhor, ele entrará em ação, ajudado por seu escravo. E isso se constitui assim, segundo a série da qual lhes falei no devido tempo, pois não se pode dizer que não mastigo as coisas para vocês:

1 2 3 5 8 13 21

E isso continua, passando por 89 ou qualquer número notável dessa espécie. É a série de Fibonacci, caracterizada por

$$U_0 = 1$$
$$U_1 = 1$$
$$U_n = U_{n-1} + U_{n-2}$$

A questão de que se trata aqui não está muito longe daquilo a que nossa civilização leva, isto é, que há sempre quem se reveze na dominação, e não é de admirar que, no final das contas, tenhamos agora nas mãos cerca de 900 milhões de pessoas que se tornaram senhores na etapa anterior.

O interesse da série de Fibonacci não está, é claro, em permitir que se façam lembretes tão grosseiros assim da atualidade. Se lhes falo dela, é em razão de que, à medida que os números aumentam, a relação U_{n-1}/U_n se aproxima cada vez mais, de maneira mais e mais rigorosa, daquilo que designamos — e não por acaso, embora num outro contexto — com o mesmo signo com que designamos o objeto *a*. Esse *a* minúsculo irracional é igual a

$$\frac{\sqrt{5-1}}{2}$$

Essa relação se estabiliza perfeitamente, à medida que prossegue o que é gerado pela representação do sujeito por um significante numérico perante outro significante numérico. Essa estabilização se obtém muito depressa, não é preciso chegar a milhões. Quando chegam apenas ao nível do 21 ou do 34, e assim sucessivamente, vocês já obtêm um valor muito próximo desse pequeno *a*.

Esse exemplo está aí porque a questão é tentar compreender, através de outra coisa que não a referência ao fogo no traseiro de que falei, ou seja, por meio do próprio processo, o que acontece quando se joga o jogo da representação do sujeito.

3

No começo, portanto, há o pagar ou dobrar do *um* contra o *um*, para que isso some *dois*. Depois, o processo não se detém mais até o fim, até ter como único resultado, mas que não é um resultado insignificante, a definição estrita de uma certa proporção, que é essa diferença que funciona no nível do aparelho que designei por *a*, escrito em números.

Quando procuramos explicar esse começo incrível, podemos dizer que o senhor, em suma, deu o dedo mindinho. No fundo, isso não custa caro, o puro prestígio de produzir um *um*. Esse dedinho era a vida dele, mas, nesse nível, não é certo que se saiba com clareza a importância do que se faz, como demonstra o fato de que é preciso saber muito, com efeito, para desconfiar disso. Então, ele dá o dedinho uma vez, e depois, a mecânica inteira passa por isso. Quero dizer que ao senhor, com seu escravo, também sucede, por sua vez, ficar em maus lençóis.

Os troianos entendiam um pouco disso. Será que vocês não acham que esse Outro, esse conjunto vazio, é algo que poderíamos ver como uma representação, a verdadeira, do que acontece com o cavalo de Tróia — exceto por não ter a mesma função que nos é mostrada por essa imagem, a de descarregar guerreiros no coração de uma assembléia humana que não pode fazer nada? Aqui, dá-se o contrário. Por esse apelo, por esse processo do 1 que se iguala ao 1 no jogo da dominação, o cavalo de Tróia absorve cada vez mais em seu ventre, e isso custa cada vez mais caro. É esse o mal-estar da civilização.

Mas é preciso eu ir mais longe, sem fazer poeminhas. Assim, deixo toda a população que festeja o cavalo de Tróia fazer fila diante desse castelo kafkiano do poder, e esclareço que a coisa só adquire sentido quando se leva em conta o pequeno *a*.

Somente o *a* nos explica que a aposta se estabelece inicialmente como um pagar ou dobrar, uma vez que é *um* contra *um*. Pagar ou dobrar para quê, se o que se trata de ganhar já foi ganho, como observa alguém muito bem no diálogo de Pascal? Mas é preciso acreditar que o *a* que se destaca quando o processo é levado até o fim já está presente no começo, e que, quando se põe *um* contra *um*, há uma diferença:

$$1 + a - 1 = a$$

Se o senhor põe em jogo o *um* contra o *um* teórico, que é uma outra vida que não a sua, é porque entre os dois *uns*, o de $<1 + a>$ e o outro, há uma diferença. Ela é visível em seguida, já que, como quer que vocês tomem isso, começando ou não pelo *um*, a partir do momento em que observam a lei de que o terceiro termo é formado pela adição dos dois que o precedem, vocês têm a seguinte série:

$$
\begin{array}{c}
1 \\
1 + a \\
2 + a \\
3 + 2a \\
5 + 3a
\end{array}
$$

O notável nessa série é que o número do *a*, o coeficiente numérico pelo qual o pequeno *a* é sempre afetado, reproduz o número inteiro da vez anterior. Esse número, se vocês quiserem, é o número dos escravos em jogo. A seqüência do lado direito, a dos coeficientes do pequeno *a*, uma vez que é a escravizada, cresce com um bocadinho de atraso em relação à seqüência do lado esquerdo. A série atrasada é a do pequeno *a*.

Esse pequeno *a*, eu o chamei de *mais-de-gozar*, por ser isso que é procurado na escravização do outro como tal, sem que nada senão a obscuridade seja assinalada quanto ao gozo próprio desse escravo. É nessa relação de risco e de jogo, é no fato de o senhor dispor do corpo do outro sem ter nenhum poder sobre o que acontece com seu gozo, que reside a função do pequeno *a* como mais-de-gozar.

É importante sublinhar isso, não para ilustrar o que sempre se dá com a função do *a*, a do *a* privilegiado pela função inaugural do ideal, mas para demonstrar que, no nível do mais-de-gozar, podemos endossar uma gênese puramente lógica do *a*.

Esse é, propriamente, o único valor do que formulamos hoje. Mas nem por isso deixa de preservar seu caráter ilustrativo da ligação do *a* com o que chamei de disposição do corpo do outro.

Não foi por acaso que alguém como Lévi-Strauss destacou nossa chamada civilização liberal, e não num tom errado, pelas devastações que ela veicula consigo, no nível estrito da civilização dos astecas. Entre eles, isso era simplesmente mais gritante, o *a* era arrancado do peito da vítima nos altares. Pelo menos, isso tinha um valor concebivelmente capaz de servir a um culto que era propriamente o do gozo.

Não estamos dizendo que tudo se resuma, em nossa cultura, à dialética do senhor e do escravo. Não nos esqueçamos de que, na gênese judaico-cristã, o assassinato primevo é aquele que não preciso recordar-lhes. Mas ninguém parece haver notado que, se Caim mata Abel, é para fazer a mesma coisa que ele. Aquilo agrada tanto a Deus, aqueles cordeiros que Abel lhe sacrifica, excita tão manifestamente suas narinas, como é visível — porque, afinal, o Deus dos judeus tem um corpo: que é a coluna de fumaça que precede a migração israelita senão um corpo? —, e Caim vê Abel favorecer a tal ponto o gozo de Deus com seu sacrifício, que fica a pergunta: como não daria ele o passo de sacrificar o sacrificador, por sua vez?

Nesse ponto, estamos num nível em que tocamos no que o *a* pode ter da relação com o gozo que é mascarada por toda a confusa esperança que temos no que será nossa vida no além, e que faz com que deixemos completamente de lado a questão do gozo que está aí, aí atrás do conjunto vazio, atrás do campo do Outro purgado desse gozo. Seguramente, é isso que confere o valor que costuma ter, no que chamei há pouco de nossa civilização, uma palavra de ordem como o chamado *habeas corpus*. Tens o teu corpo, esse aí te pertence, só tu podes dispor dele para passá-lo na fritura.

Isso sem dúvida nos permitirá ver, o que não é inútil, que, nessa dialética, o preço do corpo — se assim posso me expressar — que passa para a exploração participa, da mesma maneira, do preço logicamente anterior do mais-de-gozar. O <5 + 3*a*> pode vir ou não a *possuir*, como se costuma dizer, <3 + 2*a*>, mas persiste o fato de que <3> tinha seus <2*a*> herdados do <2>, numa etapa ainda anterior. O corpo, o corpo idealizado e purificado do gozo, reclama um sacrifício corporal. Esse é um ponto importantíssimo para compreender o que lhes anunciei da última vez, e em que hoje devo apenas tocar, ou seja, a estrutura do obsessivo.

Da histérica falaremos da próxima vez, já que desta feita só lhes pude descrever a série no sentido do aumento, isto é, do pagar ou dobrar. Mas há um outro sentido, aquele em que o sujeito poderia fazer-se representar, por que não?, como o conjunto vazio perante o *um* que está no Outro. É a isso que geralmente se chama castração. A psicanálise serve para esclarecer essa outra direção da experiência, que vocês verão que leva a resultados totalmente diferentes. Para anunciá-lo desde já, é aí que se inscreverá a estrutura da histérica.

Atenhamo-nos hoje a assinalar que a do obsessivo situa-se inteiramente em referência a essas relações numéricas que hoje julguei dever articular para vocês, na medida em que elas se fundamentam numa série bem especificada. Isto, eu lhes repito, tem apenas um valor de exemplo, é claro, de conformidade com o que se dá com a essência do neurótico, o qual, por sua vez, é para nós um exemplo, e apenas um exemplo, da maneira como convém tratar o que diz respeito à estrutura do sujeito.

O obsessivo, portanto, não quer tomar-se pelo senhor. Só o toma como exemplo por sua maneira de fugir — de quê? Será que é da morte? Certamente. Num dado nível superficial, foi assim que o articulei. O obsessivo é esperto o bastante para tomar o lugar do próprio pequeno *a*, que, de qualquer modo, sempre subsiste no benefício da luta. Haja o que houver, o mais-de-gozar está sempre presente. Mas é preciso saber para quem. O mais-de-gozar é o verdadeiro montante da aposta, e não é necessário eu relembrar o que articulei dela para que isso tenha pleno sentido. É aí que o obsessivo procura seu lugar no Outro. E o encontra, pois é no nível do Outro que, nessa gênese ética, o *a* se situa. É assim que isso se forja.

Mas, que acontece com a finalidade do obsessivo, qual é ela? Não se trata tanto de escapar da morte, que decerto está presente em tudo isso, mas nunca é apreensível como tal numa articulação lógica. A luta de morte, tal como a apresentei a vocês há pouco, é função do ideal, e não da morte, a qual nunca é percebida senão escrita com um limite que está bem além do jogo do campo lógico. Aquilo de que se trata, e que é igualmente inacessível nessa dialética, é de gozo. É dele que o obsessivo tenciona escapar, e espero poder articulá-lo bastante em termos clínicos, para lhes mostrar que esse é o centro de sua posição.

Já que hoje não pude levar as coisas mais longe, nem mesmo a ponto de lhes fazer uma certa comunicação que eu tinha que ilustrar com uma carta, vou deter-me aqui, simplesmente lhes indicando que, se vocês vierem da próxima vez, saberão por quê, embora espere poder prosseguir em minhas colocações no ano que vem, para e com vocês, não será, de todo modo, nesta sala.

11 de junho de 1969

XXIV

Do um-a-mais

Da intersubjetividade ao um-a-mais
A estátua perversa
O objeto a é a estrutura
O senhor e a mulher
Coalescência e corte

Eu estaria mais bem-humorado, se não estivesse com vontade de bocejar, como vocês me viram fazer, por ter tido, não sei por quê, por puro acaso, uma noite curta.

Meu bom humor baseia-se numa dessas coisas que a gente tem num momento fugaz, e que se chama uma esperança: no caso, a de que fosse possível, se as coisas corressem de certa maneira, eu ser liberado desta sublimação semanal que consiste em minhas relações com vocês.

Não me vês de onde te olho, eu havia enunciado num dos seminários dos anos anteriores, para caracterizar o que se dá com um tipo de objeto *a* quando fundamentado no olhar, ou melhor, quando ele não é outra coisa senão olhar. *Não me deves nada no lugar de onde te devoro*: tal é a mensagem que eu poderia receber de vocês sob a forma que defini como invertida, na medida em que ela mesma é a minha mensagem e em que eu não teria mais que fazer aqui, toda semana, o vaivém em torno de um objeto *a* que é, propriamente, o que acabo de designar por uma formulação que, como vocês podem perceber — *dever, devoração* —, inscreve-se no que é chamado de pulsão oral, que faríamos bem em relacionar com o que ela é, a coisa placentária, aquilo pelo qual me grudo como posso a esse grande corpo que vocês constituem, para constituir com minha substância algo que possa ser para vocês o objeto de uma satisfação. *Ah, mamãe Inteligência!*, como dizia já não sei quem.

Assim, hoje me aterei apenas a uma meia palavra quanto ao que lhes disse da última vez, pois é somente sob a forma de uma adivinhação que os interrogo rapidamente sobre o que pode esboçar-se em seu espírito a propósito do seguinte.

Como pode se explicar que eu já não disponha, a partir do próximo ano, deste local a que vocês me dão a honra de afluir, por causa do que produzo?

Quando eu era encarregado de fazer conferências por uma Escola bastante nobre, a que se chama de Estudos Superiores [Hautes Études], foi-me oferecido abrigo por tal escola nesta Escola aqui, a Normal Superior [Normale Supérieure], que é um lugar preservado, distinguido por toda sorte de privilégios no âmbito da Universidade. Um filósofo ilustre, que penso designar de maneira suficiente nestes termos, pois não existe uma porção deles, um filósofo ilustre que leciona aqui, fez-se meu intercessor junto à administração da casa para que eu ocupasse esta sala. Será que é justamente esta ocupação que pode servir de razão para que eu não disponha mais dela? Não creio que eu a ocupe num horário em que ela possa ser cobiçada por ninguém.

Será que minha presença aqui gera uma confusão que leve a crer que meu ensino se apóia na autoridade da Escola Normal Superior, que acabo de caracterizar, pela eminência de que ela se beneficia na Universidade como estando, de certa maneira, excluída desta? Cabe assinalar, neste ponto, que nunca me apoiei aqui senão na autoridade do campo cuja estrutura procuro manter em sua autenticidade, e que, na verdade, nunca me apoiei em outra coisa e, muito especialmente, não em que estes enunciados se produzam no nível da Escola Normal. Talvez minha proximidade tenha induzido um certo movimento na Escola Normal, aliás limitado, curto, e que, de qualquer modo, não parece poder inscrever-se no nível do déficit. Os *Cahiers pour l'Analyse*, que foram lançados como que induzidos pelo campo de meu ensino, não podem passar por um efeito de déficit, ainda que se possa dizer que não fui eu, em absoluto, quem fez o trabalho deles. Logo, há aqui muitas razões para que não haja nenhuma urgência em eu ser distinguido da Escola Normal.

Certamente houve, em algum ponto, num único lugar, uma confusão feita a esse respeito, a saber, num artigo que lhes assinalei em 8 de janeiro passado, bastante cômico, devo dizer, publicado numa revista que o acolhia muito bem, *La Nouvelle Revue Française*, e que, mencionando não sei quê denominado de excerto, ou até exercício de meu estilo, me qualificou, me intitulou no que se chamaria de minha qualidade de professor, o que certamente não tenho, muito menos na Escola Normal.

Se foi em razão dessa confusão, eu observaria, primeiro, que esse artigo marcou muitas outras confusões, e que ele expôs meu ensino em função de um não-sei-quê que teria feito um comentário de Saussure, o que nunca aconteceu, porque nunca me servi de Saussure senão como alguém se apodera de um instrumento, de um aparelho, e para uso de objetivos bem diferentes dos dele, uma vez que são os do campo que designei agora há pouco. O fato de, a propósito disso, ter-se destacado nesse artigo algo que não teria sido articulado senão pelo fato de eu ter lido Saussure na diagonal, de viés, como se costuma dizer, simplesmente mostra, na pessoa que o escreveu, uma surpreendente ignorância dos usos que a palavra "diagonal" pode ter. Está perfeitamente claro que não li Saussure na diagonal no sentido como leio em diagonal os artigos do *Monde*, que foram feitos para isso, mas não, com certeza, os cursos de Saussure. Por outro lado, o chamado método diagonal é bastante conhecido por sua fecundidade na matemática, isto é, por revelar que, de toda seriação que se pretende exaustiva, é possível extrair uma outra entidade que ela não encerra em sua série. Nesse sentido, aceitarei de bom grado ter feito de Saussure um uso diagonal.

Mas que, a partir daí, isto é, do que provém de uma falta de crítica, fale-se de uma advertência — digamos assim, para ser gentis — que vai muito além dessa falta de crítica, para nisso encontrar razão para considerar que uma terceira instância qualquer possa ver aí a justificativa para uma medida cautelar, quando bastaria, muito simplesmente, assinalar que essa inadvertência não é nada além disso, e por parte de alguém que dá mostras de um número bem grande delas no restante de seu texto, há aí, evidentemente, algo de muito singular, e que sugere, no final das contas, que seria possível enunciar que a discussão sobre o saber está excluída da Universidade, pois é possível admitir que, se alguém que manifestamente se engana quanto a um ponto pode formular sobre outro uma restrição inexata, isso, por si só, justifica que não se tenha que retificá-lo por outra medida senão a de assinalar à pessoa que não pode haver confusão nisso.

Foi justamente essa a conclusão que indiquei há pouco, e que merece ser extraída.

Assim, deixarei as coisas neste ponto e, deixando-os em suspenso quanto ao fato de não poder falar mais disso hoje, marco expressamente um encontro com vocês para a próxima vez, que será meu próximo seminário, no qual, admitindo que ele seja o último, pelo menos este ano, creio poder prometer-lhes, em todo caso, que distribuirei entre vocês um certo número de papeizinhos que já preparei dentro desta pasta, os quais, caso esta última ênfase venha a ser posteriormente reforçada, ao menos marcarão alguma coisa que não será um diploma, é claro, mas um sinalzinho que lhes restará de sua presença aqui este ano.

Com isso, retomo o que havia enunciado da última vez.

1

Na última vez, pude dar uma certa forma estrutural àquilo para o qual aponta o que tencionei articular este ano com os termos *De um Outro ao outro*.

Em suma, trata-se de que tudo que se deixa apreender na função de significante nunca mais pode ser *dois*, sem que se abra no chamado lugar do Outro aquilo a que, na vez passada, conferi o status de conjunto vazio.

Pelo menos, é dessa maneira que se pode escrever, no ponto atual da lógica e sem excluir a possibilidade de que isso se escreva de outra maneira, o que, no caso, modifica o relevo do real.

Escrevo novamente o *um* e, em seguida, o círculo, que inicialmente nos serviu para inscrever o Outro. Depois, escrevo nesse círculo, tomado aqui na função de conjunto, dois elementos: à esquerda, o *um*, e à direita, este, que, embora ainda seja o Outro, deve ser tomado aqui na condição de conjunto. É o símbolo que designa o conjunto vazio. Por razões ligadas ao uso matemático, seria excessivo utilizar um zero; é mais correto representá-lo de acordo com o modo clássico da teoria dos conjuntos, marcando o zero com essa barra oblíqua, da qual vocês sabem que me sirvo de outra maneira:

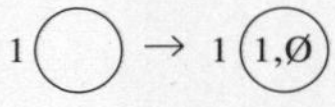

Do primeiro esquema para o segundo

Tudo que se deixa tomar na função de significante já não pode ser *dois* sem que se cave isto aqui, na extrema direita, e de um modo que ordene o campo dessa relação dual de tal sorte que nada mais possa passar por ela sem se obrigar a contornar o que acabo de chamar de conjunto vazio, e que é, propriamente — diga-se aos que investiram tempo em entendê-lo —, o que sempre designei, tanto em meus escritos quanto em minhas proposições, o *um-a-mais*.

Se no começo, para introduzir a função do inconsciente na função e no campo da fala e da linguagem, precisei recorrer a um termo frágil e muito problemático, "intersubjetividade", que se impõe a partir da segunda tópica de Freud, na qual nada entra em jogo, funciona nem se regula senão correlatos intra-subjetivos, meu discurso avançou, se assim posso dizer, e enfatizo aqui a função decisiva do *um-a-mais* como externa ao subjetivo.

Consideremos este desenho, no qual já fiz funcionar, da última vez, o que queria articular para vocês da colocação que retomo hoje.

Um sujeito, disse eu, implicando-o na formulação *um significante o representa para outro significante*. Quem não vê que o *De um Outro* de que se trata em meu título já se inscreve nessa formulação? Esse significante perante o qual o sujeito se representa é, propriamente, esse *um Outro*. Vocês o vêem inscrito aqui como *um*, na medida em que ele é o recurso perante o qual aquilo que tem que funcionar de sujeito se representa no campo do Outro. Como tal, esse *um no Outro* não pode deixar de comportar o *um-a-mais* do conjunto vazio.

Esses três significantes de base, o primeiro *um*, o segundo e o *um-a-mais*, inscrevem-se aqui de uma forma que não é evidente, mas que exigiu meses e anos de explicações, destinadas justamente àqueles cuja prática não pode sustentar-se nem por um instante sem se referir a essa estrutura, ou seja, os psicanalistas. Basta escrevê-los sob essa forma de inscrição para que eles já tragam, por si mesmos, efeitos de significante, e efetivamente constituam em si uma estrutura, pelo que já implicam, antes mesmo que se trate de fazer surgir o aparecimento do sujeito. Por sua articulação, eles já constituem um saber.

O *um Outro*, inscrito aqui pelo *um* que está à esquerda no interior do círculo, demonstra ser o que é, ou seja, o *um dentro do Outro*, o *um* perante o qual o sujeito tem a oportunidade de se representar pelo *um*, o primeiro, o que está na extrema esquerda, fora do círculo. Que quer dizer isso? De onde vem esse *um* perante o qual o sujeito será representado pelo primeiro *um*? É claro que ele vem do mesmo lugar do primeiro *um*, aquele que representa o sujeito.

Esse é o primeiro tempo com que se constitui o Outro. Se comparei esse lugar do Outro, da última vez, a um cavalo de Tróia que funcionasse no sentido inverso, isto é, que a cada vez tragasse uma nova unidade em seu ventre, em vez de deixá-las escoarem pela cidade noturna, é porque, de fato, a entrada do primeiro *um* é fundadora, visto que, o que é muito simples, ele é o mínimo necessário para que se possa afirmar que o Outro não pode, de forma alguma, conter a si mesmo, exceto no estado de subconjunto.

2

Entendamo-nos bem.

É possível dizermos que o Outro contém a si mesmo, quando mobilio o conjunto vazio repetindo nele estes dois elementos, ou seja, um *um* e o conjunto vazio?

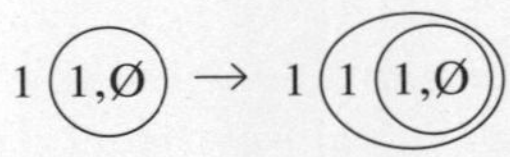

Do segundo esquema ao terceiro

Não é verdade que possamos dizer que isso é conter a si mesmo. O conjunto assim transformado, que inscreve em si os elementos de que acabamos de falar, não é o mesmo conjunto que o primeiro, o qual, por sua vez, tem como únicos elementos o par formado pelo elemento *um* e pelo conjunto vazio. Nesse conjunto vazio reproduzem-se agora o elemento *um* e o conjunto vazio.

O conjunto de todos os conjuntos que não contêm a si mesmos, portanto, não entra em questão aqui, pela simples razão de que nunca existe um conjunto que contenha a si mesmo. Não basta falar do conjunto de todos os conjuntos que não contêm a si mesmos para constituí-lo. A própria questão de saber se um conjunto pode ou não conter a si mesmo só pode ser formulada depois de ele ter absorvido o *um Outro*, para que, em sua inclusão, o conjunto vazio apareça como o *um-a-mais*. É exatamente essa a razão que fundamenta este último como nunca podendo ser dois. Não existe conjunto vazio que contenha um conjunto vazio. Não existem dois conjuntos vazios, há apenas um.

A inclusão do primeiro *um*, portanto, é o que exige que a fórmula mais simples para que o *dois* se inscreva no campo do Outro seja o par formado pelo *um*, elemento, e pelo conjunto vazio, na medida em que ele não é nada senão o que se produz a partir de um conjunto de um elemento, quando distinguimos seus subconjuntos.

Isso se prende à estrutura como tal do que é um conjunto. Mesmo do conjunto de um elemento, postulado como tal, sai, a título de subconjunto, esse *um-a-mais* que é o conjunto vazio. Foi por desconhecer essa estrutura que, durante muito tempo, contentamo-nos com o *um* sozinho, confusão esta que levou a dizer que o Outro é o Um.

Em outras palavras, para se tornar o *um-a-mais*, ou seja, o que ele mesmo é, ou seja, o conjunto vazio, o Outro precisa de um outro. Esse é um segundo significante, um outro *um* que, diferentemente do primeiro, está incluído no Outro. Foi esse outro *um* que chamei de *um Outro*.

A relação do *um* com o outro *um* faz com que o sujeito só venha a ser representado no nível do segundo *um*, de S_2, se vocês quiserem escrevê-lo assim. O primeiro *um*, o S_1, intervém como representação de sujeito, é claro, mas essa intervenção só implica o aparecimento do sujeito como tal no nível de S_2.

Portanto, como observei outro dia, o *um-a-mais*, o conjunto vazio, é S(A), isto é, o significante do Outro, A inaugural.

Isso que está no quadro mostra a estrutura assim definida, que cabe na relação do *um* inscrito no primeiro círculo — o do Outro —, com o segundo círculo, que é o do *um-a-mais*, que, por sua vez, pode conter o *um* e o *um-a-mais*. Esse *um-a-mais* só se distingue em referência ao *um*, e é somente por isso que não é o mesmo conjunto vazio.

Essa estrutura pode se repetir indefinidamente — *um*, círculo, *um*, círculo, *um*, e assim sucessivamente. É isso que define o Outro.

E é justamente isso que constitui a instância como tal do objeto *a*.

3

É indispensável, acabo de lhes dizer, que haja no Outro pelo menos um elemento, reduzido ao elemento *um*, e que foi isso que, durante muito tempo, fez com que se tomasse o Outro pelo Um.

Ora, existe uma estrutura psíquica que restaura o Outro, digamos, em sua aparente integridade, e que baseia numa relação efetiva o S(A) como não marcado pelo que designa a barra do S(Ⱥ), o significante do Outro barrado, situado no alto e à esquerda em nosso grafo, e que não é outra coisa senão a identificação da estrutura indefinidamente repetida que é designada pelo objeto *a*. É a estrutura perversa.

Na verdade, para designar como estrutura perversa a aparente restauração da integridade do Outro, como sendo aqui o objeto *a*, eu empregaria uma metáfora: ela é como que a moldagem imaginária da estrutura significante.

Daqui a pouco veremos o que, no jogo da identificação psíquica, preenche o lugar desse *a*. Ou melhor, vamos vê-lo agora mesmo. Soletremos os textos, tomando o primeiro caso a se apresentar, sob a figura da histérica. Veremos como aquele que deu a essa economia sua primeira razão, Freud, a acompanha de perto.

Como não nos interrogarmos sobre o que acontece com a relação entre esses relatos, essa *talking cure*, a cura pela fala, termo inventado pela própria Anna O., com o sintoma que é particularmente claro de designar no caso da histérica, a saber, alguma coisa que se esvazia no nível do corpo, um campo em que a sensibilidade desaparece, e um outro campo, conexo ou não, cuja motricidade torna-se ausente?

Nada senão uma unidade significante é capaz de explicá-la. O antianatomismo do sintoma histérico foi suficientemente posto em relevo pelo próprio Freud. Trata-se de que, quando um braço histérico fica paralisado, é por se chamar *braço*, e nada mais, porque nada em nenhuma distribuição real dos influxos explica o limite que designa seu campo. É o próprio corpo, nesse caso, que vem servir de suporte num sintoma original, o mais típico a ser interrogado por nós quanto ao que está na origem da própria experiência analítica.

Sem sequer saber muito mais, o que não é o caso, pois sabemos muito mais do que isso, digo, sabemos que se impõe ordenar essa estrutura de maneira diferente de Freud, como poderíamos ficar bem próximos do texto e não ver que Freud, no tocante ao progresso operado pela *talking cure*, está no lugar do *um Outro*, do *um* interior no círculo sobre o esquema? Com efeito, é no nível de Freud que se instaura um certo sujeito. Sem o ouvinte Freud, ele não apareceria, e persiste a questão de saber como ele pôde se submeter à função de escutar esses relatos todas as noites, durante um, dois anos, no momento em que um estado secundário marcava o corte, o corte com que uma Dora, com que uma Anna sintomática se separava de seu próprio sujeito.

Lembrem-se desta observação. Ela gira em torno de um traço, que não fica perdido nas trevas de um não-sei-quê de esquecido, que foi simplesmente cortado do ano imediatamente anterior, e cujo relato pela paciente, aliás, é seguido à maneira de uma recapitulação histórica. À medida que Freud é informado disso, com um atraso que, por si só, deve ter um sentido para nós, o sintoma, cuja relação, no entanto, é apenas distante, apenas forçada frente ao que é articulado, desaparece. A tomarmos as coisas simplesmente tal como se apresentam, bastou que um sujeito viesse a saber de um traço dessa natureza. Então, como não nos perguntarmos sobre a relação oculta, que está em ação aqui, entre o que é articulado e o que produz sintoma?

A base de um sujeito que se faz saber no campo do Outro e sua relação com esse algo que se faz oco no nível do corpo, tal é o primeiro esboço de uma estrutura que elaboramos o suficiente, durante décadas, para podermos fazer a junção dessa estrutura em sua unicidade, em termos do que funciona como o objeto chamado pequeno *a*, que é essa própria estrutura, e para podermos dizer que, em relação a esse corpo esvaziado para exercer a função de significante, há um algo que pode ser moldado.

Essa metáfora nos ajudará a conceber o que funciona no perverso como restituindo ao Outro sua plenitude, como A sem barra. Trata-se, propriamente falando, da estátua.

Para apreciar a relação imaginária de que se trata na perversão, basta tomarmos essa estátua de que falo no nível da contorção barroca. Quem não é sensível ao que ela representa de incitação ao voyeurismo, na medida mesma em que este representa a exibição fálica? Como não ver que, utilizada por uma religião preocupada em retomar sua influência sobre as almas, num momento em que ela era contestada, a estátua barroca, seja qual for, qualquer que seja o santo ou santa que represente, até a Virgem Maria, é propriamente um olhar, feito para que diante dele a alma se abra?

Temos que tirar proveito dessa aproximação exemplar entre um traço, um só, da estrutura perversa e sabe-se lá que captura, que convém chamar de idólatra, da fé, na medida em que ela nos coloca no cerne do que foi presentificado, em nosso Ocidente, por uma querela das imagens.

4

Eu disse que hoje abordaria o que se passa com a neurose. Vocês me ouviram iniciá-lo da última vez, ao enunciar que nada do obsessivo é concebível senão referido a uma estrutura, que é a seguinte.

O senhor, na medida em que funciona como *um*, um significante, só subsiste por ser representado perante o segundo *um* que está no Outro na medida em que este representa o escravo, único lugar em que reside a função subjetiva do senhor. Entre um e outro, não há nada em comum, a não ser o que eu disse ter sido inicialmente articulado por Hegel como a colocação em jogo, por parte do senhor, de sua própria vida. Nisso consiste o ato de dominação: no risco de vida.

No livrinho que saiu a título de primeiro número da revista *Scilicet*, julguei que devia destacar, nos ditos miraculosos de um menino, o que eu havia recolhido da boca de seu pai, que lhe dissera que ele era *um trapaceador da vida*. Formulação prodigiosa, dessas que certamente só podemos ver florescer na boca daqueles para quem ninguém ainda confundiu as pistas.

O risco de vida, é aí que está o essencial do que podemos chamar de ato de dominação, e seu garante não é outro senão aquele que, no Outro, é o escravo, como o único significante perante o qual o senhor se sustenta como sujeito. O apoio que nele encontra o senhor não é outra coisa senão o corpo do escravo, no que ele é *perinde ac cadaver*,* digamos, para empregar uma formulação que não chegou à toa ao primeiro plano da vida espiritual. Mas o escravo, assim, está apenas no campo em que sustenta o senhor como sujeito.

Alguma coisa permanece fora dos limites de todo esse aparelho, e é justamente o que Hegel fez entrar nele erroneamente, a saber, a morte. A morte, com efeito, como já foi bastante assinalado, só se perfila aqui pelo fato de só contestar o conjunto dessa estrutura no nível do escravo. Em toda a fenomenologia do senhor e do escravo, somente o escravo é real. Foi justamente isso que Hegel percebeu, e que bastaria para que nada fosse adiante nessa dialética. A situação é perfeitamente estável. Se o escravo morre, não há mais nada. Se o senhor morre, todos sabem que o escravo continua a ser escravo. Desde que se tem lembrança do escravo, nunca foi a morte do senhor que libertou quem quer que fosse da escravatura.

É também essa a situação, peço-lhes que observem, quando é o neurótico que introduz a dialética. Com efeito, toda a dialética que se enuncia das relações entre o senhor e o escravo enuncia-se onde? No nível do próprio escravo, porque é na medida em que o senhor é repre-

* "Tal como um cadáver." A expressão designava a maneira como, pelas Constituições de Santo Inácio de Loyola, um jesuíta deveria obedecer a seus superiores. (N.T.)

sentado no nível do escravo que a dialética prossegue. E vai para onde? Para um saber absoluto, e por boas razões. Se podemos vê-la progredir e chegar a esse fim, é porque o saber absoluto já foi introduzido aí desde o começo, como o coelho na cartola, sob a forma do sujeito suposto saber, que aparece de imediato no horizonte. A função do saber permanece não criticada aqui, porque em parte alguma se interroga a ordem de subjacência do sujeito no saber.

Mas o que salta aos olhos é que o próprio senhor não sabe nada. Todos sabem que o senhor é um babaca. Nunca teria entrado em toda essa aventura, com o que o futuro lhe aponta como resolução de sua função, se por um instante tivesse sido por si mesmo o sujeito que, por uma espécie de facilidade de enunciação, Hegel lhe imputa ser. A função da chamada luta de morte, da luta de puro prestígio, que o faz depender tão substancialmente de seu parceiro, poderia ela instaurar-se se o senhor não fosse, propriamente, nada além do que chamamos de inconsciente, isto é, o não sabido pelo sujeito como tal, ou seja, aquele não sabido de que o sujeito está ausente e que só é representado noutro lugar?

Tudo isto é apenas para introduzir o passo seguinte do que tenho que articular hoje a propósito da histérica.

Do obsessivo, eu disse que não se pode articular nada, a não ser introduzindo na dialética do sujeito-senhor aquilo que é exigido pela verdade desse processo, e, no caminho dessa verdade, a suscepção, a colocação em jogo do sujeito suposto saber. O obsessivo se refere ao modelo do senhor. Podemos dizer que não se toma pelo senhor, mas supõe que o senhor sabe o que ele quer. É esse o aparato que retomo agora para introduzir seu análogo no coração da outra neurose, a histérica.

Já falei anteriormente da analogia que a histérica retirava de sua referência à mulher, não que por isso a histérica seja obrigatoriamente mulher, nem o obsessivo seja obrigatoriamente homem. Agora enunciarei o que acontece na histérica a partir do modelo em que a mulher instaura algo muito mais central, como vocês verão, para nossa experiência analítica.

Quando formulei isso em algum lugar, ali por um dia 21 de maio, houve quem depois me fizesse a pergunta: *Mas, nós sabemos o que é a mulher?* É claro que não sabemos, assim como não sabemos o que é o senhor. Mas o que podemos desenhar é a articulação, no campo do Outro, do que acontece com a mulher.

É tão babaca quanto com o senhor, cabe dizer. Não me refiro às mulheres, por ora; estou falando do sujeito *a mulher* como referência da histérica. Vocês já não percebem o que acontece com nossos dois *uns* quando se trata da mulher? Que o *um* interior, o S_2, seja o que se trata de ver erigir-se, é o caso de dizer, não me parece duvidoso. A questão, portanto, é saber por que o *um* em que se sustenta o sujeito mulher é tão comumente o Falo, com F maiúsculo. É no nível do *um* que se trata de suscitar a identificação da mulher na miragem dual, uma vez que em seu horizonte está esse Outro, o conjunto vazio, ou seja, um corpo — um corpo esvaziado de quê, aqui? Do gozo.

Ali onde, na aposta inaugural dessa dialética, o sujeito-senhor empenha um risco de vida, a mulher — eu não disse "a histérica", disse "a mulher", porque a histérica, tal como fez o obsessivo de há pouco, só se explica por sua referência —, a mulher arrisca, aposta o gozo.

Esse gozo não é o gozo dela, que todos sabem que para ela é inaugural e existente, e que não só ela o obtém sem nenhum dos esforços e desvios que caracterizam o auto-erotismo no homem, como também ele sempre subsiste nela, distinto e paralelo ao que ela obtém por ser a mulher do homem, aquela que se satisfaz com o gozo do homem. A aposta da partida é o gozo do homem, a quem a mulher se prende, se escraviza, como faz o senhor com o escravo.

O gozo do homem dá a origem radical do que desempenha, na histérica, o mesmo papel que a morte no obsessivo, e que é igualmente inacessível. Dizer que a mulher se identifica com ele também é falso, tão inútil quanto dizer que o senhor se identifica com a morte. Inversamente, assim como o escravo está atado à morte, só subsiste por sua relação com ela, e com essa relação faz subsistir todo o sistema, a relação da mulher com a castração é o que faz todo o aparelho sustentar-se. Aliás, depois de ter mencionado, a propósito do senhor, o *perinde ac cadaver*, eu evocaria, a propósito da mulher, a dimensão do ser captado no campo do significante, bastante notável, que se chama necrofilia, ou, em outras palavras, o erotismo propriamente aplicado a um corpo morto. No horizonte, que tal evocar aqui a imagem de Joana, a Louca, e os quinze dias de arrastamento do cadáver de Filipe, o Belo?

Essas estruturas, essas funções inauguradoras, as únicas que respondem pela introdução das dependências do significante que a experiência analítica nos permitiu articular, fazem-nos ver aqui que, assim como o obsessivo não se toma pelo senhor, como eu disse, a histérica se introduz por não se tomar pela mulher. Em que ela não se toma pela mulher? Precisamente porque, nessa estrutura que acabo de articular como sendo a do sujeito mulher, ela encena o sujeito *suposto saber*. Em outras palavras, e lembrem-se de Dora, a histérica fica interessada, cativada pela mulher na medida em que acredita que a mulher é que sabe o que é preciso para o gozo do homem.

Ora, há alguma coisa ausente do modelo, qual seja, que o que sustenta dessa maneira o sujeito mulher leva à castração do homem. Disso, Deus seja louvado, é o caso de dizer, a função mulher do modelo não sabe. Em contrapartida, a histérica, por sua vez, não ignora nada, e é por isso que se interroga mais além. Já articulei isso sobre Dora, numa primeira abordagem que fiz da transferência. Releiam esse relato clínico de Freud, sem omitir tudo que, nos relatos anteriores, os dos *Estudos sobre a histeria*, permite-nos ver simplesmente essa correlação — para a histérica, a mulher é aquela que supostamente sabe, enquanto, no modelo, é inconscientemente que ela o sabe.

Os dois modelos, o da histérica e o do obsessivo, não podem se distinguir em função do fator que acabo de introduzir, visto que ele reúne sob a chancela da neurose tanto um tipo quanto o outro. É por isso que vocês podem igualmente constatar que a morte, que é o correlato desse fator, também entra em jogo no que a histérica aborda da mulher.

A histérica banca o homem que suporia que a mulher sabe. É por isso mesmo que ela é introduzida nesse jogo por um viés em que a morte do homem está sempre implicada. Será preciso dizer que toda a introdução de Anna O. no campo de sua histeria só faz girar em torno da morte de seu pai? Será preciso lembrar o correlato, nos dois sonhos de Dora, da morte como implicada pela caixa de jóias da mãe? No primeiro, *Não quero*, diz o pai, *que eu e meus filhos pereçamos nas chamas por causa dessa caixa*, e no segundo, trata-se do enterro do pai. As verdades ocultas, as neuroses as supõem sabidas. É preciso desligá-las dessa suposição para que eles, os neuróticos, parem de representar em pessoa essa verdade.

A histérica já é psicanalisanda, por assim dizer, isto é, já está a caminho de uma solução. Ela a procura a partir de que, naquilo a que se refere, ela implica o sujeito suposto saber, e é por isso que depara com a contradição, enquanto o analista não pratica o corte entre, por um lado, isto aqui no quadro, que é a estrutura inconsciente, ou seja, os modelos que articulei propriamente, tanto no nível do senhor quanto no da mulher, com meus três elementos, *um*, *um* e *conjunto vazio*, e, por outro, a suposição do sujeito suposto saber, que torna o neurótico naturalmente psicanalisando, porque essa suposição constitui desde logo, por si só, antes de qualquer análise, a transferência.

A coalescência da estrutura com o sujeito suposto saber, é isso que atesta, no neurótico, o fato de ele interrogar a verdade de sua estrutura e de se tornar, ele mesmo, em carne e osso, essa interrogação. Em suma, ele mesmo é sintoma. Se há uma coisa que pode derrubar isso, é precisamente a operação do analista, que consiste em praticar o corte graças ao qual a suposição do sujeito suposto saber é desligada, separada da estrutura. A estrutura, a suposição a situa como certa, exceto que nem o senhor nem a mulher podem ser tidos como sabendo o que fazem.

O funcionamento do tratamento analítico gira em torno desse corte. Ele é um corte subjetivo, uma vez que, certamente, tudo o que dizemos de um desejo inconsciente equivale sempre a supor que um sujeito acaba sabendo o que quer. Que significa isso? Será que, mais uma vez, ao enunciar estas formulações, não continuamos a conservar esse algo que significaria que existe o saber e existe o que queremos, e que os dois se distinguem? Certamente, há um lugar em que isso acontece. É quando se trata de dizer sim ou de dizer não ao que chamei de *o que queremos*. É a isso que se chama vontade. Mas, quanto a *saber o que ele quer*, tanto para o senhor quanto para a mulher, isso é o próprio desejo. Assim como há pouco uni as três palavras do *um-a-mais*, refiro-me aqui ao *saber-o-que-ele-quer*, e esse é o próprio desejo.

O que a histérica supõe é que a mulher sabe o que quer, no sentido de que o desejaria. É por isso mesmo que ela só consegue se identificar com a mulher ao preço de um desejo insatisfeito. Do mesmo modo, o obsessivo, em relação ao senhor que o serve, num jogo de esconde-esconde, ao fingir que a morte só pode atingir o escravo, é aquele que só identifica do senhor isto, que é real: que seu desejo é impossível.

18 de junho de 1969

Evacuação

XXV

A EXTASIANTE IGNOMÍNIA DA HOMELA

A elevação do senhor ao saber
Alma Mater
A posição servil do estudante
Um sisteminha permutativo
Distribuição de um diploma

1

Tratem de não perder o fio da meada concernente ao que somos como efeito do saber.

Como efeito do saber, somos cindidos. Na fantasia, ($\$ \Diamond a$), S barrado, punção, pequeno *a*; somos, por mais estranho que isso pareça, causa de nós mesmos. Só que não existe o si mesmo. Há, antes, um "si" dividido.

Entrar nesse caminho, é daí que pode decorrer a única verdadeira revolução política. O saber serve ao senhor. Volto a isso hoje para destacar que o saber nasce do escravo.

Se vocês estão lembrados das fórmulas que alinhei da última vez, compreenderão que enuncio, paralelamente, que o saber serve à mulher, porque faz dela causa do desejo.

Foi isso que lhes indiquei da última vez, num comentário do esquema que reescrevo. Creio que devo retomá-lo, inclusive para os que possam estar ocupados em outros lugares com preocupações que lhes pareçam preponderantes.

1 (1,Ø)

Esquema do um-a-mais

Este esquema sai da definição lógica que dei, em nosso penúltimo encontro, do Outro como conjunto vazio, e de sua indispensável absorção de um traço unário, o da direita, para que o sujeito possa, sob a forma de um significante, ser representado perante esse traço unário.

De onde vem esse significante, o que representa o sujeito perante outro significante? De lugar nenhum, porque ele só aparece nesse lugar em virtude da eficiência retroativa da repetição. É porque o traço unário visa à repetição de um gozo que um outro traço unário surge a posteriori, *nachträglich*.

Fui o primeiro a extrair esse termo do texto de Freud e a valorizá-lo como tal, diga-se a alguém que, tendo que se distrair com a tradução de um certo *Vocabulário*, possa ver que, no verbete "a posteriori", que nem sequer existiria sem o meu discurso, não sou mencionado.

O traço unário surge a posteriori, portanto, no lugar do S_1, do significante como aquilo que representa um sujeito perante outro significante.

Aqui, na extrema direita, o sinal do conjunto vazio, que é o *em-fôrma* de A.

Ali, como eu disse, tudo que vem surgir da repetição, da reprodução repetida desse *em-fôrma*, é, em todas as ocasiões, esse próprio *em-fôrma*. E este é o objeto *a*.

1 (1,*a*)

O objeto surge da repetição

Nesse ponto, as pessoas se assustam — Então, o senhor dá uma definição puramente formal do objeto *a*.

Não, porque tudo isso só se produz porque, no lugar do *um* à esquerda, o S_1, há o que há, ou seja, esse gozo enigmático, atestado pelo fato de que, em todas as etapas em que ele se distingue, e que reproduzirei, nada se sabe dele senão que ele se ressente de um outro, um outro gozo.

Isso é verdade em toda parte. É verdade em, *quatro, dois, três*, a pergunta da pequena fábula, à qual se dá a resposta ridícula que conhecemos. Na resposta, ter outra resposta. Nesse Édipo, foi a histérica quem deu a resposta, e é muito bom que ele diga a verdade sobre a mulher, para que a esfinge desapareça. É por isso que, em conformidade com o destino da histérica, ele fez o homem em seguida.

Já que haverá um tempinho antes de nos reencontrarmos, eu lhes direi que a histérica é minha alegria. Melhor do que a Freud, que não soube entendê-la, ela me assegura que o gozo da mulher se basta perfeitamente em si. Mas, se ela erige essa mulher mítica que é a esfinge, é porque precisa de uma outra coisa, qual seja, gozar com o homem, que para ela não passa do pênis ereto, mediante o qual ela se sabe Outra, isto é, sabe-se como o falo de que é privada, ou, em outras palavras, como castrada. É esse o jogo originário que ela articula.

É essa a verdade que permite desfazer alguns enganos, e que lembra que convém postular o pequeno *a* como fiz este ano, ou seja, como mais-de-gozar, ou, dito de outra maneira, como o montante da aposta para o ganho do outro gozo.

Foi por isso que, na última vez, reescrevi de outra maneira a dialética do senhor e do escravo, acentuando bem que o escravo é o ideal do senhor e é também o significante perante o qual o sujeito-senhor é representado por outro significante. Quanto ao terceiro termo, dei uma representação não formal, e ei-la, portanto, sob a forma da aposta que o *a* é aqui.

Nessa dialética, como se deu conta um filósofo chamado Hegel, a aposta é o que pode caber num *em-fôrma* significante como *um*, isto é, uma vida. É verdade que só temos uma. Igualmente, essa é a formulação idiota do que está em pauta, porque só podemos formular que temos apenas uma com base no princípio de que poderíamos ter outras, o que é manifestamente inviável.

Uma vida: foi isso mesmo que disse Hegel, mas enganou-se quanto a qual. O que está em jogo não é a vida do senhor, é a do escravo. Seu outro gozo é o da vida do escravo. É isso que está envolvido na formulação da luta de morte, é isso que encontramos dentro da caixa.

Quanto à luta de morte em si, um significante, eis o que ela é. Isso é ainda mais certo na medida em que, muito provavelmente, ela não é outra coisa senão o próprio significante. Todos sabem que a morte está fora do jogo. Não sabemos o que é ela. Mas o veredicto da morte, eis o que é o senhor como sujeito — veredicto significante, talvez o único verdadeiro.

Aquilo de que o senhor vive é uma vida, mas não a sua: é a vida do escravo. É por isso que, toda vez que se trata de uma aposta sobre a vida, é o senhor quem fala. Pascal é um senhor e, como todos sabem, um pioneiro do capitalismo. As referências são a máquina de calcular e, depois, o coletivo. Vocês ouviram falar disso em algum canto, não lhes farei uma bibliografia.

Isso tem um ar dramático. Até certo ponto, foi no que se transformou. No começo não o era, em razão de que o primeiro senhor nada sabe sobre o que faz. E o sujeito-senhor é o inconsciente. Na comédia antiga, cujo valor de indicação para nós é impossível exagerar, é o escravo que transmite ao senhor, ou ao filho do senhor — o que ainda é melhor do que o Filho do Homem —, esse imbecil, o que é dito, por exemplo, na cidade à qual ele acaba de chegar como um desmiolado. O escravo também lhe diz o que é preciso dizer, as senhas. Leiam Plauto, mais ainda do que Terêncio: o escravo antigo é um jurista, e é também um *public relations*. O escravo não era o último a chegar na Antigüidade.

Será que preciso salientar, de passagem, duas ou três notinhas, que talvez sejam entendidas aqui por um ou dois pares de ouvidos?

É claro, existem senhores que se exercitaram no saber. Mas, afinal, por que o saber de Platão não seria uma filosofia inconsciente? Talvez seja justamente por isso que ela nos é tão útil.

Com Aristóteles, passamos para um outro plano. Ele servia a um senhor, Alexandre, que com certeza não sabia absolutamente o que fazia. Mas o fez assim mesmo, e muito bem. Como Aristóteles estava a serviço dele, fez, afinal, a melhor história natural que jamais existiu, e deu início à lógica, o que não é pouca coisa.

Por que caminho, então, o senhor veio a saber o que fazia? De acordo com o esquema que lhes dei há pouco, foi pela via histérica, bancando o escravo, o amaldiçoado da terra. Trabalhou muito. Substituiu o escravo pela mais-valia, que não era uma coisa fácil de encontrar, mas que foi o despertar do senhor para sua própria essência. Naturalmente, o sujeito-senhor só podia articular-se no nível do significante escravo. Só que essa elevação do senhor ao saber permitiu a realização dos senhores mais absolutos que jamais conhecemos desde os primórdios da história.

Ao escravo restou a consciência de classe. Isso quer dizer que ele só tem que fechá-la. Todos sabem que estou dizendo a verdade, e que o problema das relações da consciência de classe com o partido são as relações entre educando e educador. Se há uma coisa que dá sentido ao que chamamos de maoísmo, é o sentido de uma retomada dessas relações entre o escravo e o saber. Mas esperemos para enxergar com mais clareza.

Até então, o proletário, como essa primeira filosofia do senhor teve a insolência de chamá-lo, tinha direito àquilo que vocês conhecem, à abstenção. Como vêem, se nos atrevemos a dizê-lo, em lugares de desencaminhamento expressamente forjados para esse fim, a psicanálise só faz ignorar a luta de classes. Talvez isso não seja inteiramente certo, pode ser até que ela lhe restitua seu verdadeiro sentido.

Não imaginem que o tomar a palavra em que as pessoas se exprimem liberte vocês seja de que maneira for, a pretexto de que o senhor, por sua vez, fala, e até fala muito. Essa fantasia, basta tomá-la no devido lugar para que o assunto se resolva. É uma puerilidade. Será que preciso lembrar que este ano comecei meu discurso sobre a psicanálise dizendo que a psicanálise é um discurso sem fala?

O saber desloca as coisas, e não necessariamente em prol daquele para quem finge trabalhar. Só faz fingi-lo, aliás, porque, como eu lhes disse, o saber nada tem de trabalho.

A única solução é entrar no desfiladeiro sem perder a corda, é trabalhar para ser a verdade do saber.

2

Os três termos já colocados no quadro — S_1, S_2 e a — já foram suficientemente comentados, creio.

Retomo-os em dois níveis: o do senhor, na primeira linha, e o do escravo, na terceira. No meio, completo-os com uma linha em que acrescento o que já tinha escrito de outra forma da última vez, e que concerne à relação da mulher com seu outro gozo, tal como o articulei há pouco.

$$\begin{matrix} S_1 & S_2 & a \\ S_2 & a & S_1 \\ a & S_1 & S_2 \end{matrix}$$

Releiam um pouquinho a Bíblia — quem jamais diria *leiam-na*? A mulher, aqui em S_2, que se faz causa do desejo, *a*, é o sujeito de quem convém dizermos que, com a oferta, conseguiu criar a procura. O homem nunca morderia essa história, se primeiro não lhe oferecessem a maçã, ou seja, o objeto *a*. Qual é o significante S_1, que está na ponta?

O *Phi* maiúsculo, Φ, o sinal do que seguramente falta à mulher nesse negócio, e é por isso que é preciso que o homem o forneça.

É divertido que, depois de setenta anos de psicanálise, ainda não se tenha formulado nada sobre o que é o homem. Refiro-me ao *vir*, ao sexo masculino. Não se trata aqui do humano e outras patacoadas sobre o anti-humanismo e toda essa baboseira estruturalista, trata-se do que é um homem. Ele é ativo, diz-nos Freud. De fato, tem motivo para isso. Precisa até dar um golpe para não desaparecer no buraco. Enfim, graças à análise, agora ele sabe que, no final das contas, é castrado.

Enfim, como ele finalmente o sabe, sempre foi castrado. Agora pode ensiná-lo, o que é uma modificação introduzida pelo saber.

Vocês viram que há qualquer coisa de engraçado aí. É essa espécie de defasagem. As coisas se soltaram do *dois*, pulamos de S_1 para *a*.

Por que esse esquema não seria feito um por um? Primeiro teria havido isto, a seqüência S_2, depois *a*, depois S_1. Deveríamos poder situar-nos quanto ao que isso significa.

Vou lhes dizer de uma vez, principalmente, que vocês devem estar preparados, já que lhes falei há pouco da passagem do senhor para o mestre da escola. O S_2, onde quer que esteja, é a localização do saber, e aqui ele está num lugar de mestre/senhor.

Talvez seja justamente disso que se trata na linha do meio. A histérica se destaca pelo que ficou no centro da primeira linha do alto, S_2. Enfim, vejamos, reconheçam no primeiro lugar o da enunciação. Eu lhes falei da *homela*. Será que tudo isso não converge para ela, que é, ao mesmo tempo, o mestre/senhor e o saber? Ela fala, ela profere.

Se quiserem ter uma imagem dela, vão ver um treco, mas entrem na hora certa, como eu fiz. É um filme detestável, que se chama *If* [*Se*] — palavra de honra, Deus sabe por quê. Trata-se da Universidade inglesa, exposta sob suas mais sedutoras formas, aquelas que realmente convêm a tudo o que a psicanálise efetivamente soube articular, nada mais, sobre o que acontece com a sociedade dos homens, uma sociedade no sentido de agora há pouco, sociedade de homossexuais.

Lá vocês a verão, a homela. É a mulher do reitor. Ela é de uma ignomínia extasiante, verdadeiramente exemplar. Mas o achado, e devo dizer que esse é o único traço de talento que tem o autor desse filme, está entre os tachos do saber, no momento de fazer com que ela vá passear sozinha e nua, Deus sabe se isso existe, na cozinha, muito segura que está de ser a rainha da casa, enquanto toda a baguncinha homossexual está no pátio, desfilando para a preparação militar.

Talvez vocês estejam começando a perceber o que quero dizer. A homela, essa é a verdadeira imagem da *Alma Mater* — da Universidade, em outras palavras, lugar que, por ter praticado um certo número de manobras em torno do saber, lhes dá uma instituição estável, sob a direção de uma esposa.

Talvez possamos identificar com bastante facilidade o que representa o *a* nessa linha. São os pupilos, os queridos pequerruchos custeados, eles próprios uma criação dos desejos dos pais. Enfim, é isso que lhes é pedido que ponham em prática, a maneira como saíram dos desejos dos pais.

Quanto à aposta, que está no terceiro lugar, e que aqui é o S_1, conviria identificá-la com isso em torno do qual acontece o que é chamado de insurreição estudantil, com a maneira como os estudantes discutem o tema do que é fornecido no final, ou seja, um canudo, e pareceria importantíssimo eles concordarem em entrar no jogo. Se vocês não entrarem no jogo, não terão diploma este ano. É bem possível que isso tenha uma relação com o S_1.

Está aí no quadro, meu Deus, um sisteminha que ao menos permite uma aproximação do sentido dessas coisas em que não nos orientamos muito bem, com respeito ao que vem acontecendo agora em alguns lugares. Não tenho a pretensão de trazer nenhuma solução histórica. O que enuncio é que a recusa do jogo só tem sentido quando a questão se centra nas relações do saber com o sujeito, que são justamente aquilo em torno do qual a análise formula a pergunta.

Quais são os efeitos de sujeito ou de sujeição do saber? O estudante não tem nenhuma vocação para a revolta. Vocês podem confiar em alguém que entrou no campo da Universidade por razões históricas, precisamente porque, com os psicanalistas, ele não tinha nada a fazer para fazê-los saberem o que quer que fosse. Portanto, era uma pequena esperança de que, por efeito de reflexão, o campo da Universidade pudesse fazê-los raciocinar de outra maneira. Em suma, uma caixa de ressonância para o tambor, quando ele mesmo não raciocina, convém dizer.

Pois então, estudantes, como vocês devem entender, eu os vejo há anos. Estudante é uma posição totalmente servil, normalmente. Além disso, não imaginem que, por vocês terem tomado a palavra nuns lugarezinhos, o assunto esteja resolvido. Os estudantes, em suma, continuam a acreditar nos professores. Quanto ao que convém pensar sobre o que estes dizem, não há nenhuma dúvida no nível do estudante. Neste ou naquele caso, aceita-se a opinião de que eles não valem grande coisa, mas trata-se do professor, ou seja, espera-se dele, de qualquer modo, aquilo que está no nível de S_1, aquilo que fará de vocês um mestre/senhor no papel, um tigre de papel. Já vi estudantes que vieram me dizer: *Sabe, o fulano, é uma vergonha, o livro dele foi copiado do seu seminário*. Os estudantes são assim. De minha parte, posso lhes dizer que nem sequer abri o tal livro, porque sabia de antemão que dentro dele só havia isso. Pois eles vieram dizê-lo a mim. Agora, escrevê-lo é uma outra história. Isso é porque eles eram estudantes.

Bom, então, que pode ter acontecido para que, de repente, houvesse esse movimento de insurreição? Que nome se dá a isso? *É uma revolta, Sire*. Para que se tornasse uma revolução, o que seria preciso? Seria preciso que a questão fosse atacada não no nível de umas cócegas feitas nos professores, mas no nível das relações do estudante, como sujeito, com o saber.

Faz muito tempo que se conjugam o sujeito e o saber, acreditando que todo saber implica o sujeito, mediante o que se insinua de fininho, ainda por cima, a substância. Pois bem, não, a coisa não pode funcionar assim. Até o *hypokeimenon* pode ser desvinculado do saber, como a psicanálise demonstrou.

Só que um saber desconhecido do sujeito não é um conceito, ao contrário do que tive a tristeza de ler, num resumo do que se diz num certo lugar em que a psicanálise é posta à prova, e, naturalmente, não é à toa. Melhor seria que a psicanálise, em tais condições, não fizesse charme, não dissesse que só existe, em suma, um único conceito freudiano, e o chamasse de inconsciente — nem mesmo o chamasse do que acabo de dizer, um saber desconhecido do sujeito, porque isso não é conceito, em nenhum dos dois níveis. É um paradigma a partir do qual existem os conceitos, graças a Deus, para balizar o campo freudiano, e Freud sacou outros, que, aceitáveis ou não, são conceitos, a partir desse primeiro tempo de experiência, desse exemplo que foi o inconsciente, descoberto por ele no nível do neurótico.

O neurótico é o $s(\barA)$. Isso significa que o neurótico nos ensina que o sujeito é sempre um Outro, mas que, além disso, esse Outro não é o certo. Não é o certo para saber o que acontece com aquilo que o causa, com aquilo que causa a ele, o sujeito. Assim, tenta-se tanto quanto possível reunificar esse A barrado e tornar a cortá-lo à medida de todo enunciado significativo, isto é, reescrevê-lo como *s*(A), o que está à esquerda e na linha inferior do meu grafo. É aí que se sabe o que se diz, caso seja preciso enunciá-lo, e é aí que se detém a psicanálise, quando o que seria preciso fazer, ao contrário, seria juntar o que está no alto e à esquerda, S(A̸), o S maiúsculo, significante do A barrado.

O mesmo se dá com o perverso. Ele é justamente o significante do A intacto, S(A), como eu lhes disse. As pessoas se esforçam por reduzi-lo ao *s* minúsculo do mesmo A maiúsculo, é sempre a mesma história, para que isso queira dizer alguma coisa.

3

Vocês acham que continuarei por muito tempo assim, acham? E que, a pretexto de hoje ser minha última aula, continuarei a lhes contar essas coisas, para que no final vocês aplaudam, para quebrar a monotonia, por saberem que, depois disto — cuidado, hem? —, eu vou embora?

O discurso de que estou falando não precisa desses tipos de encerramentos gloriosos. Não se trata de uma *oratio* clássica. E, na verdade, esse discurso desagrada à prédica clássica.

Um cavalheiro que é diretor administrativo deste estabelecimento privilegiado em relação à Universidade — dir-se-ia que o dito estabelecimento, em vista desse fato, deveria responder a um controle sobre o que acontece em seu interior, mas parece que não é nada disso —, esse senhor, ao que parece, tem o direito, por ter-me acolhido dessa maneira, a título de hospitalidade, tem o direito de dizer que já chega.

Por mim, estou de acordo, estou inteiramente de acordo, porque, para começar, é verdade que só estou aqui por hospitalidade e que, ademais, para me dizer isso, ele tem ótimas razões, que conheço há muito tempo: é que meu ensino lhe parece ser exatamente o que é, ou seja, antiuniversitário, no sentido como acabo de defini-lo.

Mas ele levou muito tempo para me dizer isso. Só me disse muito recentemente, por ocasião de um último telefoneminha que julguei dever dar-lhe, porque creio que havia uma espécie de mal-entendido que eu fazia questão de desfazer, antes de lhe dizer: "É claro, nem se discute etc. etc." É muito curioso que, nesse momento, ele tenha aberto o jogo, isto é, tenha-me dito que era por isso. *O senhor*, disse-me ele, *tem um ensino que está muito na onda*. Vejam só, na onda. E eu que achava que remava contra a maré aqui; mas não vem ao caso.

Bom. Pois que ele tem esse direito, de minha parte, não tenho absolutamente nenhuma dúvida, no que concerne a mim. No que diz respeito a vocês, talvez a história seja outra. Mas isso é com vocês. O fato de haver há seis anos um certo número de pessoas que têm o hábito de vir justamente aqui, bem, isso não importa, vocês estão sendo evacuados. Aliás, é expressamente disso que se trata.

Quanto a esse ponto, tenho que lhes pedir desculpas, não por vocês estarem sendo evacuados, não tenho nada com isso, mas porque poderia tê-los avisado antes. Tenho aqui um papelzinho desde 19 de março, que recebi pelo correio.

No dia 19 de março, isso é curiosíssimo, não lhes fiz um seminário. Desde então tentei por todos os meios fazer a mesma coisa, porque andava com preguiça. Ademais, vocês compreendem, a mim não me inquieta fazer-lhes um discurso pela última vez, porque, a cada vez que venho aqui, digo a mim mesmo que, afinal, talvez esta seja a última.

Pois bem, um dia eu me interroguei, ou interroguei vocês, já nem sei dizer, sobre essa sua afluência, e na manhã do dia seguinte recebi o papelzinho que lhes vou ler. Não o participei a vocês porque disse a mim mesmo: Se porventura isso os agitasse, seria uma complicação danada!

Já estive numa situação semelhante, uma vez, durante dois anos. Havia pessoas empenhadas em me liquidar, e deixei que continuassem seu trabalhinho, para que meu seminário prosseguisse, ou seja, para que eu fosse ouvido no nível em que tinha certas coisas a dizer. Foi a mesma coisa este ano.

E assim, recebi isto no dia 20 de março, datado de 18 de março. Não há nenhuma relação, portanto. Cheguei até a guardar o envelope. Primeiro o tinha rasgado, depois peguei-o de volta, e ele tem mesmo o carimbo do dia 18. Como vocês vêem, a confiança impera.

Dr. Lacan,
Rua de Lille nº 5
— como alguns sabem —
Paris VIIᵉ

Doutor,

A pedido da VIª Seção da Escola Prática de Estudos Superiores, a Escola Normal colocou uma sala à sua disposição, para nela realizar cursos durante mais de cinco anos.

A reorganização dos estudos da Escola, que é conseqüência da reforma geral das universidades e da recente lei de orientação do ensino superior, bem como o desenvolvimento do ensino em diversas disciplinas, tornará impossível, a partir de outubro de 1969, o empréstimo da sala Dussane ou de qualquer outra sala da Escola para seu curso.
Dou-lhe este aviso com tempo suficiente — isso é verdade — *para que o senhor possa considerar desde já a transferência de seu curso para outro estabelecimento, no início do próximo ano letivo de 1969-1970.*

A mim isso me agrada muito, esse negócio. Agrada muito. Tudo isso é historicamente correto, é a absoluta verdade. O pedido viera, com efeito, da VIª Seção da Escola Prática de Estudos Superiores, assim, em função da transmissão de uma dívida pessoal. Havia um homem eminente, chamado Lucien Febvre, que teve, não se pode dizer a idéia — ele não teve nada a ver com isso —, a incômoda idéia de morrer antes de poder me dar o que me havia prometido, ou seja, um lugar nesta Escola. Outros haviam assumido essa dívida pessoal. A Universidade é muito feudal, a coisa ainda funciona assim. Na Universidade, estamos do lado do vassalo. O vassalo, a homela, tudo isso está ligado. Portanto, foi a pedidos, como se costuma dizer, que fiquei aqui. Bom.

Não me desagrada que a reforma seja a razão destacada. Vocês sabem, não sou nenhum bebê, sei muito bem que ao meio-dia e meia, às quartas-feiras, na sala Dussane, quem é que quereria isso? Aliás, tivemos um trabalhão para fazer a acústica funcionar nesta sala...

Pois eu lhes digo: o que vocês acabaram de ouvir, achei que valia a pena copiá-lo num número suficiente de exemplares, espero, para meus ouvintes de hoje. As pessoas a quem confiei esses dossiês os distribuirão a vocês.

Peço-lhes que cada um pegue apenas um. Ademais, no futuro, não se sabe o que isso será. É o S_1, vocês entendem. Todos vocês estarão ligados por alguma coisa, saberão que estiveram aqui no dia 25 de junho de 1969, e que há até uma probabilidade de o fato de terem estado aqui nesse dia atestar que estiveram aqui durante este ano inteiro. É um diploma.

Nunca se sabe, talvez ele sirva para que nos reencontremos, porque, quem sabe, se eu sumir no mundo e um dia voltar, isso será um sinal de reconhecimento, um símbolo. Um dia, posso muito bem dizer que toda pessoa que tiver esse papel poderá entrar na sala tal, para uma comunicação confidencial a respeito das funções da psicanálise no registro político.

As pessoas se interrogam a esse respeito, vocês não imaginam a que ponto. No fundo, é fato que há aí uma verdadeira questão, sobre a qual um dia, quem sabe, os psicanalistas ou a Universidade se beneficiarão de ter uma idéia. Eu me inclinaria muito a dizer que, se fosse a mim que pedissem para propor alguma coisa, eu marcaria um encontro com vocês nesta sala para vocês terem uma última aula este ano, esta que não tiveram, em síntese, porque eu me detive há pouco, para não dar uma última aula. Isso não me diverte.

E assim, agora vocês têm na mão esse pequeno objeto. Dá uns trezentos, enfim, trezentos evacuados.

E, já que agora estamos nesse pé, convém eu me despedir, para lhes deixar um tempinho entre vocês. Não seria mau, porque, quando estou presente, apesar de tudo, não sai nada. Quem sabe vocês tenham coisas a dizer uns aos outros.

Seu hábito de fumar, por exemplo, isso tem um papel, tudo isso. E há também os funcionários da administração, porque numa história como essa, vocês sabem, não falta ninguém. Os funcionários da administração disseram que eu recebia aqui uma porção de gente esquisita. Tal e qual. Parece até que tiveram que consertar umas poltronas. Aconteceu uma coisa qualquer. Jean-Jacques Lebel, não foi você que esteve aqui com uma serra de fita? De vez em quando, nós ouvíamos um barulhinho, você devia estar serrando os braços da poltrona. Todo dia se aprende alguma coisa.

Com esse treco, esse papel, quando eu lhes disser boa tarde, daqui a pouco, vocês poderão se abanar. O cheiro do que está por baixo substituirá o da fumaça.

O que seria bom, vejam, é que vocês lhe dessem o único destino que pode ser realmente digno do que ele é, um destino significante. Vocês encontrarão um sentido para esta palavra, a *flacelière*.* Coloco-a no feminino, assim; eu não diria que é um pendor, mas enfim, ela tem um som mais feminino, como o cordão usado na cintura dos frades [*la cordelière*], ou a *flatulosa* [*la flatulencière*]. E se isso entrasse em uso corrente? *Será que você me toma por uma flacelière?* Pode servir para os tempos atuais. *Não puxe demais à flacelière*. Deixo a seu encargo desco-

---

* Termo calcado em Robert Flacelière (1904-82), diretor da Escola Normal Superior desde 1963, que desencadeou uma polêmica com Lacan a propósito de supostos furtos ocorridos na invasão de seu apartamento por estudantes. Ver o "Dossiê da evacuação" redigido por Jacques-Alain Miller, no último capítulo deste livro. (N.T.)

brir. Sempre lhes ensinei que são os significantes que criam os significados.

Isso me fez pensar um pouco. Percebi uma porção de coisas, em particular a completa ignorância que se tem de um certo uso do papel, desde quando ele começou. É evidente que isso só pôde produzir-se a partir do momento em que ele passou a existir, o papel. Antes, não se fazia isso com um pergaminho nem com um papiro. Telefonei para as matrizes, se me atrevo a dizê-lo — ninguém sabe quando começou esse uso do papel. Deve ter começado em dois tempos, logo depois do papel, já que foi uma pergunta que fiz a mim mesmo a propósito do capítulo XIII do *Gargântua*. Alguém talvez possa me informar sobre o assunto.

Enfim, não o usem para isso. Não estou lhes dando um rolo, dou apenas um a cada um.

Meus queridos amigos, com isso eu os deixo. Peço-lhes notar que esses papéis estão assinados. Na verdade, eu não poria minha assinatura no verso desse papel, mas pus a data. Em 191 exemplares, a data é de meu próprio punho. Nos outros 150, foi escrita por minha fiel secretária, Gloria, que teve a gentileza de me substituir nessa... vocês sabem, isso dá uma cãibra danada. Escrever 191 vezes 25.6.69, por mais que seja muito gráfico, foi um esforço que fiz.

Com isso, se vocês tiverem reflexões a fazer entre si, ou alguma mensagem que queiram fazer chegar a mim, eu os deixo nas mãos de minha fiel Gloria, que recolherá essas mensagens oportunamente. Qualquer pessoa que queira opinar de algum modo que lhe pareça oportuno ainda terá um bons vinte minutos para fazê-lo.

Quanto a mim, digo-lhes adeus, agradecendo por sua fidelidade.

25 de junho de 1969

[*O texto estenografado desta sessão destaca muitas risadas e aplausos, além de estar cheio de pontos de exclamação.*]

ANEXOS

Fibonacci por Lacan
Algumas observações matemáticas

Luc Miller

A propósito das séries de Fibonacci e do número áureo evocado por Lacan nos capítulos VIII e IX do Seminário 16, pode-se consultar, de maneira proveitosa e prazerosa, o livro de H.E. Huntley, *The Divine Proportion. A Study in Mathematical Beauty* (Dover, 1970, trad. francesa na coleção "Studiolo", dirigida por P. Mauriès e J.-A. Miller, Navarin, 1986; o livro está esgotado).

O melhor *site* da Internet a respeito de Fibonacci é o de Ron Knott, na Universidade de Surrey: <http://www.mcs.surrey.ac.uk/Personal/R.Knott/Fibonacci/fib.html>.

Terminologia

Lacan utiliza com freqüência os termos "seqüência" e "série", sem distinção (como Huntley). Atualmente, privilegia-se a palavra "seqüência", e só se utiliza "série" a propósito da soma dos termos de uma seqüência. Assim, diz-se "seqüência" de Fibonacci, ao considerar 1, 1, 2, 3, 5, 8, 13 etc., e "série" de Fibonacci, ao considerar a seqüência de suas somas parciais: 1, 1 + 1, 1 + 1 + 2, 1 + 1 + 2 + 3 + 5, 1 + 1 + 2 + 3 + 5 + 8, 1 + 1 + 2 + 3 + 5 + 8 + 13 etc.

Essa não é uma distinção anódina, em particular quando se trata da convergência para um limite (isto é, dito muito sucintamente, aquilo de que os termos de uma seqüência se aproxima indefinidamente). Assim, a seqüência da esquerda na figura da lição VIII, 3 (chamada de série decrescente) converge para o limite *0*, mas sua série converge para *1 + a*. Como no paradoxo de Aquiles e a tartaruga, da soma de uma infinidade de números cada vez menores resulta uma soma finita.

Lacan ilustra essa série com um esquema que é reproduzido aqui. Trata-se de dividir um segmento de comprimento *1* + *a* em segmentos cujos comprimentos são as potências ímpares de *a* (isto é, a, a^3, a^5, a^7 etc.), por um lado, e as potências pares de *a* (isto é, a^2, a^4, a^6 etc.), por outro. Cada semicírculo desse esquema corresponde a uma operação de "rebatimento" descrita por Lacan. Com efeito, podemos relacionar ponta a ponta um segmento de um comprimento dado, colocando a ponta de um compasso na extremidade comum do segmento dado e de sua duplicata: o semicírculo passa então a ser o traço desenhado pelo compasso, em seu movimento da outra extremidade do segmento dado para a extremidade assim construída de sua duplicata.

Fibonacci

A denominação "seqüência de Fibonacci" é habitualmente reservada à das seqüências escritas por Lacan que se iniciam por 1,1, às vezes precedidas pelo termo 0. Em linhas mais gerais, essa denominação designa todas as seqüências que satisfazem a mesma regra de formação, ou seja, cada termo novo é obtido pela soma dos dois anteriores. Na matemática, essa regra de formação é chamada de "fórmula de recorrência" (aqui, ela é "linear, de ordem 2"; nas formações científicas, isso é atualmente estudado pouco antes ou pouco depois do *baccalauréat* [conclusão do ensino médio]. Dando a notação u_n ao enésimo termo da seqüência, essa fórmula de recorrência se escreve: $u_{n+2} = u_{n+1} + u_n$.

Lacan parece fazer com que a identidade das seqüências de Fibonacci resida no aparecimento do *a* como limite da relação entre um termo e o seguinte (é nesse sentido que todas as seqüências de Fibonacci são homólogas, no dizer dele). Essa propriedade se deduz, efetivamente, da fórmula de recorrência anterior, com a exceção (omitida por Lacan, assim como por Huntley, p.52) das que começam por dois termos cuja relação, entre o primeiro e o segundo, é $-1/a$ (a relação de um termo de uma dessas seqüências "excepcionais" com o termo seguinte tem sempre o valor $-1/a$ e, por conseguinte, não pode estender-se até o limite *a*). Dentre as seqüências de Fibonacci (isto é, que satisfazem a fórmula de recorrência anterior), a seqüência da direita é a única (exceto por um fator multiplicativo, ou, o que dá na mesma, começando por 1) em que a relação entre um termo e o seguinte é exatamente *a*. Em seu livro, Huntley a qualifica de "série áurea" (p.67).

A fórmula de recorrência que rege a formação da seqüência da direita é a de Fibonacci. Em contrapartida, é preciso introduzir um sinal menos diante do termo do meio, isto é u_{n+1}, para obter a fórmula de recorrência da seqüência da esquerda. Lacan, no entanto, assinala que se trata da mesma fórmula de recorrência, se invertermos a ordem dos termos na seqüência da esquerda. Observe-se que se trata também da mesma fórmula de recorrência, se mudarmos de sinal um em cada dois termos. Isso explica por que a seqüência da esquerda é quase uma seqüência de Fibonacci e, em particular, por que os coeficientes que aparecem nela são os termos da seqüência de Fibonacci com os sinais alternados (voltaremos a este ponto).

Note-se que cada uma das duas seqüências "paralelas" pode ser precedida por um termo suplementar, sem violar suas regras de formação. A da esquerda, nesse caso, começa por *1*, e a da direita, por *a*, *1*.

O número a *e o número áureo*

Lacan introduz o número *a* como a solução positiva da equação $1/a = 1 + a$. Essa equação aparece naturalmente na pesquisa das seqüências que verificam a fórmula de recorrência da seqüência da esquerda. Em particular, naquelas dentre essas seqüências em que a relação entre cada termo e o precedente é constante (na matemática, falamos de "seqüência geométrica", e a relação é chamada de sua "razão"), os valores dessa relação são as soluções da equação. Por exemplo, a seqüência da esquerda é uma de tais seqüências e, no caso, a relação vale *a*.

Quanto à seqüência da direita, a equação análoga é $\varphi = (1 + \varphi)/\varphi$. Sua única solução positiva é o número áureo, que tem comumente a notação φ. Nesse sentido, o *a* é, na fórmula de recorrência da seqüência da esquerda, análogo ao que é o φ para as seqüências de Fibonacci. Podemos calcular $a = (\sqrt{5} - 1)/2$ e $n = (\sqrt{5} + 1)/2$, donde *a* se expressa, em função do número áureo, pelas fórmulas $a = \varphi - 1$ e $a = 1/\varphi$.

O número áureo também é chamado de proporção divina, porque rege a divisão de uma grandeza em duas partes tais que a menor (1) esteja para a maior (φ) tal como esta última (φ) está para a totalidade (1 + φ). Nessa divisão, φ é a relação da parte maior com a menor. Uma vez que *a* é a proporção inversa de φ, ele é a relação da parte menor com a maior. A figura que se segue é a representação clássica de φ por meio de um retângulo, e a representação análoga de *a*.

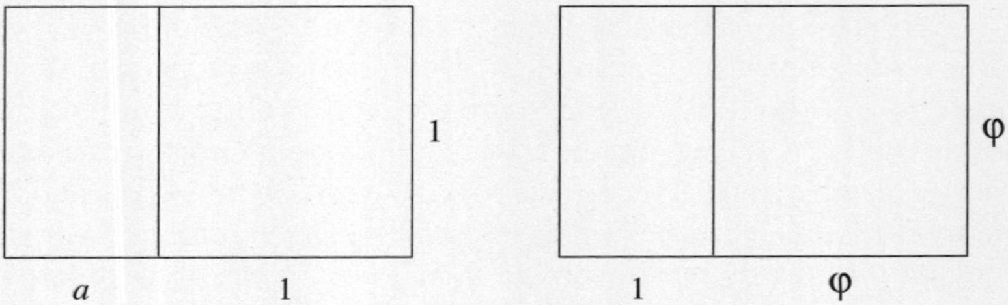

O pequeno a *e o número áureo* φ

Espaço vetorial

As regras naturais de operação com seqüências que verificam a mesma fórmula de recorrência são obtidas ao se considerarem as seqüências como vetores, ou seja, a soma de duas seqüências e a multiplicação de uma seqüência por um número. Na escola, aprendemos a operar com vetores do plano que são representados por setas e delimitados por duas coordenadas (x, y). A soma consiste em juntar duas setas ponta a ponta, e a multiplicação, em modificar o comprimento e o sentido, conservando a direção, ou seja, em coordenadas: $(x, y) + (x', y) = (x + x', y + y')$, $a \times (x, y) = (a \times x, a \times y)$. Aqui, os vetores têm uma infinidade de coordenadas $(u_1, u_2, u_3, u_4, ...)$, mas se trata das mesmas operações, coordenada por coordenada. Com efeito, o resultado dessas operações é uma seqüência que torna a confirmar a mesma fórmula de recorrência.

As considerações de Lacan sobre a situação dos números *1* e *a* na formação de suas seqüências paralelas faz pensar na estrutura do espaço vetorial das seqüências de Fibonacci. Com efeito, nessas seqüências aparecem coeficientes que são exatamente os termos da seqüência de Fibonacci. Isso se explica pela fórmula de recorrência fibonacciana, adotando-se o ponto de vista vetorial. Já assinalamos como modificar a seqüência da esquerda para que ela também confirme essa fórmula; doravante, passamos a chamá-la de "seqüência esquerda modificada", ou seja, a seqüência da esquerda cujo primeiro termo foi multiplicado por -1, assim como o terceiro termo e, sucessivamente, todos os termos em posição ímpar.

Recordamos que a seqüência da direita é formada começando por *1*, *1 + a*, aplicando-se em seguida a fórmula de recorrência de Fibonacci. A mesma coisa é adicionar a seqüência de Fibonacci que começa por *1*, *1* e lhe acrescentar *a* vezes a seqüência de Fibonacci iniciada por

$0, 1$ (ou seja, a mesma seqüência, precedida por 0). Com efeito, o resultado dessa operação confirma a mesma fórmula de recorrência; o cálculo de seu primeiro termo é $1 + a \times 0 = 1$, e o do segundo termo é $1 + a \times 1 = 1 + a$, tratando-se, pois, da seqüência da direita. Por esse ponto de vista vetorial, cada termo dessa seqüência, portanto, é formado pela soma de um coeficiente que multiplica 1 e de um coeficiente que multiplica a, e esses coeficientes são os termos da seqüência de Fibonacci.

Do mesmo modo, a seqüência esquerda modificada forma-se começando por $-a$, $1 - a$ e, em seguida, aplicando a fórmula de recorrência de Fibonacci. Uma vez que $(0, 1) - a \times (1, 1) = (-a, 1 - a)$, dá na mesma adicionar a seqüência de Fibonacci iniciada por 0, 1 e dela subtrair a vezes a seqüência de Fibonacci iniciada por 1, 1 (isto é, a mesma seqüência, sem o primeiro termo). Por esse ponto de vista vetorial, vemos que os coeficientes à frente de a e -1 na seqüência esquerda modificada são os termos da seqüência de Fibonacci com a defasagem assinalada por Lacan. A passagem da seqüência esquerda modificada para a seqüência da esquerda do seminário explica a alternância de sinais assinalada por Lacan.

Soma parcial

Lacan faz um comentário sobre a soma das potências de $1/a$ até $1/a^{100}$, que é também a soma dos 101 primeiros termos da série da direita (não é certo que Lacan também adicione o 1 inicial, mas essa é uma quantidade desprezível em relação à soma total). Como diz Lacan, essa soma aproxima-se do número escrito como 2 seguido por 21 zeros, ou seja, 2×10^{21} (mais exatamente, essa soma é maior do que 2×10^{21}, porém não a ultrapassa em mais de 10^{20}). São quase dois bilhões de milhões, diria o capitão Haddock.

Essa soma não é muito fácil de calcular a mão de maneira exata. Como se trata de uma soma de potências sucessivas, deduz-se facilmente que ela vale $1/a^{102} - 1/a$. (Em linhas mais gerais, deduz-se da fórmula de recorrência $u_{n+2} = u_{n+1} + u_n$ que $u_1 + u_2 + u_3 + \ldots + u_{n-1} + u_n = u_{n+2} - u_2$.) Resta então calcular os valores exatos das potências de $1/a$, o número áureo. Outro caminho consiste em utilizar nosso comentário sobre a expressão vetorial da seqüência da direita para ligar essa soma à seqüência de Fibonacci, da qual um número gigantesco de termos (bem superior a 100) é repertoriado em tabelas. Com isso se verifica que essa soma também equivale ao *103º* termo da seqüência de Fibonacci mais *a* vezes o *102º* termo da seqüência de Fibonacci menos *1/a*. Fazendo a substituição pelo valor do *102º* e *103º* termos da seqüência de Fibonacci (respectivamente 927372692193078999176 e 1500520536206896083277) e pelo valor aproximado de *a* fornecido por Lacan (*0,618*) na fórmula precedente, e desprezando *1/a*, obtém-se uma ótima aproximação do valor dessa soma.

Janeiro de 2006

Auxílio ao leitor

Jacques-Alain Miller

1. Quem é o "publicista" visado por Lacan? Não é Roland Barthes, espero, embora este tivesse sabido interessar o grande público no estruturalismo. A lata de lixo: a de Samuel Beckett é evocada no começo de "Lituraterra" (primeiro texto dos *Outros escritos*). O pote de mostarda é mencionado na p.647 [653 na edição brasileira] dos *Escritos*. O Hegel de Lacan deriva, como é fato conhecido, do de Kojève (ver sua *Introduction à la lecture de Hegel*, Gallimard, 1947, reproduzido na coleção "Tel"). A categoria do embaraço figura no primeiro capítulo do Seminário 10, *A angústia*.

2. A tomada da palavra: livro de Michel de Certeau, SJ [padre da Sociedade ou Companhia de Jesus], membro da Escola Freudiana de Paris. *Mudger Muddle*: apelido dado por Lacan, à maneira do Coelho Pernalonga, a Lucien Goldmann (comunicação pessoal), autor de *Le Dieu caché* (Gallimard, 1955). O livro, que teve seu momento de glória, dedicava-se ao jansenismo como visão trágica do mundo, comum a Pascal e Racine. Pensador marxista e personagem do Quartier Latin, Goldmann (1913-70) tinha o costume de pilhar os colóquios, interpelando qualquer um e lhe prometendo em alto e bom som submetê-lo a uma análise lukacsiana (de Lukács, grande filósofo marxista húngaro). Em inglês coloquial, usa-se a expressão *fudge, mudge and muddle* [esquivar-se, trapacear e confundir] para vilipendiar um trabalho "atamancado"; poderíamos traduzir o apelido em questão por "Farsante Enrolador" ou "Presepeiro Embrulhador". Há um personagem de Henry James chamado Mr. Mudge (em *In the Cage*); atualmente, ele é também o nome de um personagem de contos infantis. Será que Lacan esperava ver Goldmann aparecer no seminário?

3. A sutura: exposição feita no Seminário 12, 1964-65, por Jacques-Alain Miller; em 1968, este tinha exatamente a "média etária" da

nova geração evocada por Lacan (vinte e quatro anos). Familionário: ver Seminário 5, primeiro capítulo e *passim*. O grafo: ver sua construção no Seminário 5 e nos *Escritos*, p.804-15 [p.819 da edição brasileira]. *Le Diable amoureux*, de Cazotte (1772), foi recentemente reeditado pela editora Mille et Une Nuits.* O paradoxo de Russell, o do catálogo de todos catálogos que não contêm a si mesmos (será que ele contém a si próprio ou não?), é uma obviedade da lógica matemática e da teoria dos conjuntos; inúmeras referências.

4. O livro *Qu'est-ce que le structuralisme?* foi publicado pela editora Seuil; *L'Essence de la manifestation*, de Michel Henry, pela PUF. A mensagem enviada a Lacan sobre o par ordenado veio de Daniel Sibony, matemático que viria a se tornar psicanalista.

5. Gödel: ver, por exemplo, *Les Théorèmes d'incomplétude de Gödel*, de Raymond Smullyan (Dunod, 2000).

6. O livro de Quine, *Word and Object* (1960), saiu em francês pela editora Flammarion, com o título de *Le Mot et la Chose* (1999). *Le Pari de Pascal*, de Georges Brunet, foi publicado pela DDB (1956).

7. Georges Bataille é citado por seu célebre ensaio *La Part maudite*, lançado pelas Éditions de Minuit em 1949 e reeditado pela editora Seuil em sua coleção "Points". Terêncio, juntamente com Plauto, encontra-se num volume da "Bibliothèque de la Pléiade". Encontrei na bibliografia de G.T. Guilbaud, um matemático que era amigo de Lacan, vários textos referentes a Pascal, mas nenhum que comporte uma formalização da aposta à maneira da teoria dos jogos; essa formalização, que se tornou corrente na década de 1970, aparece hoje em vários *sites* da Internet, aos quais se pode ter acesso através do Google.

8. O "Que sais-je?" sobre o jansenismo (PUF, 1961) tem como autor Louis Cognet, um grande erudito, aqui tratado sem maior reflexão. Dois livros devem ser consultados a propósito dos convulsionários: B. Robert Kreiser, *Miracles, Convulsions, and Ecclesiastical Politics in Early Eighteenth-Century France* (Princeton, 1978), e E.L. Radner, *A Pneumatological Investigation of the Miracles of Saint-Médard and their Rejection* (Yale, 1994). Dois livros recentes renovaram a questão jansenista, deslocando seu ponto de basta para a Revolução Francesa: Dale K. Van Kley, *The Religious Origins of the French Revolution: From Cal-*

* No Brasil, o livro recebeu o título de *O diabo enamorado*, trad., introdução e notas de Cleone A. Rodrigues, com posfácio de Gérard de Nerval, Rio de Janeiro: Imago, 1992. (N.T.)

vin to the Civil Constitution (New Haven: Yale University Press, 1996; trad. francesa *Les Origines religieuses de la Révolution française*, Paris: Seuil, 2002); e Catherine Maire, *De la cause de Dieu à la cause de la nation. Le jansénisme au XVIIIe siècle* (Gallimard, 1998). Uma ardorosa polêmica opõe esses dois autores; ver a crítica feita pela sra. Maire ao primeiro livro (revista *Le Débat*, nº 130, 2004) e a resposta do autor (revista *Commentaire*, nº 108, 2004-5). Ver também, de Monique Cottret, *Jansénisme et Lumières. Pour un autre XVIIIe siècle* (Paris: Fayard, 1998).

9. Sobre Fibonacci, ver as indicações fornecidas no anexo anterior.

10. Edmund Bergler, *La Névrose de base*, existe em francês na Payot. Charles Blondel, professor de psicologia antifreudiano, é autor sobretudo de *La Conscience morbide. Essai de psychopathologie générale* (1925).

11. A carta recebida por Lacan foi obra de dois alunos lioneses, que se abstiveram de dar continuidade a essa correspondência (comunicação pessoal do sr. Jacques Borie). Maud Mannoni, membro da Escola Freudiana de Paris, é autora de *L'Enfant arriéré et sa mère* (Paris: Seuil, 1965).

12. Lacan evoca sua retomada do texto do Seminário 7, *A ética da psicanálise*, "talvez para efeito de publicação", e fala, mais adiante, de um "começo de redação". Devemos reconhecer as páginas publicadas pela revista *Ornicar?* nº 28, sob o título "Compte rendu avec interpolations du Séminaire de *L'Éthique*", como sendo esse ensaio. A exposição de Foucault aparece em seus *Dits et Conférences*, vol.I, p.789-821 (Gallimard, 1994). Ali encontramos indícios de uma intervenção de Lacan (precedida, aliás, por outra de Lucien Goldmann, ver *supra*).

13. "A lógica do significante": expressão que o jovem Jacques-Alain Miller havia destacado no discurso de Lacan. A colocação que se segue, na p.204, remete, evidentemente, à revista *Cahiers pour l'Analyse*, da Escola Normal Superior, que se havia interrogado sobre o conceito de discurso (cf. Jacques-Alain Miller, "Action de la structure", nº 9), intitulada "Qu'est-ce qu'un roman?", e que acabava de lançar um número, o décimo e último, sobre "La formalisation", cujo primeiro artigo inspirou a Lacan seu "não todo". A fantasia sobre o "teorema de Lacan" evoca a referente ao "nó de Lacan" no Seminário 23. Georg Simmel (1858-1918), filósofo e sociólogo berlinense, foi sempre protegido pela universidade alemã; muitos de seus livros foram traduzidos para o francês nos últimos vinte anos; o principal deles é sua *Philosophie de l'argent*.

14. Os livros de Deleuze: *Différence et Répétition*, PUF, 1968; *Spinoza et le problème de l'expression*, Minuit, 1986; *Logique du sens*, Minuit, 1969.* Desmontagem da pulsão: ver capítulo do Seminário 11 com esse título; a nota sobre o fluxo do rotacional é da p.847 [861 na edição brasileira] dos *Escritos*. François Jacob e o bacteriófago: ver, por exemplo, Thomas D. Brock, *The Emergence of Bacterial Genetics* (Cold Spring Harbour Laboratory Press, 1990). Lacan se refere com freqüência a *As mamas de Tirésias*, "drama surrealista" de Apollinaire (1917).**

15. "La jeunesse piégée": podemos encontrar esse texto nos arquivos do *Nouvel Observateur*; não o procurei. Johnny [Gianni]: apelido familiar de Giovanni Agnelli, célebre proprietário da Fiat, muito ativo na alta sociedade em sua juventude e considerado, durante sua vida, uma figura emblemática da Itália; Lacan se relacionara com ele nos anos do pós-guerra em Paris.

16. Lacan gostava de se referir à passagem de *O ser e o nada* sobre o olhar. Quando evoca em seguida alguns "joguinhos de cena" sobre a tortura, não podemos deixar de pensar numa peça de Sartre, *Morts sans sépulture*. O livro de Deleuze sobre o masoquismo e o sadismo é sua *Présentation de Sacher Masoch*, lançado pelas Éditions de Minuit, 1967.

17. O livro denunciado no começo do capítulo é *L'Univers contestationnaire*, assinado pelo pseudônimo de "André Stéphane". Inicialmente publicado pela Payot, foi reeditado há dois anos pela editora In Press, sob o nome de seus autores, um par de "didatas" da Sociedade Psicanalítica de Paris, M. Bela Grunberger e Janine Chasseguet-Smirgel. Thomas More é o autor de *Utopia* (1516), título que se tornou parte do léxico de várias línguas. Pitágoras: o ponto de vista de Lacan é também o de Walter Burkert em seu livro de 1962, *Weisheit und Wissenschaft. Studien zu Pythagoras, Philolaos und Platon* (Nuremberg: Verlag Hans Carl). Em 1889, Giuseppe Peano deu uma definição puramente axiomática do conjunto dos inteiros naturais; desde então se fala na "aritmética de Peano".

---

* Ver *Diferença e repetição*, trad. L. Orlandi e R. Machado, Rio de Janeiro: Graal, 1988; *Lógica do sentido*, trad. L.R. Salinas Fortes, São Paulo: Perspectiva, 1974. (N.T.)

** *As mamas de Tirésias*, trad. M. Carvalho; ilustrações de Carlos Clemen, São Paulo: M. Limonad, 1985. (N.T.)

18. Lacan cita com freqüência o dito de Einstein de que "Deus não é mentiroso"; sobre esse tema, ver, por exemplo, o artigo de Françoise Balibar, "Dieu et Einstein", *Ornicar?*, nº51 (Navarin, distribuído pela ed. Seuil, 2005). Que obras de Berkeley conhecia Lacan? Sem dúvida, *An Essay Towards a New Theory of Vision* (1709), *A Treatise Concerning the Principles of Human Knowledge, Part I* (1710), *Three Dialogues between Hylas and Philonous* (1713), e também *Siris* (1744). A *camera oscura* [câmara escura] foi originalmente usada para fins de observação astronômica. Em Aristóteles, ela se apresentava sob a forma de um recinto mergulhado na penumbra, uma de cujas paredes, munida de um orifício, permitia que a luz entrasse e formasse na parede oposta a imagem invertida de um eclipse solar. Em 1515, Leonardo descreveu uma câmara escura que chamou de *Oculus artificialis*. No século XVI, recomendou-se o acréscimo de uma lente para obter uma imagem de melhor qualidade. Consultar Anne Merker, *La Vision chez Platon et Aristote* (Academia, 2003).

19. A angústia não é sem objeto: ver o capítulo VII do Seminário 10, *A angústia*. Angelus Silesius: cf. Seminário 3. Helene Deutsch: ver *La Psychanalyse des névroses et autres essais*, Payot, 1970. Pensar é dizer não: ver Alain, *Propos sur les pouvoirs*, "L'homme devant l'apparence", 19 de janeiro de 1924. Citação: "Pensar é dizer 'não'. Observe que o sinal do 'sim' é um homem adormecido; ao contrário, o despertar sacode a cabeça e diz 'não'. Não a quê? Ao mundo, ao tirano, ao pecador? Isso não passa de aparência. Em todos esses casos, é a si mesmo que o pensamento diz 'não'. Ele rompe a aquiescência feliz. Separa-se de si. Luta contra si mesmo. Não há no mundo outro combate. O que faz com que o mundo me engane, com suas perspectivas, suas brumas, seus choques deturpados, é eu consentir, é eu não buscar outra coisa. E o que faz com que o tirano seja meu senhor é eu respeitar, em vez de examinar. Até mesmo uma doutrina verdadeira incorre no erro por essa sonolência. Por acreditar que os homens são escravos. Refletir é negar o que se crê. Quem crê nem sequer sabe mais em que acredita. Quem se contenta com seu pensamento não pensa mais nada."

20. Alfred L. Kroeber (1876-1960) é o antropólogo norte-americano mais famoso depois de Boas, de quem foi aluno; apegou-se a Ishi, que seria o último dos índios Yahi da Califórnia e que ele fazia andar de terno e gravata. O "tigre de papel" é uma célebre metáfora extraída da tradição e empregada pelo presidente Mao, na década de 1960, para fazer compreender que a força dos imperialistas não passa-

va de uma aparência e encorajar as massas a combatê-los sem medo, sob a orientação do partido comunista. Em Hong Kong se vendem tigrinhos de papel machê.

21. Haveria muita coisa a dizer sobre o bispo Wilkins. Ou então, convém fazer o que faço: remeter o leitor a Borges, que dedicou uma de suas *Otras Inquisitiones*, das mais encantadoras, a "A língua analítica de John Wilkins". Ver agora, na admirável edição da Pléiade, o volume I das *Oeuvres complètes*, p.747-51.

22. Parece-me que, no momento de proferir essa aula, em 4 de junho, Lacan estava empenhado na redação do resumo do seminário do ano anterior para o anuário da Escola de Estudos Superiores, o qual concluiria em 10 de junho; ver, em *Outros escritos*, "O ato psicanalítico", p.371-9. James Frazer (1854-1941) é o famoso autor de *O ramo de ouro*, cuja influência se fez sentir, de acordo com a Wikipedia, em Yeats, Joyce, D. H. Lawrence, T.S. Eliot (*The Waste Land*), Robert Graves (*A deusa branca*,* citado por Lacan em *Outros escritos*, p.559), Ezra Pound, Mary Renault, Joseph Campbell e Camille Paglia; a teoria do bode expiatório foi retomada por René Girard. O Congresso de Roma com que Lacan se irritou foi o da IPA.

23. Quem disse a Lacan "É... isso tem um jeito banal"? Ninguém menos do que Jacques-Alain Miller. A referência de Lacan ao livro X de Euclides, acompanhada pela menção de um postulado de Eudóxio, parece-me visar à primeira proposição do citado livro, que introduziu o método de esgotamento que seria empregado pelo livro XII. Essa proposição equivale ao chamado princípio de Arquimedes, e que se deve a Eudóxio: em síntese, para todas as grandezas A e B, existe um inteiro n tal que nA > B. Um pesquisador de Palermo, o sr. Spagnolo, considera o "postulado de Eudóxio-Arquimedes" um "obstáculo epistemológico", no sentido de Bachelard (1995). *The Self* também foi visado no texto "O ato psicanalítico" [*Outros escritos*, p.371-9]. Konrad Lorenz evocou, em seu livro *A agressão* (1963),** a ritualização do comportamento animal, sua passagem à simbolização e à simulação; o exemplo é o simulacro de dominação. *Habeas corpus*: a grande lei do direito consuetudinário é o *habeas corpus ad subjiciendum*, que permi-

* *A deusa branca: uma gramática histórica do mito poético*, trad. Bento de Lima, ed. rev. e ampliada, Rio de Janeiro: Bertrand Brasil, 2003. (N.T.)

** *A agressão – Uma história natural do mal*, trad. M. Isabel Tamen, Santos, SP: Livraria Martins Fontes, 1973. (N.T.)

te ao prisioneiro reivindicar o comparecimento perante o tribunal para que se decida sobre a legalidade de sua prisão.

24. Mais uma referência aos *Cahiers pour l'Analyse*. O menino "trapaceador da vida" ficou conhecido, desde então, como sendo o filho mais velho de Jacques e Marguerite Derrida, o pequeno Pierre.

25. *Se...*: o filme é de Lindsay Anderson (1968); é a história de uma revolta dos alunos num colégio particular inglês; o herói foi interpretado por Malcolm McDowell, que, três anos depois, seria o "Alex" de *A laranja mecânica*. *Gargântua*: o capítulo 13 conta a invenção do utilíssimo papel sanitário pelo herói.

Dossiê da evacuação

25 de junho de 1969: terminada a lição XXV e após a saída de Lacan, os que assistiam ao seminário ocuparam o apartamento funcional do diretor da Escola Normal, de onde viriam a ser desalojados pela polícia, duas horas depois.

26 de junho: o jornal *Le Monde* noticiou os fatos e reproduziu as críticas feitas por "um responsável pela direção da Escola".

27 de junho: nas mesmas colunas, o sr. Flacelière desmentiu essas afirmações e se queixou de "depredações e diversos furtos".

5 de julho: *Le Monde* publicou uma carta de Lacan, seguida por uma nota do jornal, confirmando o desmentido do diretor.

8 de novembro: carta do sr. Flacelière a *Le Monde*, em resposta à de Lacan.

Este último resolveu enviar uma segunda carta, que o jornal publicou, indicando que estava pondo um ponto final na polêmica.

Outros dois textos publicados por *Le Monde* inscreveram-se nesse debate: uma declaração de apoio a Lacan, assinada por "mais de 85 pessoas"; e uma informação do departamento de filosofia do Centro Experimental de Vincennes, que divulgou em novembro o convite que fizera a Lacan para que ele fosse lecionar lá.

Forneço abaixo as duas cartas de Lacan e o texto de apoio. Devo à amizade de François Regnault esse material de arquivo, que ele tinha sabido conservar.

J.-A. M.

Primeira carta de Lacan a Le Monde

Queiram publicar, de conformidade com meu direito, a íntegra destas linhas.

O Monde *publicado na quinta-feira, 26 de junho, em sua última edição, modificou sua paginação para acrescentar ao relato dos incidentes causados na Escola Normal Superior pela interrupção de meu curso, em caracteres destacados, "comentários" da direção dessa escola.*

Minhas conferências, diz ela, são "mundanas, incompreensíveis para alguém de constituição normal" — colocações bastante duvidosas, que fazem rir, não forçosamente à minha custa.

No mesmo dia, sob o efeito de reações a propósito das quais se fará luz, o sr. Flacelière retratou esses ditos da direção da escola, pelos quais lembro que, na condição de diretor, ele é responsável. Fê-lo por um pretenso desmentido, no qual os substituiu por uma difamação qualificada, para a qual Le Monde *abriu espaço no dia seguinte, sexta-feira.*

Comunicar que se trata de um erro não é, com efeito, desmentir o conteúdo, e sim a publicação do texto.

É realmente difamar, ao contrário, falar de provocação do adversário e, pior ainda, alegar furtos cometidos no apartamento privado do diretor, na ENS, por aqueles que ele chama de meus discípulos, justamente por esse fato.

Le Monde, *onde se conhece melhor do que em outros lugares o sr. Flacelière (sem prejuízo do que entendeu seu enviado* in loco*), não duvidou da autenticidade das afirmações assim retiradas (eu acrescentaria que me disseram que elas foram "ótimas", por precisarem ser confirmadas).*

Não foi apenas ao Monde *que se omitiu que essas colocações eram realmente dele.*

Portanto, ao aquiescer posteriormente em ter sido precipitado em sua informação, não deveria o Monde *recusar-se a publicar a declaração recebida, dessa vez em nome do sr. Flacelière, sem lhe pedir para esclarecer com que furtos, especificamente, com que tipo de objeto furtado, ele pretende macular a presença, em sua casa, de pessoas que lhe pediam uma explicação, à qual ele se recusou?*

Com isso, o sr. Flacelière justificaria seu apelo à polícia, seguido pelo efeito imediato de sua presença armada.

Intimo o sr. Flacelière, por intermédio dos senhores, a declarar a extensão dos furtos que ele imputa a seus visitantes indiscretos.

Texto de apoio

Uma declaração da "direção" da Escola Normal Superior da rua Ulm, publicada em seu número de 27 de junho — e cuja paternidade é verdade que hoje ninguém mais parece querer assumir, mas que se afigurou suficientemente verossímil ao *Monde* para que ele não hesitasse em publicá-la —, declaração esta que se seguiu à exclusão do seminário do dr. Lacan, justifica tal exclusão pelo caráter "mundano", "incompreensível para alguém de constituição normal" e "não científico" do ensino ali oferecido. É impossível não lembrar, diante de tais declarações, a dívida teórica que tem para com o ensino de Jacques Lacan o conjunto do trabalho hoje feito na França, não apenas na ordem da psicanálise, mas também no de todas as disciplinas chamadas de "ciências humanas", no da filosofia e no da teoria literária. Ao ver a insistência com que assim se designa como não científico um dos lugares a partir dos quais se pratica a ciência, é difícil não acreditar que o argumento oficial da reorganização dos estudos serve, antes de mais nada, de pretexto para atos repressivos de censura; e o saber, por conseguinte, visivelmente não passa da ideologia que permite avalizar o "normal". Os abaixo assinados, cujo nome já diz bem que eles sabem, por seu turno, o que acontece no campo de que falam, fazem questão de manifestar aqui sua solidariedade de teóricos ao ensino de Jacques Lacan. Seria extremamente lamentável e inquietante que o dr. Lacan fosse privado de um lugar de ensino universitário.

Segunda carta de Lacan

Queiram participar a seus leitores minha posição neste assunto.

Insisti nela apenas o suficiente para que eles julguem o que serve de argumento para o homem que dirige uma grande Escola. Por ter honrado com meu trabalho o abrigo que ela me ofereceu durante seis anos, é a seu diretor que devo agradecimentos: tal é o regime feudal da Universidade de hoje.

Somente o fato de ele considerar indesejável o meu ensino nesse lugar justifica a expulsão dele nesta data, mas, ao mesmo tempo, denuncia que o responsável precisou de quatro anos e meio para se dar conta disso, embora, com certeza, e é essa a sua queixa, tal ensino não passasse despercebido.

Voltarei em outro lugar a falar do desprezo que é assinalado, e não apenas aqui, por um público não conforme à qualidade do que lhe é próprio, e aparecerão testemunhos que dizem que nisso se apóia a recusa efetivamente oposta a qualquer explicação.

Para mim, trata-se precisamente de não me haver esquivado de informar a meu auditório que ele tinha relação com isso, quando dei a indicação, no momento em que o fiz, o último para cumprir meu dever até o fim, da resposta que, se seguida, deveria ter feito nascer uma canção.

Índice onomástico

1ª EDIÇÃO [2008] 8 reimpressões

ESTA OBRA FOI COMPOSTA POR TEXTOS & FORMAS EM
ADOBE GARAMOND E HELVETICA E IMPRESSA EM OFSETE PELA
GRÁFICA BARTIRA SOBRE PAPEL PÓLEN DA SUZANO S.A.
PARA A EDITORA SCHWARCZ EM FEVEREIRO DE 2026

FSC
www.fsc.org
MISTO
Papel | Apoiando o manejo florestal responsável
FSC® C105484

A marca FSC® é a garantia de que a madeira utilizada na fabricação do papel deste livro provém de florestas que foram gerenciadas de maneira ambientalmente correta, socialmente justa e economicamente viável, além de outras fontes de origem controlada.